The Pragmatic Maxim: Essays on Peirce and Pragmatism

プラグマティズムの格率

パースとプラグマティズム

Christopher Hookway
クリストファー・フックウェイ［著］

村中達矢
加藤隆文
佐々木崇
石田正人［訳］

春秋社

日本語版に寄せて

本書は、日本語に翻訳される私の本としては二つめのものである。一つめは『クワイン』であり、一九八八年に英語で出版されて以後、フランス語版[1]、日本語版[2]が出た。パースとクワインはそれぞれに私自身に非常に大きな影響を与えた思想家であるため、日本の読者がこれら両思想家について論じた私の研究に触れられるようになることは、たいへん喜ばしく思う。

パースとクワインはともに重要な論理学者であり、形而上学と認識論の両方の発展に独自の重要な貢献を果たした。彼らの間には重要な類似点もあるが、見過ごせない相違点もある。パースの形而上学はある諸関係が実在のものであることを認める（この諸関係を彼は「第三性」と呼んだ）のに対し、クワインの存在論はそれよりはるかに倹約的である。

私の博士論文は、心と意味に照準を絞り、意味論的な諸概念は心理学的な還元を受け容れるのかどうかという問いについて、翻訳の不確定性やそれに関連する諸問題に細心の注意を払いながら検討するものであった。こうした問いを検討するなかで、私はクワインの思想と、そしてクワインほどではないにせよパースの思想も、参照するようになった。博士号取得後、私のパースに対する関心は、主にW・B・ガリーの好著『パースとプラグマティズム』（一九五二年[3]）を通して深まっていった。パースの思想は、私には本当に興味深いものに思われたが、当時は幾分見過ごされていた。私はそれまでパースを仔細に読んだことがなかったのだが、それではいけないと思い立った。そうして私はフルブライト奨学金の援助を受け、ハーバード大学にて一年間、パース研究を行えることになった。その際の研究に基づいて公刊したのが『パース』（一九八五年）である。『パース』以後、私はクワインの思想についてより深く掘り下げてゆく着想を得て、一九九八年には（私の二冊目の著作である）『クワイン』を公刊した。本書『プラグマティズムの格率』はクワインではなくパースについての本であるが、この翻訳によって、パースとクワインという両人物についての私の仕事が日本の読者の手に取ってもらえることになり、本当に嬉しい。

本書の題名を『プラグマティズムの格率』にしてはどうかと最初に提案してくれたのはロバート・タリース（Robert Talisse）だったと思う。とはいえ、『プラグマティズムと探求』という題名でも同じくらいに良かったかもしれない。パースとプラグマティズムの格率の両方ともが、実際、この論集の中心的な関心事ではあるけれども、この本の主要目標の一つ——そしてそれは私のキャリアの大部分において一貫している目標でもある——は、プラグマティズムを、探求に根ざし、かつ、探求を支えるものとして練り上げることなのである。

クリストファー・フックウェイ
［加藤隆文訳］

訳註

〔1〕Colson, J. (trans.) 1993. *Quine*. De Boeck.
〔2〕浜野研三訳『クワイン——言語・経験・実在』勁草書房、一九九八年。
〔3〕Gallie, W. B. (1952) *Peirce and Pragmatism*. Penguin books.

序文

本書の序論および十一の章はパース哲学にかんするここ十五年にわたる私の研究のうちのいくらかを披露するものであり、また『パース』（一九八五年）および『真理、合理性、そしてプラグマティズム』（二〇〇〇年）に収録された著作を発展させたものである。それらの章のうちいくつかは私の以前の解釈を発展させている。第3章はパースの実在論および彼の真理についての見解の解釈を発展させており、第1、2、5章は彼の認識論上の見解についての解釈を発展させている。最新の著作はパースの「プラグマティズムの格率」の内容を検討し（第9、10章）、そして彼がその格率を擁護するために採ったさまざまな戦略のうちのいくつかを検討している（第11章）。パースが一八六〇年代の末ごろから晩年にかけてプラグマティズムの格率を擁護しようとした試みについての解説は、異なる時期ごとにどのようにして特定の哲学上の考えが彼の注目の的となったのかを理解する助けになる。プラグマティズムを擁護（または「証明」）しようとしたパースの試みの意義の多くは、その試みがもたらしてくれる洞察にこそある。その洞察は、われわれはいかにして哲学をすることや論理的原理を擁護することに取りかかるべきかについての彼の進化しつつあった見解への洞察である。この点とのかかわりで、第5章はパースの反心理主義の根拠およびどのようにしてこの重大な説が彼の他の著作を形作ったのかを論じている。このことは、内容が明晰にされるべき表象をどのように理解するべきかについての彼の説明に反映されている。そうした表象として、彼は異なる時期ごとに、（さまざまな種類の）信念、それから判断、主張、そして命題に注目している（序論を参照）。

以前に公表した論文の中の誤りを訂正したりそれらの論文のところどころに脚注を書き加えたりする機会

はこれまであったのだが、私はそれらの論文を書き直したいという気持ちを抑えてきた。序論は本書のために書き下ろしたものであり、各章で論じた問題のうちのいくつかを再び取り上げている。「プラグマティズム」はどの程度まで「論理的原理」ないしは「哲学の説」であるのかを論じることに加えて、プラグマティズムの格率の内容およびパースによる知覚についての説明にかんするより詳細な議論というものがある。プラグマティズムを擁護するには、概念やその他の表象の本性についての説明を利用して、プラグマティズムはそれらの表象の内容を最大限に明晰にしてくれるのだということを論じなければならない。一八六〇年代以降の四十年間に表象を識別する方法が発展したのだが、その発展についても序論はいくらか記述している。識別された表象はさまざまな種類の信念、それから判断、主張、命題そしてその他の種類の記号である。私はパース哲学上の問題がどういう点でしばしばわれわれ自身の問題と似ているのかについても検討した。そうした検討を行った各章でパースの著作と関わり合うことは、現代の問題に建設的な貢献をすることとなりうる。

私がこれまで研究を発表してきた会議やセミナーに参加してくれたみなさんに、そして草稿にコメントを寄せてくれたり問いかけに答えてくれたりした友人、同僚そして学生に、とても感謝している。そうした人たちの中にはアルバート・アトキン、アンドルー・ハワト、ダニエル・ブロミッチ、ヴィンセント・コラピエトロ、ボブ・ヘール、ネイサン・ハウザー、デーヴィッド・リギンズ、ロザンナ・キーフ、キャシー・レッグ、シェリル・ミサク、マシュー・ムーア、アハティ＝ヴェイッコ・ピエタリネン、ジェニファー・ソール、スチュアート・シャピロ、そしてボブ・スターンがいる。ヘルシンキ大学で開かれたプラグマティズムおよび分析哲学にかんする研究会で最新の題材についての三本の論文を朗読し、レディング大学、シェフィールド大学そしてサウサンプトン大学の聴衆と、それからミラノの聴衆とは心理主義について対話をしたのだが、私はそれらの機会からも恩恵を受けた。これらの機会やその他の機会はたいへん貴重なものだった。例えばイヴォ・イブリがサンパウロのプラグマティズム研究センターで開いたたいへん貴重で楽しい会議では、二度にわたって最終章における題材のいくつかについて検討する機会があった。

ロバート・タリースが最終版に寄せてくれた助言、とりわけ序論の一連の版に寄せてくれた助言のおかげで重要な改良をすることができた。グレイム・A・フォーブズがよこしてくれた研究への手助けは、最終版の原稿を準備しているときにとてもありがたかった。そしてレイ・ドレインヴィルは本書の表紙のデザインに貢献してくれた。そして最後に、もし妻ジョーからの支えと励ましがなければ本書は完成しなかっただろう。彼らにも感謝の意を表したい。

クリストファー・フックウェイ

プラグマティズムの格率

目次

初出一覧

第1章の初出は、'Peirce and Skepticism' in *The Oxford Handbook of Skepticism*, edited by John Greco, Oxford: Oxford University Press, 2008: 31–29 である。許可を得てここに再録した。

第2章の初出は、*Proceedings of the Aristotelian Society, supplementary volume* LXXXI, 2007: 1–23 である。許可を得てここに再録した。

第3章の初出は、'Truth. Realty, and Convergence' in *The Cambridge Companion to Peirce*, edited by Cheryl Misak, Cambridge: Cambridge University Press, 2004: 127–49 である。許可を得てここに再録した。

第4章の初出は、*Semiotica*, vol. 153, 2005: 101–6 である。許可を得てここに再録した。

第6章の初出は、'"The Form of a Relation": Peirce and Mathematical Structuralism' in Matthew Moore (ed.), *New Essays on Peirce's Mathematical Philosophy*, Chicago, IL: Open Court 2011: 19–40 である。許可を得てここに再録した。

第7章の初出は、*Transactions of the Charles S. Peirce Society*, vol. XXXVIII, 2002: 29–46 である。許可を得てここに再録した。

第8章の初出は、*The Oxford Handbook to American Philosophy*, edited by Cheryl Misak, Oxford: Oxford University Press, 2008: 269–89 である。許可を得てここに再録した。

第9章の初出は、'The Principle of Pragmatism: Peirce's Formulations and Examples'. *Midwest Studies in Philosophy*, vol. 28, 2004: 119–36 である。許可を得てここに再録した。

第10章の初出は、*The Cambridge Companion to William James*, edited by Ruth Anna Putnam, Cambridge: Cambridge University Press, 1997: 145–65 である。許可を得てここに再録した。

第5章と第11章は、本書が初出である。

第5章は、次の論文の一部を用いている。'Psychologism and the Pragmatists: Peirce and Dewey', *Paradigm* vol. XXVIII, 2010: 45–56.

第11章は、*Cognitio: Revista de Filosofia* に初掲載された 'The Pragmatist Maxim and the Proof of Pragmatism' をめぐる三篇

の論文から素材が借用された痕跡を示している。以下の三篇がそれらの論文である。'The Pragmatist Maxim and the Proof of Pragmatism,' *Cognitio*, 2005: 25–42; 'The Pragmatist Maxim and the Proof of Pragmatism (2) after 1903', *Cognitio*, vol. 9, 2008: 57–72; and 'The Pragmatist Maxim and the Proof of Pragmatism (3): Habits and interpretants', *Cognitio* 2011: 89–104. 本書に加えるにあたり素材は大幅に書き直されている。許可を得てここに再録した。

パースのテクストとその略号の一覧

Peirce, C. S.（1982– ）*Writings of Charles S. Peirce: A Chronological Edition*, seven volumes published before 2017, edited by M. Fisch, E. Moore, C. Kloesel, N. Houser, et al. Bloomington, IN: Indiana University Press.［本著作集に言及するときは「W n: m」という形式で表記する。ただしｎは巻数でｍはページ数。］

Peirce, C. S.（1931–58）*Collected Papers of Charles Sanders Peirce*, eight volumes, edited by C. Hartshorne, P. Weiss, and A. Burks. Cambridge, MA: Harvard University Press.［本著作集に言及するときは「CP n. m」という形式で表記する。ただしｎは巻数でｍはパラグラフ番号。］

Peirce, C. S.（1963–1966）Manuscripts in the Houghton Library of Harvard University, as identified by Richard Robin, *Annotated Catalogue of the Papers of Charles S. Peirce*. Amherst, MA: University of Massachusetts Press.［パースの手稿を参照する際には「MS」と表記し、資料番号を付す。］

Peirce, C. S.（1976）*The New Elements of Mathematics*, four volumes, edited by Carolyn Eisele. Atlantic Heights, NJ: Humanities Press.［本著作集に言及するときは「NEM」と表記し、巻数とページ数を付す。］

Peirce, C. S.（1977）*Semiotic and significs: The Correspondence between Charles S. Peirce and Victoria Lady Welby*, edited by Charles S. Hardwick. Bloomington, IN: Indiana University Press.［本書に言及するときは「SS: n」という形式で表記し、その後に手紙の年代を付す。ただしｎは該当するページ数。］

Peirce, C. S.（1997）*Pragmatism as a Principle and Method of Right Thinking: The 1903 Lectures on Pragmatism*, edited by Patricia Turrisi. Albany, NY: State University of New York Press.［本書に言及するときは「HUL」と表記する。］

Peirce, C. S.（1985）*Historical Perspectives on Peirce's Logic of Science: A History of Science*, two volumes, edited by Carolyn Eisele. Berlin: Mouton Publishers.［本著作集に言及するときは「HP」と表記し、その後に巻数とパラグラフ番号を付す。］

Peirce, C. S.（1992a）*Reasoning and the Logic of Things: The Cambridge Conferences Lectures of 1898*, edited by K. Ketner and H. Putnam. Cambridge, MA: Harvard University Press.［本書に言及するときは「RLT」と表記する。］

Peirce, C. S.（1992b）*Essential Peirce: Selected Philosophical Writings, vol. 1*（1867–1893）, edited by N. Houser and C. Kloesel. Bloomington, IN: Indiana University Press.〔本書に言及するときは「EP 1」と表記する。〕

Peirce, C. S.（1998）*Essential Peirce: Selected Philosophical Writings*, vol. 2（1893–1913）, edited by the Peirce Edition Project. Bloomington, IN: Indiana University Press.〔本書に言及するときは「EP 2」と表記する。〕

パースの著作の大部分については、書かれた年代を特定する作業が現在も進められている。それに従い、テクスト全体を通して、年代情報が読者に役立つような箇所では、典拠表記に年代を付記している場合がある。例：（CP 8.191, 1904）

プラグマティズムの格率——パースとプラグマティズム

序論　プラグマティズムの格率、科学の方法、表象

チャールズ・サンダース・パース（Charles Sanders Peirce, 1839-1914）は、革新的な論理学者、そして、体系的な哲学者として認められている。彼の諸々の貢献は、彼自身の時代の哲学にも現代哲学の展開にも及んでおり、多くの異なる出発点からその貢献に近づくことができる。第一に、パースはプラグマティズムの創設者であった。そして、彼が擁護したこの立場はウィリアム・ジェイムズやジョン・デューイらによって支持されたプラグマティズムとははっきりと違っていた。第二に、初期の著作から、パースは哲学に対するデカルト主義的な取り組みにかんする強力な批判を展開し、ある哲学的な枠組みのための基礎を据えた。その枠組みは、デカルトの基礎づけ主義を認識論と探求の論理とに対する可謬主義的な取り組みに取り換えるものであった。これは初めの「科学の方法」にかんする擁護と、この探求の方法が含むものにかんする後になされた洗練され明晰に定式化された説明の擁護との両方を含んでいた。第三に、パースは真理と実在にかんする革新的な説明を導入し、その説明は哲学にとっての重要性をこれまで保ち続けてきた（第3章及びMisak 1991を参照）。第四に、論理的な規範にかんする研究は、心理学や生物学や他の自然科学に由来する情報を使うべきではないとパースは主張した[1]。そして彼は、一九世紀後半から二〇世紀初頭の論理学と哲学における、ある根本的な展開に貢献した[2]。第五に、パースは彼の記号論（*semeiotic*）の主題である、表象と

記号解釈(sign interpretation)にかんする体系的で形式的な説明を作り上げた。こうした論点のすべてが本書の諸章で議論される。この序論は、それらが含む最も重要な論点のいくつかと、そうした論点同士の関係とを確認する。

パースは、彼の著作のほとんどすべてに及んでいるカントの影響を認めていた。ところが、彼は「カント主義者」としては記述されることはなかった。というのも、プラグマティズムは、アプリオリな形而上学の可能性にかんする拒絶を含んでいたからである。そして、彼は超越論的哲学者では決してなかった。しかしながら、なぜパースが自らの立場を「カント主義の修正に過ぎない」(CP 5.452)とみなしたのか、その理由を理解するのはたやすい。彼の説明によれば、カント主義者は、カントの立場に適切な訂正を加えて批判的常識主義というパースの立場を採用しさえすればよいのであって、そのためには、「どれほど間接的であれ物自体が考えられるという立場を心の底から捨ててしまいさえすればよい」(*ibid.* Hookway 1985: 230, 2000: 215-9を参照)。

早くも一八六五年には、パースは次のように考えていた。すなわち、われわれが論理学にかんする非心理学的な説明を採用すべきであることを論証したのは、「カント主義者たち」である(W1: 164)。そして、一八六〇年代には、パースは、論理学が形而上学の基礎を提供すべきであると主張していた。三十五年後、この反心理主義は、哲学的な建築学(Kant 1787: passim; Short 2007: 60ff)の体系の必要性やカテゴリーの体系の展開に結びついた。加えて、デカルト主義の拒絶は、伝統的な哲学が直面していた諸問題の多くを切りくずし、議論できる問題は、経験的な科学の方法を使って評価できるものだけだという結論に至った。数学にかんするパースの哲学も知識のアプリオリな源泉を拒絶した。つまり、数学者たちは、線図上での(経験的な)実験によって抽象的な構造を研究するのである。

この序論は、プラグマティズムにかんするパースの理解から始まる（第1節）。われわれが探るのは、なぜ、パースは、プラグマティズムが端的に論理学の格率であると主張したのか、という問いと、なぜ彼は、それが「哲学の体系全体」を含みこむと言ったのか、という問いの両方である。こうすることで、われわれは、パースに特徴的な上述した見解のいくつかの間にある結びつきを追跡できるようになる。次いで、デカルト主義にかんするパースの批判、そして、真理、実在について、及びそれらに関係している対象、すなわち、心から独立した事態についての彼の見解の重要性を検討することによって、われわれは考察を進める（第2節）。そのうえで、われわれは、プラグマティズムにかんする論理的な格率が、どのように定式化され適用されるべきか、にかんしていくつかの問いを提起し（第3節）、プラグマティズムにかんするパースの論理的な格率と反心理主義との関係を議論する。これは、認知とプラグマティズムの擁護とにとって根本的な表象の種類についてのパースの見解の展開を追跡することを含む（第4節）。この中で、パースのプラグマティズムにとって重要である、知覚判断の本性にかんする問題を扱う。これは本書の第11章を補完しており、第11章は、パースが、プラグマティズムの格率の正しさを主張したり、または、それを「証明」したりするために用いた様々な戦略を考察する（第5節）。

パースの思想にかんする明晰な理解は、彼の着想と、彼が関心をもっていた問題とが、どのように展開したのかについての把握からは切りはなせない（Hookway 2000: 15-20; Murphey 1961）。最終章は、このことを明らかにするために、プラグマティズムの格率の正しさを論証するパースの様々な戦略についてのある物語を提供しようと試みる。本序論の第3節は、この準備として次のことを示そうとしている。すなわち、格率にかんする彼の継続的な議論が、いかにして、信念、判断、主張、命題といった様々な種類の表象にかんする分析に中心的な役割を与えたのか、ということである。

0・1 プラグマティズム――論理学の格率または哲学の体系(3)

パースは、しばしば、プラグマティズムの創始者として記述される。パースは、その当時、「プラグマティズム」という言葉を使わなかったにもかかわらず、一八七八年の論文「いかにしてわれわれの観念を明晰にするか」('How to Make Our Ideas Clear') でプラグマティズムの格率として知られるようになるものを擁護した。その格率は、概念や命題の内容について、十分な反省的な明晰さをいかにしてわれわれが手に入れられるのかを示すために設計されている。われわれが命題の内容について明晰さを獲得するのは次のときである。すなわち、どのような行為がわれわれにとって合理的でありえるかに対して、その命題を受容することがどのように違いを生じうるとわれわれが考えるかを同定したときである。換言すれば、われわれは、ある命題がもつと考えられる「実際的な帰結」を同定することによって、その命題を明晰にする。それゆえ、ある概念が諸対象に適用されることでどのような実際的な帰結が生じうるかを確認することによって、その概念の内容について明晰さをわれわれは獲得する。パースの格率にかんする権威ある標準的な言明は、次のものであった。

われわれがもつ概念の対象は何らかの効果を及ぼすと、われわれが考えているとして、もしその効果が行為に対しても実際に影響を及ぼしうると想定されるなら、それはいかなる効果であると考えられるか、しかと吟味せよ。この吟味によってえられる、こうした効果についてわれわれがもつ観念こそ、当の対象についてわれわれがもつ概念のすべてをなしている。(Consider what effects, that might conceivably have practical bearings, we conceive the object of our conception to have. Then, our conception of these effects is the whole of our conception of the object.)（EP 1: 132; W3: 266）

他の古典的なプラグマティストたちは、喜んでパースをその立場の創設者と見なした。一八九八年にジェイムズがプラグマティズムとして考えたのは「パースの原理、すなわち、プラグマティズムの原理」であり、カリフォルニア大学のフィロソフィカル・ユニオンで行った「哲学的概念と実際的帰結」（'Philosophical Conceptions and Practical Results'）にかんする講演（James 1898）と、一九〇六年のボストンで行った「プラグマティズム」にかんするローウェル講演との両方でそれを示した。ローウェル講演の中でジェイムズは次のように説明している。「パース氏は、われわれの信念が実際には行為にかんする習慣であると指摘したあとで、次のように述べた。すなわち、思想の意味を展開するためにわれわれに必要であるのは、その思想がどんな行いを生みだすように作られているのかを確定することだけである。つまり、その行いが、われわれにとって、思想の唯一の意義である」（James 1907: 28-9）。ジョン・デューイが「アメリカのプラグマティズムの展開」（'The Development of American Pragmatism'）にかんする論文を書いたとき、デューイは、「プラグマティズムの起源はチャールズ・サンダース・パースにまで遡る」ことを認め、喜んで次のパースの主張を支持している。すなわち、「ある言葉、または、他のどんな表現であろうと、その合理的な趣旨は、もっぱら、それが生活の行いに関係していると考えられることがらにある[4]」。

パースは、「プラグマティズムという言葉は、論理にかんするある格率を表現するために考案された」と主張した一方で、それが「哲学の体系全体を含んでいる」（CP 8.191, 1904）ことも認めた。なぜこの論理的規則の採用が、他の諸々の主張への支持を伴うことが可能なのだろうか。その理由は少なくとも三つある。

第一に、パースが一九〇三年に自ら認めたように、先に示した定式は曖昧である。例えば、「実際的な帰結」をどのようにわれわれは理解すべきか。どのような例があるのか。これはパースの論文では説明されていない。一九〇三年には、その格率にかんする適切な定式化は、さらに研究を要するとパースは考えていた。ジェイムズとパースは、その格率を異なる仕方で理解していた。一方でジェイムズは、彼の唯名論を表明する仕方でそれを適用し、他方でパースは、実在論へのコミットメントを必要とする理解を好んだ（第9章を参照[5]）。

第二に、その格率の使用の一つは、疑問が呈されたり論争の的であったりする哲学的な諸概念、例えば、真理や実在という諸概念を明晰にすることである。のちに本節と第1章で見るように、パースは、「実在の唯名論的な捉え方」を拒絶するためにその格率を使った。ジェイムズとデューイは、アプリオリな形而上学の諸原理とともに、真理にかんする「模写説」に挑むためにそれを使った。プラグマティズムの立場をとると、影響力のある哲学的見解の多くを拒絶する必要が出てくる。第三に、われわれは、次の点を思いおこす必要がある。すなわち、プラグマティズムの格率は、論文「いかにしてわれわれの観念を明晰にするか」の中では、科学の方法の一部として導入されたという点である。パースが〔それより前の論文で〕すでに論じていたように、探求の目的とは、決着の付いた、または、「確定した」信念の確立であり、科学の方法だけが安定した信念を生み出す探求に向けての取り組みである。それゆえ、パース的なプラグマティストは、パースが科学の方法の「根本的な仮説」として記述したものを受け入れるはずである。

実在する事物が存在し、その特徴は、それらについてのわれわれの意見からは完全に独立している。そうした実在は、一定の法則に従ってわれわれの感覚器官に影響を及ぼし、われわれの感覚は、その対象に対するわれわれの関係と同じように互いに異なっている。しかし、知覚にかんする法則を活用することで、われわれは推論によって、事物が実際にはいかにして存在するのかを確かめられる。そしてどんな人も、十分な経験を持ち、それについて十分に推論すれば、一つの真である結論に到達することになる。(EP 1: 120; W3: 254)

科学の方法が含むのは、実在論、経験論、及び、能力のある探求者たちによる意見の収束に探求が貢献するという考えを強調することである。のちの著作でパースは、カテゴリーの体系を使って、次のように要求した。すなわち、論理学は、倫理学と美学という規範学、及び、最高善が「具体的な合理性の成長」であるという主張とに立脚すべきである(例えば、以下を参照。CP 5.3; EP 2: 343-4, 1905; Kent 1987; Anderson 1995: 41-2)。

本書の最後の三つの章は、狭義には論理学の格率として理解される、パースのプラグマティズムの格率に関連している。これまで注目してきたように、その格率にかんする、パースのもともとの定式化は曖昧であった。例えば、「実際的な帰結」とは何であろうか。彼の期待では、その格率の内容は、その正しさを論証しようとする企てを進めるにつれて、いっそう明晰になるはずである。そこで、第9章では、その格率の異なる定式化を調べ、その使用を説明している例を検討して、格率へのわれわれの理解を明晰にしようと試みる。第10章では、パースとジェイムズが「実際的な帰結」を理解する仕方を跡づけることによって、彼らの見解を比較する。パースの見解では、ジェイムズのプラグマティズムは「唯名論的」であり、パース自身のプラグマティズムは「実在論的」である。最終章が検討するのは、一八七八年と一九〇七年の間でプラグマティズムの格率の正しさを擁護するためにパースによって用いられた様々な戦略である。(6) 最初の七つの章では、プラグマティズムが含む「哲学の体系全体」の諸側面が扱われる。すなわち、デカルト主義の批判（第1章）、真理と実在の問題（第1章と第3章）、心理主義の批判（第5章）と数学にかんする形而上学と認識論（第6章）、アブダクションの推論（第4章）と知覚（第7章と第8章）である。

　プラグマティズムについての、私の最初の本である『パース』（一九八五年）の中で、私は次のように述べた。パースは「哲学的な論議にとって今でも中心的である道具立てや概念を練り上げたことにより、われわれの哲学的な世界の一員であることが見て取れる」(Hookway, 1985: 1)。もちろん、彼は一九世紀後半に属する哲学者でもあるし、彼の思想を理解し評価するどんな企ても、これを考慮に入れなければならない。しかし、われわれは現代の哲学的な論議の文脈にパースの著作を位置づけることで、それにかんするわれわれの理解をさらに高めることができる。また、パースの著作を熟考することで、現代の論議に対する有益な貢献をしばしば見いだすことができる。このことの証拠は、真理、表象、論理学、形而上学その他にかんする著作に見られる。われわれは、ある伝統をパースと共有しており、パースと対話することによって、この伝統の初期の段階と、その伝統を先に進めようというわれわれ自身の企てとの両方を理解する助けとなる。

　このことには、次の事実によって説明できる部分がある。つまり、パースの著作の多くは、論理学への貢献、科学の方法にかんするわれわれの理解に対する貢献、そして、「厳密哲学」と呼べるかもしれないものに対する共感によって形成されているという事実である。われわれは少なくとも何人かの古典的なプラグマティストたちとの間で、われわれの諸問題、すなわち、提起される諸々の問いと、それらの問いを生じさせる懐疑や不確かさを共有している。またわれわれは、そうした問題に答えるための戦略もしばしば共有する。パースによる諸々の探求の中で明らかに生じる諸問題は、現代的な視座からも興味深い問いを提起するものである。また、パースが彼の著書の企画や他の原稿を完成させるのにしばしば失敗したということも重要である。文脈を考慮に入れつつパースと討議を行うことによってのみ、われわれは、彼の諸々の所見について、どのような種類の完成なら彼が認めるはずであるのかを初めて理解できる。そして、こうしてパースと討議するとき、われわれは自分が重要な哲学的問題に取り組んでいることに気づくのである。

0・2 デカルト主義批判——実在論と心からの独立

パースの最も重要な功績には、哲学におけるデカルト主義的な方法に対する批判と、認識論への非デカルト主義的な取り組みの擁護とがある。このことも、プラグマティズムの格率の背景の一部を提供している。この節ではこの問題を扱う。

「四能力の否定の帰結」('Some Consequences of Four Incapacities')、すなわち、一八六八年から六九年の『思弁哲学雑誌』(*Journal of Speculative Philosophy*)にあるパースの連続論文の第二論文の中で、パースは、「デカルト主義の精神」を規定するいくつかの主張を一覧にして拒絶した。第一の主張は、「哲学は普遍的な懐疑で始めなければならない」。第二の主張が述べるのは、「確実性の吟味は、個人の意識の中に存する」ということである。第三に、われわれは、「〔中世の〕哲学の多様な論証」を放棄し、それを「気づきにくい諸前提にしばしば依存している、たった一本の糸のような議論」に取って代えるべきである。われわれは、どんな命題を考察するときにも、それを受け入れるためにどんな理由を手にしているのかをつねに問うべきである。そして、それを信じるに足る理由を見いだせない限り、それに対して懐疑的態度を取るべきである。

これらのデカルトの主張に反対して、パースは次のように主張する。すなわち、われわれの実践は、「成功している科学」や常識と調和するべきである。何かを疑う積極的な理由がない限り、われわれはそれを疑えないし、「われわれが哲学の研究に入っていくときに現にもっているすべての偏見を伴って始める」はずである。また、ある意見にかんする吟味は、探求者たちの共同体によってしか確立できず、われわれは個人の意識を信頼できない。さらに、諸科学の精神では、われわれの推論は、「最も弱い輪よりも決して強くない鎖ではなく、綱を形づくるべきであり、その綱のそれぞれの繊維はとても細いかもしれないけれども、それらの繊維は十分に数が多く、緊密に結びついている」（EP 1: 29）。本書の第1章では、こうした思想を検討し、懐疑論の疑念が何らかの哲学的な力をもつことをパースが否定する諸々の理由を理解しようと試み、懐疑論をまじめにとることにつながる欠陥のある形而上学像を同定する。

この立場がもっている一つの側面は、信念と懐疑を支持する理由についての見解である。パースが言うには、デカルト主義的な懐疑の筋書によって支えられている懐疑は、偽物または見せかけの懐疑である。われわれは「本心では疑っていないことを哲学で疑っているかのように見せかけるべきではない」（EP 1: 29; W2: 212）。われわれの意見を変えるためには、「本当の（real）生きた懐疑」を必要とする（EP 1: 115; W3: 248）。ある命題を信じるための積極的な理由を提供できないという事実だけでは、それを疑うための理由にはならない。アイザック・リーヴァイと同様、パースは「信念の慣性的保持（doxastic inertia）の原理」または保守主義を採用している。すなわち、「現時点の信念を正当化する必要はなく、信念の変化に対してのみ正当化の必要がある」（Leivi 1998: 179）。これに対して、デカルト主義の哲学者たちが採用する原理は、諸々の信念を正当化できない限り、われわれはそれらを捨てるべきである、というものである。こうした説明は納得いかないように思えるかもしれない。つまり、パースがわれわれに同意を求めているのは、単純に次のことである。すなわち、信念を支える理由が必要になるのは、それらを疑うようになるための本当の説得力のある理由を目の前にしたときだけである、ということである。しかし、パースの主張の基底にあるのは、哲学的な伝統がいかにしてこれまで間違いを犯してきたかについての診断なのである。

ここでの問題は次のことに関わる。すなわち、実在という概念をどのように理解すべきか、事物が実際に(really)どのように存在しているかをどのように考えるべきか。実在という観念は、「心から独立している」という考えを含む。つまり、事物が実際にどのように存在しているかは、それらがどのように見えるかとは独立したことでありうる。間違うというわれわれの傾向性は、われわれが信じていることと、実際に成立していることとの間のそうした食い違いがいかにして生じるのかを例証する。そして、われわれの信念のどれも(または、すべて)が間違いであると判明することもありうるという可能性があるから懐疑論の可能性は差しせまったものとなる。パースが論じようとするのは、心から独立しているということを欠陥のある仕方で理解してしまった場合に、懐疑論の可能性は差しせまってくる、ということである。バークリーの著作の新たな版の書評の中で、パースは、これまで〔哲学が〕どのような間違いを犯してきたかを診断している。つまり、バークリーやデカルトのような哲学者たちは、実在と心からの独立について「唯名論的な」考え方を採用したため、懐疑論と唯名論の回避が困難になった。パースの議論は、「心からの独立」を理解する異なる二つの仕方の比較を活用している。

パースによれば、「われわれは、自分の意見が強制されているのに気づく」から、心から独立した実在が存在することを知る。私が窓の外の木を見るとき、私がどのような意見を形成し、どのような経験をもつかは、私に依存しない。パースが述べるように、「何かがあって、それが私の思考に影響しているのであり、それは、私の思考によって創造されたのではない」。彼が続けて言うには、

> なるほど、諸々の思考以外にわれわれに直接的に現前しているものは、われわれには何もない。しかし

ながら、こうした思考はこれまで諸感覚によって引き起こされてきており、こうした感覚は心の外にある何かによって強制されている。心の外にあるこの事物は、感覚に直接的に影響し、感覚をとおして思考に影響しており、そして、それは心の外にあるので、われわれがそれをどのように考えようと、それからは独立しており、端的に言えば、それは実在なのである。(EP 1: 88; W2: 468, 1871)

したがって、実在はその役割という見地から、われわれの感覚と思考の原因として特徴づけられる。

実在にかんするこの説明が正しいならば、われわれの感覚は直観にかんするパースの考え方に適合している。それは『思弁哲学雑誌』に掲載された彼の一八六八年の諸論文の第一論文で述べられている。直観は、「同じ対象についての、以前の認知によっては決定されていない認知」である。それは、究極的な最初の前提、すなわち、結論ではない前提に似ている。ただし、前提は命題的な内容を伴う判断であるのに対して、直観は非命題的な認知でもありうる。これの一例は、「超越論的な対象によって直接に決定されている」単純な感覚であろう(EP 1: 12; W3: 194)。われわれは、超越論的対象を直接的に意識するのではなく、そうした対象を、単にわれわれの認知を条件づけるものとして意識する。パースが看取しているのは、実在にかんするこの説明が正しいならば、普遍者または一般者についての唯名論を避けられないということである。つまり、これが正しいならば、われわれの通常の認知は、実在にある実在的なパターンまたは一般的な性質を記録できないことになる。われわれによる諸事物の分類と実在とを比較する方法が何もないことになる。もしこの枠組が採用されるならば、何はともあれ世界はわれわれの創造であると主張することによってのみ、われわれは懐疑論を回避することになる。

次にパースは、心からの独立について別の説明を提案する。その提案はいっそう自然であるとパースは考えており、明らかにそちらのほうを好んでいる。パースの例を考察しよう。

二人の人がいて、一人は耳が聞こえず、もう一人は目が見えないと仮定しよう。一人は、ある男が他の男を殺害するつもりだと宣言するのを聞き、ピストルの銃声を聞き、被害者の叫び声を聞く。もう一人は、殺人が行われるのを見る。彼らの感覚は彼らの個人的な特性に極度に影響を受けている。彼らの感覚が彼らに与える最初の情報、すなわち、彼らの最初の推論は、かなり似通ったものになるが、依然として異なっている。（中略）しかし、彼らの最終的な結論、すなわち、感覚から最も離れた思考は、同一となり、彼らの特質のもつ一面性を免れることになるだろう。それゆえ、すべての問いに対しては、真なる答え、すなわち、最終的な結論が存在するのであり、すべての人それぞれの意見は、その答えに向かって絶え間なく引き寄せられていく。このようにして、すべての人間の意見は、例外なく、長い期間をかけて、真理という確定的な形式に向かっていく。（EP 1: 89; W 3: 468, 1871）

「いかにしてわれわれの観念を明晰にするか」の中でパースは、プラグマティズムの格率を実在の明晰化に適用することによって、類似した見解に至った。彼の手順は間接的である。まず真理を明晰にし、次いでそれから実在についての捉え方を導いている。つまり、「探求者全員が究極的には合意することを運命づけられている意見が、われわれが真理によって意味しているものであり、この意見の中で表象されている対象が実在である」（EP 1: 139; W 3: 273, 1878）。第3章の「真理、実在、収束」は、真理についてのこうした主張を詳しく議論している。そして特に、パースが「実在にかんする絶対的な捉え方」を受けいれたとする、パースによる真理の説明にかんするよくある解釈は間違いであると主張する。

実在を、端的に言って真なる命題の対象として定義することは、実在を論理的な概念として扱うことを含む。つまり、形而上学を論理的な問題に何よりも関心をもつ学問と考えさえすれば、われわれは実在を一つの形而上学的な見解として扱うことができる。のちの著作の中で、パースは次のように言っている。ある種の対象（例えば、値や数や集合）をわれわれが確立したとしても、こうした実在の「存在の様態」は何かについての形而上学的な問題が残る（第3章を参照）。パースにとって、形而上学は経験的で科学的な学問であり、形而上学は、なぜ特定の種類の諸実在がそれらの従う法則に従うのか、それを説明できる学問である。なぜ、または、いかにして、そうした事物の振る舞いについて特定の意見に到達するようにわれわれは運命づけられているのだろうか。ある対象についての諸事実に収束するという事実は、こうした対象が実在であることを決定するのかもしれない。しかし、いかにして、または、なぜ、そうした対象はそのように振る舞うのか、それにかんする形而上学的問題が残っているのである。

ヒラリー・パトナムが論じてきたところでは、プラグマティズムを特徴づける目印の一つは、懐疑論を拒否しつつ可謬主義を支持する立場を擁護しようとする願望である（1994: 152）。この解釈は、バークリーの著作にかんするパースによる書評の中で確かめられる（EP 1: 83-105; W2: 462-86, 1871）。われわれは真理に向かって「絶え間なく引き寄せられていく」のだが、「しばらくの間そこから逸れることがある」かもしれないことは容認される。とはいえ、考察のための「いっそうの経験と時間」が与えられれば、「［われわれは］最終的にはそれに近づいて行くであろう」。われわれは生きて真理を見られないかもしれない。「すべての個人の意見には間違いが残される。しかし大したことはない。ある確定的な意見が存在し、人間の心が全体として、長い期間をかけて、それに向かっていくことには変わりない」（EP 1: 89; W2: 469）。このパースの確信は楽観的すぎるかもしれない。というのも、その真理に到達するために必要な証拠を集められるとは確信できないからである。しかし、われわれの探求の方法が自己修正的である、言い換えれば、間違いがわれわれの立場の永続的な特性である必要はないという一般的な考えは、パースの著作の根本的な側面である(Cooke 2006を参照)。第4章「疑問表現 (interrogative) と制御できないアブダクション」では、アブダクションの推論、演繹的推論、帰納的推論の使用が、科学の方法の使用によって実現する進展にどのように貢献するかを論じる。そこでは、探求が成功するには正しい問いを立てることがどれだけ重要かを強調し、また、アブダクションの推論の結論は疑問表現によって最もうまく表現される内容をもつというパースの主張を活用する。

0・3 プラグマティズムの格率についてのいくつかの問い

重いという概念を明晰化したいとしよう。そのときわれわれは、次のような命題の内容を明晰化することで、それを行えるはずである。

その対象は重い。
あなたが運んでいる箱は重い。

それぞれの場合に、その中である概念が何かに適用されているような単純な命題を明晰化することによって、その概念を明晰化する。このことがその概念の明晰化を与えるためには、次のことをはっきりさせる必要があるだろう。すなわち、当の命題がもつ実際的な帰結はどれも、当の対象がどう同定されたのかには左右されないということである。例えば、その対象が箱であるという事実は、重さの分析には無関係であるべきである。さらに、われわれがこの仕方で獲得する情報は、当の概念が現れている他の諸命題の明晰化に必要なことすべてを与えるべきである。それゆえ、その箱が重ければそれを持ちあげようとすべきではない、という命題を明晰にしたいとき、重いという概念がこの明晰化に役立つのは、先述の単純な命題が明晰化されているおかげなのである。

　単純命題のプラグマティズム的な明晰化は、その単純命題が中に現れている複合命題の明晰化の一部をなす、というこの主張に対しては、別の考えがあるかもしれない。つまり、プラグマティズムの格率は概念の明晰化の道具ではなく命題の明晰化の道具であると主張することで、パースの定式化を改訂できるかもしれない[7]。すると、ある概念を明晰に把握できるのは、その概念を含むすべての馴染みのある命題が明晰化できるときであると主張できるはずである。プラグマティズムの格率は、命題の明晰化のための方法論的な規則である。それは直接的には、体系的な意味論の一部でも、自然言語の表現の意味理論でもない。

　前述したように、プラグマティズムの格率にかんするパースの説明は、それほど詳細に行われているわけではない。「いかにしてわれわれの観念を明晰にするか」でのもともとの定式化は曖昧であって、実際的な帰結という、説明されていない概念を使っていた。最後の十年間で、その格率の正しさの厳密な証明をパースは求めた。そして、その証明を構成しない限り、当の格率についての詳細な言明を与えられないことを認めた。つまり、その証明は、プラグマティズムの格率の真理を論証すると同時に、その内容を明らかにするものである。

　第9章で立証するように、プラグマティズムの格率にかんする、最も有益で入念な定式化は、一九〇三年とそれ以降の著作のなかに見いだされる。一九〇三年の「プラグマティズム講義」('Lectures on

Pragmatism’）の最初の定式化は、「実践的（practical）」な局面を極めて明晰に捉えている。

> プラグマティズムは次のような原理である。すなわち、直説法の一つの文で表現できる理論的な判断のすべては、思考の混乱した形式である。もしその判断が意味をもつならば、その後件が命令法となる条件文として表現できるような、それに対応する実践的な格率を強く主張する傾向性のなかにその意味がある。（EP 2: 134-5）

われわれは、どのような行為がわれわれにとって合理的であるかに対して、ある命題が真であることがいかにして違いを生むのかを示すことによって、その命題を明晰化する。もちろん、どのような行為がわれわれにとって合理的であるのか、これは、当の命題の真理を前提にすれば、当の文脈の諸側面に依存するだろう。一九〇五年の定式化は、この点を敷衍する。つまり、ある命題の意味、または、「どんな象徴であろうと、それの知的な趣旨全体」は、「ありえる様々な状況と願望のすべて」（EP 2: 346）についての条件の下で、採用されるべき行為（behavior）の習慣（「合理的な行いの一般的な様態」）を同定することによって捉えられる。

「願望と状況」が当の文脈を構成し、その中でわれわれは行為できる、ということを認めよう。すると、どのように行為すべきかについての指針をわれわれが求めているならば、行為しようとしている文脈において、合理的な行為にかんするどのような習慣を採用すべきか、と問うことができる。その際、自分の願望や状況が異なっている諸々の可能な文脈をわれわれは考察するかもしれない。その場合、単に自分のもちあわせた願望や属している状況を前提して最善を尽くすだけでなく、自分の文脈の特徴を変えようと決断してもよい。実際、どのように行為するのが合理的であるのかは、偶然もちあわせた願望によって決定すべきでなく、どのような願望をもつべきか、善とは何かについての自分の理解や把握によって導くべきであるとわれわれは考えるかもしれない。最高善（summum bonum）すなわち「具体的合理性（concrete reasonableness）の成長」についての、パースの考え方はこれに一致する。探求やその他の行為を導くさいにプラグマティズムの格率をわれわれが使用することと、何が合理的かについての反省とは、分けることができない。プラグマティズムの格率にかんする十分な理解がおそらく要求するのは、われわれの認識的な文脈への理解、言いかえれば、様々な可能的状況における行為の帰結について反省するさいに考慮に入れるべき種類の情報への理解である。

プラグマティズムの格率の内容にかんするこの説明は、いくつかの興味深い問題を提起する。ある概念もしくは命題にかんするプラグマティズム的な明晰化は、普遍的かつ一般的な定式化になるだろうと一般的には思われている。パースは端的に次のように述べて実在を説明する。「探求者全員が究極的には合意することを運命づけられている意見が、われわれが真理によって意味しているものであり、この意見の中で表象されている対象が実在である」（EP 1: 139; W 3: 273）。そして、何かを堅いと記述することでわれわれが意味することは、「他の多くのものによっては、それは傷をつけられない」ということである（EP 1: 132; W 3: 266）。異なる文脈では、これは顕著な「実際的帰結」ではないかもしれない。つまり、クリケットのボールが堅いかどうかと思っているときに、私が興味をもっているのは、それが地面を当たったら弾むかどうか、また、それに当たったら打者を傷つけるかどうか、であるかもしれない。プラグマティズム的な明晰化は文脈に相対的である。すべての可能な文脈で機能する単一の明晰化を捜す必要はない。また、ある概念の適切な明晰化のために、生じうるすべての可能な文脈での当の概念の使用を明晰化できる必要もない。プラグマティズムの格率は、われわれが従事している文脈、または、われわれの探求に関連する文脈において、諸概念を効果的に使用するための方法論的な道具である。様々な可能的文脈の中で関連する、合理的な行為の一般的な諸々のパターンは、同じでないかもしれない。

一九〇三年及び一九〇五年より後の、パースによるプラグマティズムの定式化の仕方の展開は、彼の思想における重要な展開を反映している。その哲学的経歴の全体を通じて、心理学や生物学や他の自然科学での研究を規範的な論理学や認識論の中で活用できるという見解にパースは反対していた。パースは一八六〇年代から心理主義には反対していたが、一八九八年ごろから特にそれを避ける必要性を力説するようになった（第5章を参照）。これまで説明してきたように、このことは、形式論理学に対する彼の重要な貢献と同時に、一八九〇年代の可能性にかんする見解の展開も反映しているかもしれない（Lane 2007を参照）。規範的な論理学は、様々な可能な事態について客観的に反省できる力をわれわれに備えさせねばならないが、これはプラグマティズムの格率を適用する際に可能な諸々の文脈に訴えることに反映されている。

パースは、心理主義に自分が反対することを、ジェイムズやデューイといった他のプラグマティストと自分の主要な相違点とみなしていた（第5章と第10章を参照）。つまり、デューイは論理学と心理学との友好関係を模索していたのに対して、パースはデューイの著作にかんする書評を書く機会を利用して、論理学の中で心理学と進化論的生物学を使うことに対する批判を述べた。「いかにしてわれわれの観念を明晰にするか」を書いたあとにプラグマティズムの格率の筋が通っているかにパースが疑いをもったのは明らかである。その理由はおそらく、プラグマティズムを支える自分の議論が、信念の本性にかんする議論の余地のある心理学的な見解に依存していると彼が考えたからである。プラグマティズムの教説をジェイムズが支持したことでプラグマティズムは有名に、または悪名高くなった。そのことにかき立てられてパースは、証明の形をとったプラグマティズムの非心理主義的な擁護を与えようと決心した。

0・4　信念、判断、主張、命題

プラグマティズムの格率は概念と仮説の完全な明晰化を与えると想定されている。つまり、その格率は、認知と探求に参加するために必要なすべての明晰化を与える。この主張を評価するために、探求に関連する認知的な状態と行為の種類にかんする説明をする必要がある。パースのよく知られた論文、「信念の確定」（"The Fixation of Belief"）（一八七七年）と「いかにしてわれわれの観念を明晰にするか」（一八七八年）の議論に従えば、根本的な認知的状態は信念と懐疑である。前者の論文で、探求の目的は確定した信念であると彼は論じている。そしてこの結論は、探求の唯一の正当な方法は科学の方法であるという彼の議論の前提として使われている。つまり、他の方法については、それらの反省的な使用が確定した信念を生みだせないという理由で拒否される。二つ目の論文では、プラグマティズムの格率を用いれば、われわれのすべての認知的な必要を満たすような概念と仮説の明晰化が与えられるだろうと論じられる。これが意味するのは次である。すなわち、プラグマティズムの格率は信念の安定した確定にとって必要なので、われわれはそれを採用すべきである。プラグマティズムの格率は、何かを信じることには何が含まれるのかを明らかにすることで、これを実現する。この議論は、信念とは何かにかんするある見解を利用している。「信念の確定」の中で述べられているのはこうである。すなわち、「信念とは」、判明な感覚と連合するだけでなく、「われわれの願望を導き、行為を形成するものである」（EP 1: 114; W3: 247）。さらにパースはこう続ける。「信じているという情態（feeling）は、われわれの本性に何らかの習慣が確立されていることの、多少とも確かな指標であって、その習慣はわれわれの行為を決定することになる」。信念とは行為の習慣であり、このことは、われわれが採用すべき探求の方法とプラグマティズムの格率の正しさとの両方にとって鍵になる(8)。行為のどんな習慣が特定の信念を構成しているかを同定することで、信じられている命題の内容が何かをわれわれは学ぶ。

「いかにしてわれわれの観念を明晰にするか」を書いてから少なくとも二〇年間は、パースはプラグマティズムについてほとんどなにも書かなかった。いったんプラグマティズムに対する関心が戻ると、信念という概念が以前の論文の中で与えられていた説明的な機能のすべてを果たせるのかどうかについて、いくつかの疑念を彼は表明した。例えば、一九〇三年の「プラグマティズム講義」において、プラグマティズムの格率の一八七八年の擁護が、「信念とは主に、熟慮の結果として、信じられている定式を行為の指針として採用する用意があることである」(EP 2: 139) という議論に依拠していたことを彼は認めている。パースが許容したのは、こうである。すなわち、もし信念のこの分析が正しいならば、「信じられた命題自体が、行為の習慣にほかならないことがありうる」ことは、明らかである。しかし、信念が実際に行為の習慣であるかどうかについては、彼は疑念を表明した。パースは、彼の初期の見解が「遡ると心理学的な原理にまで……跡づけられてしまう」(EP 2: 14) のではないかと疑っている。探求の目的についての諸見解は、心理学的な諸事実に還元されるべきではない。というのも、人は「自分の本性を変えられるはずである。または、その人が自発的に変えなくても、その人の欲求が有利または適合的でないならば、環境がその人の本性を変えるはずである」(ibid.)。論理学は、われわれが何を認知的な欲求対象と考えるかには関係がない。むしろ、われわれの認知的な諸目的が何であるべきかに関係がある。心理学は、パースが関心をもった規範的な問題には答えられない。

パースが次に行った自らの立場の再定式には最初は驚かされる。すなわち、「信念にかんする問い、換言すれば、判断という行為についての真の論理的分析は何かということにかんする問いは、近年の論理学者たちがもっぱら精力を集中させた問いである」(EP 2: 140)。理由の説明もなく、信念ではなく判断に中心的な役割を与えるべきだとパースは主張する。これは、信念にかんする論理的分析が判断行為にかんする論理的分析と同一視できることを示唆している。しかし、なぜそうすべきなのか。確かに、信念は状態で、判断は行為であるから、信念についての問いを放棄して、それを判断についての問いで置き換えるべきであるという提案であるとこれを読むことは容易かもしれない。それでは、判断とは何か。そして、判断に中心的な役割を与えれば、どのように研究は進むのか。

この問いに直接に答えるまえに、一八九八年から一九〇一年〔の著作〕の多くの章句を検討すべきである。そこでは、行為の習慣として理解された信念が、パースがそれに与えていた根本的な役割をもてるのか、それを疑ういくつかの異なる理由が説明されている。「論理の第一法則」と呼ばれる、一八九八年の論文の中で、次のように彼は主張した。すなわち、「真理として成立している」(holding for true) というのは曖昧であり、「真理として成立している」ことには二つの種類がある (EP 2: 56)。

一つは、真理として実際的に成立していることであり、これだけが信念という名に値する。もう一つは、ある命題の受容であり、純粋な科学の意味においては、これはつねにあいかわらず暫定的である。ある命題に絶対的に確定的な仕方で固執することは、これがその命題を信じる人が個人的に自分の運命をその命題と共にすることを意味するだけならば、例えば、正しいか間違いかという実際的な関心においては、われわれは避けることもできず、避けるべきでないときもある。しかし、科学の中でそうすることは、単に学ぶことを望まないということに過ぎない。そして、学ぶことを望まない人は、完全に科学に背を向けることになる（EP 2: 56）。

一九〇一年の〔論文〕「古い記録から歴史を描きだす論理について」（'On the Logic of Drawing History from Ancient Documents'）では、「実践的な信念」を「人がそれに依拠して進もうとするもの」としてパースは記述している。科学では事情は異なる。というのも、「今日立てられた問題が、数世代にわたって何の科学的解決にも達しないかもしれず」、その探求を始める人は、自分の生涯でその解決が分かることを期待しないからである（EP 2: 85）。結論はこうなる。すなわち、「『信念』という言葉は、科学の語彙の中では場違いである。純粋な科学では、そのときに受容されている命題は、科学的進展の現状で到達した定式にすぎない」（ibid）。

なぜこれが重要なのか。(9) 一八七八年の論文の中で、パースは、次の二つの特徴をもつ信念の一元的な捉え方を擁護しているようにみえる。つまり、

1　信念とは行為の習慣であり、信念の内容は、われわれが自分の願望または必要を満たすことを可能にする仕方によって決定される。

2　科学的な研究の目的は、安定した信念にある。

一八九〇年代の後半には、信念についての単一の捉え方をするだけでは、こうした両方の必要を満たすことはできないとパースは考えるようになった（フックウェイ2000：一章参照）。

一九〇三年に信念を説明するときに（または、それの代わりに）判断という概念をパースがどのように用いたのかについてはすでに述べた。判断によって彼は何を意味しているのだろうか。もし信念が行為の習慣であるならば、この習慣に合致して行為する際に遂行される熟慮は、しばしば判断を形成することを含むだろう。

この判断という概念はカントに由来する。認知の根本的な形式は、概念に該当するものとして事物を認識することを含む。カントに従えば、これは事物について判断を形成することを含む。実際、悟性にとって可能な概念の使用は、概念を用いて判断することだけである（1787: A68）。判断という行為（action）の結果はつねにある命題の受容である。判断とはつねに事物にかんする知識を媒介することにおいて現れるのであり、対象の表象の表象に携わるということをカントはわれわれに思いおこさせる。実際、すべての判断は、諸々の表象の間で統一を行う機能である（1787: A69）。そしてそれが与える知識はつねに媒介的である。

判断にかんするパースの説明はカントと類似している。判断は、「意識の行為」または心的な行為である（EP 2: 12, 292）。この行為をとおして、「判断者は、自分自身に命題が真であることを印銘し、自らの心の中で……命題に対する信念を決定しようとする」。判断は、「心的な命題の形成を含み、その形成は、当の命題の採用、または、それに対する同意という行為と結びついている」。カントと同様、パースにとって、判断には媒介的な性格がある。論文「人間に備わっていると主張されてきた諸能力にかんする問い」では、すべての認知、それゆえ、すべての判断は、推論の帰結であると彼は主張する。ここで重要なのは、判断の本性にかんするパースの説明が命題という観念に訴えていることである。つまり、判断はこうして、より根本的な種類の表象を含むのである。これは、パースの反心理主義と一致しており、それは、一九〇三年からの次の一節に示されている。

・命題によって判断を説明することは、本質的に知解可能なものによってそれを説明することである。
・判断によって命題を説明することは、それ自体で知解可能なものを心理学的な行為によって説明することであり、それは諸現象あるいは諸々の行為の中で最も不明瞭なものである。(EP 2: 275fn)

信念を理解するために判断に訴える必要があるのと同じように、われわれには、判断を理解するために命題を理解する必要がある。一八七七年と一八七八年にパースは、命題とは何かを信念の内容によって説明しようとした。しかし、一九〇三年には、命題が信念や判断よりも根本的であることを彼は示唆した。判断を行うとき、われわれは、信念を支える手に入る理由を評価し、それらの理由が十分であると判断する。こうした評価は、われわれの認知的な諸目的に反応しなければならないし、こうした価値に対するわれわれの支持を反映しなければならない。例えば、われわれが純粋な科学に従事しているのか、実際的な事柄に従事しているのかに応じて、採用される標準が変化しうることは驚くべきことではない。

一九〇三年の講義でのパースの議論は、次の三つの段階からなる。

1　第一に、すでに見たように、信念にかんする非心理学的な説明を与えるための最善の方法は、判断にかんする論理的な分析を採用することだとパースは考える。

2　第二に、判断が「主張と緊密な類縁の関係にある」(EP 2: 140) という事実を活用することによって、われわれは判断を最もよく理解すると彼は主張する。

3　第三に、「主張という行為は、命題の意味を把握するという行為とはことごとく異なる本性をもつ行為であり」、判断や主張にかんする分析は、「命題の意味の把握とは何か、という広く異なる問い」には「どのような光も投げかけられ」ないということを彼は看取する（ibid.）。

それゆえ、主張によって信念と判断をわれわれは説明できるのであり、もしプラグマティズムの格率を擁護しようと試みるなら、信念、判断、主張ではなく、意味の把握とは何かに関心を向けるべきであるように思われる。論理学の基礎にかんする様々な哲学者の著作に表れている平行性に興味のある人たちは、ここでフレーゲの主張を思いおこすことになる。フレーゲの一九一八年の論文「思想」では、次のような主張がなされる。すなわち、われわれは、(1)思想の把握、(2)思想の真理にかんする認識-主張という行為、及び、(3)この判断すなわち主張の表明、この三つを識別すべきである（Frege 1984: 355-6）。

いかにして、判断と主張の間にある「緊密な類縁の関係」を理解すべきだろうか。マイケル・ダメットは二つの可能性を論じている。すなわち、「判断という内的な行為の表現」として主張を捉える見解と、「主張という外的な行為の内化」として判断を捉える見解とをわれわれは比較できる（Dummett 1973: 362）。一八六〇年代から死ぬまで、パースが二つ目の見解を好んでいたのは明らかである。[10] この文脈でショートは次のように強調してきた。すなわち、思考とは内面化された言説であり、そして、「私秘的な行為は、公共的な行為に倣って作られなければならない」ということがこれから帰結する（Short 2007: 247; EP 1: 23-4, 1865）。

ある手紙の中で、命題と主張の関係をパースは明らかにしている。つまり、命題は主張ではなく、主張されうる記号である（CP 8.337）。主張を理解するために、「主張的な要素が拡大させられている」事例を考察するようにパースは勧める。そうした事例は「宣誓供述書のような極めて形式的な主張」によって与えられる。すなわち、一人の男が、公証人または判事のまえに行き、もし彼の言うことが真理でないなら、悪い結果が彼にもたらされることになるような証言をする。彼がそうするとき、もし宣誓された命題が知覚できる事実として他の人たちに示されたならば彼らが受けるはずの影響を、他の人たちに引き起こすことを彼は予想している。（EP 2: 140）

ある主張がもつ主張する力は、どのように顕在化されるのだろうか。パースによれば、それは表現される命題の内容がもつ概念的な要素ではありえない。つまり、たとえそれが誰かが主張を行っているという命題であっても、結局は、いかなる命題も主張されずに発話されうるからである。おそらくこれは、ウェルビー夫人に宛てた手紙の中の、パースのいくらか謎めいた主張への鍵となる。すなわち、「主張という行為は、純粋な表意（signification）行為ではない」（CP 8.337）。むしろ、彼が言うには、主張とは「主張された命題が真でないときは、嘘つきが受ける諸々の処罰に自分が従うという事実の表明」（ibid.）である。ともかくも、主張にかんする諸規範に自分が従うということが「表明され」たり、表示されたりする。われわれが主張を行うことは、われわれが引き受けるコミットメントを顕在化するのである。

本節を終えるにあたり、信念、判断、主張などに対する命題の優先性にかんするパースの強調を想起しなければならない。われわれがこうした行為を遂行できるのは、言述記号（dicisign）を把握できるからであり、命題を判断や主張と同一視すべきではない。誰も議論に納得しなくても、われわれは議論を理解することはできる。これはプラグマティズムの正しさを論証しようとするパースの企てにとって重要な意義がある（第11章を参照）。正しいか否かはともかく、信念が行為の習慣であるという前提から命題の内容が行為の習慣によって決定されるという結論に至る議論をパースが行っていることは、広く受けいれられている。以下で見るように、後期の著作の中ではその議論は反対の方向に進む。「知的な概念」の理解は何を含むのかについての探求をとおして、パースは次のように結論づける。すなわち、そうした概念の適切な理解は、それを行為の習慣と同一視することを含む。もし信念が命題的態度であるならば、命題の意味は行為の習慣であるから、信念も行為の習慣であると推論できるのである。

0・5 知覚判断と所与

科学の方法においては、知覚（perception）に特別な役割が与えられる。すなわち、われわれが実在にかんして信頼できる知識を獲得するのは、諸々の実在が「規則的な法則に従ってわれわれの感官に影響を与える」からである。知覚判断（perceptual judgement）は、「ある人の目の前にあるものについての、その人の最初の判断である。そして、そうした判断は、制御できないが、もちろん、可謬的でもある」（EP 2: 191）。すべての判断と同様、知覚判断は「心的な命題の形成」を含み、その形成は「その命題に対する採用または同意という行為と結びついている」（EP 2: 191）。心的命題の内容には命題的な構造がある。パースは、そのような判断を、「アブダクションの推論の極端な事例」として記述している。つまり、知覚判断は、諸々の概念を経験の諸対象に適用することと、手に入る情報を評価することを含んでいる。しかし、その推論は、証拠にかんする反省的な考量を一切含まない。

認知のこうした重要な諸特徴についてのプラグマティズムの取り組みの多くは、信念が「所与」に基づいているという考えに対する反応の形をとっている（第8章、Lewis 1929、Sellars 1963: 191-6を参照）。所与は、典型的には知覚的な内容として特徴づけられ、その内容は非推論的かつ非概念的である。つまり、この場合には、所与は知覚判断にある種の基礎を与えるが、知覚判断と同一視はできない。知覚判断は推論的かつ概念的である。しかし、所与はこの特色のいずれももたない。パースが「実在の唯名論的な捉え方」と呼んだものを受け入れるならば、われわれの実在との主要な接触は、パースが時々「直観」と呼んだものを通じてなされることになり、すると、直観はしばしば「所与」として記述されるものに適合することになるだろう。

知覚像（percept）と知覚判断をパースは区別する。その際、非推論的で非概念的な所与と知覚像を同一視するのは間違いであろう。誰かが部屋で座って書きものをするとき、「テーブルの向こう側にその人が見る、緑色のクッションのある黄色の椅子」は知覚像である（CP 7. 619; Hookway 1985: 156f）。その知覚像は、直接見られる物質的対象である。知覚像と知覚判断をパースは区別するが、この二つの要素は実際には知覚体（percipuum）の中で融合しているとも主張する。[11] 一般性（または、概念的解釈）は、知覚判断には見出せるが、知覚像には見出せないという考えにはわれわれは抵抗しなければならない。つまり、「まさに知覚像は認知的な精錬」または「概念化の結果である」（CP 5. 146）。パースは知覚像の三つの要素を区別する。第一に、知覚像は、「情態（feeling）のもつ諸々の質」を具現化し、それぞれの質は、「何か積極的で独特のものであり、それがどのようにあるかは、他のすべてがどのようにあるか、何であるかには関係ない」（CP 7. 625）。第二に、知覚像のある要素は、「第二の部分に相対的で」あるように現れる。つまり、われわれが注意する事物を鮮明にし、それを単一的な個物として知覚させる仕方で現れる。第三に、特定の性質、例えば、黄色の椅子であるという性質をもつように見えるものとして私は知覚像を同定できる。この第三の特色は、知覚判断において最も明瞭になるとはいえ、他の要素から区別することはできない。最初の要素すなわち「情態のもつ質」が純粋な経験の本質を捉えていると考えるのは間違いであろう。つまり、情態のもつ質、「単一性」をもつ対象、概念化によって捉えられる何か、われわれの経験はこれらが一体になったものである（CP 7. 626-7; Hookway 1985: ch. 5 passim）[12]。

第7章は、観念または一般的性質の本性を説明するためにパースが用いた隠喩を詳細に検討する。それは観念が「ある種の合成写真」であるという考えである。その章では、図式として機能する合成写真を使うことによって、いかにしてわれわれが経験の諸要素に「観念」を適用できるのかをこの比喩が説明しようとしていると論じる。一九〇五年の草稿の中の一節によってこれは支持される。すなわち、「知覚像は、音や他の感覚を伴う活動写真である」（MS: 939）。

知覚のアブダクション的な性格を支持する証拠は次の事実にある。すなわち、本来の知覚と本来の推論との中間的な事例、すなわち、概念的な諸可能性を操縦することで自分の経験を制御できる事例があるという事実である。ほぼ五〇年後にウィトゲンシュタインがしたように、通常の知覚と、見えるものに基づいて明らかに推論を引き出している事例との中間的な事例を与えるために、相の転換（aspect shift）の諸事例をパースは活用する。パース自身は一例としてシュレーダーの階段を使っている（CP 7. 647）。しかし、ウィトゲンシュタインのアヒル・ウサギの例を使うことは、いくつかの歴史的な依存関係を記録するよい方法である。アヒル・ウサギの図は、ふつうはジョセフ・ジャストロウ（Joseph Jastrow）に帰されている。一八七〇年代後半、彼はパースの研究協力者であり、ジョンズ・ホプキンス大学の学生であった。そうした図を考えてみると次のことが明らかになる。すなわち、（あるものが何であるとわれわれが信じているか、だけではなく）あるものがどのように見えるかは、われわれの期待に依存している。パースが使った別の例は、列車の窓から外を眺めて、実際には隣のプラットホームの列車が動き始めているときに、自分の列車が動いていると勘違いする経験である。動いているのが自分の列車ではないと知っているときですら、経験はこの人を欺く性格を持ち続けることがある（CP 5. 181）。われわれが経験することは、単なる信念と経験との衝突ではない。つまり、予想を含むと同時に当の予想を挫くような、経験自体の中にある不整合をわれわれはしばしば経験する。こうした事例において、「知覚判断と、知覚それ自体とは、ある一般的な相から別の一般的な相に移り、再び戻るということを続けるように見える」（CP 5. 183）という事実は、知覚が「解釈に固有の特徴……を完全に免れている」（CP 5. 184）わけではないことを示している。

相の転換の事例では、われわれは見るものを制御できるかもしれない。しかし、知覚では通常それは成り立たない。すなわち、「知覚者は、彼が知覚するものを知覚せざるを得ないのに気づいている」（CP 4. 541）。知覚像は、「その認識のためのどんな理由も提供しないし、合理性があるようなそぶりも見せない。「それはわれわれに働きかけ、自らをわれわれに強制する。しかし、それは理由を述べないし、いかなる根拠にも訴えない」（CP 7. 622）。「アブダクション的な示唆」は、「閃きの中で」われわれにやってきて、（それが生起している時点では）「絶対に批判を超えている」。しかし、これにもかかわらず、「それは洞察の行為である。もっとも、それは極端に可謬的な洞察であるが」（CP 5. 181）。それゆえ、われわれは次の問いに直面する。知覚経験にかんするアブダクション的な解釈は、自動的で、訓練可能で、洞察的であるが、このアブダクション的な解釈の過程はいかにして可能なのか。認知が成功するかどうかは、われわれの概念や観念がこうした〔アブダクション的な解釈の〕役割を果たせるような形式をとるかどうかにかかっている。

これは合成写真の隠喩が本領を発揮するもう一つの領域である。われわれの観念は、経験の将来的な成り行きについて、想像的で自動的な予想のある種の作り方を示すことのできる枠組みを与える。そうした観念は、事物がどのように見えるべきかを決定したり、それに照らして経験を構成したりする際に、無意識的にわれわれの手引きとなるといえるかもしれない。注意深い反省的熟慮が介在することなく観念はそれを行う。そして、容易にみてとれるように、これは図像的な表象――例えば、写真――が与えることのできる種類の手引きである。しかし、こうした手引きは、入念な記述を一つや二つの段落行っても与えることはできない。観念は図を与える。その図は経験に構造を与え、経験が探求と熟慮をさらに活気づけられるような形式を与える。

　知覚にかんするパースの説明には、彼の哲学全体にとって重要な意義がある。まず、外的な事物とのわれわれの認知的な接触は、知覚判断の中の、外的な対象に対する指標的（indexical）な指示に基礎をもつ(Hookway 2000: ch.4参照)。そうした指示は、一般概念を使用したその対象の記述によっては媒介されない。つまり、知覚は、それ《い》が赤い本であると教える。第二に、すでに見たように、知覚経験自体が概念によって形作られる。つまり、事物がどのように見えるかは、図式の使用を通して概念によって決定される。

　知覚にかんするこうした見解は、パースの一般的な認識論的見解やデカルト主義への批判、そして彼のプラグマティズムにどのように関わるのか。第一に、知覚経験が豊かであること、そして、知覚経験が、外的事物や一般的な法則や一般的なパターンからなる心とは独立した世界についての可謬的な情報をわれわれに供給することを、その見解は認める。知覚判断は、われわれの知識のための最初の諸前提を与える。そしてこの役割は、知覚が可謬的であるという事実によって否定はされない。パースが記述する豊かな経験は、パースが「直観」と呼ぶものや、ウィルフリッド・セラーズが批判する痩せ衰えた「所与」とは対照をなしている（知覚にかんするパースのいくつかの見解を展開させる議論は、第7章と第8章を参照）。

　もしわれわれが経験の豊かさを認める点でパースに従うならば、そして特に、知覚が外的な事物との直接的な接触を与えるという主張と、知覚経験が概念化と、パースが「第三性」と呼ぶものの感知とを含むという主張に従うならば、いくつかの関連した諸現象についてのパースの認識に注意すべきである。プラグマティズムを擁護するためのパースの戦略の一つは、知覚にかんするこうした見解を活用して、知覚経験がアブダクション的な推論の極端な形式であるという主張を組みあわせ、われわれの諸概念のすべてが初めから根拠のあるものであると主張することである。論理にかんする知識が論理性に根拠をもつというジークヴァルトの見解にかんするパースの批判にも、こうした複雑性への自覚が見て取れる。第5章では、論理学が単純な「論理性の感覚（feeling）」に根拠をもつというジークヴァルトの考えをパースがどのように批判したのかを見た。おそらくこうした論理性の感覚は、パースが直観にかんする彼の議論で気づいた所与の特徴に極めて類似している。われわれが所与と結びつけるものを超えて、知覚像の中の豊かさと複雑性をパースが認めたのと同じように、論理性の感覚にも同じ種類の複雑性があるとパースは論じた。「心の中で」疑っていることにわれわれは導かれるべきだというパースの強調についても、似たような注釈を行うことができる。おそらく、われわれが外的な事物を可謬的に知覚するのと同じように、ある議論の論理性や、命題の疑わしさをわれわれは知覚できる。しかし、こうした示唆はまったくの憶測であるが。

0・6 結論

一八九八年は、パースの哲学的展開の中で重要な年であった。「カリフォルニア大学のハウイソン（Howison）教授哲学連合」に対する講演や、講演「哲学的概念と実際的帰結」[13]の出版を通して、ウィリアム・ジェイムズが自分はプラグマティストであると宣言したのである（1898: 287-309）。〔当時〕形式論理学でのパースの研究はかなり進展していた。そして、可能性にかんする彼の理解の中には、根本的で重要な展開があり、可能性にかんする彼の初期の認知的理解は、いっそう実質的に客観的な捉え方に取って代わった(Lane 2007)。こうした諸要因は組み合わさって、彼の思想を支配するようになった哲学的な計画にとって重要な帰結をもたらした。

第一に、パースは、つねに論理学における心理主義を拒否してきたが、なぜ心理主義が拒否されるべきかを説明する新たな理由が生じ、論理学の非心理主義的な規範的体系がいかにして可能であるのかを理解することがとりわけ重要になった。第二に、パースがプラグマティズムの正しさについて疑いを抱いていた長い期間のあとで、自分がプラグマティストであるというジェイムズの宣言によってプラグマティズムが獲得した悪名は、パースに次のような認識を促した。すなわち、パースのプラグマティズムの方がジェイムズのそれよりも優れているという認識である。彼は、プラグマティズムの創設者としての役割を認められて正当に評価されることを求めた。しかし、尊敬と哲学的な注目に値するのは自分のプラグマティズムであるべきだと彼は断固として考えていた。

パースのプラグマティズムは、いくつかの理由でこの尊敬に値するものであった。第一に、プラグマティズムの原理が論理学の格率であることをそれは認めていた。第二に、ジェイムズと違ってパースのプラグマティズムは、「極端な」実在論にコミットするものであった。このことからパースは、当の格率の厳密な定式化を求め、そして、このプラグマティズムが要請する種類の実在論を支持する事例に注意を向けるようになった。第三に、パースは、プラグマティズムの格率が規範的論理学の原理であり、そうした論理学が非心理学的な観点から擁護されるべきであるとした上で、プラグマティズムの格率の非心理学的な擁護を構成することにパースはコミットした。一九〇〇年代の初め以降、論理学が「形式的記号学」、すなわち、記号解釈の形式的かつ体系的な説明であるとパースは論じることができた。そして、プラグマティズムの格率は、この記号の形式理論の定理として擁護できることを示そうと試みることができた。このことは、プラグマティズムの「証明」と彼が呼ぶものへの研究という形式をとった。パースの数学の哲学（第6章）、そして、心理主義に対する彼の拒否（第5章）を議論することによって、また、プラグマティズムの格率の議論（または証明）をパースがどのように試みたかについての詳細な説明を与えることによって、パースの後期の著作にかんする最も重要な諸特徴のいくつかをわれわれは探ることになるだろう。

様々なプラグマティストたちの見解の関係は重要であり、そのいくつかはこの本で論じられる。ジェイムズのプラグマティズムに対するパースの批判は、第10章の主題であり、デューイによる論理学の自然主義的な把握に対するパースの反応は第5章で論じられる。C・I・ルイス（第8章）やリチャード・ローティ（第2章）のような他のプラグマティストの思想家に対して、パースならどのように答えただろうかということもわれわれは考察する。[14]

原注

（1）第5章は、心理主義の拒否に至った議論にかんする説明を提供し、パースの著作とフレーゲとフッサールの見解との間にある連関のいくつかの要点を確認している。第11章が明らかにしているのは、パースのプラグマティシズムの正しさにかんする「証明」を求める究明の中で、彼の反心理主義が果たす役割である。

（2）こうした貢献は、形式論理学及び統計的推論の論理（Houser, Roberts, and van Evra 1997を参照）、連続性にかんする数学、現象学及び客観的観念論の擁護についての著作にまで及んでいる。

（3）一九〇五年に、パースは、プラグマティズムについての様々な説明の間にある混乱を避けようとして、彼が賛意を示すはずもない見解も含めた、いっそう広い意味で「プラグマティズム」を保持しつつ、「もともとの定義を表現するというはっきりした目的に適うように」、または、おそらくより正確には、その教説のパース自身の説明を自分の手元に確保するために、「プラグマティシズム」という語を導入した（CP 5.414; EP 2: 334-5）。

（4）パースにかんする、デューイの主な批判は、こうであった。すなわち、パースは、まったく体系的な著述家ではなく、一つの体系の中で自分の見解を決して詳述しなかった。そして、デューイが言うには、パースの洞察を「拡張」することはウィリアム・ジェイムズに残されたことだった。これは、パースが体系的な哲学者でなかったことを意味しているのではない。パースが一九〇〇年ごろに展開した建築的な構造は、偉大な哲学的体系の一つである。デューイも認めているように、パースは自分の見解を完結した体系的な方法では決して公表しなかったが、パースはそうしたいとつねに熱望していた。デューイの不満を簡単に言えば、パースのプラグマティズムが、一部は論理の体系を形づくり、一部は科学的な探求で用いられるべき方法を形づくったのに対して、ジェイムズとデューイ自身は、宗教的な信念に関心を抱いていた。さらにデューイは、プラグマティズムがどの程度アメリカ独自の哲学であるかをパースが探りそこねた、という異議を述べることもできたかもしれない。

（5）パースは、自分が実在論者であると主張し、プラグマティストのほとんどが彼の実在論を共有していないことを悔やんだ。実際、パースは、彼の哲学的な見解が成熟するにつれて、彼の実在論がどんどん確固として極端になっていったと主張した。しかし重要なのは、彼が「唯名論」を実在論の第一の敵としてつねに考えていたのを心に留めておくことである。ほとんどの哲学者は、プラトンでさえ、唯名論であるとの告発を逃れていなかった（Forster 2011を参照）。パースは、ドゥンス・スコトゥスとオッカムの間の議論にまで遡る闘争の一方の側に付いていた。

（6）パースは、一九〇七年以後もプラグマティズムにかんする証明を捜しつづけた。こうした探求のいくつかは、これまでアハティ＝ヴェイッコ・ピエタリネンによって記述され研究されてきた（2006, 2008; Pietarinen and Snellman 2006）。

（7）最終章で、プラグマティズムの格率が概念の明晰化の道具か、命題の明晰化の道具かについての諸問題に触れるつもりである。おそらく、われわれは、ある概念を含む命題を明晰化することによって、その概念を明晰化する。この問題にかんするパースの初期の短い議論は一八六八年に始まっている（EP 1: 22）。

（8）「人間に備わっていると主張されてきた諸能力にかんする問い」の中で、「信念にかんする知識は信念の存在に欠かせない」という広く受け入れられている前提にパースは注目した（EP 1:22; W 2: 170-1）。信念を定義する二つの仕方を彼は区別した。すなわち、感覚的な信念とは、「確信の独特な情態（feeling）」が伴う信念であり、活動的な信念とは、「それによって人が行為することになる判断である」(EP 1: 22)。

(9)二つの種類の「真理として理解する(taking to be true)」についてのパースの注釈から見れば、信念が行為の習慣であるという考えを彼は放棄したと結論できるかもしれない。しかし、これは必ずしも真ではない。たとえ実践的な事柄に関連する行為の指針として信念を用いないとしても、純粋な科学的研究においては、実験を設計したり観察を計画したりする際に科学的信念を用いることによって、われわれは依然としてそれに基づいて「行為」するかもしれない。実験室での行為と、日常生活や個人的に重要な事柄でなされる行為とは別のものである。どのようにわれわれが行為するかは、引き受ける用意のあるリスクと目標次第である。

(10)ダメットもこの見解を好み、Dummett(1973: 295-363)での詳細な議論において、フレーゲもそう考えていたと論じている。

(11)知覚像と知覚判断は知覚体(percipuum)の中で融合しているというこの主張は、次のパースの記述によって支持される。「われわれは知覚判断の証言がなければ、知覚像について次のこと以外には何も知らない。すなわち、知覚像のもたらす衝撃、反発をわれわれは感じるということ、そして、ある対象の中にその全体性において知覚像の諸内容が備わっているのをわれわれは見て取るということ、これだけである」(CP 7.643)。

(12)最近の何人かの研究者は、デューイや他のプラグマティストたちの著作の中に、所与へのコミットメントの残滓を見出した。知覚と知覚判断と知覚体との関係についてのパースの見解がこの所与へのコミットメントを回避するのかは、重要な問題である(Koopman 2007; Atkin 2009)。

(13)最初の講演はバークレイの『大学紀要』(University Chronicle)(1:287-310)、及び、哲学連合が出したパンフレットに掲載された。「要約改定版」は「プラグマティズムの方法」(The Pragmatic Method)(1904)、及び、『プラグマティズム』(Pragmatism)(1908)の第三講の一部に組み込まれた。

(14)こうした議論は、Hookway(2000: ch. 4)での、真理と指示についてのジョサイア・ロイスの見解に対するパースの批判の分析を補足するものである。

第1章 パースと懐疑論

1・1 導入

懐疑論にかんするパースの表だった議論は少なく、短く、一見して単純に否定的である。一八七七年の「信念の確定」（"The Fixation of Belief"）でパースは、「すべてを疑うことによって研究を始めるように勧める」（EP 1: 115; W2: 248）哲学者たちに対して、そうした哲学者が抱いている懐疑的な疑念は、「心を刺激して、信念を求める奮闘に向かわせるものでは全くない」と答えている。つまり、「本当の（real）生きた懐疑がなければならず、それがなければ、すべての議論は価値がなくなる」（ibid.）。こうした所見は容易に却下される。つまり、自らの信念に対する懐疑的な挑戦の力を認める人たちは次のように主張する。そうした挑戦を真剣に受けとる理由が実際にあり、そうしない人たちはこの認識的立場の重要な諸特徴に単に背を向けているにすぎない。というのも、この懐疑は単純には否定できず、また、この懐疑によって、信念がどれほどうまくわれわれを実在と接触させるのかについて、何か重要なことが明らかになることを納得するのは容易だからである。

この話題を扱うパースの著作は、そうしたそっけない否定以上のことを提案する。[1] 以下で見るように、懐疑論に対する彼の応答は、指示と実在についてのいくつかの見解を議論している。欠陥のある実在の「唯名論的」な捉え方がいかにして懐疑論に抵抗するのを困難にする可能性があるのかを彼は示す。他方で、よりもっともらしい実在の「実在論的」な捉え方は、懐疑論がなくてもいかにしてわれわれが生きていけるのかを示す。彼はまた、信念と懐疑を支える理由にかんする諸見解にも依拠している。序論で述べた、真理と実在にかんする議論は、本当の生きた懐疑が認知において果たす役割にかんする理解に依拠しており、またそれに貢献したものである。懐疑論（第1・1節）と可謬主義（第1・2節）についての諸問題を導入した後に、信念と懐疑を支える理由にかんする彼の見解を述べる（第1・3節）。続くいくつかの節が議論するのは、いま言及した実在にかんする問題（第1・4節）と、経験がいかにして外的な事物との直接的な接触を与えるのかという問題（第1・5節）である。最後の節では、パースの著作とウィトゲンシュタインの『確実性について』（*On Certainty*）に見出せる、懐疑論への応答の類似点を考察する。

懐疑論の諸問題を定式化するには様々な方法がある。[2] 私が（少なくとも本章の初めの方の節で）用いる方法は、ピュロン主義的でデカルト主義的な懐疑論の背後にある中心的着想を把握し、パースの見解のどこが特徴的なのかを把握するのに特に適している。信じる人と挑む人と呼ばれる二人の対話によって、その方法を用いることができる。（これらの役割を同じ人ができることも多い。）信じる人がある命題を信じていると確認されるとき、対話は始まる。そして、挑む人は最初の挑戦（primary challenge）を行い、当の命題を受け入れる資格があることを証明するように信じる人に要求する。この挑戦は多くの異なった形式をとれる。

その命題を信じるのにどんな理由があなた（私）にあるのか。
どのように、あなた（私）は、その命題が真であるのを知るのか。
なぜ、あなた（私）は、その命題を信じることを正当化されるのか。
なぜ、あなた（私）には、その命題を信じる資格があるのか。

この対話の一つの想定は、信じる人がこの最初の挑戦に答えられない限り、その人の認識的立場は不健全である、すなわち、信じる人には当の信念を保持する資格はない、ということである。さらに、信じられているどんな命題に対しても、最初の挑戦は正当に発せられるし、信じる人はそれに答えなければならない。

懐疑論の擁護者たちがこの対話に参加するときはつねに、懐疑論につなげるために、次の明白な事実を活用する。すなわち、信じる人が与えるどんな答えも、不完全か、そうでなければ不満足であると示すことができるという事実である。信じる人が当の信念を支える理由を与えるために他の信念に訴えれば、挑む人は、次に当の他の信念に向けて最初の挑戦を発することで応答できる。または、与えられた理由が当の信念を正当とするには不十分であると挑む人は指摘できる。このことは、J・L・オースティンの使い古された例に訴えて説明できる（Austin 1961: 83ff）。つまり、庭にいる鳥がゴシキヒワであると私は信じていると想定する。いかにしてそれを知るのか（「いかにしてそれがゴシキヒワであると言えるのか」と問われたとき、「その赤い頭によって」と私は答えるかもしれない。すると、挑む人はさらに次のように最初の挑戦を発するかもしれない。すなわち、ゴシキヒワが赤い頭をもつことをいかにして私は知るのか。庭にいる鳥が赤い頭をもっているのをいかにして私は知るのか。あるいはまた、挑む人は私の理由の適切さに問いを立てるかもしれない。すなわち、キツツキも赤い頭をもつことがあるのに、それがキツツキである可能性は消去されるのか。そして、挑む人が備えている中で最も強力な挑戦は、馴染み深い検証不可能な代替案に訴えることであろう。すなわち、赤い頭をもった鳥がいる夢を見ている可能性、または、身体から分離されて水槽に入れられた私の脳に接続されたコンピューターを操る悪い科学者によって、私が騙されている可能性を、私は排除できるのか。

懐疑論に対して答えるときの普通のパターンは、信念の正当性を非難するために使われる挑戦の正当性を疑うことである。パースの応答もこの種類に属する。しかし、そうした応答が多くの直接に関連のある標的をもちうることを心に留めるべきである。ある戦略は、最初の挑戦を表現する問いを尋ねることはつねに意味をもつという考えを拒む。つまり、誰かがある命題をいかにして知るのか、または、誰かがそれを信じるのはなぜ正しいのか、をつねに適切に問えることをそれは否定する。別の戦略は、最初の挑戦に応じる際にわれわれが示す理由の適切さを疑問視するために懐疑的な挑戦が使用される仕方に焦点を絞る。ある理由が成立し、かつ、その理由が支える命題が偽になるような、論理的に可能な諸状況を単に同定することによって、信念を支える理由に疑問を立てる懐疑的な挑戦もある。検証不可能または検知不可能な状況――例えば、悪霊がわれわれを欺いているという可能性を措定する懐疑的な挑戦もある。これに対する反懐疑的戦略は、われわれが自分の信念のために理由を必要とすることは認めるが、こうした可能性がわれわれの理由に対して難題を突き付けることを否定する。以下で見るように、パースは一つ目の戦略を採用する。つまり、われわれの信念の一つを疑う理由がない限り、それを信じるための理由は必要としなくてもよい。

そうした立場にかんするパースの擁護は、懐疑を支持する理由についての彼の見解に依拠している。これは第1・3節で扱うが、その前に論じるべき予備的な問題がある。上で示したように、懐疑的な挑戦が注目するのは、信念にかんしてどのようにしてわれわれが可謬的であるのかである。彼は自分が「悔恨の情を示す可謬主義者（contrite fallibilist）」であると主張したので、その立場が懐疑論の拒絶といかにして和解できるのかについて、いくつかの重要な問題を彼の著作は提起する。第１・２節は、可謬主義をどのように理解すべきかを考察し、そして、可謬主義と反懐疑論の組合せがアメリカのプラグマティズムを定義する目印であるというヒラリー・パトナムの見解をどのように理解すべきかを検討する。第１・３節は、懐疑についてのパースの見解を探り、「本当でなく」、「紙の上だけの（または、見せかけの）懐疑」として哲学者の懐疑をいかにして彼が却下できるのかを理解しようと試みる。これは信念と懐疑を支える理由についての見解の確認につながり、その見解は第１・２節で論じた諸見解の組合せを維持することに関連する。次に、実在の考え方にかんする哲学的誤謬を、パースが識別していることに目を向ける。そうした誤謬が懐疑的な対話を不可避にする恐れがある。第１・４節で見るように、彼は、「唯名論」を避け「実在論」を支持しようとした。そうすることで、（他の多くの哲学的誤謬と同時に）[3]懐疑論に抵抗できるようになると彼は主張した。最終節では、彼の可謬主義的でプラグマティシズム的な実在論に照らして懐疑論がいかにして再び生じうるのかを考察し、いかにして彼がこの改訂版に応答するのかを一般的に検討する。

１・２　懐疑論と可謬主義

ヒラリー・パトナムはかつて次のように示唆した。すなわち、「もしかすると、アメリカのプラグマティズムのまさに独特な洞察とは」、同じ人が「可謬主義者であり、同時に、反懐疑論者でもありうる」ということである（Putnam 1994:152）。誰でもこれについて考えてみれば、可謬主義を反懐疑論と組みあわせることは難しくはない。C・F・ディレイニー（Delaney）が表現したように、懐疑論は「認知的な絶望の態度」

であり、一方「可謬主義は、強固な認知的希望と完璧に両立するように思える」(1993: 111)。しかしながら、すでに見たように、そのような〔可謬主義の〕楽観論を掘り崩すようにみえる馴染み深い哲学的動向がある。その一つとしてデカルトは、われわれの信念の一つが間違いと判明するかもしれないという可能性が、ともかくその信念を保持する正当性を掘り崩すと考えていたように思われる (Smyth 1997: ch.6を参照)。

この節では、いかにしてパースがこの「独特の洞察」を明確に表現し擁護したのかを検討する。われわれのすべての信念が不当であること、われわれが現時点で信じているすべての命題を疑う十分な理由を与えることができることを示唆することによって、懐疑論は絶望を引き起こす。たとえすべての命題をわれわれが疑えないとしても、われわれが自明と考える（現に考えるか、または、考えるべき）認識的評価の基準が、すべての命題を疑うべきであると命ずる。

可謬主義を定義するのはさらに難しい。われわれは、自分で積極的に可謬的であるとみなす多くの信念を現にもっているという観察から始められるし、こうした信念がどのようにそれらが偽であることと両立する仕方で獲得されたのかを理解できる。われわれは誰かの証言に依拠するが、やがてその信念が偽り、または、間違いであると判明したりする。つまり、われわれは自分の信念を証拠に基づかせるが、一方では、別の証拠によって自分の間違いが示されるかもしれないと分かっている。われわれは、次のことも知っている。つまり、われわれは諸々の理由に基づいて信念を形成するが、一方では、潜在的にそれを覆すものにはしばしば気づいていない。そうした場合には、われわれは、ディレイニーに従って、可謬主義を次のような独特の「心の態度」として記述できる (Delaney 1993: 110)。すなわち、十分に支えられた信念といえども、いずれ偽であると判明する場合もあることをわれわれは認めている。つまり、すべての間違う可能性を遮断することはできない。こうした観察は次のことを示唆する。すなわち、わずかとはいえ実際の間違う可能性があると認めながらも、われわれ自身が諸命題を信じるのは正しいとみなすことがある。しかし、可謬主義は、このことのもっと大胆な主張である。一九一〇年に、パースは彼の可謬主義を次のように表現した。すなわち、「それゆえ、われわれが何であれ絶対的な確実性をもって知るのを私は認めない」(CP 7.108)[4]。そして、パトナムは可謬主義を、「これこれの信念は改訂を決して必要としないということになる形而上学的な保証は決してない」と主張するものとしてこれまで特徴づけてきた。「絶対的な確実性」や「形而上学的な保証」を語ることは、可謬性についてのわれわれの意味を、馴染み深い事例を超えてすべての信念を網羅するように拡張すると想定されている。それらの信念には次のような例も含まれる。すなわち、諸命題をわれわれがまったく確実だと感じており、その受容を放棄させるどんな状況も容易には想像できないという例である(Putnam 1994: 152)。このことは、いかにして成り立つと想定されているのであろうか。

われわれがある判断または信念を「不可謬」なものとして記述するとき、そのすべての要素が必然性をもって真であるという認識的種類に属するものとしてそれを考えている。センスデータの直接的な報告が不可謬であるならば、センスデータの直接的な報告は必然的にすべて真になる。すなわち、ある人の感覚の報告が不可謬であるならば、そうした報告はすべて真である。また、実在の合理的な構造にかんする直観が不可謬であるならば、そのような直観はすべて正しい。このように判断や信念を認識的種類に帰属させることによって、当の判断や信念には、その真理を保証する形而上学的な特色があることになる。(これは自明な同語反復の操作では断じてない。例えば、われわれがある判断を「真実の判断」の集合に帰属させることによって、その判断が不可謬であるのが示されるわけではない。)これがわれわれの不可謬性を理解する仕方であるならば、ある判断が帰属するそのような認識的種類が存在しないことを論証することで、その判断が可謬的であることを示すことができる。そして、われわれがある判断を全く確実であると感じ、その判断の修正につながるものが考えられないときですら、それが不可謬ではないことが、これだけで十分示される。「形而上学的な保証」をパトナムが語ることと、「絶対的な確実性」にパースが訴えることとは、可謬性にかんするこの捉え方によって理解されるべきだと私は考える。すなわち、絶対に確実なものは何もない。なぜなら、間違う可能性を排除する認識的な種類に属する判断は一つもないからである。[5]

不可謬性をこのように特徴づけることは問題に直面するかもしれない。すなわち、われわれはそれらの判断についてまだ確信をもっていないにもかかわらず、それらの真理を保証する認識的な種類に帰属しているような諸々の判断が存在するかもしれない。われわれは、知覚にかんする次の選言主義（disjunctivist）的説明を採用していると仮定しよう。すなわち、知覚判断は事実的なので、すべての知覚判断は必然的に真である。とはいえ、われわれは自分の判断に確信をもてないかもしれない。というのも、われわれはそれが知覚の判断なのか、あるいは異なる認識的種類に属するもの、例えば幻想や幻覚の報告なのかを確信していないからである。そのような例を扱う二つの仕方がある。不可謬性の特徴づけを修正して、その真理を保証する種類に当の信念が検出可能な形で属するのをわれわれは要求するかもしれない。または、可謬主義がすべての判断にまでは拡張されないことを受け入れ、知覚判断の不可謬性を認めつつ、他方で、与えられた判断が知覚判断であるかどうかについての信念は可謬的であると主張するかもしれない。これについては、ここではこれ以上議論しない。

パースの立場をこのように理解する根拠は、なぜ彼の可謬主義が二の二倍は四であるという主張にまで及ぶのかについての彼の説明に見出せる（CP 7.108, 1910）。彼は「それについての本当の懐疑を少しも」感じ「ない」（CP 7.109, 1910）ことを認める。そして実際、なんとか彼があえて見つけ出そうとする、それへの懐疑を支持するかなり無理のある理由に対して、「まじめな重要性を与えるのよりも愚かなことなど想像しにくいだろう」とも認める（CP 7.108）。パースは初めに、「計算手（computers）[1]」でさえ単純なかけ算でときおり間違いを犯すと注意する。そして、これによって、たった一度の計算が、どんな間違いもこれまでなかったという絶対的な保証を提供することはないといえると彼は考える。つまり、ある信念が単純なかけ算の結果であることは、その信念の真理を保証しないのである。あるいは、計算の反復、おそらくは異なる人たちによる反復は、われわれが極めて確実であると感じる結論、すなわち、間違いうるとは想像できない結論から進んで、「絶対的に確実」である結論に至るのを可能にするかもしれない。たった一度の計算だけでこの形而上学的な境界を超えることができるとみなすのは不条理であろうから、最も安全な手段は、われわれがしばしば計算の結果を極限まで確実であると考えることを認めながら、しかし「人には絶対的な確実性に至ることはできない」と結論することである（CP 7.108）。これは、次の想定に依拠している。すなわち、もし可謬的な信念と「絶対的に不可謬的な」信念の間に本当の区別があるならば、それは明瞭な区別である必要がある。つまり、可謬的なものと絶対的に不可謬的なものの間にある境界線的な事例はあり得ない。そして、哲学がこの種の明瞭な境界線を提供できないという点で、パースはクワインに同意する。二の二倍が四であることが「絶対的に確実である」と判断できることをパースは否定した。これは、この判断が属し、かつ、その真理を保証するような、有意義な認識的種類を同定できないという論証に根拠づけられている。

　パースとパトナムは、可謬主義をわれわれのすべての信念についての主張として認めているが、この強い形の可謬主義が擁護できるかどうかはあまり大事ではないかもしれない。われわれが正当であるとみなしつつ、かつ、明らかに可謬的であるような極めて多くの信念がある、ということで十分である。このように反論しても、これらの信念を保持するのが不当であるのを懐疑的な挑戦が証明していないことは、依然として示されている。

1・3　信念のための理由と懐疑のための理由

プラグマティストたちが反懐疑論者であったという主張を擁護するとき、パトナムは、「信念と同様に懐疑も正当化を要求する」と彼らが考えたという事実を引き合いに出した（1994: 152）。実際、パースの著作に言及するほとんどの認識論者は、知識の理論へのデカルト主義的なとり組みに対して批判的な箇所に焦点を絞っており、そこでパースは、そうしたとり組みに関連する種類の懐疑的な挑戦を無事に却下できると主張する。彼は次のように考えている。つまり、懐疑的な挑戦を真剣に受けとることには、何か不条理で、知的に言っても不誠実なものがある。認識論における懐疑とデカルト主義的な戦略にかんするこうした見解は、パースのよく知られた比較的早い段階の二つの論文の中で、いくつかのかなり簡潔な一節に見出せる。[6]

二つの論文のうち最初のものは、一八六八年の『思弁哲学雑誌』（the *Journal of Speculative Philosophy*）に掲載された「四能力の否定の帰結」（'Some Consequences of Four Incapacities'）である。パースのねらいは、彼が「デカルト主義の精神」と呼ぶ哲学的描像に挑むことである。つまり、デカルト主義の精神はスコラ主義の精神との根本的な断絶を示すのに対し、近代の論理学と科学は、多くの点でスコラ主義に近い視座を必要としている。[7]

彼のいう四つの「デカルト主義の目印」のうち最初のものは、

［デカルト主義が］教えるに、哲学は、普遍的な懐疑によって始めなければならない。他方、スコラ哲

学はこれまで決して基本的な事柄に問いを立てなかった。（EP 1: 28; W2: 211）

九年後、「信念の確定」の中で、探求の行いのためにどのような規範を受け入れるべきかを考察しながら、パースは同様の標的に狙いを定めている。

ある哲学者たちは、探求を始めるのに必要なのは、問いを発したり、それを紙に書きつけたりすることだけだと想像してきた。そして、すべてを疑うことによって研究を始めるようにわれわれに勧めることすらしてきたのである。（EP 1: 115; W3: 248）

この考えに対するパースの応答は一貫している。初期の議論で彼が言うには、「われわれは普遍的な懐疑によっては始めることはできない」。探求は、「われわれが哲学の研究に着手するときに実際にもち合わせているすべての偏見とともに始め」なければならない。実際、こうした偏見は、「それが疑われることはわれわれにには思いもよらないことがら」であり、この理由から、それらを「格率によって払いのけることはできない」（EP 1: 28-9, 212）。後期の議論では、「命題を疑問形に単に直すことは、心を刺激して、信念を求める奮闘に向かわせるものでは全くない」（EP 1: 115; W3: 248）とパースは読者に警告した。「デカルト主義的な格率」によって生じた懐疑には認識的価値はない。次の各節でパースは読者に呼びかけながら結論する。

一八六八年　本心では疑っていないことを哲学で疑っているかのように見せかけるべきではない。（EP 1: 29; W2: 212）

一八七八年　本当の生きた懐疑がなければならず、それがなければ、すべての議論は価値がなくなる。
(W3: 248)

こうした箇所を解釈するさいには注意を払うべきである。懐疑の方法とは何か。『省察』(*Meditations*)の中でデカルトは、自らの信念のすべての検討を遂行し、何らかの疑う理由があるものすべてを却下した。実際上、これは次のことを意味する。すなわち、各信念に対して(より厳密には、信念の各集合に対して)デカルトは最初の挑戦を出して、当の命題を信じるどのような理由があるのか、加えて、それを疑う何らかの理由があるのかを知るように要求している。そして、その信念を支える証拠が決定的ではないならば、その信念は放棄されることになる(または、放棄されるべきである)。最初の挑戦は、当の命題を信じるのに十分な理由があるかどうかを、未解決の問いとして扱う仕方で提示されなければならない。そしてパースは、これが不可能だと考えているように思われる[8]。

一つ例を考えれば役に立つだろう。私は、南東イングランドのケント州で自分が生まれたと信じている。デカルト主義の精神で、私はそれを信じるのが正しいのかを決めるため、自分の信念を反省していると仮定しよう。出生証明書や、問題を解決する他のどんな書類の証拠も見つけられないと仮定しよう。ここで起こりうることの一つは、私がこの記憶を疑う本物の理由と遭遇することである。つまり、自分が生まれた頃に両親が外国で生活していた証拠を見つけるかもしれない。また、自分の出生地について尋ねると親戚がはぐらかすかもしれない。その場合、自分が以前信じていたことを疑う積極的な理由を私は得ることになる。このことが、出生地についての私の習慣的な確信を揺るがし、パースが「生きた懐疑」と呼ぶものを生み出すことは理解できる。もう一つの可能性はこうである。つまり、自分がケント州で生まれたと信じるための積極的な理由を、私が単に一切見出せないという可能性である。つまり、私は長い間これを確信してきており、それを疑う積極的な理由を一切もたない。しかし、それを信じる積極的な理由もまた、私は一切呼び起せない。私は、自分の信念の多くがこれと同様ではないかと疑っている。懐疑の方法は、ある信念を支持する積極的な理由が一切見出せないという理由だけで、この信念を放棄するよう私に要求するだろう。つまり、私の出生地についての判断を保留するように要求するだろう。パースは次のように考える。実際上は、こうした状況で私は諸命題を疑うようにはならないし、現に私にはそうできない。もし仮に私がその問題を探求し始めたとしても、自分がケント州で生まれたという私に残存している確信は、その探求を実際には歪め、それを支える証拠がどれほどわずかしかないかということに私を鈍感にしてしまうはずである。そして、これは非合理なわけではない。

こうした種類の事例で日常の信念を保持するのが非合理なわけではないことは、デカルトも同意するかもしれない。懐疑の方法は、一つの戦略の一部として特別な状況で採用される。その戦略は、諸科学における進歩と、独立した実在にかんする正確な知識の獲得を可能にする。この特別な状況には、次が含まれる。すなわち、デカルトが書いていた時代には、科学の基本的な原理や、諸科学の真理の基準について多くの論争があり、一七世紀初頭は「ピュロン主義的な危機」があったという事実である (Popkin 1979: 108-9)。いかにして懐疑のこの方法をパースは拒否して、現時点の信念にかんする懐疑の正当化についてのデカルトの見解を否認できたのか、これを検討しなければならない。

いつ懐疑が正当化されるのかについての、パースの見解を理解するためには、アイザック・リーヴァイ)の見解を考察することで始めるのが有効である。リーヴァイは、パース解釈によって特徴づけられる認識論の著作をもつ哲学者である。伝統的な基礎づけ主義的認識論には二つの際立った特徴があると最近の論文でリーヴァイは強調している。一つは、正当化の構造にかかわる。すなわち、「推論の基本的な前提と原理が存在しなければならない。そうした前提や原理は自己証明的であり、それに基づいて他の信念や原理の利点が引きだされる」。すべての反基礎づけ主義者はこの点を拒否する。しかし、それに加えてプラグマティストは、さらにより基本的な主張を拒否する。すなわちそれは、一見すると平凡な文句だが、合理性は、われわれの現時点の信念のすべてが正当化されることを要求するという主張である。リーヴァイはこの主張を次のように捉える。すなわち、信念をもつ人が、それを支えるために用いられる理由や正当化を所有していないならば、その信念は不当である、ということをこの主張は論理的に含意する。リーヴァイは次のように述べている。

現時点の信念を正当化する企図が実行可能であるとはプラグマティストは考えない。この点で、プラグマティストは懐疑論者である。そうした懐疑論は、時刻 t での行為者Xが現時点の信念を正当化していないので、その信念を放棄すべきである、ということは含意しない。理由についての懐疑論は、信念についての懐疑論を含意しない（Levi 1998: 177）。

われわれが自分の信念の大部分に対して合理的な根拠を与えられないという事実──例で触れたような事実──は、それらの信念を保持するのが間違いであることを示さない。リーヴァイが述べるように、パースは、「信念の慣性的保持（doxastic inertia）の原理の熱烈な支持者であり、その原理に従えば、現時点の信念を正当化する必要はなく、信念に起こるのは変更だけである」（Levi 1998: 179）。この原理はもともと、認識的な規範にかんするわれわれの実践の記述として提示されたものである。しかし、この原理から導かれる帰結をリーヴァイは直後に指摘する。すなわち、「現時点の多くの信念が間違いである論理的な可能性があるというだけの理由で、なぜ私がそれに対する確信を止めるべきであるのか、これを示す責任があるのは懐疑論の側である」(Levi 1998: 178)。「本当の懐疑」は、本当に間違っている可能性に基づく[9]。それゆえ、「十分な［つまり、確実な］信念という、探求者の現時点の状態は、その人が現時点で真理を判断する基準であり」、それはまた、その人の「真面目に受け取るべき可能性の基準」も設定する (Levi 1998: 179)[10]。

一九〇六年ごろの原稿の中で、パースはこの立場を認めている。信念はつねに理由を必要としているわけではない。すなわち、「もしあなたがある命題を絶対に疑えないならば、すなわち、熟慮に基づいて、その真理へのわずかな疑いも抱く気にならないならば、それ以上に望む余地は何もないことは明白である」(CP 6.498)[11]。さらにパースは続ける。「人が疑っていないことを、その状態以上に満足いくものに変えることはできない[12]」。そして、「懐疑が、困難を伴って身につけねばならない技術である」ことをプラグマティストは知っている (ibid.)。

われわれがいつ認識的な理由を必要とするのかについての、ここでの前提は重要である。ただし、「信念の変化」のためにだけ理由を必要とするというリーヴァイの示唆は、実情を誇張しているかもしれない。心に留めておくのが重要なのは、デカルト的な「懐疑の方法」は、ある命題に対する自分の認識論的な姿勢を変える理由をわれわれがもっているかにかかわるということである。つまり、もしある命題を疑うことが可能であるならば、自分の信念を放棄し、代わりにその命題に対して懐疑論的な態度を採るべきである。また、その際には、何とかして事を落ちつかせようとする動機がかかわってくる場合もあるかもしれない。論理的に間違いの可能性があると認識するだけで、懐疑を行う十分な理由とみなせる、ということをパースもリーヴァイも否定している。ひとたび当の命題を疑う明白な理由のあることになれば、たとえ信念に変更がないとしても、信念を支える理由が要求されうる。つまり、その懐疑に抵抗するために、その懐疑が提起している間違いの可能性を排除する理由をわれわれは必要としている。それゆえ、もちろん、信念を支える理由は、ある命題を信じて良いか定かではない立場から、それを信じる立場にわれわれが移るときには（常に？）要求される。他の事例でも、ある命題の真理をこれまでわれわれに納得させてきた理由の追跡が重要になることもあるかもしれない。なぜなら、その理由が間違いと判明するかもしれないこと、もしそうなったときには、その命題に対する自分の態度を変えられることを望むかもしれないことにわれわれは気づいているからである。あるいは他方で、ある命題を信じる理由の欠如がそれを疑う理由を与えることができるような事例もある。――そして、こうした事例が他の事例からどのように区別されるのかについては興味深い問題がある。この〔区別の根拠〕が道徳的な基礎をもつかもしれない事例もある。すなわち、友人が不誠実であったり、連れ合いが信義に欠けたりすることとの確信は、諸々の理由によって支持される必要がある。また、例えば、他の研究者が拒絶する可能性のある科学上の諸見解においても同様の事例が生じる。または、間違いは得てして生じるものだという一般的な認識がある事例もある。重要な点は、認知的な立場の中での変化（または、変化が起こりそうであった状況での認知的な立場の保持）こそが何よりもまず理由を要求するのであって、他の事例では、信念が正当であるためになぜ理由が要求されるのかについて、特別な理由がつねになければならないことである。

こうした説明は、われわれの実践にかんする記述を与える。つまり、信念が理由や「正当化」をつねに要求するとはわれわれは考えない。こうした説明のもつ反懐疑的な力は重要である。第一に、われわれが自分の信念の一つに対して確固とした正当化を与えられないからといって、そのことがその信念を疑う理由となることはない。それについての懐疑的な挑戦に対しては阻止することができる。第二に、オルソン（2005:

188と、Levi 1991: 58を参照）が想起させるように、この説明によって、現代の懐疑的な議論で活用されている懐疑につながる様々な可能性を即座に却下することができるようになる。一層の正当化の必要がない確信の中には、私が悪霊の犠牲者や化学薬品の水槽の中に入った分離された脳でないという事実も含まれるであろう[13]。この立場から導かれる別の帰結はこうである。すなわち、いかにして可謬主義が不安を生じさせるものではないのかを理解するのにこの説明は役立つ。慎重な熟慮の後でさえ、可謬性はわれわれが確信しているこうした命題にまで及んでいる。こうした確信が揺らぐことはほとんどないとわれわれは固く信じている。しかし、（抽象的な可能性として）どんな確信でも揺らぐかもしれないことをわれわれは許容している。われわれの確信は理由に依拠していないので、可謬性をこのように抽象的に認めたところで、確信は揺らぐことはない。ある命題を疑う理由を自分がもつようになる可能性をわれわれが排除できないからといって、それ自体ではその命題を疑う理由にはならない。

　しかし、リーヴァイが指摘するように、この説明の認識論への貢献のすべては、挙証責任の転換である。つまり、懐疑の方法につながる認識的な標準をわれわれが採用する前に、ふさわしい理由が要求される。デカルト自身は、懐疑の方法がわれわれの通常の認識的な実践に隠伏的に含まれているとは考えなかった。すなわち、彼はこの戦略を採用するための積極的な理由があると考えていた。そしてパースもまた、次の二つが与えられれば、その戦略を採用することが合理的であるかもしれないと考えていた。すなわち、形而上学及び認識論にかんする明瞭な一連の見解か、または、探求の進展を支える本当の可能性についての何らかの見解かのいずれかである。次の二つの節は、この二つの可能性をそれぞれ考察する。

1・4 唯名論と二つの実在観

いくつかの強力な懐疑的挑戦を始めるために用いられるデカルト的な懐疑の方法が明らかな仕方で説得力をもつ、というわけではないことを前節で示唆した。認識的な評価にかかわるわれわれの通常の実践は、自分の（正当な）信念のすべてを支える十分な理由をもつようには要求しない。自分の認識的な立場の体系を変化させることを考えたときに、われわれにとって理由が必要となる。しかし、すでに述べたように、こうした懐疑的挑戦を退けるのにこれで十分であるわけではない。つまり、懐疑の方法が、われわれの通常の反省の習慣からの自然な結果でないとしても、少なくともある状況では習慣的な実践の中でその方法がわれわれの使用すべきものであることは想像できる。懐疑についてのパースの見解が立証しているのは、せいぜい、懐疑の方法と調和する諸々の方法を採用しようと望む人の側に挙証責任があることに過ぎない。つまり、その人はわれわれを説得して、認識的な評価の習慣を変えさせなければならないということである。そしてこのことは、デカルトにとっては何の驚きにもならなかったはずである。

初期の著作の中で、懐疑の方法の採用につながる二つの密接に関連する見解をパースは確認した。一つは、認知と正当化の構造にかんする見解であり、もう一つは、実在にかんする特徴的な見解の採用を含んでいた。この両者はそれぞれ、唯名論の帰結であるとパースは考えた。そして唯名論は、パースがプラトンからカントやヘーゲルまで、彼以前のほぼすべての哲学者の著作に潜んでいた哲学的な欠陥としてパースが暴いた見解であった。認知にかんする見解は、ある種の基礎づけ主義（foundationalism）であった。実在にかんする見解は、実在するものと知りえるものの間にある、もしかすると埋めることができないかもしれない隔たりを認めるものであった。彼は自分の極端な実在論を主張する準備をつねにしつつ、一八六〇年代後半に出版された諸論文で、認知の構造にかんするこうした考えを批判した。そして一八七〇年代の間に、彼は実在概念の明晰化に着手し、デカルト的な挑戦を寄せつけないと彼が考えた「実在論的」な捉え方を擁護した。

こうした用語法が示唆するように、パースの「実在論」は「唯名論」と対照をなす。つまり、プラグマティズムは法則と「一般者」にかんする非ヒューム的な見解に不可避的にコミットすると彼は考えた。また後期の著作では、一般性、因果的相互作用、法則に従うパターンが知覚経験のうちに現前すると彼は強調した。しかし、彼はまた外的な事物にかんする確固とした実在論を受け入れていた。〔スコットランドの〕常識学派の想定を確認すると、一八七〇年代のパースの実在論の特徴を捉えられる。つまり、われわれが懐疑の可能性を理解し、どの探求の方法を採用するべきかという問いの存在を理解しようとするならば、そうした想定が要求されると「信念の確定」（一八七七年）では彼は考えていたように見える。

実在する事物が存在し、その特徴は、それらについてのわれわれの意見からは完全に独立している。そうした実在は、一定の法則に従ってわれわれの感覚器官に影響を及ぼす。そしてわれわれの感覚は、その対象に対するわれわれの関係と同じように互いに異なっているけれども、知覚にかんする法則を活用することで、われわれは推論によって、事物が実際にはいかにして存在するのかを突き止められる。そしてどんな人も、十分な経験をもち、それについて十分に推論すれば、一つの真である結論に到達することになる。（EP 1: 120; W3: 254）

あるものを「実在的」として記述することが何を意味しているのかということが分かって初めて、われわれはこの一節を理解するだろう。唯名論的な〔実在の〕捉え方は、この視座を確保するために設計されているように見えるが、確保していない。パース自身の実在論的な捉え方は、この想定を明晰化するように設計されている。

「人間に備わっていると主張されてきた諸能力にかんする問い」（'Questions Concerning Certain Faculties Claimed for Man'）（一八六八年）の中で、パースは、認知が「直観」をもつことを含むという考えを攻撃した。この「直観」はおそらくカントから取られた言葉である。[14] パースは時には、知識にかんする基礎づけ主義的な説明によって認知を特徴づける。直観は、「『それ自体、結論ではない前提』とほとんど同じである」。「結論」や「前提」という用語は「判断」にのみ適用されるが、直観は「どのような種類の認知」にも適用されるので、これだけの理由でこの記述は制限を付けて理解されねばならない。この記述は感覚的経験が直観であるという可能性を許容するように意図されている。直観にかんする公式の定義は、「同じ対象にかんする以前の認知によって決定されない、それゆえ、意識の外にあるものによって決定される認知」である。そして、彼は次のことを容認する。すなわち、「判断ではない認知が以前の認知によって決定されるかもしれない。そして、そのように決定されない認知、それゆえ、超越論的な対象によって直接に決定される認知が直観と呼ばれる」（CP 5.213）。直観が判断ではない認知であるのかもしれない（つねにそうである?）という主張は、この見解の唯名論的な性格を捉えるために必要である。つまり、超越論的な対象だけによって決定される認知は、いかなる述語も含まない完全に単称的な表象であると理解される。

三年後、バークリーの哲学的著作の新版の書評の中で、この理解の仕方は実在にかんする説明として定式化される。つまり、パースは「諸対象は、一方で虚構や夢などと、他方で実在とに分けられる」と述べた上で、「後者は、あなたや私や他の何人の心からも独立した存在をもつ対象である」と述べる。そして彼は、実在にかんする単純な「定義」を提案している。すなわち、「実在とは、われわれがたまたま考えていることではなく、われわれがそれについて何を考えようともそのことには影響を受けないものである」(CP 8.12)。唯名論的な捉え方は、われわれの思考が感覚によって引き起こされ、こうした感覚が心の外の何かによって引き起こされるという着想を活用することによって、〔実在が〕心から独立しているというこの考えをさらに明晰にしようとする。つまり、「心の外にあるこの事物は感覚に直接に影響を与え、感覚を通して思考に影響を与える。なぜならその事物は心の外にあり、われわれがそれをどう考えるかから独立しており、要するに、実在であるからである」(CP 8.12)。われわれは外的な事物について直観と思われるものを介して知る。直観とは、超越論的な対象によって決定され(「直接に影響を受け」)、思考に唯一の基盤を与える単称的な表象(「感覚(sensations)」)である。

これが実在と経験についての正しい考え方ならば、デカルト的な認識論的戦略の採用を支持することが可能になるかもしれない。この見解は直観に基本的な役割を付与する。つまり、直観は、実在とのわれわれの接点(そして実在にかんする唯一の情報源)である。(1)すると、懐疑の方法は、直観においてわれわれに実際に与えられるものを確かめるための道具立てとみなされる。つまり、超越論的な対象によってではなく、背景となる実質的な想定によって決定されるような、知覚的な信念の諸側面があるが、それとは別の側面をわれわれが確認するのに懐疑の方法は役立つ。(2)懐疑の方法はまた、認識的な評価に対する個人主義的(individualist)な取り組みも支える。われわれは訂正のための情報の源泉として他者の証言を使うことができるが、他方でこの機能は、他者の発話や他の振舞いによってわれわれの中で決定されている直観を媒介にしている。(3)懐疑の方法は、ひとたび間違いがわれわれの信念体系に入り込むと、一層の探求が間違いの訂正を可能にするだろうとわれわれは確信できないという可能性を支持する。デカルトが述べるように、ひとたび腐ったリンゴが一団の意見に入り込むと、他のリンゴも腐ってしまう恐れがある——実在にかんする知識を獲得する自分の能力を確信できる唯一の源泉は、その一団に絶えず入ってくる間違いを防ぐことである。(4) われわれが自分の知識にもつ確信は、通常の経験的な基礎によっては解明できず、知ることもできない諸々の想定に依拠しなければならない。こうして、われわれの直観が超越論的な対象によって決定される過程が信頼できることを保証するために、神(「絶対的に解明できず、分析できない究極」)への信念をデカルトは必要とした(EP 1: 8-9; W2: 212を参照)。

パースの考えでは、自身の反懐疑的な確信を持続させながら、またそれを可謬主義と両立させねばならないとすれば、この唯名論的な見方は拒絶する必要がある。「四能力の否定の帰結」の中で、彼は次のように述べている。

哲学は、その方法という点で成功している科学を模倣すべきであり、〔その方法に従えば、〕慎重な探索に従うことのできる明確な前提だけから進むべきである。また、一つの議論の決定性ではなく、議論の数多性と多様性を信頼するべきである。その推論は、最も弱い輪よりも決して強くない鎖ではなく、綱を形づくるべきであり、その綱のそれぞれの繊維はとても細いかもしれないけれども、それらの繊維は十分に数が多く、緊密に結びついている(EP 1: 29; W 2: 213)。

もし知識が直観に基づいているならば、われわれの推論を最も弱い輪よりも決して強くない鎖とみなす他はないかもしれない。

パースは、われわれが知識を得るために直観に依拠するという主張を支えるいくつかの議論の方法を考察している。一八六八年に、彼は、直観が存在するのは内省すれば明らかであるという示唆の価値を検討し、正当化と認知の潜在的な〔無限〕後退を食い止めるために直観が要求されるという議論を考察している。「人間に備わっていると主張されてきた諸能力にかんする問い」の中で、彼は複雑な議論の過程の中でこの論点に応答している。自分自身の心理学的な状態を記述することは信頼できないという事実に彼は訴える。それによって、ある状態が直観であるかをわれわれは「直観的」に言えないだけでなく、自分の諸々の認知を検討して、それらが何によって決定されているかを見て取る内省的な能力もわれわれは欠いている、ということを彼は論じる。われわれが確立できるのは、こうである。説明的な推論の結論としてのみわれわれは直観をもつと立証できる。そして、すべての証拠が示すのは、われわれのすべての認知が同じ対象にかんする他の認知によって部分的に決定されているということである。ひとたびすべての認知が判断であるわけではないことを認めれば、想定されていた後退は心配の種ではなくなる。つまり、彼は感覚的経験を連続的な過程と喜んでみなし、特定の対象にかんする経験には固定された最初の点がなければならないことを喜んで否定する。ここでこうした議論の詳細を調べるつもりはない。それはあまりに多くの紙幅が要るし、この〔議論の〕戦略の関心は、彼の著作の中の議論の実行の詳細に成否がかかっているのではない(15)。

パースが考察する、デカルト的な認知像を支える別の議論は、実在にかんする分析に依拠している。実在的な事物が心から独立しているとはどういうことなのかをわれわれは理解する必要がある。そして、実在の唯名論的な捉え方がこのことの最善の明晰化であるならば、直観が存在するという説につながる別の道筋があるかもしれない。しかし、実在の唯名論的な捉え方を記述した後にパースは代替案を提案し、それは「馴染み深くないが、より自然で明白である」と述べている（CP 8.12)。またそれは「大いに実践的で常識的な立場」であるとも述べている（CP 8. 12)。基本にある考えはこうである。「人間の意見は、長い期間をかけて、明確な形式すなわち真理に向かう傾向を普遍的にもっている」(CP 8.12)。

恣意的な意志、または、十分に多数の心がもつ他の個別的な特異性は、当の意見にかんする一般的な合意を無限に延期するかもしれない。しかし、このことは、合意に達したときに、その意見がどのような特徴をもつかには影響を与えない。すると、この最終的な意見は、実際に思考一般から独立しているのではなく、思考の中の恣意的で個別的なすべてのものから独立しているのである。つまり、それは、あなたや私や何人であろうと人々がそれについてどのように考えるか、それからまったく独立している[16] (CP 8.12)。

実在が心から独立していることの意味を理解するのにこれで十分であると想定されている。つまり、こうした説明は次の思想を可能にするように意図されている。すなわち、「人間の思考と意見はすべて間違いの要素を含んでいるが、一層の探求と究明によって、われわれは間違いを取り除き、自らの認知的な立場を改善できる」[17]。実在にかんするこの考えが可謬主義と反懐疑論とを組みあわせる邪魔になる必要がないことは容易に見てとれる。実際、実在するものと原理的に知りうるものとの間にはなにも隔たりがないことは、実在論の明確な目印であるように思われる。もっとも、こうした初期の著作で採用された戦略によって、ある命題を支える理由のないことがその命題を疑う理由になるということを証明する責任を、デカルト主義者は免れていないということが理解できるようになるかもしれない。しかし他方で、懐疑論に対する危惧をなくす前になすべき事が、われわれには依然としてある。

1・5　経験と外的な世界

ここまで検討してきた話は、パースがありふれた弁証法の中で行きづまっていると示唆しているかもしれない。われわれが「信念の確定」から取り出した彼の実在論にかんする特徴づけは、経験論の特色をもっていた。つまり、外的な事物が感覚に影響を与える仕方を情報源とすることによって、実在にかんする安定した知識をわれわれは獲得できる。実際のところ、われわれが外的な世界と遭遇するのは、まさに感覚を通してである。実在の唯名論的な捉え方はこの考えを組みいれていた。つまり、感覚的な直観は、外的な事物とそれにかんする思考の間の仲介者として働く。しかし、唯名論的な捉え方は、経験に忠実でなく、また、信念がいかにして正当に保持されるかを説明するための基礎としても満足のいくものではない。しかし、実在論的な捉え方は、一連の整合的な意見についての運命づけられた合意によって実在を説明しているよう見える。そして、こうした実在論的な捉え方に目を向けると、次のような問いに直面する。すなわち、信念を確定する際の知覚の根本的な役割をどのように説明すべきか、そして、どのようにして経験は外的な世界との遭遇として理解できるのか。この説明の主要な部分は、例えば、われわれが真理へ向かう途上で自分の信念の改定や訂正を行うのを可能にする際の、帰納的で実験的な推論の役割にかんする説明となるだろう。この節で私が考察するのは、プラグマティズムに特徴的なもう一つの主題、すなわち、パースが一八八〇年以降に展開し始めた知覚にかんする説明である。

いま立てた問いは二つの側面をもつ。第一に、われわれは知覚経験を通して外的な世界に遭遇する(encounter)という考えがある。つまり、事物との知覚的な接触にはある種の直接性(directness)がある。

第二に、経験的な信念と理論をテストすることは、実験と観察に依拠している。もし探求を通して真理に本当に到達するならば、それは基本的にわれわれが事物の知覚経験をもつことに依拠している。実在の唯名論的な捉え方は、こうした特色を認知の中に初めから組み込んでいる。つまり、すべての信念がそこから導出される最初の前提が感覚的な経験の記述であると主張することによって、唯名論的な捉え方はこれを実現しようとする。実在論的な捉え方はこの役割を知覚には与えない。すると、それは何らかの基本的な役割を知覚に与えられるのだろうか。

　遭遇または直接性の側面から始めよう。われわれが対象について言及し、考え、語ることができるのは、まさにその対象を経験するからである。事物との遭遇の一側面は、その事物へのある種の直接的な言及であるように思われる。つまり、私が机上の本を観察するとき、直示的（demonstrative）または指標的（indexical）な記号を通してそれを識別できる。「あれは黄色の本だ」と言ったり、考えたりすることで、私は自分が見るものを報告する。実際、仮に私が形成する知覚判断が虚偽であっても、私は当の対象に直接に遭遇する。例えば、私が黄色の本と思っている事物は、本に見えるように色を塗った箱かもしれない。外的な事物への直接的な言及を含む可謬的な判断を私は行う。唯名論の見解によれば、外的な事物への言及は間接的になる傾向がある。つまり、その本は、この感覚または経験を引き起こした「心の外にある対象」として言及されるべきである。私は感覚の原因として外的な事物を考えるべきであり、その感覚の原因こそが実際に遭遇している事物である。

　パースが実在の唯名論的な捉え方と呼ぶものと同類の伝統的な経験論の中で理解されているよりも、二つの仕方で経験の内容は豊かである。第一に、いま考察したように、われわれは外的なものとして、直接的な言及に応じるものとして事物を経験する。第二に、事物を経験する際、われわれは概念を活用して、パターン化され法則に従う仕方で振舞うものとして事物を経験する。一九〇三年の連続講義の中でパースは、一般的な概念が反省的で意識的な推論と同様に知覚経験のうちに現前していることを示すために、シュレーダーの階段のような両義的な図に訴えた。私は夜遅く田舎を歩いて、あの羊は地面に寝転がっているという知覚的な報告を行う。その対象は直示的に識別され、それがどう見えるかは活用される概念を反映する。こうした概念と他の概念との繋がりを考えると、私は自分の経験が予測通りの仕方で展開すると予期する。つまり、私は、その羊が適切な状況の下で起き上がって立ち去るだろうと予期するし、またそれに近づけば、あの独特な触覚的経験が得られると予期する。そして、それが予期したように振舞わないときは、私は判断を改定できる。例えば、その見え方によって私が羊と思った対象が灌木であると判明したとする。私は、自分が見た物と触れ合うことで判断を改定し、それと相互作用してより多くの情報を集めることで自分が見た物が実際は何であったのかを学ぶ。こうして、われわれが直接に外的な事物を知覚するという主張と、こうした事物が実際は何であるかは一層の探求を通して明らかにできるという主張とを結合できる。この見解は、実在の実在論的な捉え方と一致する。

　パースは、一八九〇年代半ばに行った事実にかんする議論の中で、事実にかんする知識は、それらが「われわれに抵抗すること（resisting us）」に依拠していると主張した。彼は続けてこう述べる。

> ある人がウォール街を歩きながら、外的な世界の存在について自問自答している。しかし、もしその人が物思いに沈みながら誰かを押しのけて進み、相手が怒って一歩引いてその人を殴り倒すならば、その懐疑論者が自分の懐疑主義を、自己以外の何かがこの現象にかかわっているかどうかを疑うところまで持ち越すことはありそうもない。その抵抗がその人に示すのは、その人から独立した何かがそこにあ

る、ということである。(CP 1.431)

この一節が述べているのは、「経験の外的な衝突」のある側面であり、その特徴は外的な事物についての懐疑論に明らかに関連している。たった今見たように、経験は、外的な事物の経験を支える証拠として働くような、中立的または主観的な感覚与件を単に与えるのではない。むしろ、それを何かを他なるものとして、または、外的なものとして提示する。つまり、「自己以外の何か」が知覚的現象に含まれているのである。それは単に、外的な事物についての判断、すなわち、それが形成される際に批判的な自己制御を受け入れない判断が生じるのを私が止められないということではない。つまり、外的な何かに遭遇する経験こそ、知覚的な遭遇に特有なことである。われわれは、可謬的ではあれ、外的な事物を直接に知覚するのである。[18]

知覚判断は、二つの判明な方法でわれわれの信念を繋ぎとめる。第一に、外的な事物に対する指示の主要な形式は、知覚判断の中で直示的(demonstrative)な記号を使うことを通したものである。つまり知覚判断は、そのようにしてわれわれは外的な事物に遭遇するのであり、それこそが、われわれは自らが相互作用できる諸対象、自らがそれについて知識を得られる諸対象の世界の一部である、という感覚の源泉なのである。第二に、知覚は推論の諸前提を与える。知覚判断はわれわれに押しつけられる。つまり、われわれはそれらを抵抗できないものと見なし、意識的な理由に基づいてそれらを受け入れることはない。われわれが知覚判断を受け入れるとき、最初の挑戦を提起して、いかなる理由でそれを受け入れねばならないのかと問う必要を見出さない。パースは時々、知覚判断を(知覚判断が行われるときには)「無批判的」であると述べる。しかし、このことと後に知覚判断を疑う理由をもちうることは両立する。われわれは、知覚判断が額面どおりには受け取れないことを認めている。そして、それを改定する際、背景的な知識がわれわれを導く。

つまり、黄昏の光に包まれた丘陵面の灌木がどのようにして眠る羊に見えるのか、それをわれわれは理解できる。[19]

1・6　未来に直面して絶望を避けること

ここまで議論してきたプラグマティストのいくつかの考えは、後期ウィトゲンシュタインの諸々の主題を読者に想起させるだろう。第1・5節で扱った知覚にかんする主張は、『哲学探究』（*Philosophical Investigations*）の第二部の見解に類似し、信念の理由と懐疑の理由についてのパースの主張は、『確実性について』に見出せる主張と多くを共有している。[20] ここで詳細な比較を行うつもりはないが、こうした問題を考える際に、さらに別のプラグマティズム的な主張を識別するのに役立つように、いくつかの関連する相違点に注意を向けたい。

現時点の信念の多くにかんする正当性が、懐疑的な挑戦によって脅かされるべきではないということは、共通の基盤となっている。また、次の点も一致している。すなわち、確信していることの多くに対して、われわれはいかなる理由も提示できないし、それらについて理にかなった疑いが立てられない限り、そうする必要もない。懐疑は理由を必要とし、懐疑の理由を手に入れるのは、多くの認識論者が想定してきたよりも困難である。ティエルスラン（Tiercelin）が述べているように、一つの違いは、事実上ウィトゲンシュタインはここで立ち止まるということである。そのため、ロバート・フォグリン（Robert Fogelin）に従って、ウィトゲンシュタインの著作を、ピュロン主義の懐疑論の中に今でも命を保つものを捉えようとしたものと見なすのは容易である（Fogelin 1994: passim）。パースはここでは立ち止まらない。第一に、一九世紀の代表的な人物としてパースは、（経験的な土台をもつ）形而上学体系を含んだ野心的な哲学的建築術の中に自分の議論を組み込もうと切望した。これは次の事実に繋がっている。すなわち、ウィトゲンシュタインと違って、パースには実在論を擁護する強い必要があった。ここではこれを論じないが、この方向にパースを導いた戦略的な手段の一つを後に考察するだろう。第二に、実在の実在論的な捉え方が示すように、パースは探求者たちを、歴史の中である立場を占める者と見ている。現時点の確実性だけではなく、時が経つにつれ、間違いを見つけて訂正し、問いに対する正しい答えと課題に対する解決を見出す自らの能力についてもまた、われわれは確信をもつ必要がある。能力の最善を尽くして探求を遂行する限り、われわれは実際に真理に到達するように運命づけられていることに確信をもつ必要がある。こうした関心は『確実性について』には欠けている。

多くの場合にこのことは何の問題も示さない。私は、帰納と証言が短期間は信頼できると確信しているし、日常的な事例にかんする諸々の疑念の信頼可能性をテストするのが自分は苦手であることを疑う理由をもたないし、多くの状況で自分がうまく問題を解決し問いに答えられることを知っている。こうした確実性の一つでも疑うよい理由がない限り、自分の信念と探求を制御するためのこれらの方法と能力に私が依拠することに不当なことは何もない。第１・３節で述べた戦略も、こうした問題を扱うために使うことができる。

しかし、その方法によって実在にかんする知識を獲得できるというわれわれの確信をつねに維持できるかどうかは明らかでない。特に、諸科学のより理論的な範囲の中で、また、おそらく倫理的な命題と結びついて、「運命づけられた合意」に向かう進展の途上には、生じうる偶発事があまりにも多く存在する。まず、探求を成功裡に遂行するために必要となるいくつかの諸能力について考えてみよう。われわれがなすべきことは次である。すなわち、問題と疑問を明晰に分析し記述すること、どのような種類の考察がその問題に関連するかを評価したり、もっともらしいと思う解決を考え出したり、副次的な問いを評価して答えようと試みたりすること、社会-歴史的な考慮がその事柄についてのわれわれ（と他の人たち）の思考を歪曲しうる仕方を反省したりすることなどである[21]。われわれがもつ能力の大部分は、訓練と教育と経験によって決定されるだろう。そして、そうした諸能力は、われわれの直面する新たな諸問題に直接に適用可能である必要はない。特に、難しく目新しい種類の問題を扱うとき、その問題の解決に重大な貢献を行うために必要なすべての能力を自分が所有しているとわれわれが確信するかどうかは見極めがたい。その場合に、第１・３節で述べた戦略が十分役立つかどうかは見極めがたい。

その場合には、別のプラグマティズムの戦略が枠組みに入ってくる。後期の著作でパースは、次のことを認めているように見える。すなわち、われわれが探求に確信をもって参加することは、運命づけられた合意に向かって前進するのに必要な能力を自分がもつという自信に満ちた確信をつねに要求しているわけではないということである。われわれがそうした能力をもちうると合理的に希望することで十分かもしれない。われわれが希望するのは、問題が解決できることと、われわれがそれを解決するのに必要な能力をもつことである。われわれが希望するのは、（例えば）もっともらしさの感覚がわれわれを導いて正しい種類の仮説を好んで選ばせることである。これは、懐疑論につながる諸々の挑戦に対して答えられないことを認めつつ、探求に参加する自分の能力を疑うように導くそうした挑戦の傾向を和らげるための、一つの仕方を提案している[22]。

1・7　結論──懐疑論とプラグマティズム

懐疑論に対して応えるパースの戦略の中で最も重要な諸要素は、他のプラグマティストたちの著作の中でも繰り返されている。パースとウィリアム・ジェイムズの見解を比較することによって、このことを説明したい。この戦略の最初の要素は、認識的な保守主義またはリーヴァイのいう「信念の慣性的保持（doxastic inertia）」である（Levi 1998: 179）。

信念は、それを疑う積極的な理由が存在しない限り正当化される。懐疑の理由の概念は信念の理由の概念よりも根本的である。

信念の慣性的保持の原理へのジェイムズのコミットメントは、一九〇八年の「プラグマティズム講義」（'Lectures on Pragmatism'）より明らかである。特にその第二講義で、彼は「プラグマティズムが何を意味するか」を説明し、彼のプラグマティズムによる真理の説明を紹介している。デューイとシラーの影響を認めつつ、いかにして信念が改訂されるかをジェイムズは説明する。「古い意見の蓄積」を背景にしてわれわれは、諸信念の間の不整合に遭遇したり、または、諸信念と両立しない「事実」を見つけたりする。そうした問題に直面した際の戦略は、存在する一連の信念をできるだけ多く保存することである。つまり、「こうした信念の問題にかんしては、われわれはみな極端に保守的である」（James 1907: 34）。ジェイムズの保守主義は彼が次のように述べる際に表明されている。われわれは「真理のより古い蓄積を最小限の修正で保存する。そのとき、新しいことについては、それが許容されるようになるところまでは古い真理を拡張するが、できるだけ古い真理が可能であり続けるように馴染み深い仕方でそれを理解するようにする」（James

1907: 35)。われわれが自分の信念を改定するのは、そうする理由が与えられたときのみである。

これは可謬主義と両立可能である。つまり、自分の意見に対するわれわれの確信は、信念の中のあるものが偽である恐れがあることの認識によっては揺らがない。通常の場合に、もし間違いが最終的に確認されるはずだと信じることができないならば、われわれは不安になるだろう。しかし、この点についてのわれわれの確信もまた、ほとんどの場合に可謬的であるだろう。認識的な保守主義は、訂正できない間違いに遭遇することはないというわれわれの確信を正当化する。「信念の確定」の中での科学の方法のパースによる擁護は、この点でのわれわれの確信を確保することを意図している。

プラグマティズムの戦略の二つ目の要素は、懐疑論を本当の脅威であると感じさせてしまう誤謬についての診断である。デューイにとって脅威だったのは真理の写像理論であった。パースにとっては、実在の唯名論的な捉え方であった。ジェイムズは次のように述べた。意見の問題におけるわれわれの義務について、二つの見方がある。その二つは全く異なるが、その違いについてそれまでの認識論はほとんど注意を払ってこなかったように見える。それはすなわち、われわれは真理を知らねばならない、そして、われわれは間違いを避けねばならない、という二つの見方である。(1897: 17) この二つの別々の法則は、「真理を知れ」、「間違いを遠ざけよ」であり、それらは対立することがあり得る。そして、「どちらを選ぶかによって、われわれの知的な生活全体を異なる色に染める結果になるかもしれない」(1897: 18)。ジェイムズの見解は、ある文脈では一方の法則を優先し、他の文脈ではもう一方の法則に依拠すべきだというものである。この場合、「懐疑論は実践的な種類のリスクである。間違える可能性よりも、真理を失うことの方がより望ましいリスクである」(1897: 30)。ひとたび問いがこの仕方で立てられれば、それは、どのような種類のリスクをわれわれがとる用意があるかという実践的な問いとなる。懐疑論者は事柄をこのように見るべきであることを見て取ることができず、プラグマティストはこの誤謬が欠陥のある形而上学的な描像を採用することに起因すると考える傾向がある。（Hookway 2012を参照）。

原注

（1）スタンリー・カヴェルが次のように主張しているのは興味深い。すなわち、知識と対象の一般的関係を自分たちの問題としてとらえた点で、パースやデューイといったプラグマティストたちは、実証主義者や日常言語学派の哲学者たちと異なってウィトゲンシュタインに従っている。（Cavell 1980: 225）

（2）エリック・J・オルソン（Erik J. Olsson）は、パースによる反懐疑論的な戦略の「再構成」を提案している。それは私が考えている、懐疑に基づいた種類の懐疑論ではなく、次のようなより現代的な立場に向けられている。例えば、私が水槽の中の脳でないことを私が知ることができない限り、自分に手があることを私は知りえないことを示す閉包原理をその立場は活用する。（Olsson 2005: 187-90）

（3）「プラグマティシズム」は、パースが一九〇五年に導入した言葉であり、それによって「プラグマティズム」という一般的な特徴づけのもとに収まってしまう他の諸見解から、自分の微妙な違いのある立場を識別しようとした。

（4）彼は別の個所でも類似した所見を述べている。「われわれが推論によって到達するのを決して望めない三つのことがらがある。すなわち、絶対的な確実性、絶対的な厳密性、絶対的な普遍性である」（CP 1.141, 1897）。「形而上学的な保証」や「絶対的な確実性」という表現が何を意味するかを言うのは難しい。しかし、「形而上学的」と「絶対的」は密接に関係すると私は考える。

（5）可謬主義にかんするこの理解の仕方は、クワインの「経験主義の二つのドグマ」（'Two Dogmas of Empiricism' (1951)）の後半の節を理解するのに役立つ。また、マイケル・ウィリアムズのいう「認識論的実在論」が懐疑論の生じる際に果たす役割についての彼の見解と類似する点もある（Williams 1991: 108-13）。ウィリアムズは次のように考える。すなわち、自分の信念を評価する際に、われわれはそれらを広い自然種に属すると考えていること、また、ある信念の信頼可能性に依拠してその信念の保持を正当化することは、こうした自然種に依拠している、ということである。いずれの場合にも、こうした見解は、認識的な評価がある文脈内でなされるという文脈主義的（contextualist）な主張につながる。そこでは、多くのことは確固としてあり、反省的な擁護をまったく必要としないと考える。ウィリアムズとパースの違いは二つある。一方でウィリアムズは、われわれなら信念の「説明的な種類」と呼ぶかもしれないものの役割に関心を寄せているが、他方でパースは、諸信念の集合間に明確な境界設定ができるかどうかを議論している。そして、一方でウィリアムズは、懐疑論を不可避に思わせるような間違いを同定することに関心をもっており、他方でパースのねらいは、究極の形式の可謬主義を支える事例を作ることである。

（6）一八九三年に書かれた論理学の教科書の草稿の中で、パースは、次のように述べている。「デカルトは、哲学が子どもじみたことを捨て去り、うぬぼれの強い若者になりはじめた時代を特徴づけている」（CP 4.71）。子どもは伝統を不可謬的なものとして扱い、成熟した思想家はそれを可謬的であるけれども価値ある源泉として扱う。そして、「デカルトのような」哲学的な青年期にいる者がその放棄に着手する。

（7）デカルト主義に対するパースの応答にかんする追加的な議論は、序論を参照。

（8）パースは、懐疑の方法に対して、他の反論ももっている（Feibleman 1971: 70を参照）。これらの一つはこうである。デカルトは、彼がある命題を疑っているという確信にまでは懐疑の範囲を決して広げない（例えば、CP 5.382nを参照）。デカルトは、疑われた命題の意識的な一覧の中に当の命題を熟慮の上で含めれば、その命題が実際に疑われたことになると満足している。パースは、その命題が、習慣的、無意識的な仕方で、通常は効力をもち続けており、われわれがどのように行為するか、他の信念をどのように調整するかに影響を与えるのではないかと考えている。すると、われわれの信念の無意識的な作用は、われわれが疑う「ふりをしている」命題を評価するというわれわれの企てに介入することになる。

（9）諸見解のこの組合せによって、反懐疑論とプラグマティズムとが両立する。信念についての本当の懐疑は、それが間違いであると判明する本当の可能性の認識に依拠しなければならない。ある命題の本当の懐疑を与える情報を一切もたないならば、われわれはその命題の受容を続ける資格がある。しかし、ある命題を疑う理由の欠如は、それを信じることが可謬的であることと両立可能である。

（10）注目に値するのは、整合主義にかんするオルソンの諸著作にある、信念と懐疑の正当性の間の類似した非対称性である。オルソンは、その著作の多くを割いて、われわれの信念が整合的であるからといって、そのことがその信念を受容する理由にはならないと論じた上で、（パースにかんする最終節の中で）信念の間の不整合性は、それを懐疑する理由を現に与えることを認めている（Olsson 2005, passim）。

（11）混乱を避けるために、この一節にある、私が何かを「絶対に疑えない」という主張は、それが「絶対に確実な」わけではないという可謬主義的な主張（第1・2節を参照）と両立可能であると私は捉えている。

（12）この一節にある他の所見は、パースが哲学における常識学派（common-sense）の伝統によってどれほど影響を受けてきたかを示している。「各人の日常生活の通常の事柄」の大半について、われわれに不可謬と思われることは、「十分に成熟したどんな人も疑わないこと」に一致するとわれわれは気づく。そのような確信はしばしば本能的である。ただし、不可謬と思われることは、われわれの人生の間においては変化する。

（13）これは、パースの戦略の正当な使用であり、こうした可能性に対する十分な応答でありうる。しかし、次の点にも注意すべきである。すなわち、こうした可能性の実現は、われわれの経験に対していかなる（実際的な）差異も生まないはずなので、パースのプラグマティズムの格率を使用して、それらは空虚であるか理解不可能であるということを示すことも可能かもしれない。私は、本文で考察される措置がより根本的なものではないかと考える。つまり、〔懐疑につながる様々な〕可能性を低減するためのこの理由がないのであれば、プラグマティズムの格率を疑う理由があるかもしれない。（プラグマティズムの格律にかんする詳細な検討については、第9章を参照。）

（14）直観にかんするパースの説明がカントとは異なる、少なくとも一つの点が存在する。『純粋理性批判』（*The Critique of Pure Reason*）の中では、時間と空間は、悟性の一般的なカテゴリーではなく直観の形式として導入される。パースは初期の著作から、空間と時間の理解は一般的な空間的および時間的概念の習熟を含んでおり、そうした概念は彼のカテゴリー体系に従うと説明し、彼のカテゴリー体系によって与えられる構造以外に、いかなるアプリオリな構造の存在も否定した。

（15）もう一つの主題がある――それは、十年後からの観念を明晰するためのプラグマティズムの格率を予見している。「認知できない」ものにかんする把握をわれわれはもちえないことを示すことにパースは着手する。彼によれば、唯名論的な考え方は、超越論的な対象にかんする認知できない観念を要求するので、これは、唯名論に反対する直接的な議論を提出するかもしれない。それはまた、さらに極端な懐疑的な可能性をわれわれが理解できるという考えを拒否する理由も与える。

(16) バーナード・ウィリアムズやヒラリー・パトナムとは対照的に、意見の収束による真理と実在のこの説明は、「実在にかんする絶対的な理解」と時に呼ばれるものの存在へのいかなる種類のコミットメントも含まない。実際のところ、パースは自分の見解の長所として、第二性質（secondary qualities）や人工的な種の実在性を承認できるようになることを挙げている（第3章を参照）。

(17) 実在にかんするこの考えが「実在論」と呼ばれることに当惑する読者もいるかもしれない。というのも、実在するものと知りうるものとの間のいかなる隔たりもこの考えが許容しているように見えないからである。数学におけるプラトニズムと構成主義の対立についてクライセル（Kreisel）が表現した見解の一般化としてパースの立場を考えると助けになるかもしれない。つまり、「問題は、数学的な対象の存在ではなく、数学的な言明の客観性である」（Kreisel 1958――Kreiselのこの見解については謎がある。それはしばしば、例えば、マイケル・ダメット（Michael Dummett）とクリスピン・ライト（Crispin Wright）によって言及され、これにはつねにこの論文への参照が伴っているが、実際には、私はそこで引用された一節をこれまで見つけられていない）。諸々の実在は客観的な言明を通して捉えられる。そして、われわれがそこに収束していく命題の同一性は、われわれ自身や他者の意志や情態に依拠しない。その収束は自発的で、「運命づけられ」または「定められた」ものである。

(18) 知覚経験の内部にある自己と対象のこの二元性は、パースが「第二性」と呼んでいるものの現れである（例えば、CP 1. 24を参照）。

(19) この論点にかんする追加的な議論は、Hookway（1985: ch.5 and 2000: ch.4）を参照。

(20) クロディーヌ・ティエルスラン（Claudine Tiercelin）は、Tiercelin（2005: ch.5）の中で、懐疑論的な疑念を扱うための「プラグマティストの戦略」と彼女が見なすものについて、パースとウィトゲンシュタインは関連しつつ明確に異なる考えをもっていたとして、広範で興味深い議論を展開している。

(21) こうした知的徳目は、「成熟した判断」にかんするウェストファル（Westphal）（2004: 47-50）の特徴づけによって示唆されている。ウェストファルは、ヘーゲルの認識論を論じているが、ヘーゲルをある程度パース的なプラグマティストとして読んでいるので、彼が述べることはここでも関連する。

（22）『詳細論理学』（*Minute Logic*）（一八九八年）でパースは、論理的、認識論的な諸原理を擁護する別の仕方を論じた。それは、それらの原理が探求の前提条件または懐疑の可能性の前提条件であることを示すことによって、それらの原理が真であることを論証するというものである。彼は、自分がかつてそうした議論を自ら好み、それが自分の著作に及ぼしたカントの影響の結果であったことを認めた。しかし、一八九八年までには、「不可欠であること（indispensability）」が信念を支える正当化として役立たないと彼は主張した。「超越論的議論」としばしば呼ばれるものの哲学的な価値を彼は拒絶するようになった。「信念の確定」を書いたときは、彼はこの戦略により好意的だったのかもしれない。というのも、最も根本的な論理的な諸原理は、「ある結論がある諸前提から帰結するかどうか問う際に必然的に当然視されている」ものであると彼は主張したからである。こうした諸原理は「論理的な問いがまず問われたときにすでに想定されている」事実に依拠している。私は、パースがここで真理の記号として不可欠性を扱っていることには疑問をもっており、Hookway（2000: ch.4）で、パースが懐疑論に取り組む際の超越論的議論の役割を論じ、パースとジョサイア・ロイスの見解を比較している。

訳注

〔1〕電子計算機が実用化される以前において、研究などで必要となる数学的な計算を分担して行う仕事に従事した人々をこう呼んだ。

第2章　可謬主義と探求の目標

2・1　真理は探求の目標なのか

常識からすると、「真理は探求の目標なのか」という問いへの答えはもちろん「イエス」だということになるだろう。調査を行うとき「われわれは自分たちが間違っていると信じている」あるいは「自分たちが正しいとは思わない」という結論に故意に満足することは決してないだろう。しかしながら、その問いへの答えは多くの異なる仕方で疑われうる。第2・2節では真理はわれわれの目標でありうるかを問うためのいくつかの戦略を概観する。そして第2・3節ではリチャード・ローティとドナルド・デイヴィドソンによるある論法（argument）を検討するのだが、その論法は「可謬主義が正しいのならば真理はわれわれの目標ではありえない」ということを示すように組み立てられている。第2・4節では可謬主義を理解するいくつかの仕方を比較することによってこの論法を批判することに着手する。それから第2・5節では、プラグマティズムの認識論の少なくとも一種類が、どのようにして、始めはローティの論法に近い何かを見かけ上は是認しながらも、「真理には探求の目標の役割を果たすことができない」という結論を避けているのかを検討する。第2・6節ではいくつかの結論を出す。ではまず、何が問題になっているのかを明晰にすることから始めよう。

探求は目的志向の活動であり、この活動は何かを知ることを目指す。私は無制限の範囲の事柄を探求することができる。例えば、自分の車のガソリンは満タンか、どれだけのガソリンがその車のタンクに入っているか、満タンにするにはどうすればよいのか、なぜ自分の車はガス欠になったのか、真理は探求の目標なのか、等々。もし真理が探求の目標であるのならば、真理には、これらのどの探求にかんしても、何が成功とみなされるのかについての含意があることだろう。真理には「探求を行うときにはどのような規範に従うべきか」を説明するときの役割もまたあることだろう。われわれは探求が首尾よく真理を明らかにするのに寄与するような仕方でその探求を統制するべきだということである。真理が探求の唯一の目標であるかのように話すのは正しいことではありえない。われわれは自分たちの問いへの答えを求めるのだが、その答えは当面の話題に即したものであったり人を啓発するものであったり有用なものであったりする。よって真理はせいぜいのところ、われわれが探求を評価するときに用いる基準の集まりの中の一つにすぎない。この問題は、真理はそもそもその集まりに属するのかということにかかわる。例えばドナルド・デイヴィドソンは、真理は探求の目標でありうるということを否定しているのだが、彼は真理は価値であるということ(2005a：6)、あるいは真理は「規範、われわれがそれを目指して努力をする何か」であるということ(2005a：7)もまた否定している。真理はわれわれの探求の目標であるはずなのかという問いは「探求を統制したり評価したりするときに、われわれは真理概念を使っている基準あるいは真理と密接に結びついた特性に依拠している基準を用いなければならないのか」という問いと密接に結びついている。

真理は探求の目標なのかという問いと真理は信念の目標なのかというここ最近論じられている問いは、関連があるのかもしれないが同じではない（例えば Bilgrami 2000; Velleman 2000; Owens 2003 を参照）。探求をするときわれわれは目的志向の行動に携わっているということに異を唱えることは誰にもできないだろう。探求は行為の一種なのである。信じるということは行為ではない。そして多くの信念はこれまで決して調査あるいは探求にとって重要なことではなかった。私が関心のあるのは行動を律する規範であって、われわれが信念のような認識状態に関与するのを律する規範ではない。

2・2　真理がわれわれの目標であることを否定するための戦略

この節では「探求をするとき、われわれの目標は真理に到達することである」という見かけ上平凡な文句に異議を唱えるために用いられうるいくつかの異なる戦略を概観する。可能な戦略の一つは、内容にかんしてはその文句を受け入れはするが、その文句がもつと通常思われている哲学的重要性をその文句がもつことは否定するという戦略である。もし、例えば、真理についてのミニマリストの説明を受け入れて「真理にはよく知られたタルスキの双条件法によってとらえられる以上のものはない」と考えるのならば、あるいはもし「引用符を外す図式（disquotational schema）[1]が真理にある全てのものを明らかにする」と考えるのならば、われわれは「真理概念には目的を見定めるのに使うのに、あるいは探求のための規範を根拠づけるのに使うのに十分なだけ内容があるのか」を問うことができるのかもしれない。もしわれわれが真理についてのウィリアム・ジェイムズの主張のカリカチュア版を受け入れれば、同様の結論を導くことができる。つまり、もしある命題が真であるということがその命題を信じることが正しいということによって説明されつくされるのならば、真理についての話は「探求を律する規範」や「信念の統制」から独立した説明に依拠しているに違いないということである。

第二の可能な戦略は、われわれが求めているのは真理以外の何かであるとする戦略である。われわれは問題の良い解決策、効果的な認識手段、ある主題についての納得のいく包括的な理解などを求める。いくつかの見解からすると、求めているこれらのものは真理の見地からこそ最も適正に評価されるというわけではないし、それらの評価は真理関連の規範を使用することに依存する必要もない。たとえそのように求められた結論への同意を言葉「真である」を用いて書き記すのだとしても、われわれが探求をするときに従う規範は、その真であるという特性に包み込まれている要請に言及することによって説明されるわけではない。そうではなく、それらの規範は理解をする、あるいは問題を解決する、あるいはわれわれの目的にかなう手段を得る、そうしたことの必要性から直接生じる。「われわれの成果は、その成果を是認することが正しいものである」ということを理由に、われわれはその成果のことを「真である」とみなすかもしれない。だがわれわれはその成果が正しく是認されているということを、それが真であるという点から説明する必要はない。

第三の戦略は真理をより厳粛に受け取るのだが、探求の目的を見定めるときには厳粛さをより弱めた態度で何かに甘んずる。そのような論法はわれわれの信念についての懐疑的な懸念に、あるいはそれらの信念についての可謬主義に基づいているのかもしれない。何種類かのピュロン派の懐疑論はこれまでに真理に到達したということに確信を持てたことがあったということを否定し、その代わりに、われわれは経験と合致する何かを手にするとすぐに探求をやめるということだけで満足するべきだと提案した。科学に対するファン・フラーセンの経験主義的アプローチは、理論的信念が本当に真であると考えることが正当化されるのはいかにして可能なのかをわれわれは知ることができないということを理由に理論的探求の控えめな目標を受け入れていると考えることができる（van Fraassen 1980)。

同じ種類のより控えめな異議が厳粛に受け取る事実は「探求を制御しようと試みるとき、われわれはいつやめることができるのかを告げる規則を必要とする」という事実である。これまでどのように探求が進展してきたのかについてより思慮深いことを問うことは常に可能である。証拠は十分信頼できるものなのか、その証拠の量は十分なのか、さらに探求をするべきなのかなどについてわれわれは問うことができる。多くの場合、われわれは真である可能性が十分にある結論ないしは探求の現段階では何を主張することが合理的かを表わす結論に満足する。最終的には必ず真理に到達すると信じることができるのだとしても、今や真理に到達したというわれわれの確信は根拠が乏しいのかもしれない。そしてこういうことであるのはわれわれにとって大きな問題ではないのかもしれない。その場合、われわれは真理が自らの目標であるということを否定するべきなのであろうか。私が次の節で考察するのはローティとデイヴィドソンがともに用いた論法で、その論法は真理はわれわれの探求の目標ではありえないという強固な結論を支持する。二人とも「われわれの目標は正当化された信念であるべきである」と結論づけており、二人とも「正当化の基準はわれわれが真理を理解する過程で根拠づけられうる」という見解を受け入れないようである。この論法はローティが「プラグマティストの」ものだという根本原理に基づいている。真理はわれわれの目標であるべきであるという見解をローティが棄却する理由は、われわれの「真である」の使い方についてのある説明を彼が受け入れることに依拠していて、その説明は「真である」のもつ引用符を外すという特性を強調しているのだろうと思われるかもしれない。さらに、その理由は「真である」が使われることによって発揮されるいくつかの表現機能に言及することによってその説明を補っているのだろうとも思われるかもしれない。われわれは「真である」という言葉を命題を是認するために使うが、現在正しいように思われることが将来棄却されるのかもしれないという見解を注意深く表現するためにも使う（Rorty 1991: ch. 8）。これは第一の種類の戦略の一つだろう。しかしながら、真理はわれわれの目標でありうるということを否定するためにローティが述べた理由は、前に私が記述した第三の戦略を持ち出している。このことは、ローティの論法を洗練されたものにし、進展させそして是認したとき、デイヴィドソンが真理は客観的であるという前提を用いたということを知ると明らかとなる。彼の論法は、もし真理が客観的でありなおかつ可謬主義が真であるのならば、真理はわれわれの探求の目標ではありえないということを証明しようとした（Davidson 2005a: ch. 1）。

第2・3節ではローティとデイヴィドソンが用いた論法を検討する。その次に、第2・4節でわれわれはもう一人のプラグマティスト、チャールズ・サンダース・パースが用いた関連のある論法を考察する。この議論の過程でわれわれは真理概念が探求の統制に関与しうるいくつかの異なる仕方を見定める。可謬主義はデイヴィドソンの論法に、そしてパースの探求理論に含まれているので、第2・5節では「可謬主義はいかに理解されるべきか」そして「可謬主義はわれわれが探求の結果に対してとるべき態度にいかに影響を与えるかもしれないか」を考察する。最終節ではわれわれが探求を統制する仕方における理由の役割を考察することによって「真理は探求の目標なのか」という問いに答えようと試みる。

2・3　「プラグマティストの」論法（1）

われわれの探求の目標は真理ではありえない、あるいはあってはいけないという結論を支持するリチャード・ローティ（1995: ch. 1）の論法は、彼が「プラグマティストの」ものと呼ぶある一般的原理を用いる。彼がそのように呼ぶのはなぜかというと、その原理は「目標は、それを達成することが実践に違いをもたらすだろうという場合にのみ厳粛に受け取られうる」ということを含意しているからである。目標を達成するかどうかが実践に違いをもたらさないのならばわれわれは何かを目標とすることができない。自らの目標を達成したかどうかを言うことができるのでなければ、その目標はわれわれの実践に影響を与えることができる違いをもたらさないだろう。このことは次のプラグマティストのスローガンによって表現されている。

人はみな自分が認識できるであろうことのためにのみ行為をすることができる。(Rorty 2000: 4)

私が大学の自分の研究室まで歩くという目標を持って自宅を出ると仮定しよう。この目標が私の振る舞いを導くのは、私にその目標を達成する手段である行為を実行させることによってである。私は玄関を出て左に向かう。並んだ店の前を通って坂道を下に歩き続ける。その次に大学の入り口の中へと向かい、エレベーターに乗って十三階へ行く。その目標は、いつ行為が終わるのかを告げることによって私の行為を導くということもする。哲学科に到着し、ドアに自分の名前が記された部屋に入れば私は行為を完了する。そして目標がこの第二の役割を果たすためには、私は自分が自分の研究室に着いたということを認識できる必要がある。この場合、ドアに記載された自分の名前、いつも目にする備品、積み重ねられた書類、これら全てが私は今自分の研究室にいると考える理由をもたらす。探求の営みもこれと同じ仕方で進む。例えば、ロンドン行きの次の列車の発車時刻を調べるという目標は、その情報を得るのに適した手段を採用するときに私を導く。またその目標はいつ私が探求を終えることができるのかを確定しもする。一旦その発車時刻を知れば私は探求を終えることができる。いつ探求が終わるのかを知るためには私はいつ目標を成し遂げたのかを認識できる必要がある。もし目標が真理に到達することなのであれば、私はいつ到達したのかを認識できなければならない。

　前に述べたように、ローティの論法とデイヴィドソンによる同類の論法のより注意深い提示とがともに依拠しているのは「われわれは何かを調べるとき、どれだけ注意深かろうと間違えうる」という可謬主義の主張である。真理がわれわれの目標である可能性を何らかの仕方で否定するのはこの可能性である。われわれは、可謬主義はいかに理解されるべきかを後でより十全に論じる。さしあたり、三つの異なる水準の可謬性を識別するべきである。列車の発車時刻について調べる方法として私が鉄道会社のウェブサイトを調べるという例を用いながらそうすることにしよう。第一に、この方法がどれほど適切であろうと私はそれをまずく実行することが原因で誤りうる。例えば、私はウェブサイトの画面に書かれていることを読み間違えるかもしれないし、あるいは情報を求めて文字入力するときに打ち間違えるかもしれない。第二に、この方法は一定の状況下でのみ信頼できるのかもしれない。例えば、列車は遅れたり運休になったりする。また時刻表は改訂される。よって、この方法は一般的に信頼できるのだとしてもこの方法が自分の過失によらずに私をがっかりさせる場合がある。第三に、この方法は適切なものだと信じる点で私は間違っているのかもしれない。例えば、時刻表が改訂されたときに鉄道会社がウェブサイトを更新しなかったのかもしれないというような場合である。これらの可能性のどれもが「自分が適切に行った探求が真なる信念へ到達しなかった」という結果をもたらしうるのだから、真なる信念を見いだすことが自分の目標（の一部）であるということは不可能であるというのがローティの見解のようである。この論法はどのような働きをするのであろうか。それを知るには、おそらくデイヴィドソン版の論法を検討するのが最もよい。

　論文「真理の復権」の中でドナルド・デイヴィドソンはローティの論法をより注意深く作り上げ直した論法を提示した（Davidson 2005a: ch. 1）[2]。デイヴィドソン版の論法は条件つきの結論に賛成する議論をしている。その結論は「もし真理が客観的なのであれば、それはわれわれの探求の目標ではありえない」というものである。この結論から真理はわれわれの目標ではないという結論を得るためには、われわれは真理は客観的であるというデイヴィドソンの是認した前提を必要とする。ローティの論法と同様にデイヴィドソンの論法も、通常真理の客観性を受け入れることとつながっている学説、つまり可謬主義に依拠している。よって先の結論は次のように言い直すことができる。

もし真理が客観的でありなおかつ可謬主義が有効なのであれば、真理は探求の目標ではない。

デイヴィドソンは真理が客観的であるときに伴うことを次のように特徴づけている。

信念または文が真であることは、それが全ての証拠によって正当化されているのか、それが隣人たちに信用されているのか、あるいはそれに従って行為をするのが良いことなのかということから独立している。(Davidson 2005a: 7)

証拠、人々の意向、そしてある信念に基づいて行為することの効果はみな検出可能な現象である。そういった次第で、真理の客観性は「ある命題がどれだけよく証拠と適合しようと、友人たちがどれだけよくそれを支持しようと、そしてそれがどれだけ有用であろうとその命題についての信念は依然として偽でありうる」ということを保証する。そして次のデイヴィドソンによる可謬主義の三つの特徴づけはこの客観性の特徴づけから導かれる。

1　真理は、写真のすみに載っている日付けのような、真理と虚偽を区別する標識を伴って現れるということはない。
2　どれだけ長く適切に探求をしようとわれわれは可謬的な信念を抱いたままである。
3　われわれが自分の信念のうちどれが真なのかを確かに知るということは決してない。

これらの主張から、デイヴィドソンは真理は「目標として視覚可能」ではないし「達成したときを認識可能」でもないと結論づける。そして最終的な結論は「(真理を) 目標と呼ぶことに利点はない」というものである。さらに、真理は規範つまり「それを目指して努力をする何か」であるという考えもわれわれは棄却するべきである。そして真理は価値ではないのだから「真理の追究」は空虚な企てである。たとえそうだとしてもわれわれが真理の追究について語ることを欲するかもしれないのはどういう場合かというと、それは真理の追及によってわれわれが「さらに証拠を集めることや計算を検算することによって自分の信念への確信を強めることはしばしば価値のあることである」(Davidson 2005a: 6–7) ということだけを意味する場合である。だが、この仕方で「真である」という言葉を使うことは真理を規範として扱うことにとって十分ではない。

信念と「真であると考えること」の間の概念的なつながりを利用することよりもむしろ、彼はローティの「プラグマティックな」スローガンを非常に強固にしたものに依拠している。ある信念が真であるとわれわれが最終的に確かめることのできる時点が存在しないかぎり、真理は目標あるいは規範ではありえない。これが最終的に確かめることのできる時点が存在しないかぎり、真理は目標あるいは規範ではありえない。このことから「定着した信念」もわれわれの目標ではありえないということになる。信念が (恒久的に) 定着したとわれわれが最終的に立証することのできる段階に探求がいずれ到達するという保証はないからである。デイヴィドソンの論法を理解するときに直面する難問は、なぜ彼は可能な目標に課されるこれほどまでに強固な制約を妥当とみなしたのかを理解することである。ここで再び可謬性が重要な役割を果たす。

　デイヴィドソンによれば、もし真理が客観的なのであれば、ある命題が真かどうかは、信じるべきことを決めるときにわれわれが依拠する種類の考慮によっては規定されない。実際にはわれわれが何かを真であると認めるのはそれが証拠によって裏づけられていることを理由にして、あるいはそれが行為がうまくいくことに寄与することへの信頼を理由にしてである。そのような場合、pという信念は考慮Cによって根拠づけられるとわれわれは言う。ほとんどの場合そのような考慮はいくつかの命題を受け入れる理由をわれわれにもたらし、その理由はわれわれの探求の対象である問いに答える。ところが次のことがデイヴィドソンによる客観的真理の特徴づけから導かれるようである。もし真理が客観的なのであれば、

　　もしCが成り立つのならばpは真である

は必ずしも真とはかぎらないしア・プリオリに知ることもできない。このような前後関係は偶然的であり、例外がないことはほとんどない。そしてこの関係についての知識は、われわれが真理概念に熟達することによって根拠づけられることはない。もしある命題を受け入れることがそのような考慮によって常に根拠づけられているのであれば、われわれが自らの探求がうまくいっていることの徴候とみなしているその考慮は、自分らがこれまでうまくやってきたということを保証しない。

　これはローティとデイヴィドソンが提起したこの論点の背後にある重大な主題である。彼らの論法は、そ

のような場合を記述する次の二つの仕方を区別することができると述べている。

(1) 目標は問いへの真なる答えに到達することであり、われわれはこの目標を達成するための可謬的な手段を採用している。

(2) 目標は問いへの答えに到達することであり、その答えは理にかなった人々がその答えこそが合理的な選択だと判断するであろうような答えである。

(2)には二つの構成要素がある。そのうち一つは次のような社会的な要素である。もしわれわれが理にかなっているあるいは有能だと判断した人々がどの論法あるいは信念が合理的かについてわれわれと見解を共有していないないならば、そして彼らの判断にはこの場合価値がないと考える特別な理由がないならば、そして他の条件が同じならば、われわれの見解は修正されるべきかをよく考えることはわれわれにとって合理的なことである。自分たちの可謬性の影響をできるだけ小さくしようと試みるとき、われわれは有能な仲間たちの判断を頼りにする。もう一つの構成要素は、われわれの目標は真理であると言う必要はないということである。われわれは探求や意見を思慮深く統制するときに真理概念を用いることはないということである。立場(1)は、それとは対照的に「われわれが可謬的であるにもかかわらず、われわれの目標は真理であるという主張には利点がある」という見解を保持する。われわれは(1)を選ぶことにはどのような根拠があるのかを問う必要がある。

われわれが検討してきた論法は二つの基本的な命題に依拠している。第一の命題は「われわれは自分たちが認識できることのみ目標とすることができる」というローティの「プラグマティストの」原理である。このままでは、とりわけ何らかの成果が得られたのかどうかを認識できるためには何が要請されるのかにかんして、この原理はあまり明晰ではない。一つの解釈は、成果が得られたのかどうかはわれわれにとって判別可能でなければならないというものだろう。わずかにだけより少ない要求は、われわれは、都合のよい状況では、達成することを目指したことを達成したということを「確かに知る」ことができるという要請だろう。もっと穏健な解釈は「いくつかの状況では、われわれは自分たちがうまくいった度合いについての評価に到達することができるのであり、その評価は容易に変更されうるものの適度に信頼できる」ということで十分だと考えるだろう。もしわれわれがこの原理についてのより強固な種類の解釈を採用すると、この原理は全然尤もらしくないように思われる。妥当に採用されうるがこの原理には適合しない多くの種類の目標が存在するからである。例えば、自分が哲学に長続きする貢献をしているのかを認識するある人の能力が有限かつ可謬的なのだとしても、その人はそのように貢献することを目標とすることができる。われわれは「せいぜい自分たちは自らの長期目標に適うと妥当に希望することのできる何かを達成することができるだけだ」と思うかもしれない。同様のパターンは、人々が自分の子供にその子の生活が持ち出す努力目標への準備をさせることを目標とするときにも見いだされる。これへの当然の返答は「自分らの目標を達成したのかを判断するときにわれわれは可謬的なのかもしれないが、われわれはその目標を達成するとは何をすることか、一冊の著書が長続きする貢献をするとはどういうことか、子供が良く育つとはどういうことかを明晰に把握する必要がある」と言うことである。だがまたしても、われわれによるこのことの把握には不確定性と可謬性がありうるようである。少なくともローティの原理は、行為目標についての一般的主張とみなされた場合、明らかに真であるということはない。

第二の命題は、もしわれわれの目標が真理なのであれば可謬主義は第一の命題に納得することを脅かすというものである。デイヴィドソンは可謬主義を「われわれは何事についても絶対的に確実ではありえない」と主張することと表わしているのであるから、その論法は「われわれが認識できること」についての「要請の多い」見解に基づいていると考えることには理由がある。今の段階では、認識できるということについてのこの要請の多い見解は、(最も尤もらしく思われるように)どの種類の目標にも引き合いに出されると仮定されているのか、それともその見解はとりわけ探求の場合に必要とされるのかは明晰ではない。もし目標が客観的真理を発見することなのであればわれわれは自分らがうまくいくことが「絶対的に確実」である能力を必要とするというのは、強固な要請でありそれほど尤もらしくはないようである。可謬主義と確実性の関係はここで重要な論点であり、われわれは次にこの論点に取りかからなければならない。

2・4 可謬主義を特徴づける二つの仕方

可謬主義を定義するのは難しい。われわれは、自分たちが自発的に可謬的であるとみなしている多くの信念を抱いているということを観察することから始めることができる。つまり、われわれはそれらの信念がどのようにしてそれらが偽であることと両立しうる仕方で得られたのかを理解することができる。われわれは誰かの証言を信用するが、その後その証言は偽りあるいは誤りであったことが判明する。われわれは自分の信念を証拠に基づかせるが、それと同時に、より多くの証拠によってわれわれは間違っていたということが証明されるかもしれないことも知っている。われわれは自分らが理由に基づいて信念を形成しているが、それと同時にその理由を無効にしてしまう潜在的なことを知らないことがしばしばあるということも知っている。よって、可謬主義を特徴づける一つのやり方は次の見解を出発点とみなすことができる。全面的な可謬主義を擁護する者は「とにかくどの命題にかんしても、われわれはこの命題を信じるときにどのようにして間違うかもしれないかを理解することができるか、あるいは、もしものを考えるときに適度に合理的なのであればわれわれは誤謬の可能性を認識することができるだろうということであるかのどちらかである」と考える。

この通りだとすると、われわれは可謬主義を注目すべき「心の態度」(Delaney 1993: 110) として記述するC・ディレイニー (C. Delaney) の次の見解に従うことができる。われわれはよく裏づけられた信念が依然として偽であると判明するかもしれないことを承知している。われわれは自分自身を誤謬の可能性全てから遮断することはできない。このような所見は「命題に誤謬の、わずかではあるけれども現実の可能性があることを承知しているときにわれわれはしばしば自分自身がその命題を信じるのは正しいと考える」ということを示している。可謬主義についてのこの種の理解は「われわれによる命題の受容は常に冷静な、あるいは試験的な特徴をもつべきである」という考えを奨励することができる。誤謬の可能性は現実のものであるに違いないということである。こうして、クワインの「経験主義の二つのドグマ」(Quine 1951) の終わりの方の節を読んだ人は「例えば算術や論理学の規則が基本的な真理であることを認めるのは誤りであるということが判明するかもしれないという現実の可能性をわれわれは知ることができる」という考えにクワインは傾倒している、とときおり考えるようである。そして次に、多くのそのような命題にかんしては誤謬の可能性は真面目には受け取られえないと返答するのは当然のことである。

全面的可謬主義さえも理解することのできるもう一つの仕方があり、この理解の仕方はこうした帰結に至ることはない。おそらく「絶対的な確実性」がないことは、誤謬の可能性が実際には真面目に受け取られえないあるいは取り上げられえないときに生じる種類の通常の確実性と整合的である。このことは次のヒラリー・パトナムによる可謬主義の特徴づけによって示唆されているのかもしれない。「これこれの信念は決して修正を必要としないという形而上学的保証が手にされることは決してない」(Putnam 1994: 152)[1]。「絶対的な確実性」と「形而上学的保証」についてのこの話はわれわれのいう可謬主義の意味を、なじみのある事例を超えて、われわれの信念全てを対象に含めるところまで拡張し、われわれが命題を完全に確実だと感じ、その命題を受け入れることをやめるに至るかもしれないどのような状況もすぐには想像することのできない事例をも対象に含めていると思われる。われわれがこうした拡張をすることのある一つの仕方は、不可謬性を定義することから始めて、次にそのように理解された「不可謬」である命題は存在しないという見解として可謬主義を特徴づけるというものである。ここにこのやり方が作用しているかもしれない一つの仕方がある。

判断あるいは信念が「不可謬」だと言うとき、われわれは全メンバーが必然的に真である認識的種類にそれが属していると認定する。もし感覚所与についての直接的記録が不可謬であれば、必然的に感覚所与についてのあらゆる直接的記録は真である。もし人々の感覚についての記録が不可謬であればそのような記録はみな真である。もし実在の合理的構造についての直観が不可謬であればそのような直観はみな正しい。ある種類へのこの割り当ては、判断あるいは信念が、それが真であることを保証する形而上学的特徴をもつと認定する。(これは自明のことではないに違いない。例えば、われわれは判断を「事実と符合する判断」という種類に割り当てることによってその判断が不可謬であることを示すのではない。)もしこれがわれわれが不可謬性を理解する仕方だとすれば、ある判断が属するそのような種類は存在しないことを論証することによってわれわれはその判断が可謬的であることを立証することができる。そしてこれは「たとえわれわれがその判断は完全に確実だと感じ、そして何が自分らの判断を修正させるかもしれないのかを思い描くことができないのだとしても、その判断は不可謬ではない」ということを立証するのに十分である。命題の可謬性は、その命題が不可謬であることについての示差的な形而上学的説明が存在しないことにある。そして現時点ではわれわれは自分らがいかにして間違っているかもしれないのかを想像あるいは思い描くことができないということは、このことと整合的である。「形而上学的保証」についてのパトナムの話とパースが「絶対的な確実性」への注意を喚起したことは、このように可謬性を理解する見地から理解されるべきだと私は言いたい。何事も絶対に確実ではないのは、どの判断も誤謬の可能性が排除された認識的種類には属さないからである。

このように不可謬性を特徴づけることは問題に直面するかもしれない。われわれが確信を感じはしないが、にもかかわらず真であることを保証する認識的種類には属する判断が存在するかもしれないという問題である。われわれが知覚についての二者択一主義者による次の説明を採用すると仮定しよう。知覚判断は事実的であるので、あらゆる知覚判断は必然的に真である。だが、われわれは自分らの判断に確信がないかもしれない。なぜならわれわれはその判断が知覚についての判断なのか、それとももしかしたら例えば幻覚か幻想についての記録のような異なる認識的種類のメンバーなのかに確信がないからである。こうした例に対処する二つのやり方がある。われわれは信念が、それが真であることを保証する種類に検出可能な仕方で属しているということを要請するために、不可謬性の特徴づけを修正するかもしれない。あるいはわれわれは可謬主義が自分らの判断全てには当てはまらないことを受け入れ、知覚判断が不可謬であることを認め、同時に所与の判断が知覚判断かどうかについてのわれわれの信念は可謬的であるとも主張するかもしれない。これについてここではこれ以上論じない。

このやり方でパースの立場を理解することの裏づけは、なぜ彼の可謬主義は二かける二は四という主張にまで当てはまるのかについての彼による説明に見いだすことができる（CP 7.108, 1910）。彼は「その主張についての心からの疑念を少しも」感じ「ない」ということを認めている（CP 7.109）。そして実際、その主張を疑うかなりこじつけの理由が「重要だと真面目に考えることよりも愚かなことを想像するのは難しいだろうということ」も彼は認めており、そうした理由を彼は何とかひねり出してもいる（CP 7.108）。「計算のプロ[3]」でさえ単純なかけ算をするときときおり間違えるということに着目することから彼は議論を始めていて、このことは「一回だけ計算をすることは、間違っていないという絶対的保証をもたらさない」ということを立証すると彼は考えている。ある信念が単純なかけ算の結果であるということはその信念が真であることを保証しないということである。ひょっとしたら、可能なだけ多くの別人が計算を繰り返すことはわれわれが非常に確実だと感じる結論、つまりその結論が間違いでありうることを想像することのできない結論から「絶対的に確実な」結論へとわれわれが進歩することを可能にするのかもしれない。

たった一回の計算がこの形而上学的境界を超えることを可能にするとみなすのは不合理なのであろうから、最も無難で頼りになるのは、われわれの計算結果はしばしば極めて確実だということを認めはするが「人間は絶対的に確実ではありえない」と結論づけることである（CP 7.108）。これは「もし可謬的な信念と『絶対的に不可謬な』信念の間に本当の区別が存在するのならばその区別ははっきりとしたものである必要がある」という仮定に基づいている。可謬的なことと絶対的に不可謬なことの間に境界線上の事例は存在しえないということである。そして、哲学にはこの種のはっきりとした境界線をもたらすことができないということにかんして、パースはクワインと同意見である。彼はわれわれが二かける二は四であることについて「絶対的に確実」でありうることを否定しており、これは、この判断が属しておりなおかつその判断が真であることを保証する示差的な認識的種類を特定することはわれわれにはできないことの論証に基づいている。私は「経験主義の二つのドグマ」(Quine 1951: 43f) の終わりの方の節で何か似たようなことが起こっているのではないかと思っていて、分析的と総合的の区別および還元主義的な検証主義を一旦放棄すれば「たとえいかにしてそれらを疑う(あるいはそれらを確実ではない何かとみなす)気になりうるのかを思い描くことができないのだとしても、われわれはそれらが絶対的に不可謬であることを証明する方法(そのこの形而上学的保証)を手にしていない」ということを認めなければならない。そして完全に確実だと思われてきたことが(ごくまれに)これまで放棄されてきたということをわれわれが知っていることは、このことを裏づけることができる。

もしこれが正しければ、可謬主義に肩入れすることはわれわれの意見や方法のほとんどが妥当であることへの強い確信およびそれが確実であることと整合的である。われわれはそれらの信頼性を疑おうとは思わないが、いつの日かこの確実性および確信は見当違いだったと判断するかもしれない可能性を絶対的に排除するどんな哲学的理由も示すことができない。そのような理由がないことは、もちろん、われわれの確実性は疑われるべきなのかと懸念する理由を少しももたらさない。われわれはこのように可謬主義を特徴づけることとプラグマティズムの認識論がもついくつかのよく知られた特徴の間のいくつかの関連に気づくこともできる。またもや私はこの点を概略的にしか述べることができない。どういうときにわれわれは自分の信念の理由あるいは正当化を必要とするのであろうか。われわれが理由や正当化を必要とするのは自分の考えを変えるときである。これまで真偽の分からなかった何かについて意見を形成するときあるいは自分がこれまで抱いていたことを疑うようになるとき、われわれは自分のすることを擁護できる必要がある。何かを疑う理由に直面したとき、もしそれを信じ続けるつもりであれば、われわれはその疑念を抱いた理由を却下する理由を必要とするかもしれない。もし私が何かを確信していて、それを疑う理由に直面していなければ、私がこの命題を信じることに具体的理由を与えられないとしても、そのことは通常私の確実性に何ら合理的な影響を与えはしない。またしても、確信のある仮のものではない確実性は、この確信は絶対に信頼できると考える明示的な理由がないことと整合的である。

2・5 プラグマティストの論法（2）

ローティは探求の目標は真理であると認定することに反対する議論をした最初の人物ではなかったしそれをした最初のプラグマティストでさえもなかった。一八七七年の論文「信念の固定」の中でパースは「認識論をするとき、われわれは探求の目標は『定着した信念』であると認定するべきであって『真なる信念』であると認定するべきではない」という結論を支持する論法を発表している。

> われわれは「〔定着した信念は〕われわれにとっては十分ではない」そして「われわれが求めているのは単なる意見ではなくて真なる意見だ」と思うかもしれない。だがこの思いを検証にかけてみよ。そうすると、その思いには根拠がないことが判明する。それというのも、確固とした信念に到達するやいなや、その信念が真であろうと偽であろうと、われわれはすっかり納得するからである。せいぜい主張しうるのは、われわれは自分らが真だと考える信念を求めるということだけである。だがわれわれは自分らの信念はどれも真だと考えるのであり、そして実はそのように言うのはトートロジーにすぎないのである。（W 3: 248; EP 1: 115; W 2: 248, 1877）[2]

これらの見解は、われわれの信念と探求を律する最も根本的な規範を見定めるように立案された拡充版の思考実験の一部として考え出された。なので、われわれはそれらの規範を文脈の外に持ち出してしまってそれらを誤解することのないよう注意しなければならない。しかし、われわれはそれらの規範を文字通りの意味に受け取ることから始めるべきである。そうしてみると、それらの規範は「われわれはある命題が真だと信じもするのでないかぎり、問題となっているその命題を信じることができない」ということが観察されるということを前提として、「われわれが探求をするときの目標は真なる信念である」ということを否定するという結論を導いているということになる。(3)

私が自分のpという信念について立てるかもしれない二つの内省的な問いについて検討しよう。

(1)　私のpという信念は真か。

(2)　私がpということを信じるのは正しいことか。

もし探求をするときの私の目標は真なる信念であると言うことが正しいのであれば、私が自分の信念についてよく考えることのできる最も解明に役立つやり方は(1)を問うことから始めることであるということを、パースの論法は当然のことと考えるようである。だが、もしpということを心から信じているのであれば、私は既にその問いに肯定的に答えることに傾倒している。自分の意見についての内省が私に(2)を問うことを求めるのは、認識的規範に精通することがその探求をもっと前に進めるときにわれわれを導いてくれると期待してのことである。

それまでかなり概略的に発表されていた思考実験が何であるのかを簡明にするために、パースはどんな種類のことがわれわれの信念を動揺させるのかについて確かなことを検討している。われわれが判断を保留する理由とみなすことに傾倒しているのは、すでに信じていることのうちどういう種類のことであろうか。彼はこの検討を、自覚的には用いられえない信念形成のいくつかの方法を見定めることによって行った。いったんわれわれが自分の信念はこれらのうちの一つの仕方で形成されたと認識すれば、その信念は（他の事情が同じならば）動揺する。それらの不完全な方法は、どれくらいの命題が例えば次のことによって規定されたとわれわれは考えるべきかと問うことを容認することも含む。

(a) どの信念を採用するかを選ぶときの自分自身
(b) 誰もが信じるべきことを規定する何らかの権威に自分が服従すること
(c) 自分の主観的な趣味あるいは選好、つまりわれわれがそれを受け入れることを「好みに合う」と感じた命題を受け入れること

次のことを信じないかぎり、信念のどのような規範を採用するべきかという問いをわれわれは厳粛に受け取ることができないだろうとパースは論文「信念の固定」の終わりあたりで結論づけている。

> 実在する事物が存在して、その事物の特徴はその特徴についてのわれわれの意見から完全に独立している。これらの実在は一定の法則に従ってわれわれの感覚に作用する。そしてわれわれの感覚同士はわれわれと対象の関係同士と同じくらい異なるのであるが、知覚の規則性を考慮に入れることによって、われわれは推論することにより事物が実際にどうであるのかを突きとめることができる。そして人間は誰

でも、十分な経験をしてその経験について十分に推論すれば、一つの真なる結論へと導かれる。（EP 1: 120; W 3: 254, 1877）

信じられるべきことはどの個人の意志によっても、あるいはどの主観的なことによっても規定されない。この見解の一組（ないしは、おそらくこれらのおおよその方向に沿ったより複雑で洗練された見解の一組）を受け入れることは、前記の問い⑵に答えるときどの問いを立てるべきかという点でわれわれを導く。われわれは常にここで言われている仕方で自分らの知識の対象と因果的に相互作用しているわけではないのは明らかである。パースの言いたかったことは彼自身が他の所で用いている言葉づかいの形式を用いることによって次のようにより良く表現されるのではないかとウィギンズは提案している（Wiggins 2004: 105）。われわれは「〔問題となっている〕事実と無関係ではない状況によって規定される」信念を求める。これらの定式化は多くの問いを提起する。例えば、どのようにすればそれらの定式はア・プリオリな知識あるいは道徳上の知識に適用されうるのか（ただし、どのようにすればこの適用をうまくすることができるのかにかんする提案についてはWiggins（2004: 107–8）を参照）、十分な経験をしてそのことについて十分長くかつ十分適切に考えた人は誰でもわれわれの意見を共有するという主張をどのように限定するべきか、といった問いである。パースがここで言いたかったことが探求の対象とわれわれがその対象について学ぶ能力にかんする概して実在論的な見解を提議するのは明らかである。そうだとすると、その思考実験の結末は、パースに真理は探求の目標ではないという自分の以前の主張を撤回させる（あるいは元の面影がなくなるほど修正させる）のであろうか。そしてこの実在論的見解は、これまで見てきたようにローティが擁護している種類の立場とどのくらい異なるのであろうか。

論文「信念の固定」の続編の中でパースは真理概念を明晰化しているのだが、いつものように彼は真理概念についてそれほど詳細に論じているわけではない。さらに、彼がもたらしたのはある表象が真理という性質をもつための必要十分条件を特定することを伴うよく知られた種類の分析ではなく「プラグマティックな明晰化」である。(4) ほとんどの場合、彼による真理の明晰化は実在概念を理解するための方策である。言葉による実在の定義を「その性質があなたまたは私がどう考えるかから独立しているものは外界の実在である」と述べることによって表わした後で、この種の心から独立していることは実際には何に帰着するのかを説明する必要があることに彼は気づいた。彼はまず真理を次のように明晰にすることによってこれを行っている。「調査をする全ての人によって最終的に同意されることを運命づけられている意見が、われわれが真理によって意味することである。そしてこの意見によって表わされている対象が実在である。」このことから、もし私がある命題のことを真だとみなせば、その主題について十分長くかつ十分適切に探求した人は誰でもその命題を是認することに帰着するだろうと私は予想するということになる。もちろんこのことは「多くの真理にかんしては、ある調査が受け入れることを『運命づけられている』あるいは『定められている』ことを受け入れるために必要とされるであろう調査を完了することは実際のところ誰にとっても不可能である」ということと整合的である。さらに、ほとんどの命題はあいまいであり、十分に確定された内容であることを欠いているのであるから、あらゆる探求者は同じ仕方でそのような不確定さを解消するよう運命づけられていると考える理由はない。もしある命題が十分に確定されているのならば、われわれが十分な典型的証拠を得ることができないのでないかぎり、あるいは十分に注意深くかつ丁寧に探求をしないのでないかぎり合意はやがてなされる。だがわれわれの境遇がそうなるのはまれである。

これはある複雑な境遇についての非常に概略的な描写である。だがわれわれは結果としてもたらされるプラグマティストの真理にかんする説明についていくつか意見を述べることができるのであり、その説明はローティとデイヴィドソンの論法を考察するのに有用なある敗北を生じるのである。第一に、この境遇は可謬主義と整合的である。われわれは十分適切かつ十分長く探求をすれば真理に到達することが「運命づけられている」のだが、このことと「われわれが自分たちは十分長くあるいは十分適切に探求してきたと考える決定的な理由を手にすることは決してない」ということは整合的なのかもしれないからである。実のところ、パースは晩年の手紙の中で次のように書いている。

私はもしある人物がこれからずっと先まで十分に探求を行えばたどり着くどの信念にかんしても、それが存在するということが不可謬的に真であるとは言っていません。私はその信念だけが自分が真理と呼ぶものだと言っているだけです。私はどの真理にかんしても、それが存在することを不可謬的に知ることができません。(Delaney 1993: 46 で引用されている。)

ということは、真理についてのこれらの見解はわれわれが何かを真であるとみなすとき、あるいは何かの真理を探求するときに自分が関与することについての可謬的な主張である。おそらくパースはこれらの主張を疑う理由を見出していない。実際、これらの主張は彼が疑う理由を見出していない確実なことを反映している。もしこれらの主張(や他の多くの主張)を真理についての可謬的で確かなこととみなせば、つまりどのようにして真であることはどの人が実際にそのことについて考えていることからも独立しているのかをわれわれが理解するのに寄与しているとみなせば、たとえ真理を突きとめるわれわれの手段がどれほど可謬的であるかもしれないのだとしても、どうして真理はわれわれの目標の一部ではありえないなどということになるのかを理解するのは難しい。

ウィリアム・ジェイムズは真理について自身の見解を述べるとき、真なる命題は「実在と適合する」という主張を適切に是認した。パースと同様に彼もその平凡な主張を是認した。そして二人ともプラグマティストの明晰化の役割は、われわれが実際に真理概念を応用することができる方法あるいはどの命題が真かを突きとめるために命題を評価することのできる方法へ手引きをすることだとみなしていた。この明晰化をするとき彼らは分析的な必要十分条件の一そろいを求めるということはしなかった。そして彼らはその明晰化がア・プリオリに知られる何かであることを要請しなかった。その明晰化は可謬的ではあるが確かなのである。そしてその明晰化がもたらすのは真理にかかわる情報であり、正当化あるいは知識あるいは何か他のことについての情報ではない。

もしその考えが正しいのだとすると、真理はいったんプラグマティストの見地からより詳細に練り上げられればわれわれの目標でありうる。そしてそうだとすると、どのようにして真理概念はわれわれが評価をするときに役割をもちうるのかを理解するのは簡単である。この概念の一つの見方は、パースが言わなければならなかったことの「社会的な」特性に由来する。あいまいさにかんする論点はひとまず置いておくことにすると、真理についてのこの見解はわれわれに「もし二人の人物の意見が一致しないならば、少なくとも彼らのうちの一人は関連する証拠を手にしていないかそれとも彼らが手にしている証拠を処理するときに過ちをおかしたかのどちらかであるに違いない」ということを示す。二人とも十分長くかつ十分適切に探求をしてきたにもかかわらず彼らの結論が異なるなどということは事実ではありえない。よって、もし私がある命題のことを真理に適している（truth-apt）[4] と思っているのならば、私の尊敬する人たちの意見の相違は私に自分の見解を考え直す理由を知らせる。（ヒュー・プライスが指摘したようにこれが、どのようにして真か偽かを評価可能な命題は例えば好みの表明と区別されるのかについてのプラグマティストの説明である(Price 2003)。この真理の規範は「意見の相違には直覚的な規範的特性があるとみなす」。) ある命題が真であることに同意するとき、私は「自分の意見を改める気にさせるどのような証拠がさらに出てきたとしても、もしその証拠を適切に調査し続ければそれは誤解を招くものであったということが判明する」ということにも同意しているのである。この定式化は、私がいつ自分の探求を停止するべきかという論点に取り組むことも可能にする。私は適切な探求がさらに行われたとしても現在の見解を棄却しそうにない状況についての情報に依拠している。私は後に続く探求者の誰もが関連した見解を持つのに自分よりも不利な立場にいると言うことができるのかもしれない。等々といったことが言える。

よって、これらのことについてのプラグマティストの考え方のいま一つの例を検討することは、いかにして真理は規範的役割をもちうるのか、そしていかにして真理はわれわれの目標を設定するときに役割をもちうるのかについての説明となる。たとえわれわれの真理概念の把握が可謬的であり、自分らの概念から規範的基準を導く仕方が可謬的なのだとしても。そしてたとえわれわれがその目標に順応しようと試みるときに用いる方法が可謬的であり、その規範を適用するときに用いる信念が可謬的なのだとしても。

しかしながら、今説明した種類の立場はとりわけデイヴィドソンが主張したことをどの程度まで弱めるのかについてのいくつかの問いが依然として提起されるかもしれない。ここではそれらの問いのうち二つだけに触れることにする。第一に、今説明した種類の立場は真理は客観的であるという主張と整合的なのかが論じられるかもしれない。(いずれにせよローティの論法はこの仮定に依拠していないのであるからこの問いは根本的に重要なわけではないのかもしれない。) われわれがパースの著作に見いだす真理概念の明晰化は、真理を「もし探求が十分長く続けられ、なおかつ十分適切に行われれば信じられるであろうこと」と関連づける。このことは、真なる命題は「われわれの証拠全て」によって正当化されるに違いないということを否定することと整合的である。有効な探求をくぐり抜けたことは真であるということはわれわれみなにとって確かであるということは、われわれはこれまでそのような探求を完了できたことがあるのかについて何も言っていない。そしてこれまで見てきたように、真理と収斂の間のつながりは可謬的であるということをパースは認めている。われわれは真理にかんするこれらの主張のことを分析的であると、つまり必然的真理あるいはア・プリオリに知ることのできる命題から成るとみなす必要はない。これらの主張はみなが共有している確かなことであり、そしてわれわれは自分らの探求の計画を立てるときや命題の真理値を判断するときにそれらの確かなことに確信をもって依拠することができるということが主張されていることの全てである。これは、いかにして真理はどの人が実際に考えていることからも、あるいは考えるだろうことからも独立しているのかを理解する、つまりわれわれを懐疑論へと追いやらないこの題材について理解する一つの仕方である。われわれは真理にかんするこれらの主張を疑う理由を手にしていないし、(おそらく)それらの主張を否定する理由に直面することを想像することもできない。だがこのことがそれらの主張に意味論的規則に基づいていることを、あるいは意識に深く埋め込まれた経験的命題以外の何かであることを要請することはない。

2・6　理由と真理

われわれは自分らが目標を達成したのかを「絶対的な確実性」をもって判別する能力を持つことなしにその目標を追求することができると私は主張してきた。自分たちがうまくいったことを示す信頼できる指標を手にしているとわれわれは思うかもしれないが、その指標は可謬的かもしれないし、あるいは確定的ではないかもしれない。事物が自分たちを公平に扱ってくれればとしばしば思うが、われわれはこのことを保証されていない。われわれが実用的合理性についての強固に内在主義的な考えをもつのでないかぎり、つまり行為がうまくいったかを評価することと関連のあるあらゆることを自分たちは手にしているという信じがたい見解に固執する考えをもつのでないかぎり、可謬的な指標を不十分なものとみなす理由はない。

このことへの当然の返答がある。もし可謬主義者であるならば「将来の証拠に直面したときにわれわれが自分らの信念を修正することを可能にする基準は役に立つ」ということを確信しているに違いない。それらの基準は自分らの信念を疑う理由やその信念を修正ないしは限定する理由を突きとめるときにわれわれを導いてくれる。もし真理が客観的であるのならば、そのような理由にかかわることは必然的に真ではないしア・プリオリに知ることもできない。それらのこともまた可謬的だからである。われわれは自分らの予備的な信念や事物がどうであるかについての自分らの一般的な考えに照らして見解を修正する。だがその信念や考えと真理との間に必然的ないしはア・プリオリなつながりは存在しない。われわれがそれらの信念や考えに依拠するのはそれらが真であるから、あるいはそれらがきっとわれわれが真理を発見することを可能にするからではないからである。真理に訴えることはわれわれの基準に基礎をもたらすかのようであるが、実際にはそういうことはしない。正当化の基準、そして理由を突きとめるための基準を批判する一つのやり方は、それらの基準に依拠してしまったがためにわれわれが誤った信念を抱くことへと追いやられてしまうような事例を見つけることである。われわれはこれらの基準や方法は信頼できないと考える理由を見いだす。あるいはそれらの基準や方法は信頼できるということを疑う理由を見いだす。だがもちろん、われわれがそれらの理由を突きとめるときに行う判断それ自体は可謬的である。そしてこのような省察がわれわれの信念は真であるということをより尤もらしくするという保証はない。われわれは自分らの従っている基準が確実だと感じるかもしれないが、真理概念がこれらの省察の中で規範的役割を果たすためには、われわれの基準と真理の追究との間に必然的もしくはア・プリオリなつながりがなければならない。そしてそのようなつながりがあるということは明らかではない。

私はこのような憂慮をするのは見当違いだということを示そうと試みてきた。確信は確かなことを必要とすると思われるかもしれないが、確信は「絶対的な確実性」を必要とはしない。われわれは真理の指標や探求の方法の信頼性などについての多くの確信のある信念を抱いている。おそらくわれわれはそのような主張の決定的な正当化を用意することはできないのだが、そのような正当化は自分らの見解を改変していると き、あるいはわれわれが確かだとみなしていることを疑う理由に応答しているときにのみ必要とされる。可謬主義は「われわれは確実な種類の決定的で役に立つ正当化を手にしている」という考えを疑うが、可謬主義はわれわれが疑う理由をもたない多くの確かなことを疑う必要はないと私は論じてきた。もしそれらの確かなことの多くが真理とかかわりがあるのならば、真理概念にはわれわれが探求をするときに規範的役割があるということを否定する理由はない。そしてこれらの主張が真理と探求の運命との間にア・プリオリなつながりを作りだすわけではないのであるから、おそらくわれわれは真理は「客観的」であるという考えを保持することができる。

デイヴィドソンが客観的な真理概念をきわめて厳粛に受けとめることができたにもかかわらず、その概念にはわれわれの探求の目標を設定するときに役割があるということを否定することもできたことは驚くべきことのように思われるかもしれない。だがここにはかなり深刻な問題が含まれている。ある概念、例えば真理を理解しようと試みるときわれわれはしばしばその概念と他の概念の関係を検討する。われわれが理解したいその概念は、自分らが認識的実践をするときに共に使われる概念の一群の一部を構成しているからである。真理について考えるときわれわれが用いるかもしれない概念の一群がいくつか存在する。最も一般的には――そしてこれはパースやジェイムズのようなプラグマティストたちについても言えることなのだが――真理概念は信念、疑念、探求、主張、知識などのような概念との関係を通して検討される（例えば Misak 2004a を参照）。われわれは認識にかんする反省の領域における真理概念の役割に焦点を合わせている。もしそれがこの概念についての正しい考え方だとすれば、この概念にはわれわれが探求をするときの目標の構成要素の一つとしての役割があるというのはありそうなことである。そしてその場合、われわれは真理概念を理解するとき証拠、他者との同意などとの関係を利用する。それら証拠や他者との同意は、われわれが自分らの信念を定着させるときに用いる種類の事物だからである。第二の関連のある概念の一群は、いかにわれわれは自分らの行為や計画について考えるかとかかわりがある。もしわれわれの信念が真であるならば、このことは自分らの行為がうまくいくことに寄与するからである。真なる信念は「それに従って行為をする」のが良い信念である。これらの概念の一群のどちらもが、デイヴィドソンならば真理についての真に「客観的な」説明から排除するであろう観念を、真理について考えるときに取り入れている。

デイヴィドソン自身の著作は真理を概念の別の一群と関連づけて研究している。真理は（他の人たちの著作と同様に）それと信念との関係を検討することによって理解されているが、意味、解釈、翻訳などとも関連づけて理解されているのである。われわれが真理概念を理解するのは意味論でその概念の役割を検討することによってであって、認識論でその役割を検討することによってではない。そして、どういうわけか彼は「われわれは概して自分らの信念は真であると確信することができる」と考えるが（反懐疑論的立場）、「われわれは活発に真理を追求することや基準――真理と密接な関係にあることを示すことによって擁護される基準――を用いることによってこのような確信をもつに至るわけではない」とも考える立場にたどり着いている。われわれは実在はどのようなものであるかについて多くの信念を抱いていて、それらの信念は真であるとおおむね確信している。だがそれらの信念のどれも、誤りであると判明するか̀も̀し̀れ̀な̀い̀ものである。われわれの理由は、自分らが自分らの周辺の事物について知っているとみなすことによって擁護されうる。われわれは自分らが真であるとみなすことに言及することによってそれらの理由を擁護する。だがデイヴィドソンからすると、このように理由を擁護するときに、真理概念が構成要素としてもつ役割を省察することによってわれわれが導かれることはないのである。

原注

(1) これについての議論にかんしては Putnam (1995: 151–81) を参照。
(2) デイヴィッド・ウィギンズはこれは単なる間違いだということを示唆している (Wiggins 2004: 97–9)。パースは、真理を求めることとわれわれが真だと考える何かを求めることには実際の違いはないと言っているようである。そしてウィギンズは、これは「自分の義務を果たせ」という指令と「自分が自らの義務だと考えることを果たせ」という指令を同一視することと似ていると述べている。これが間違いなのかどうかは、それがパースの複雑な思考実験の中で果たしている役割に左右されるのかもしれない。ウィギンズ自身が強調しているように、その思考実験が完了するころにはわれわれはそのような区別をすることができるし、ものを考えるときにその区別に依拠することもできる。このことから、パースはこの実験を開始したときには主張していたことを主張することができていないということになるのか、私にははっきりとは分からない。
(3) ローティが用いた論法とパースが用いた論法は表面上は似ているが、それらには違いがある。ローティの論法は真理と正当化の間の違いを利用するのに対して、パースの論法は信念と何かが真であると考えることの間に違いがないことを利用する。

(4)真理についてのプラグマティストの理論はその概念の伝統的な分析をもたらそうとする試みと正面から競合するわけではないということについては幅広い合意がある。この点を強調している最近の著作には Hookway (2000 chs 2 and 3); Misak (2004a); Wiggins (2004) がある。

訳注

〔1〕タルスキの「脱引用符としての真理」という発想について、伊藤邦武は次のように説明している。「言語分析という営みを、意味論を中心にして構成するこれまでの哲学の主流では、たとえば「「雪が白い」は雪が白いとき、そのときに限って、真である」という真理言明で代表されるような、タルスキ流の真理分析がもっとも標準的とされてきた。この種の分析では、「……は真である」という言明は、それ自身としては何らの意味をもたず、ただ、定義される文(「雪は白い」)の「 」を外す役割しかない、とされる。真理は何かの性質を表す述語ではない。それは対象言語の「 」を外す、メタ的な操作の指示である。/「脱引用符としての真理」というこの発想は、形式意味論における有効性が高く評価された結果、分析哲学の広い範囲で標準的な手法としての地位が定着し、真理は性質ではないというその基本的視点からは、真理についての消去理論がさまざまな形で導かれてきた。」(伊藤『プラグマティズム入門』ちくま新書、二〇一六年、二〇九~二一〇頁。)

〔2〕邦訳は、ドナルド・デイヴィドソン「第1論文　真理の復権」『真理・言語・歴史』柏端達也+立花幸司+荒磯敏文+尾形まり花+成瀬尚志訳、春秋社、二〇一〇年。

〔3〕パースは若いころの一時期、合衆国沿岸測量部で計算を担当する仕事をしていた。コーネリス・ドヴァール『パースの哲学について本当のことを知りたい人のために』大沢秀介訳、勁草書房、二〇一七年、八頁を参照。

〔4〕ここで「真理に適している」という語句は、その命題が何らかの文脈で意味を変えられることなく現在の意味のまで述べられうるということと、真または偽でありうるということの両方を満たしていることを意味している。疑問や命令は真または偽でありえないので真理に適していないとされる。

第3章　真理・実在・収束

3・1　はじめに

現代においてプラグマティズムに理解を示す哲学者であっても、殆どの者は〈[真理とは]考究に携わるすべての者によって同意されるべく運命づけられた意見である〉という、パースによる真理概念のプラグマティックな明晰化からは、距離を置きたいと思っている。このような抵抗感は、私たちの認知能力の評価に際して〈実在論者〉の真理の考えに役割を与えない点において、デューイやジェイムズに従う哲学者にも見られるし、このような方向では考えない哲学者にも見られる。なぜパース以外のプラグマティストにとって、真理とは意見の運命づけられた収束に関する事柄であるという提案は、これほどにまで有望でないと思われるのであろうか。

問題の一つは、〈隠蔽されてしまった秘密〉ないし〈見失われた事実〉に関わっている。いかに長く探求したとしても、[実際には]発見されることはないだろう、と私たちが確信しているような真理が沢山あることは、明白であるように思われる。また別の問題としては、何がある命題を真にするのか、ということに関して、奇妙な見方が生まれるように思われるのである。たとえば［西暦一〇六六年の］ヘイスティングズの戦いの日の朝に、一インチの雨が降ったかどうかを決めるのは、約一〇〇〇年前の南イングランドの気象条件よりも、未来においてどんな［状況］証拠が見い出されるかに依存することになる、といった具合にである。プラグマティズムを魅力あるものにすることにとって、多くの人が中心的であると考えるような洞察を、パースの理論は不明瞭にしてしまう、と告発されることもある。ジェイムズの多元論が提案するところでは、ある信念の体系が実在と合致するかを決定するに際して、私たちの実際的な関心事や美的な興味が果たす役割があり、そうすると、互いに競合せず、相異なる実際的な関心事に応えるような異なるバージョンの実在があるかも知れない。パースは、任意の人が十分に長く探求するならば、信じるべく運命づけられているものを真理と同一視するので、その点からすると、パースの実在の説明は、探求のための唯一の根本的な目的を定めることに依拠しており、その目的とは、完成された知識の成長であると結論するのが自然である。そのような一般的な関心への関連において、真理が特徴づけられるのでなかったならば、なぜすべての探求者がそれを発見することを、私たちは期待などするであろうか。

このような考え方が、ヒラリー・パトナムをして、パースの真理の説明はバーナード・ウィリアムズの言う実在の絶対的概念（absolute conception of reality）にコミットするものである、と提案させるに至った（Williams 1978の各所に頻出する）。それは、「世界は、いずれにしても私たちの経験とは独立に、あるがままにそうある」という見解である。このような見解は、特定の視点に属する一切から抽象を行おうと欲し、人間特有の認識装置の諸特徴に依存することを避けようとする。それは、［しばしば言われるように］「最大限、私たちの視点やその特有性から独立」であるという観念である。かくして、色のような［単に主観的とされる］二次性質を割愛し、価値を割愛し、人間特有の関心に応える人造物などの概念を全く使わない実在の説明が提供される。ウィリアムズにとって、このような実在観は（物理的）諸科学によって追い求められる客観性の理想（ideal of objectivity）を表現するものであり、その実在の説明は、どの特定の視点にも相対的ではなく、原理的には、実在の本性を探求するいかなる生物にも手に入れられるものである（Williams 1978, 1985）。［とすると］人間、地球外生物、ロボット等がみなこの運命づけられた意見の収束に含まれているかも知れない(1)。

ウィリアムズの立場を評して、パトナムはこう述べる。「考えうる知的存在者のどんな種であっても（彼らが正しく仮説を形成し、適切な実験を行うのであれば）、パースがはじめに思い描いたような仕方で、理想的な物理学の諸法則に関する合意へ向けて〈収束する（converge）〉ことが出来る」（Putnam 1992: 84）。またパトナムは、他の箇所で「最も広い探求者のコミュニティーによって、熱心な探求の帰結として究極的に受け入れられる、整合的な信念の体系というパース的な真理の概念」（Putnam 1990: 221）、また「科学的探求は、一つの理想的理論へと収束する」（Putnam 1994: 353）という（パースならびに形而上学的実在論者に共有される）観念、さらに「万物をめぐる完全かつ無矛盾な理論」（Putnam 1990: 223）にも言及している。

これらのことが、どの程度まで正しいかを検討してみることは、真理と実在に関するパースの諸観念の発展を私たちが理解する助けとなるだろう。「絶対的な概念（absolute conception）」へのコミットメントを示唆するかに見える節は、［実は］一八八〇年以前の［パースの］著述に由来している。［そして］それらの節でさえ、そのようなコミットメントを伴っている、と解釈される必要はないと私は論じようと思う。後期の著作は、色のような二次性質は実在的である、また（たとえばランプのような）人工物は実在的な種（real kinds）であると強調することになるのであるが、それらは、上の考えとあまりに適合しないからである。

さらに［後期のパースには］宗教的信念が個人的な成就や我々の科学的探求者の成功にもたらす寄与は、私たちの自然的で（しばしば人が認めようとしない）神の実在性への信念を強化する〈証拠（evidence）〉を提供する、と力説するような議論さえある。さらに、十分かつ首尾よく進められた探求は私たちを真理へ導くべく運命づけられている、という主張は、遅い時期の幾つかの節においては、かなり限定的に主張されていることにも瞠目すべきである。

真理のプラグマティックな説明が、実在性（*reality*）の概念を明らかにするために定式化された、というのは重要なことである。「探求を行う者すべてにより、究極的に同意されるべく定められた意見が、真理によって私たちが意味するものであり、この［究極的］意見において表象される対象が、実在（the real）である」（W3: 273, 1878）。パースの戦略は、彼が論理的な概念であると考えた真理の説明すなわち「明晰化」を与えることだったのであり、次に［そのようにして説明された］真理を使って、私たちが「実在」という言葉で何を意味するかを説明しようとしたものである――実在とは、真なる命題の対象（object of a true proposition）なのである。この説明が要求されたのは、「その諸特徴が、いかなる人間がそうであると考えるような諸特徴からも独立であるようなもの」（W3: 271, 1878）、「それによって実在のものがまさにそうである、というあの存在様式（mode of being）、どのような［単独の］心あるいは確定的な数の［すなわち有限な］心の集まりがそのようであると表象しうるものとも関わりなく、そうであるもの」（CP 5.565, 1901）としての実在、という名目上の定義を立証するためであった。したがって、収束としての真理（truth as convergence）という見方が推奨されたのは、それが［個々の］思考からは独立なものとしての実在という、当の観念のプラグマティックな明晰化を約束したからなのであった。「四つの無能力の諸帰結」（一八六八年）という［早い時期の］論考において、実在の概念の起源を説明するにあたり、パースは、実在を「情報と推論とが、遅かれ早かれ最後には至りつく（would finally result in）もの、したがって、君や私の気まぐれからは独立なもの」（W2: 239）と記した。一八八〇年以降になると、彼は、実在の新しい説明を持つようになった――私たちは、外在的な諸事物を直接的に外在的なものとして知覚するのであり、そして（一九〇三年に至っては）赤い本を私が知覚するとき、独立に現存する本は、私の知覚の直接提示的対象（immediate object）である、というのである。[2]

実在の絶対的な概念、ならびに諸意見の運命づけられた収束（a fated convergence of opinions）と真理とのあいだの諸関連をどう理解すべきかを考察したあと（第３・２節）、私たちはパースの著作へ眼を向け、はたして早い時期のパースの著作が、若干のパースの批判者たちが提起するように、絶対的な［実在あるいは真理の］概念へのコミットメントを含むものであるかどうかは［彼らが言うほど］明らかではない、と論じよう。パースの一八八〇年以降の諸著作は、そのようなコミットメントを確かに含んではいないのである。それどころか、これら後期の諸著作は、真理と実在の概念を区別するのであり、このことが提示するのは、パースがもともと想定していたよりも、形而上学が論理学からは独立であるということである（第３・４節）。これは実在に関しての［パースの］新たな考え方を反映するものである（第３・５節）。最後に、［以上のパースの］収束テーゼ（convergence thesis）を伝統的な意味での真理の〈理論〉（'theory' of truth）と思い描くことが、そもそも誤りであるかも知れないと指摘しよう（第３・６節）。このことは、［おそらく永久に発見されることがない］埋没した真理という問題をパースがいかに回避するのか、を私たちが理解する助けとなる。

3・2 真理、収束、絶対的概念

ある命題が真であるとき、「パースによれば」「考究するものは誰もが（anyone who investigates）」あたかも運命づけられているかのように、それを信じるに至るという。ところで「考究する」は他動詞である。それでは、誰もが考究するものは何なのか。これをより詳しく見ようとすると、種々の異なる主題があらわれる。

立場(1) ある命題が真であるとするると、「実在の本質」を（十全かつ十分に長く）探求するならば、誰もがそれを信ずるべく運命づけられている。

立場(2) ある命題が真であるとすると、「まさに」その命題が答えを提供することになるような問いを探求する者は、誰もがそれを信ずるべく運命づけられている。

「伝統的な」パースの読まれ方は、パースが実在の絶対的な概念へコミットしているという主張を導くもので、それによると彼は立場(1)を受け入れる――いかなる真理も、原理的には、任意の探求者に接近可能である。しかし立場(2)をとるなら、パースの考え方に関して、そのような解釈へ至る必要はない。これは「たとえば」特定の探求者が、ある真なる命題が答えを提供することになる問いに、決して直面することがないよう「何らかの事情で」宿命づけられているかも知れない、と認める事と両立可能であるし、ことによると、ある探求者はそのような問いをそもそも理解すら出来ないかも知れない、と認めてもよいかも知れないのである。真剣な探求者が、探求を十分に長くかつ十分な勤勉さを伴って突きつめて行くだけで、任意の真なる命題について安定した信念に最後はたどり着くであろう、と立場(1)が提案するのに対し、立場(2)は、次のような条件法的な主張を導くだけである——探求者が問いを考究し、ある命題が［まさに］その問いに対して正しい答えを提供するのだとすれば、探求が十分よくかつ十分に長く継続されるという条件下で、当の探求者は、その命題に対する信念に辿り着くべく運命づけられている。［すなわち］立場(2)は、実在の絶対的な概念の拒絶と両立可能なのであって、それは、私たちが理解し得たり真剣に取り組み得たりする様々な範囲の問いの中に、異なる諸視点が反映されている、という見解と両立可能だからである。それはしたがって、いかに多くの努力を考究に注いだとしても、ある探求者には決して発見されず、また発見されることが可能ですらないような諸真理を認める事と、両立可能である。私たちは、このようなことが二通りの仕方で起こりえることに、留意しなければならない。第一に、そういった真理が答えを提供することになる如何なる問いも、［ある探求者が］決して考察しない（あるいは考察し得ない）ことがありえる。第二に、そういった問いを考察したとしても、それらを決して十分によくまた十分に長くは探求し得ないことも可能である。立場(1)と(2)とを比較してみるならば、パースがプラグマティストの原理を真理の明晰化へと適用している諸テキストが、［実は］異なる様々な強さの一連の諸見解と両立可能であることが見えてくる。そして立場(2)と適合し、必ずしも立場(1)を含意しない解釈に私たちが辿りつくならば、収束というパースの真理論と絶対的な真理の概念との間には、どんな密接な結びつきをも想定する根拠がないかも知れない。

第二性質（secondary qualities）の例は、上の二つの立場の違いを見分ける助けとなる。色の概念（緑、青、といった概念）の所有が可能なのは、以下の場合であると認めるとしよう。すなわち、特有の種類の視覚器官を持つものであるか、あるいは恐らくより妥当な言い方では、そのような視覚器官を自ら持つか、持つものとコミュニケーションを取ることができる（そして［自分が器官を持たない場合には、それを持つものに］従う）ものにだけ、色の概念が利用可能（available）であるとする。色の概念は、「反応-依存的（response-dependent）」であり、したがって適切な種類の反応に馴れ親しんでいるものにだけ、利用可能だからである——あるものが赤いなら、それは「正常な」条件下で「正常な」観察者のなかに、適切な諸感覚を生みだすのである。すべての探求者が、私たちと同じような視覚器官をもつか、それらの探求者が不可避的にそういった視覚器官をもつ生き物に遭遇すると考えるのでない限り、［上述の］立場⑴が必然的に含意するのは、色に関する諸命題が真であることは［そもそも］可能ではなく、またそれらの命題の対象は実在的ではないということである。立場⑵は、そのような必然的な含意をもたず、それが要求するのは、色に関する問いを理解する能力のあるものは、それらの問いへの答えを発見する能力をもつ、ということのみである。後者でさえ疑問の余地がある主張かも知れない——実際のところ、パースが本当に後者の考えを支持したかどうかを、私は以下で問題にするだろう。だが現段階で重要なことは、それは立場⑴とは異なり、実在の絶対的な概念へのコミットメントを含んでいないということである。

さてパースは、実在の絶対的な概念へコミットしているだろうか。［より穏当な］立場⑵を受け入れる一方で、［絶対的な実在論を思わせる］立場⑴を拒否する事とは調停が難しいような章句が［パースのテキストには］みられる、とさしあたり想定してもよかろう。たとえば、実在は「君や私の気まぐれ」（W2: 239, 1868）からは独立なものであり、その諸特徴は「いかなる人間がそうであると考えるような諸特徴からも独立」（W3: 271, 1878）である。このような主張は、たとえば［個人の主観に依存すると思われる］色は実在の一部ではないと提案しているのであろうか。「その諸特徴が、私たちがそうであると考えるような諸特徴からは［すっかり］独立であるようなもの」と、［よりパースらしい言い方では］「その諸特徴が、私の視点とその特殊性からは最大限まで独立の世界観に帰属するであろうもの」とが同じであるかは非常に不確かである。もし同じでないならば、パースの実在観は［前者が帰結させかねない］絶対的な概念からは区別されることが出来る、ということになる。もちろんパース自身がこういった区別を導入したのではなかったし、しばしば彼のテキストは、かりに自分で区別を導入していたならば彼がどんな立場を取ったであろうかを、不明瞭にするものとなっている。しかしながら、パースの真理観と実在観とを理解し評価しようというのであれば、以上のような相違を念頭に置いた上で、パースが述べることと両立可能な種々の立場を、私たちは考えてみなければならないのである。

3・3　パースの観点における若干の発展

本節では、真理、実在、そして意見の収束を論じたパースの引用テキストのなかで、彼の見地の異なる発展段階に属するものを多く検討する。私たちは、一八八〇年以前の素材から始めるが、それはしばしばパースの絶対的な概念のようなものへのコミットメントを露わにするとみなされるものであり、私はこれに対して、そんなことはない、と論じる。そのあと、より後期の議論をいくつか考察するが、それらが示すところでは、少なくとも一八八〇年以降のパースは、そのようなコミットメントを持っていなかったのである。

3・3・1　一八七七―一八七八年のパース

パトナム、またその他の注釈者は、真理に関するパースの著述のなかに絶対的な概念を見い出すが、彼らは、「いかにして私たちの諸観念を明晰にするか」における［パースの言葉による］真理と実在の明晰化と、

「信念の固定」から私たちが行った引用の章句に言及する。前者においては、次のような例が［パースによって］用いられている。

科学への従事者が、完全に得心していることだが、考究の手順は、十分に推し進めさえすれば、それらが適用可能であるような全ての問いに対する一つの確かな解決を与えるに至る。ある者は、金星の［太陽と地球との間の］通過や恒星の光行差を研究することによって、光の速度を割り出そうとするかも知れない。別のある者は、木星の諸衛星の蝕や［火星と太陽とが地球を挟んで反対方向に一直線に並ぶ］火星の衝《しょう》を研究することによって、同じ事を考究するかも知れない。（中略）彼らは、始めは異なる結果を得るかもしれないが、各々がその方法や手順を完成させるに連れて、結果は宿命づけられた中央へ着実に動く（move steadily towards a destined centre）であろう。科学的探求に関しては全てそうである。異なる考え方の持ち主たちは、もっとも対立的な見解から出発するかも知れないが、考究の手順は、彼らの外にある力によって同一かつ唯一の結論へと彼らを運んでいく。私たちが、どこへ行きたいかではなくて、予め定められたゴールへと運ばれるというこの思考の活動は、運命の働きに似ている。いかなる視点の変化、研究のための他の諸事実の選択、精神の自然的な性癖さえも、人間をその予定された意見から逃れさせることはできない。この偉大な法則が、真理と実在の概念に織り込まれている。（W3: 273）

この例示は、前節での収束テーゼ［すなわち］立場(1)と矛盾はしないが、それを要求するものではない。[3]
ここで求められているのは、宿命づけられた意見は、ある特定の問いへの答えを探そうとする者によって到達される、ということだけであり、上の場合でいえば、それは光の速度を測定しようとしている者たちだけにあてはまる。パースの挙げている例は、細部を突き詰めるものにはなっていないが、このような［特定の］科学的枠組みを退ける人々の場合でも、同じ問いを考究し正解に到着すべく宿命づけられているかについては、どちらとも言っていないのである。

実在論に共感を覚え、諸意見の運命づけられた収束に言及することで実在を説明しようとする者にとっては、次の二つの可能性がとくに不穏当に思われる。私たち全員が、実際のところは偽であるような命題を永久に受容するかも知れないし、真理があるような事柄に関して、宿命づけられた収束に全く至らないかも知れない事もありえるだろう。実在論は、一方で私たちがこのような可能性の余地を認めることを確かに要求するのだが、パースの真理と実在の説明は、そういった余地を見い出さないかに見えるのである。パースは、［一八七八年の論文］「いかにして私たちの諸観念を明晰にするか」において真理と実在の明晰化を与えた直後に、この問題に直面している。「私たちのへそ曲がり、また他の者のそれが、意見の定着（settlement of opinion）を無期限に延期するかもしれないし、また思考可能な事態として、そのようなへそ曲がりが人類の存続する最後までである恣意的な命題が受容されることを引き起こすことさえあるかも知れない」（W3: 274）。パースが強調するところでは、しかしながら、このことが示すのは私たちが調査を「十分に遠くまで（sufficiently far）」まだ押し進めていない、ということだけである——もし私たちの種族［人類］が絶滅したあとに、探求の能力と気質をもった別の種族が登場することがあるならば、真なる命題となるのは、彼らが究極的に至りつくそれである（彼らもその探求において「へそ曲がり」でないと考えられる限りではあるが）。三〇年後、パースは「プラグマティズムとは何か」（一九〇五年）において、真理と実在に関する以前の諸主張へ還っている。「運命づけられた意見」が、「合理的で実験主義的な論理によって制御された」もののであること、それが「いかなる偶然的な状況にも依存しない」ものであることを説明した後で、パースはもう一度、「幾世代全体にもわたるへそ曲がりの思考が［意見の］究極的な固定の延期を引き起こすかも知れない」(CP 5.430) ことを認めているのである。

ここで、「へそ曲がり (perversity)」が何を意味するのかは明らかでない。探求者の側における認識の障害や失敗といった意味合いが、込められているのであろうか。後の「偶然的な状況 (accidental circumstances)」への言及は、ひょっとすると不運によって重要な証拠が私たちの注意を逃れ、私たちが真理に到達することに失敗するかも知れない、ということを思わせる。何をパースが考えているにせよ、彼自身の例の一つを省みれば、その明らかな自信、つまり私たちが十分に長く探求をしさえすればへそ曲がりと不運とは克服されるであろう、という彼の自信のほどが見当外れであることを理解する助けにはなる。光の速度［の測定］に関する収束の記述は、多くの探求者が違った方法を使って同じ結果に行き着くであろうと強調するものであった。［批評家たちが問題にする］収束説は、もっと強い事柄を要求する――十分に長くそれが行われたならば、正しい答えに至らぬものは一人もいないというのである。もしパースが示唆するように、正しい答えに行き着くことが、探求者の技術の洗練や方法の改善に依存するのであれば、そのことは、改善を形成する背景知識の信頼性や十全性に依存するであろう。欠陥のある背景知識によって私たちが誤った道を進んで行く様なことになったら、探求において私たちがいかに注意深くあっても、正道に戻るという保証はない。(4) 次にみるように、一八八〇年以降のパースによる収束テーゼの様々な定式化は、［それゆえ］私たちがつねに宿命づけられた収束へと最後には達する、という明らかな自信に制限を加えるものとなっている。

3・3・2 収束と希望

探求の前提条件に関するシュレーダー［Ernst Schröder 一八四一–一九〇二、ドイツの論理学者］の抱いた見解の幾つかを一八九六年に論じたとき、パースは、収束テーゼの単刀直入な定式化から始めている（CP 3.432）。

何らかの一つの真理があると想定されている探求の場合は、取り組んでいる問いに関して、探求には運命づけられた結末（destined upshot）がある、という以外にいったい何を意味し得るだろうか——それは、達した暁には決して転覆されることのない一つの結果である。

この引用箇所は、以下のように続く。

疑いないことだが、私たちが希望するのは、これがしかじかの事実である（this is so）か、これに近似するような何か（something approximating to this）が事実である、ということであり、そうでなかったならば、私たちは敢えて多くの探求をしてみるべきではないだろう。だが、それが事実であるということに、私たちは必ずしも多くの自信をもっているわけではない。

この言葉は、［上でみた］一八七七–一八七八年の主張を［パースが］かなり弱めていることを示唆する。収束へのコミットメントを、希望（hope）、統制的な理念（regulative ideal）へと変換することは、後期パースの著述に広く見られる特徴である。実際、一九〇三年、パースが「いかにして私たちの諸観念を明晰にするか」を再出版しようと計画したときに、［第3・3・1項の冒頭で引用した］あるテキスト（W3: 273）について、彼は二箇所の変更を提案したのである。最初の文は、修正されたことで、「全ての科学への従事者が、［「完全に得心していることだが」にかえて］明るい希望に活気づけられている（*animated by the cheerful hope*）ことであるが」と書き起こされ、最後の文は「［「この偉大な法則が」にかえて］この偉大な希望（*hope*）が、真理と実在の概念に織り込まれている」（CP 5.407, 強調の傍点は引用者）となったのである。マレー・マーフィーが強調するところでは、パースは一八八〇年と一八九〇年の間のある時期に、運命づけられた最終的意見と実在とを結び付けていた［カント的な］構成的原理を統制的な原理へと弱めたのであり、この後者の意味しようとしたことは、「合意が追求されることを保証するためには、究極的な同意が生じると希望することが必要であった」（Murphey 1961: 301）ということである。[5]

次に、このようにして語られる希望が［一八九六年からの引用に示されているように］「取り組まれている問い」へ焦点を当てることに、私たちは注意すべきであり、これは、立場(1)に基づく収束テーゼよりもむしろ立場(2)に基づくそれを示唆するのである。同様の考え方を反映して、［パースの一九〇五年の論文］「プラグマティズムとは何か」は、次のように宣言している。「私たちのうち誰もが、その真理性を真剣に論ずるような一つ一つの事案について、そのこと［問いへの答えに至ること］を事実上は仮定している」（傍点による強調は引用者）。「事実上は仮定している（virtually assumes）」は、「希望する（hope）」の簡単な言い換えかもしれない。そして収束テーゼは、［任意の事案ではなく］私たちがその真理性を真剣に論ずる事案に制限されているのである——正しい答えに到達すべく運命づけられているというまともな見込みや、欠陥ある探求技術や誤った背景知識により、正しくない道へ着々と逸脱して行くことから逃れ得るまともな見込みがあると考えられるのでない限り、私たちが何事かを探求することは非合理的である。真剣に何らかの事案を探求しようというのでなければ、その事案のさらなる探求が、私たちを宿命づけられた収束へと至らしめると信ずることも、希望することも必要ではないと思われる。かくして私の解釈は、こうまとめられる。

何らかの問いを探求の目的とすることは合理的であり、そうであるならば、問いの解決に到達することができて、かつ同じ事案を探求する者は誰でも（その探求がへそ曲がりや幸先の悪い「偶然的な状況」によって妨害されない限り）やはりその解決に到達するだろう、と私たちは（少なくとも）合理的に希望することができる。

このような見地は、ポール・ケイラス［Paul Carus 一八五二－一九一九］へのパースの応答にも示されているのであるが、そのケイラスは、パースも明らかに驚愕したことに、この収束に関する言説を、私たちが真理へ到達することは「不可避」であると提示したもの、と解したのである。パースは、収束は「私たちの探求が忙しく取り組んでいる特定の問いに関して、そのような結論が大筋において達せられるという希望」（CP 6.610）であると応答した。

一八七八年以降、パースの哲学が発展するにつれ、彼は自分の真理の説明に対してすみやかに統制的な地位を与えた——十分によくまた長く探求するならば、真理へと収束すると私たちは希望する、というふうにである。そして彼の多くの例証と定式化は、議論の対象となるような特定の問いあるいは事案に関して、［収束］テーゼが定式化されるべきであることを示唆する。ある命題［たとえば p］が真であると私たちが主張するとき、その命題の真理値をめぐってきちんと遂行された十分に長いどんな探求も、最後にはそれが真であると認めることになる、と私たちは「実際上は仮定」しているのである。さらに何らかの問いを探求するとき、その問いに対しては、偶然的な状況の影響を受けず、つむじ曲がりでない任意の調査が最終的に受け入れる答えがあることを、私たちは希望する。そのようなわけで、最前の立場(1)ではなく立場(2)が使われているのであり、とはいえ、それは「法則」ないし内容的な実質を備えた真理(substantive truth)というよりは、統制的な原理(regulative principle)として解釈されたものなのである。この弱められたバージョン「の収束説」は次のように表現することができる。［pを命題とすると］

立場(3) ある人がpであると主張すること、もしくはpなのではないかと探求することは合理的であり、そうであるなら、その人にとっては、まさに次のように希望することが合理的である――誰であれpなのではないかと（十分よくかつ長く）探求する者は、最後にはpに対する安定した信念へと至るべく運命づけられているはずである。

3・3・3 第二性質と実在

さて私たちはここで、第3・2節で提起された第二性質の諸問題へ立ち返ることにしよう。第二性質に関する私たちの概念は、人間の感覚装置に相対的であり、また人間の作り出したものに対する概念なども、私たちの必要・関心・能力に対して相対的なのであるから、そういったものは世界の絶対的な概念のなかに場所を持たないことになるだろう。もしもパースがそのような［絶対的な世界の］概念にコミットしていたのであれば、そういった概念の実在性を彼は否定しなければならない。そうであるなら、パースが一九〇〇年以降「思考に対して相対的なものは実在的ではありえないという虚像の前提」（CP 5.430, 一九〇五年）に挑んでいることは、意義深くみえる。

存在論的な形而上学者はふつう色のような「第二性質の感覚」は、幻惑的で偽りであると言うが、プラグマティスト[1]はそう言わない。彼は、バラは本当に赤いと主張するのであり、そのわけは、赤（red）は、言葉の意味からして一つの現れ（an appearance）だからである。そして「赤いことで知られるフランス産の」ジャックミノ種のバラが赤い、と言うことが意味するのは、また意味することができるのは、このようなバラが白昼に正常な眼の前に置かれたならば、それが赤く見える「すなわち赤く現れる」であろうということである。（CP 8.194, 一九〇四年）

色は「外在的（external）」であり、よって色彩語の指示対象は実在的であるということのさらに意を尽くした議論は、『パース著作集』の別の箇所にあり（CP 6.327-328）、それは「かなり遅い時期である」一九〇九年のものである。はたしてパースが、「はるか以前の」一八七〇年代に赤の実在性を否定したであろうかは明瞭ではないが、彼を実在の絶対的な概念を擁護する者として解釈するならば、そのように「赤のような相対的な性質の実在性を」否定することが要求されたことであろう。

一九〇二年からの草稿である「詳細論理学（*The Minute Logic*）」のなかで、パースは「実在的（real）」「真（true）」もしくは「自然（natural）」なクラスの観念を検討した。彼は、クラスを「宇宙に含まれ、一定の記述におさまる任意の対象の総体」と定義した上で、クラスが「自然」もしくは「実在的」であるのは、その成員が「当のクラスの成員としての現存を共通の目的因（common final cause）に負っている」ときであると主張する。パースが続けて言うには、「ランプであれば、それが何を目的としているか、私たちは知っている——私たちをして、[このような]人工事物を弁別せしめ、それらの目的を探り当てることを可能にするこの本能が、一定の確実性をもってそのことを私たちに告げ知らせるのであり、それはどんな科学であっても、これを凌ぐことを望むのは無駄であろうといわんばかりである」(CP 1.204)。[かくして]ランプのクラスは「実在的」であり、そのわけは、ランプが弁別的な人間の目的に対応しているからである。(このあとパースは、生物学的な分類は[人工事物のように]目的に応えるものとはなっていない、と指摘する一方で、かかる分類は、種類の異なる目的因の作用(final causation)を反映すると力説し、[つまるところ]人工事物の諸クラスが「真」であり「実在的」であり「自然」であると彼が考えていることを、明らかにしているのである。)

この例は、一九〇二年において、実在は「思考に対して相対的」、あるいは人間的な関心・能力・欲求に対して相対的である、というジェイムズの見解をパースが共有したことを示している。たとえ論議されている概念が、人間特有の視点に敏感で、かつその視点に立ってみることができない者には理解され得ないものであっても、あるものが赤いとか、あるいはランプであるとかいったことは[個々の探求者にとって]「外在的」であり、「いかなる人間がそうであると考えるものからも独立」なのである。さらにこの例は、実在についての私たちの思考の曖昧さがいかに広きにわたるかを例解することにも使われており、これは収束に関する主張のさらなる制限を要求するものである。ランプが使用される様々な目的を考えてみると、ランプのクラスを統一するような、唯一の目的や欲求は、ひょっとするとないかも知れない。むしろランプのクラスは、そういった相異なる用途に対応する、緩やかに類似した「欲求」の集合によって束ねられているのかも知れない。[パースの論述をたどると]ランプは、いっそう特殊な目的やニーズに対応可能な違った種類へと下位分類されることができ(CP 1.205)、これらのより特殊な欲求でさえ曖昧であって、幾多の面において様々にわかれている（CP 1.206）。だから私たちがランプに優劣をつけたり、あるいは特定の機会にランプが欲しいと私たちに感じさせる関心に対して、ある対象が［求められたランプの役割を果たすものとして］応えるかを決定するに際して、判断を下すことが要求され、当の文脈のなかで重要性をもつ諸目的と諸関心のバランスに対して、私たちは敏感でなければならないことになる（CP 1.207）。実在的すなわち自然なクラスの内部で、「諸対象は、実際に一定の中心的な諸性質の周りに集団を形成し、幾つかはこの仕方で、また別の幾つかはあの仕方でというふうに除外され、さらに大きい除外が次々に起こることで、より少ない対象が次々に規定されてゆくのである」（CP 1.207）。さらに「二つのクラスをわける明確な区分けの線を引くことは、ほとんど不可能であるかも知れないが、なおそれらは、もっとも厳密な真理における実在的で自然的なクラス（real and natural classes）なのである」（CP 1.208）。パースの収束テーゼの私たちの解釈は、ある対象がランプであるかに関して、異なる関心をもつ探求者たちが異なる判断に達しうることを許容するものでなければならない。合意の存することが重要である場面である限り、異なる人々が相互に調和する方法で判断力を行使しようとすることを、私たちは最善でも希望しなければならないのである(6)。

読者のなかには、諸意見の宿命づけられた収束という観点から実在を説明する者が、以上のような主張をどうして支持できるのか、と不思議に思われる方々もあるだろう。私は、本章の残りで、それがパースの哲学的立場の変化を反映するものであること、但しそれは実在についてのパースの考え方の変化であり、真理についての変化ではないことを論じる。パースの真理の説明が、彼の哲学のなかで非常に違った役割を演ずるようになるのは、このことの帰結である。その上、実在についてのパースの新しい考え方は、若干のパース批判者たちが［まさしく］プラグマティズム的な洞察として目をつけ、しかし当のパースは、喜んで受け入れることに失敗したようなアイディアを含んでいるのである。

3・4 真理と実在の概念

すでに見たように、収束テーゼについてのより早い時期のパースの様々な定式化は、すべて実在の概念の説明の探索の一部をなしている。真なる諸命題は、私たちが信ずるべく運命づけられている諸命題である、という主張から直ちに導かれる系は、実在はこの宿命づけられた意見の対象（object）である、ということである。実在が外在的であるということ、私たちがそうであると考えるものから実在は独立であるということを捉える方法は、十分に長く調査を行ういかなる探求者も［最終的には］実在の的確な記述となっている意見の真理を認めるべく定められている、と力説することである。実在が［私たちの個々の］思考からは独立であるといわれるのは、ある個人がある特定の時点で［たまたま］考えるかもしれないものから、実在は独立だからである（W2: 467-70）。［これに対して］パースによる実在の構成的な説明は、いってみれば以下のごとくであった——パースは、そのような構成的な説明を、実在がどのようにして私たちの諸意見からは独立であるか、ということを理解可能なものにする唯一の方策とみて、そのような説明によってのみ、独立の実在を［カントが考えたような］不可知の物自体へと変えてしまう懐疑主義に屈さずに済む、とみなしたのである。この第3・4節においては、一八八〇年以降、真理と実在とのあいだの緊密な結びつきはより少なくなったということを示すパースの言葉を考察する。

最初の引用は、ある草稿からのものであり、それゆえパースの考えのなかで長期にわたるテーマを表わしたものではないかも知れない。それは、収束テーゼと、たとえば［真さもなくば偽という］二値原理のような根本的な論理学上の原理とのあいだの緊張に関わっている。まずなさそうなことではあるが、私たちがすべての命題（あるいはそれらの否定命題）が宿命づけられた収束の対象になると請け合うのでない限り、パースによる真理の説明は、どの命題も真または偽である、という原理に疑問を投げかけるところへ彼を導くはずである。しかしながら、収束テーゼの一つの翻案を二値性（bivalence）と調和させる方策を提示する次のような章句を考えてみてはどうだろうか。

> ［任意の］命題は真であるか、偽であるかである。どんな命題でも正当に演繹できるような命題であれば、偽の命題の助けを借りるのでない限り、偽であるが、このことは、直接的な知覚判断とは調和しない。仮にそういう［直接的な］判断があったならばの話ではあるが。命題は、偽でなければ、真である。したがって完全に無意味な形式をもつ命題は、一体そんなものが命題と呼ばれるならばであるが、［偽ではない以上］真なる命題のほうに分類されるべきである。（EP 2: 284-5）

以上は、収束としての真理というテーゼに十分に関連しているのであるが、偽の定義として定式化されている——そして真理は、反駁不可能である任意のものとして定義されている。パースは、「完全に無意味な形式をもつ命題」が実在的であるとは結論したくないであろうから、このような戦略との一時的な戯れ——それが高々わずかな期間にわたるものであっても——が示唆するのは、任意の真なる命題の対象が実在的である、という考えを、パースは疑問に付しているということである。第二点として、上の定義には欠陥がある。パースの説明のなかで、偽に課せられた条件付けは、私たちの背景信念（background beliefs）の広範囲にみられる無知や誤謬が、意見の収束に対する恒久的な障壁であることが判明するかもしれないことを、彼が知っていたことを示唆している。しかし私たちによる命題の反駁（または反駁の失敗）は、いかなる偽の命題へも依存してはならないと言い加えて、説明の辻褄を合わせようと試みることは、パースの偽の説明を循環的にしてしまっている。

真なる命題の対象としての実在という分析をパースが放棄したことの決定的な証拠は、一九〇一年のボールドウィン編『哲学・心理学事典』におけるパースの真理の定義に見い出される。真理は依然として収束を使って説明されている。「真理とは、〔科学理論などにおける〕抽象的な言明と、終わりのない探求が科学的信念を徐々にそれへと至らしめるであろう理念的極限との合致(concordance)である」(CP 5.565)。「〔これに対して〕実在の方は、いまや「それによって実在のもの(the real thing)がまさにそうであるという、あの存在様式(mode of being)のことであり、どのような〔一個人の〕心あるいは確定的な数の〔すなわち有限な〕心の集まりがそうであると表象しうるものとも、関わりなくそうであるもの」(CP 5.565)と説明される。ここに至って、パースは、実在がないのに真理があり、それどころか、真理がないのに実在があるかも知れない、という可能性を真剣に考えるようになる。

真理がないところに、いかにして実在がありえるだろうか。曖昧さ(vagueness)は、一つの例を与えるかも知れない。「Xは、禿げである」という曖昧な命題は、背景となる実在(Xという人の頭上における毛髪の分布)が完全に定まっていても、真と偽のいずれでもないかも知れない。パース自身が、ためらいがちに取り上げた例は、次のように想定している。「かりにある問い――たとえば意志の自由への問い――に関して、どんなに長く議論が継続しようとも、また私たちの方法がどれほど科学的になろうとも、そもそも問いが意味を欠いているか、あるいは一方または他方の答えが事実を説明するとして、私たちが完全に満足する時が決して来はしない、というのであれば、その問いに関しては、確かに真理はない」(CP 5.565)。このようなとき、形而上学的な問いが未決になると、パースは公然と述べていることになる。「たとえ形而上学者が、真理のないところには実在もない、と決めたとしても、［なお］真理の諸特徴と実在の諸特徴のあいだの区別は依然として明白であり、定義可能なものである」（CP 5.565）。形而上学者が、意思の自由の存在様式について擁護可能な解釈を生み出し、それが意思の自由への問いを私たちがなぜ一向に解決して来られなかったのかを説明するようなものであったとすると、私たちはいかなる真理もそれへと順応しないような実在があると認めるかも知れない[7]。

パースは、どのようにして実在がないのに真理がありえるか、という場合の例も持ち合わせている。彼は、最高善という一つの理想を描写する「モラリスト」を考察するのであるが、その際の状況設定は、「人間の道徳的本性の発展が、記述された理想に対していっそう確固とした満足を覚えることにつながるばかり」というものである。このことの帰結としてありえることだが、時間が過ぎるにつれ、この主題についてい十分に長くかつ十分に慎重に考える者なら誰でも、善についてのこの見解を共有することへと導かれる（CP 5.565）。以上は、善悪についての命題を真にするのに十分であるように思われる。そのような主張の受諾性（acceptability）については、宿命づけられた同意があるかも知れない。そのような真理に対応している実在はあるのだろうか。これまでに私たちが注意を払ったパースの章句のなかで、実在が「思考に対して相対的」でありえると彼が認めるものは、そのような真理がある、と示唆する。諸実在が私たちの情感的傾向性（sentimental dispositions）と道徳的本性に対して「相対的」であるべきことが、そういったものの実在性を見くびることを必要とするわけではないし、それは色彩が私たちの感覚装置に対して相対的であるからといって、それらの実在性に疑問を投げかけるべきではないのと同様の事情なのである。これが、真理はあるが実在はない、という事例を実際に提示しているものとすると、上のようなモラリストの演ずる役割と道徳的理想の強化とが、時間が経過するにつれて、何らかの方法によって［概念上のものであった］道徳的理想の受容を〔現実に存在する〕ある有限な個人の集まりが考えることに依存させるのは、いったい如何にしてか、ということを私たちは理解しなければならない。ことによると、その一般的受容は当のモラリストのカリスマ的な力に依存するのかも知れない。というのも、かりに違った道徳の指導者が脚光を浴びていたならば、違った道徳の命題が真になっていたことであろう。

一八六〇年代と一八七〇年代のパースは、論理学（logic）から形而上学の諸帰結（metaphysical conclusions）を引き出すことを目指した。だから論理的な概念としての真理の説明――それは探求における真理の役割を参照することで説明されたものだが――は、人によっては形而上学的な概念であると想定してもおかしくない、実在の分析をもたらしたのである。〔これに対して〕一八八〇年代と一八九〇年代のパースは、科学的形而上学のシステムを探ることへつながる諸問題に取り掛かったのであり、それはとくに諸実在がもちうる異なる存在様式を記述するであろうものであった。パースによる意思の自由の議論の例は、真理の論理的分析へ訴えることでは、結論がでないような実在への問いが、一九〇一年の時点ですでに問題とされ得たことを示している。命題が真であると受け入れるとき、私たちはいつも意見がその命題へと収束することを希望（そしておそらくは期待）する。そのような収束が生じるときは、なぜそれが生じたのかという説明を期待するのは当然である。色彩や、道徳判断や、物理的世界に関する信念について、なぜ私たちが同意するに至ることがあるのだろうか。というのも、異なる種類の真理、異なる種類の説明が適切であってもよいのである――道徳的真理、数学的真理、物理的真理などのあいだの〔決して小さくはない〕違いを考えてみればよい。すると数学的対象、道徳的事実、科学的な事柄の「存在様式」は、私たちが適切と考える説明の種類のなかに反映されることになるだろう。パースは、シーザーはルビコン川を渡った、という命題を考察している。この命題の真理は、「私たちが考古学やその他の研究をさらに遠くまで進めるならば、その結論が、その先ずっと私たちの心の上にいっそう強くおのれを刻印してくるであろう、という事実に存している」。観念論的な形而上学者であれば、それに対応する――もしくはそれによって構成される――実在は、探求がこの道をたどるべく宿命づけられている、という事実に存していると考えるかも知れない。意見が収束しないところでは、実在は不確定であろう。しかし私たちは、独立に存在する実在との試行的な相互交渉（experimental interaction）が、私たちにむかって実在が己を顕すことを確約するためにどうして十分たりえるかを示すことによって、収束を説明することもありえるだろう。かくして、シーザーがルビコン川を渡った、ということは実在的な何か、つまり上で要求された意味において、思考からは独立な何かなのであるが、その実在性は、何に存するのか、また何がそれに対応する命題を真にするか、という点になると、多様な形而上学的説明の射程があることになる。同様に、数学の言明の多くが真であることに異論はないが、数学は仮説的な構造（hypothetical structures）にのみ携わるという［しばしば見受けられる］仮定は、数学の題材に対する実在論的理解〔たとえば数学的プラトニズム〕が擁護可能であるかについて、論争の余地を残す（CP 5.567）。そして実在論的な説明が受け入れられたとしても、数学的真理の対象の存在様式に関しては、まだ答えられていない問い（open questions）がある。

本節で提示された異なる論点のいくつかを弁別しておくことは重要である。「実在論」にまつわる諸問題は、特定の命題が真であるか偽であるかを決定する諸要因の心からの独立に関わるものである。少なくともこの点で、数学は心から独立（mind-independent）しているから、「四足す五は九」が真であるかどうかは、誰かがそれを真であると実際に信じるか否かには依存しない。私たちはある特定の人（または人の集団）がそれを受け入れる、という事実に基礎づけられたものとして、その命題の真理を説明したりはしないだろう。ある題材がこのような仕方で心から独立しているならば、それは「基本的な実在論（basic realism）」を満たすと言ってよい。

最初の論点にすべきことであるが、ある命題が基本的な実在論を満たすという事実そのものは、その命題の対象の形而上学的性格（「存在様式」と言ってきたもの）を未決定のままにする。「ランプ」のような「人工事物を表す」語は、心から独立ではない第三性の諸形（forms of thirdness）を実現している諸事物を寄せ集め、自然種を表す語（natural kind terms）は、心からは独立の諸法則（mind-independent laws）のうち、同じものを満たす事物を寄せ集める。物理的対象は、真正の第二性（real secondness）を示す。数のような「理念的」ないし「仮説的」な対象は、真正の第二性を示さない。ひょっとしたら私たちは「基本的な実在論」を、形而上学的な教説というよりある種の論理的な教説として考えることが出来るかもしれない。そうするとランプのような例は、心から独立であることに関する諸問題がいかに複雑かつ多様であるかを示している。基本的な実在論は、数学的対象、外在的事物、価値、因果性といったものに関わる実在論を討論してきた哲学者たちの論ずる異なる選択肢の大半を、確かに未決定のままにしている。

第二点として、探求をする誰もが最後にはその命題に対する確たる信念に至る、と述べることによって、真理の概念を明晰化すると、命題に対するこのような真理の概念の適用は、一方で命題の対象に基本的な実在論を保証するかもしれないものの、最前ふれたような、それ以上に及ぶ形而上学的な問いについては「答えを」どちらにも決定してしまうことがない。これは、真理は論理的な概念であって、形而上学的には中立である、と言うことで表現し得るかも知れない。つまり、このことは、私たちが「実在的なるもの」を「真なる命題の対象」と定義することを妨げない、というわけである。かりに真理が基本的な実在論を保証し、また「真なるもの」「実在」についての通常の言説が、基本的な実在論の諸要求に関するものであるなら（「二と一〇という二つの数の間には、本当に素数がある」という命題を考えてみよ）、「このような絶対的な実在概念とは異なる］実在の概念の適用は、真理の概念の適用と全く同じくらい形而上学的に中立である。実在の概念のこのような明晰化は、しかしながら、［パースにとって重要な］第二性や第三性の実在性（the reality of secondness and thirdness）についての、重要な形而上学的問題を探求し理解するべく、私たちを準備させることはないだろう。それらが実在的であるかを考究する前に、心からの独立（mind-independence）という事についてのいっそう充実した理解が求められる。

だが、第三の論点もある。パースの挙げたモラリストの例は、真理の概念の適用がいつも基本的な実在論を伴うわけではないことを示唆している。そしてこのことが正しいなら、真理と実在の概念は分離する。この例を受け入れるならば、実在を単純に真なる命題の対象として定義することはできなくなる。この場合、真理の概念はむしろ中立であることになり、基本的な実在論の真理性さえ帰結させない。すると実在の概念の明晰化は、新たな出発を必要とするということを意味することになるだろう[8]。

いまや私たちは重要な問題に直面する。パースのようなプラグマティストにとっては、概念は経験との関連において説明されるべきである。［たとえば］ある物が硬い（hard）というのはどういうことかを説明するのに、硬い物に対する私たちの行為が、柔らかい物に対する同様の行為と、どんな風に異なる経験的帰結を有するかを示すことによって、プラグマティストは説明を行うのである。それゆえ［パースの］初期の理論は、ある物が実在的であるなら、それが実在的であるかを調べる探求は、観察可能な帰結すなわち意見の収束をもつであろうと考えるものであった。さらにこの収束は、経験と照らし合わせて統制を行うような、私たちの諸探求から帰結するとされた。もしも実在と真理とが引き離されるべきであるなら、あるいは実在が初期の理論が提供した以上の明晰化を要求するのであれば、パースは、実在についての私たちの考えを経験へと結びつけるための新しい方法を必要とする。それは何であろうか。経験は多くの哲学者が思うよりも

豊かであり、それは思考の独立や外在性を説明するための素材を含んでいるのである。(9)

3・5 経験と実在

一八七〇年代のパースの著作においては、法則や外界に関する「実在論」は、外界についての諸命題や自然法則を記述する諸命題が、宿命づけられた意見の収束の一部をなす、という彼の主張に決定的に依存していた。これまで私が提案してきたのは、パースの哲学的人生の後半の三〇年間においては、彼の実在論が違った定式化を受けた、ということである。外界の事物や法則に支配された変化は、「直接的な(immediate)」経験の対象とされるに至った。私たちの経験は、第二性と第三性とを現出させるが、これらは、外在的事物の振る舞いや相互作用における第二性と第三性へと関連付けられることによって、説明されるようになるのである。実在論を考える際に、知覚の哲学へ向かうことにおいて、パースはヒラリー・パトナムに似ており、そのパトナムは一九九四年のデューイ講演において、実在論をめぐる諸問題の鍵を握るのは、知覚論であると力説したのである(1999: 13-14)。

一八八〇年代、そして一九〇〇年ごろの「パースの」決定的な発展は、私たちは独立存在する外界の事物についての直接的な知覚意識(direct perceptual awareness)を有する、と主張することを含んでいた。そのような発展のうち早く生じた一つは、おそらく最も重要なもので、ジョサイア・ロイスの『哲学の宗教的諸相(*The Religious Aspect of Philosophy*)』(1885)の(出版されずに終わった)書評のなかに見い出されるものであるが、このロイスの著作を、パースは自分の真理の説明に対する挑戦と捉え、「ロイスが詳細に論じた」誤った信念(false belief)の可能性についてパースは筋の通った説明をすることはできまいと問題提起しているものと解したのである（Hookway 2000、第四章を参照されたい）。パースが主張したところでは、私たちがある対象を指示することが出来るのは、それが何であれ、ある個別の概念や記述に適合する（fits some individual concept or description）ものとしてのみである、という間違った見解を、ロイスは当てにしてしまったのであり、それを受けてパースは、指示の最も根本的な形式は、指標的（indexical）であると提案したのである。

私が、自分の話していること（my discourse）は、実在的世界に適用されるものと理解していると言うとき、この「実在的」という言葉そのものは、それがどんな種類の世界であるかを記述しない。というのは、その言葉は私の聞き手の心を、彼が視覚、聴覚、手触りによって、すでに十分すぎるほど知っているあの世界へ連れ戻すことに役立つばかりであり、そういった諸感覚自体が、これ〔実在的という言葉〕と同種の指標記号になっているのである。このような直示的な記号（demonstrative sign）は、命題にとって欠くことのできない付属品であり、命題がどんな対象の世界を、あるいは論理学者たちの言うところでは、命題がどんな「談話の宇宙（universe of discourse）」を視野におさめているかを、それは示すのである。（W4: 250）

書評のなかでパースは、このことは通常の知覚判断においても真である、と強調した。［たとえば］あれは黒いパソコンだ、これは赤い本だ、と私が判断する。そしてこのような判断を下すとき、私たちはそういった事物を外在的なものとして意識している。事物を指標的に選び出すとき、私たちはそれらの事物を、それらについての私たちの思考からは独立に存するものとして意識しているし、私たちが相互作用する何らかの外在的なものとして意識している。

このことは、一九〇三年、パースがハーバード大学で行った講演においては、きわめて明示的にあらわれていた。パースは、知覚経験において心に直接的に現前しているものに対して「知覚像（percept）」という用語を導入していたので、緑のクッションがのった黄色い椅子を見たときの経験を描写して言うには、「このようにありありと知覚された」椅子がこの知覚像にあたる、と力説する。「私が見ているらしき椅子（The chair I appear to see）は、［みずからをあるがままに提示するだけで］どんな種類の告白も行わないし、本質的にどんな種類の意図も具現しないし、何も意味しているところはない。私の凝視するところへただ押し入ってくる（obtrudes upon my gaze）のであり、とはいえ、何の代理というわけでもなく、何か〈として（"as"）〉ということもない（CP 7.619, 一九〇三年。さらに詳細についてはHookway 1985: 155以下を参照されたい）。もっと早い時期の著述では、実在を私たちの経験の原因とみなすことは、けっきょくは不可知の物自体を認めることへと私たちを追い立てる、とパースは考えた。もし外在的事物を外在的なものとして知覚するという事実が、当の経験の内容のさなかで顕現しているのであれば、そのような危険は消え去る。さらに［パースの考え方における］この発展が、真理と実在とのあいだの結びつきを緩めることを、容易にする点を見て取ることはやさしい。このような仕方で、外在性や［心からの］独立をあらわにしない諸問題について、なお宿命づけられた収束があるかも知れないからである。ある意見への収束が現にあることは、当の意見の対象が、私たちと相互作用する外在的事物として経験されるであろう、ということを保証するわけではない。それはまた、実在的なものが思考から独立であるための他の方法があるかも知れない、という可能性もふさがず、そうであれば、「形而上学的」な探求が必要とされることになり、探求の構造や意見の宿命づけられた収束といった説明にのみ、根拠が求められることは出来ないのである。

パースの思索におけるもう一つの発展が、彼の実在論を強化したかも知れない。パースが述べるところでは、常識は、知覚対象についての直接的実在論を提案し（CP 5.444, 5.539）、［パースの推奨する］批判的常識主義（critical common-sensism）は、常識的主張がいったん疑問に付されたあと、私たちの哲学的要求を満たす理論の構築のために洗練されたというのであれば、それらを支持するという。(10) パースの［より後期になって顕在化する］批判的常識主義は、私たちの日常的実在論（everyday realism）への限定された支持を許容することになるのである。

先に注意したように、これと類似した発展が、法則や一般性についてのパースの考えにも生じた。もっと以前の著作では、自然の諸法則をめぐる実在論の問題は、そのような法則を［たとえば物理法則として］公式化する文が、それを探求する人々のあいだにおける宿命づけられた意見の収束の一部をなすか、という問題として定式化されたのであった。一八八〇年代になるとパースは、実在的な習慣（real habits）としての［自然］法則という形而上学的な説明を発展させ、「第三性」が異なる学問分野においてとる［種々の］異なった形を記述したのである（Hookway 2000、第六章参照）。そしてパースが、自分のカテゴリー体系の現象学的な擁護をしようとした一九世紀末頃までには、私たちの経験のなかに現前する連続的パターンのなかに（外在的な）「媒介（mediation）」やその他の必然性の形式が直接的に顕われている、と彼は主張した。かくして私たちの実在の概念は、経験における法則に支配された外在的な諸過程の現前と、法則や外在的事物のもつ存在様式といった形而上学的な説明との双方を、反映することになる。

この変化は、当然のことながら解放的（liberating）である。もし経験が法則に支配されたパターンや事物のみせる色彩の変化（あるいは人工事物の振るまいにおける変化）を顕わにするのならば、第二性質のほか、たとえばランプであることの諸属性の実在性に疑問を投げかける必要はもはやない。経験が（そして実在についての私たちの形而上学的な所説が）連続性と媒介性の複雑なパターンを顕わにするならば、これらのパターンのあるものが、私たちの目的にとって顕著な（salient）ものであると特定するにあたり、そして実在の構造を記述するときに特定の理念化を行うにあたり、私たちの実際的な関心や美的感受性に役割を与えることに対して、もういかなる論理的な障害もないのである。これらの「実在的なるもの（reals）」が「外在的」であり、それらが、そのように成り立っているという私たちの信念によって造り出されたのでない限り、私たちの視点とその諸特性に対してそれらが相対的であることは、それらが実在的であることの妨げには全くならないのである。

一八六〇年代と一八七〇年代のあいだ、実在の諸問題に対するパースのアプローチは、文章や記号の特色ある集合を選び出す、というものであり、それらの文章や記号は、私たちが十分よく探求するならば、受け入れるべく宿命づけられているような文章や記号であり、その上で実在をそのような文章〔や記号〕の対象として定義する、というものであった。一八八〇年代になる頃には、パースは、それまでとは別の経験論的な取っ掛かりを実在の観念に与えるような遍歴に出ていたのであり、その実在とは、私たちにとって外在的であり、また私たちの思考からは独立なものだったのである。そしてこのような実在論の彫琢の仕方が、パースをして実在の絶対的な概念の何らかのバージョンにコミットさせる、と考える必要はないのである。

3・6 プラグマティストの真理の「諸理論（theories）」

実在の絶対的な概念の何らかのバージョンにコミットした結果として、パースの真理の理論は形而上学的な諸含意をもつとする提言は、かなりの数の読者によってなされてきた。本章は、そういった主張に対して疑いを向けようと試みた。そのような診断を支持する［パースの］章句は、みな比較的はやい時期のものであり、一八八〇年以降と比べると、パースが真理の概念と実在の概念とをより密接に結びつけていた時期に属している。真理と実在についてのより後期の著述は、一般的に言って、パースの見解に対するそのような解釈と衝突する。さらに、そのようにしてパースに帰された諸解釈を支持するかに見える初期の著述でさえ、収束についての異なるアイディアを織り込んだより弱い見解と、両立可能である。私は、真理についてのパースの著述に関する、いま一つのよくある仮定に対して、疑問を投げかけて本章を閉じたいと思う。その仮定とは、パースは、真理が何に存するか、という理論的な説明を与えているのであり、それは、真理の対応説や整合説といった他の「構成的な真理の諸理論（constitutive theories of truth）」とライバル関係にある、という仮説である。

私が『真理・合理性・プラグマティズム』（二〇〇〇年、第二章）で論じたように、概念や命題のプラグマティックな明晰化は、私たちが当の命題を主張したり［その真偽性を］判断したりするときに、私たちが引き受けることになる（経験上の）コミットメントの説明として考えるのが最善である。収束としての真理という説明が反映している信念とは、次のようなものである。それは、私がある命題の真理にコミットするなら、他者の任意の不同意は、次のような諸事情に帰すことができるという自信がある（あるいは少なくともそう希望することができる）という信念であり、それらの諸事情とは、たとえば不同意者の側での情報不足、紛らわしい情報の所有、認識上の失敗、あるいは自然言語・議論領域・解釈を施された同様条件（*ceteris paribus*）といった［必ずしも表面化しない］諸項目にひろくみられる曖昧さを、私たちがこれまで解消してきた種々の方法における違いなどである。同様に、私がある問いを考究するとき、以上のようなコミットメントが適切であるような答えが見いだされ得る、という自信か希望を私は頼みとするのである。パースは、命題が真であるとき、いったい何が成り立っているか（what it is for a proposition to be true）ということの説明を提示しているのではない。かわって彼が明確にしようとしているのは、以下の二点である。

（1）命題を真であるとみなすとき、私たちが引き受けるコミットメントは何か。
（2）ある領域で真理を探すとき、私たちが引き受けるコミットメントは何か。

このような明晰化は、私たちが真であるとみなさない命題、またその真理値がおよそ真剣な探求の対象となしえるようなものでない命題を、無視することもありえる。そしてすでに注意したように、私たちのコミットメントは、探求が［最終的には］収束を生むと希望することの合理性（reasonableness）に対するもの以上ではないかも知れない。

シーザーが、イングランドに最初に渡った朝に三度くしゃみをした、という命題を考えてみよう。「朝」あるいは「くしゃみ」という語でさえ曖昧さをもつから、条件を設定しなければならないかも知れないが、［命題は真さもなくば偽であるという］二値原理からすれば、この命題は真理値をもつ。円熟期のパースは、確定的な実在（determinate reality）がある、と認めることであろう。というのも、宇宙の歴史のなかに［真偽の問えない］空白があったとするなら、それは私たちの形而上学的な世界観にそぐわないからである。しかし［このことに関する］何らかの「真理」があるのだろうか。シーザーが四度くしゃみをしたという命題よりも、むしろ三度くしゃみをしたという命題を私たちが主張するとしても、私たちは検証がきくリスクを負うわけではないし、私たちが間違っていたことを明らかにするような種々のコミットメントを引き受けることもない。探求がそのようなコミットメントを可能にすると合理的に希望することはできないのである—

――もちろん歴史の証拠が見い出されるかも知れない、ということはあるにしても。パースが［このような場合には］真理はないと結論づけるかも知れないことを理解することは容易である。しかしそうであるなら、それはパースの真理の説明が、［こういったケースでさえ真剣に問題にする］より伝統的な種類の真理の諸理論とは、そもそも異なった目的を有するからなのである。

原注

（1）この概念は、その価値を（またその理解可能性さえをも）パトナムが *Renewing Philosophy* において退けたものであることに注意されよ（Putnam 1992, chapter 5）。

（2）私がここでパースの論説を記述するために「説明（explanation）」や「明確化（clarification）」といった用語を使うのは、彼の論説が果たして伝統的な意味での哲学的分析を意図したものであるか、という問いをここで決定してしまわないためである。本章の最終節で、私はプラグマティックな明確化（pragmatic clarification）というのは、疑問の余地ある諸概念を適用する際の必要十分条件の陳述といった通常の意味での分析とみなされるべきではない、と提案するつもりである。

（3）パースがこの例から引き出す教訓は、三つある。第一に、ある命題が真であるならば、相対的に独立に仕事を進める異なる探求者が、それについて合意に至るであろう、ということである。第二に、命題が真であるならば、違った調査技術や違った探求方法が、通常は目標として立てられた問いへの同一の答えに辿り着くであろう、ということである。そして第三に、もし違う探求者や異なる探求方法が当の問いへの同一の答えを与えないように見えるならば、普通それは短期的な現象であり、私たちの技術が洗練されるや消滅するであろう、ということである。

（4）ロバート・ブランダム［Robert Brandom 一九五〇－］は（私との個人的なやりとりのなかで）、無知と誤りとが宿命づけられた収束を永久に妨げ得るという事実により、パースの真理論は反駁される、と示唆したことがある。

（5）大多数の学者は、ロイスの『哲学の宗教的諸相（*The Religious Aspects of Philosophy*）』（一八八五）に対するパースの省察が、このような変化において本質的な役割を演じたとするネイサン・ハウザーに同意するであろう（この点については、W5 : xlviをみよ)。

(6) ここでは、パースの次の引用と比較してみよ。「〈諸君が望むいかなる命題であれ、ひとたびその同一性を諸君が規定したならば、それは真または偽である〉というのは事実であるが、その命題が不定(indeterminate)にとどまって、それゆえ[その命題の内実に関して]同一性が付与されないならば、諸君の望むいかなる命題も真もしくは偽であるということは、どちらも事実である必要がない」(CP 5.448, 一九〇五年)。

(7) このことがすでに、パースの説明が果たして真理の構成的な説明(*constitutive* account)であるかに、疑問を投げかけることへ私たちを導いている。

(8) この点を論じるために、このような[モラリストの]例が用いられたパースのテキストを、私は上で取り上げた一箇所以外に知らないので、それがパースの思索における持続的なテーマではないかも知れないことに、読者は留意されたい。さらに、この[モラリストの]喩えは、問題のあるものかも知れない。意識的ではないとしても、パースが[一八七七年の論考]「信念の固定(The Fixation of Belief)」において退けた方法である「権威の方法(method of authority)」を通じての意見の収束という事態が、そこには含まれているようなのである。[だが]もしパースによる真理の明晰化が、[モラリストの方法ではなくてむしろ]科学の方法を使う者たちの信念のうち、運命づけられた収束が生ずる信念を真理と同一視するのであれば、これは[本来の意味での]真なる命題の例ではないかも知れず、[単に]誤った方策で収束が図られたものかも知れない。

(9) これは、パースがなぜ自分のプラグマティズムをジェイムズの根本的経験論へと結びつけたのか、という説明の一部をなしている(第10章を見られたい)。

(10) これは、さらにパトナムの著述との類似点を示すかも知れない。というのも[先述のパトナムの]デューイ講演は、哲学的省察の出発点として「自然な実在論(natural realism)」を取り入れたからである。

訳注

〔1〕パースの造語。本来のプラグマティストの意。

第4章　疑問表現と制御不可能なアブダクション

4・1　序

この章で取り上げる問いはアブダクティヴな推論の結論にかんする問いである。その問いとは、「アブダクション（仮説形成）の結論はどのような形式をとるのか」、「アブダクションの結論に対してどのような認識的態度をとるのが合理的か」である。パースが述べているところによると、アブダクションは「検証されるべき仮説を選択する過程」（CP 7.245）である。彼によればアブダクションは「推論者に疑わしい理論をもたらし、その理論を帰納が検証する」（CP 2.776）のである。アブダクションの結論は「疑わしい」あるいは「推測的」（CP 5.192）である。このことは、アブダクションは理論あるいは仮説への信念を保証しないということを示唆している。信念を得るには帰納的検証の結果を待たなければならないのである。仮説を採用するときのこの限定つきのやり方をわれわれが一番うまく理解することができるのはどうすることによってかというと、それは「アブダクションの結論は疑問表現（interrogative）である」というパースがときどき主張したことを本腰を入れて受け取ることによってである。この主張は重要であり、それは、どの程度までアブダクションは特定の形式の推論あるいは論法（argument）に対応しているのかにかんするいくつかの論争に価値ある光明を投じる。この主張にはまた、われわれは論理的自己制御についていかに考えるべきかにかんする重要な含意もある。このことに加えて私が理解したいのは、アブダクションが非常に強固であるがために心からの正真正銘の信念を生み出す場合のことを、さらにはその信念がアブダクションにとって完全に「合理的な」結論である場合のことを、パースはいかにして考慮に入れることができたのかということである（EP 2: 141）。私はこのようなアブダクションのことを「強固なアブダクション」と呼んでいるのだが、強固なアブダクションと「アブダクティヴな論法は疑問表現の結論を持つ「アブダクション」という主張とはどういう関係にあるのかということは、興味深い問題である。

次の節ではパースのアブダクション論の内部におけるいくつかのせめぎ合いについてよく知られていることを何点か述べる。その次に推論および探求における疑問表現や疑問（interrogation）の役割を検討する。そしてその後で強固なアブダクションについて検討する。

4・2 アブダクションと帰納

パースはアブダクションを単純な、あるいは原初的な形式の推論として、また帰納と演繹のどちらとも異なる推論として表わした。この三つの推論形式は独立している。これらの推論形式は共に科学的あるいは経験的探求に対して積み木のブロックを提供するのであり、これらはどれも他の二つに還元することはできない。彼はこの推論の三分類がどれほど根本的であるかを見失いそうになる強い誘惑に、そしてアブダクションをいくつかの重要で魅惑的な認識過程と混同しそうになる強い誘惑に気づいていた。それらの認識過程は実のところ複雑だったのである。われわれはアブダクションと「アブダクションと帰納の両方を――そして場合によっては演繹をも――含んだ諸過程」とを混同するように誘い込まれる。また彼自身、一八九七年に開かれた自らのケンブリッジ会議連続講演の第二講の中でそのように言っている（RLT 141f.）。彼がそこで主張しているところによると、一八七八年に論文「演繹、帰納、そして仮説」を公表したころまではこのことを正しく理解していたのであるが、彼はその後、この区別がアブダクションと他の根本的な推論形式の間で本当にどれだけ根元的であり重要であるのかを見失ったのであった。彼のケンブリッジ講演は一八七八年以来彼の考えに入り込んでいた誤りを訂正する「斬新な言い直し」をすることを請け合ったのである。

彼が屈した誘惑を見定めるのは本当に簡単なことである。パースの用語「アブダクション」は、ときどき「最善の説明への推論」と呼ばれるものを指すために、このごろは広い意味で使われるようになってきた。最善の説明への推論にかんして言われているのは、われわれが理論あるいは仮説を受け入れるのはなぜかというと、それは例えばその理論ないしは仮説がわれわれに最善の説明をもって証拠を理解することができるようにしてくれるからであるか、あるいはそれがわれわれの問題に最善の解決策をもたらすからであるということである。そういうことを言う哲学者たちのうちのいく人もが口をそろえて「帰納的推論は一般的に最善の説明への推論の一種である」と言い切っているのを一旦知れば、帰納とアブダクションの間に望まれる鋭い区別がどれほどし損なわれやすいのかをわれわれは理解することができる。最善の説明への推論は、その結論を受け入れる確かな経験的根拠をわれわれにもたらすのであり、そして経験的証拠に基づいて仮説を検証するというのは、帰納がやることである。確かに、いかにしてわれわれは帰納的検証に頼ることなく何かが証拠の最善の説明であると特定することができるのかを理解するのは難しい。このことは、なぜパースが一八八〇年代の末から一八九二年にかけてアブダクションを帰納の一種とみなしていたと自らのケンブリッジ講演の中で言ったのかをわれわれが理解する助けになる（RLT 141）。もしアブダクションに特有の性質を理解すれば、われわれはアブダクションと最善の説明への推論を区別するに違いない。ただし、もしアブダクションが推論であることを認めるのであれば、われわれは「何への推論か」という問いに答えることができなければならない。

何がアブダクションに特有なのかを説明しようと試みたとき、パースは二つのかなり異なる仕方でそれを試みた。一つの仕方は探求過程の中におけるアブダクションに特有の機能的役割を記述することを伴い、もう一つの仕方はアブダクションを独個の形式の論法と認定する。この章では、これらの戦略の違いを説明した後で、それらの戦略を利用して私が興味のある問題を提起したい。

さて、アブダクションと帰納を区別する一つめの仕方は、探求過程の中における推論の二つの基本的な機能的役割の区別を利用する。第一に、仮説を考え出してそれからその仮説には本腰を入れて取り上げる価値があるのかを判断するという働きが存在する。仮説を本腰を入れて取り上げることは、その仮説を信じることあるいはそれが真だと受け取ることを伴う必要はない。むしろ、それは実験に基づいてその仮説を検証すること、あるいは証拠を集めることを決めるということを伴うことがありうる。なお、ここで証拠というのは、その仮説を受け入れることが正当化されるのかをわれわれが判断することを可能にしてくれる証拠のことである。実験的あるいは観察的検証というこの第二の段階は、今度は帰納の一種である。パースは、自らの講演の中で「リトロダクション（遡及）」という用語をこの第一段階のほうに持ち場のある推論を指すのに用いた。――このリトロダクションは彼がときには「アブダクション」と呼んだもの、そして彼の経歴の初期には「仮説」と呼んだものに相当すると仮定することにする。リトロダクション（またはアブダクション）はどんな仮説を本腰を入れて取り上げるかという点でわれわれを導き、帰納は何を信じることが正当化されるかという点でわれわれを導く。そのため、パースは「アブダクションという名称を、検証されるべき仮説を選択する過程に」(CP 7.245, 1901) あてがっていると書いている。そしてこうも書いている。「アブダクションは……推論者に疑わしい理論をもたらし、その理論を帰納が検証する」(CP 2.776)。そうだとするとアブダクションは最善の説明への推論ではない。せいぜいのところそれは可能な説明への推論である。説明が最善かどうかを判断するには帰納的検証の結果を待たなければならない。探求のアブダクティヴな局面はその帰納的局面の方向を決めると言うことができるかもしれない。なぜ探求のこのアブダクティヴな局面が独個の推論形式と結びついているはずなのかは明断ではないかもしれない。確かに、演繹的推論と帰納的推論は、ある仮説には本腰を入れて取り上げる価値があるということを明らかにするのに十分なのかもしれない[1]。しかしながら、パースは一八七八年の論文「演繹、帰納、そして仮説」の中でこの独個の推論形式を次のように記述している。

仮説というのは、われわれがある非常に奇妙で興味をそそる状況に出くわし、その状況が「その状況はある一般的規則の事例である」という仮定によって説明されるときに、その結果としてその仮定を採用することである。あるいはわれわれがある点で二つの対象に著しい類似性があることを知り、それからそれらは他の点でも互いに著しく似ていると推論することである。(W 3: 326; EP 1: 189)

仮説の簡単な例は次の通りである。

この袋に入っていた豆はみな白い。

これらの豆は白い。
したがって、これらの豆はこの袋に入っていたものだ。

私が興味のある問いはアブダクションを特徴づける正当な仕方のどれとも関連するようにして、次のようにさまざまな仕方で提起することができる（例えば RLT: 140 を参照）。われわれは探求のアブダクティヴな局面で持ち出された仮説に対してどのような認識的態度をとるべきか。アブダクティヴな論法の前提を信じていると仮定すると、われわれはその論法の結論に対してどのような認識的態度をとるべきか。アブダクションにかんする二つの説の間には重要で興味深い違いがある。この違いは第二の説における論法の結論を

したがって、暫定的にわれわれは「これらの豆はこの袋に入っていたものだ」と仮定してもよい。

に変えることによって、あるいは第二の説における論法の結論から資格を剥奪することによってなくすことができる。パースが説明した論法の前提は、せいぜいのところその結論に暫定的かつ試験的に関与することをわれわれに保証するに過ぎないということを、彼は一八七八年においてさえ認めていた。だが、その時点ではこの見識は、いかにしてわれわれはこの論法を自らの推論を統制するときに使用するべきかについての一段階高いところから見た注釈の一部として伝えられ、のちの定式化はこの見識をこの論法の結論に組み入れた。第一の説は論法と推論の中でその論法を使用することとを暗黙的に区別しているが、第二の説はそれら二つを共に行っているようである。実のところ第二の説は、第一の説とは異なり、推論または探求の規範を述べているようである。第二の説は、前提が正しい場合に何をすることが許されるのかをわれわれに告げ

るからである。この説がわれわれに告げるのは「前提はある命題に対して暫定的に仮定するという態度をとる理由をわれわれにもたらす」ということである。この種の認識的規範として理解されれば、第二の説は、他の事情が同じならば、次のことを支持することになる。前提が真であることが「それらの豆はその袋に入っていたものだ」ということをわれわれが暫定的に受け入れることを請け合わないだろうという状況がありうる。例えば、白い豆の入った他の袋が周りにあるということがありうる。あるいは、その袋から豆は取り出されていないと信じるしっかりした理由をわれわれが手にしているということがありうる。

ギルバート・ハーマン（Gilbert Harman）が指摘したように（1986）、われわれは論法の論理と推論の規範を区別する必要がある。われわれは次の論法が妥当であると認めてもよい。前提が真ならば結論も真であるに違いないからである。

この袋に入っていた豆はみな白い。
これらの豆はこの袋に入っていたものだ。
したがって、これらの豆は白い。

これらの前提を受け入れた人の誰もが「これらの豆は白い」という結論を導くべきであるということにはならない。もしその前提を受け入れた人たちに「それらの豆は何か他の色をしている」と考える独自の理由があるのなら、認識的規範が彼らに元に戻って前提の真偽を確かめることを要請するということがありうるからである。この妥当な論法は、ある信念同士の組み合わせがいかに矛盾しているかを知るのを助けることによってわれわれの推論を導きはするが、この論法はいかに推論するべきかを告げることはない。「演繹的論理は存在するが演繹的推論は存在しない。帰納的推論は存在するが帰納的論理は存在しない」というのがハーマンの見解である。形式論理学は論法の抽象的構造を扱うのであり、そしてわれわれはそのような論法を推論や探求の中で用いる。よって、例えばわれわれは信念を獲得する理由として論法を引き合いに出すことがある。だが推論は論理学者の形式的パターンによって隠される全体論的特徴を常にもつ。推論には「形式的」論法の継起以上のものがある。パースはこれらの区別について常に明晰であったわけではなく、このことはアブダクションの彼によるより形式的な扱い方の解釈にかんする問いを提起する。可能なことの一つは、その扱い方を形式的な演繹的論理に由来する図式に似ているとみなすことである。そうすれば、その扱い方は（例えば）さまざまな命題の間のいくつかの形式的関係を解明しはするが、アブダクティヴな論法とその結論を個別の事例においていかに解釈するべきかということを不確定なままにする。それらをいかに解釈するべきかは、文脈上のこと、予備知識、われわれの認識の目標や願望、われわれが推論や探求をするときの習慣などに左右される。そうする以外に、われわれはアブダクティヴな論法の彼による定式化のことを、演繹的論理に似た形式論理の体系の一部とみなすのではなく、いつわれわれはある前提の集まりのことをある命題に対して特定の態度をとる理由をもたらしているとみなすことができるのかを規定する、容易に変更されうる規範をそれ自体がとらえているとみなすこともできる。この第二の解釈からすると、われわれはアブダクションの彼による特徴づけの二つの面を以下のように言い表わすべきである。

(1) 彼は次のような推論のパターンについて記述している。適切な状況においては、そして他の条件が同じならば、パースによる定式化の「前提」に表わされている情報は、その「結論」に表わされている命題に対して特定の認識的態度をとる理由をわれわれにもたらす。

(2)　彼はこう主張している。この種の推論には探求過程の中における一つの特定の局面での特殊な役割がある。その局面というのは、われわれが一つの仮説に到達する局面である。そしてその仮説は帰納的検証にかけられるべきである。

第一の解釈は、これらとは対照的に、第三の面を持ち出す。

(3)　彼は異なる種類の表象の間におけるいくつかの抽象的で論理的な関係について記述している。それらの関係は、われわれが個々のパターンの推論や個々の探求を統制するときに、文脈の中で用いられうる関係である。

(1)と(3)の区別は重要であり、論理的な論法形式と現実の推論過程はどういう関係にあるのかについての込み入った問題を提起する。パースは助成金を求めてカーネギー財団あてに書いた申請書の中で、彼のアブダクションや仮説についての一八八〇年代における誤りは、特に彼の論文「蓋然的推論の理論」の中でのその誤りは、「私がそのころ形式的考察に重点を置き過ぎていたこと」が原因だったと述べている。このことは、彼がそのころこの区別について一九〇〇年より後と同じくらいに明晰というわけではなかったことを示唆しているのかもしれない。彼は形式的論法のパターンと推論の構造を同一視しがちであった。

4・3　疑問表現、疑問、論理そして推論

パースはアブダクションの「結論」に対する適切な認識的態度について多くの異なる仕方で記述している。この節ではそれらのうちのいくつかを吟味する。他の学者たちが示してきたように、この題材を中心に据えるのは非常に難しいのだが、それはとりわけ、せめぎ合っているように見える主題をこの題材が持ち出すからである。この節は、その主題の一つをいくらか整理するために、パースが書いたほとんど論じられていないいくつかの文章を用いる。その主題の一つとせめぎ合っているように見える主張のいくつかについては、次の節で紙幅を割いて論じることとしたい。基本的なせめぎ合いは次の二つの提言の間のものである。一方の提言は、アブダクションは調べる価値のある仮説を見定めるのだが、そのとき「科学においてさえ、たとえわれわれに仮説が真でありそうである、あるいは真理に近いと考える理由がないとしても、その仮説は調べる価値があることがある」ということが認められている、という提言である。そしてもう一方の提言は、アブダクションによる提言の価値はしばしばその提言が尤もらしいと思われることに依拠することがあるのであり、そして実際、アブダクションの結論はしばしば実に合理的に信じられることがある、という提言である。

主題の一つは、アブダクションは仮説の「創案、選択そして受け入れ」に携わるということである(1902, HP 2: 895; MS 692)。アブダクションは理論に「現象についての、さらに検討することを必要とする理論のリストの中で高い順位を」あてがう(1902, EP 2: 776)。私が用いたい着想は一九〇二、三年に書かれた著述の中で、例えば一九〇三年の「論理学概要」の中で持ち出された。「アブダクションは論理的規則に

よって拘束されることはほとんどないのではあるが」それでもなお「論理的推論」であると断言した上で、パースは「その結論は疑問法（interrogative mood）の形態で導かれる」と明言している（EP 2: 287）。加えて、この疑問表現の結論は「そのアブダクションの解釈項」である。通常この論点に出くわすことはないのであるが、われわれはパースが論文「ヒュームの奇跡論」（一九〇一年）の中で次のように書いているのを見いだすことができる。「仮説が最初に出現しそれを受け入れることは、それについての素朴な疑問としてであろうとどんな程度の確信を伴ってであろうと、推論的な段階であり、この段階のことをアブダクションと呼ぶことを私は提案する」（CP 6.525）。

この最後の引用文は二つの提言を結びつけているところが興味深い。この引用文は、アブダクションの解釈項は問い（question）（「疑問表現」または「疑問」）であるという前の論点を繰り返し述べているようであるが、アブダクションは疑問表現ではない何か、つまり仮説へのある程度の確信を生じうるということを言ってもいるようなのである。この節ではこれらの可能なことのうち最初の方についてさらに検討する。この最初の方がアブダクションにかんする基本的な考え方であるということは、論文「ヒュームの奇跡論」におけるパースの次の見解によって述べられている。「純粋なアブダクションにおいては、仮説を疑問としてではなく受け入れることは決して正当化されえない」（CP 6.528）。まず、アブダクションの結論は「疑問法の形態」の何かであるという主張について考察しよう。前の節で行われた区別のいくつかを考慮すると、この主張はさまざまな仕方で理解されうる。可能な理解の一つは、パースは仮説的なあるいはアブダクティヴな論法のパターンを誤って表現したということである。彼は次のように書くべきだった。

この袋に入っていた豆は白い。

これらの豆は白い。

したがって、これらの豆はこの袋に入っていたものではないか？

疑問にかかわるこの着想の核心は、これらの前提が真だと仮定すれば（他の条件が同じならば、おそらく）その問いが生じるということである。

疑問を研究する何人かの現代の論理学者が主張するところによると、われわれは疑問表現の結論を持つ論法が存在することを知るべきである（Wisniewski 1995, 1996 を参照）。おそらく、アブダクションにかんするパースの見解はこの現代論理学の動向に根拠を与えるはずである。この動向は、彼が命令と疑問表現の論理を自らのガンマ・グラフ（gamma graphs）[2]の理論の中で扱うことを提案していたという事実から裏づけを得るかもしれない。

別の可能な理解は、一方の論理的構造を表わす形式的パターンと他方の人間が行う推論のパターンの間の区別を利用しつつ、もともとの定式化を保持することができるのであり、この定式化においてはその論法の結論は「これらの豆はこの袋に入っていたものだ」という命題を表わす。だがこの理解は、このような論法を探求過程の中で考慮するとき、われわれはその結論の命題を「問いとして述べること」によって解釈すると主張する。

同一の命題は肯定されるかもしれないし、否定されるかもしれないし、審査されるかもしれないし、疑われるかもしれないし、心の中で探求されるかもしれないし、問いとして述べられるかもしれないし、願われるかもしれないし、尋ねられるかもしれないし、事実上命じられるかもしれないし、教えられるかもしれないし、あるいは単に言い表わされるかもしれない。だが、そのことによって別の命題になることはない。(NEM 4: 248; EP 2: 312)

この論法の構造はその結論を命題として表わし、われわれはその論法についての理解を、その命題は真かという問いを本腰を入れて取り上げることによって表わす。おそらく「これらの豆はこの袋に入っていたものだ」をアブダクションの「結論」として示されると、われわれは時にはその結論を信じ、時にはそれを問いとして述べるのであり、そうするのは自らの目的や予備的信念から影響を受けてのことである。

しかしながら、事態はこれよりもっと込み入っている。どんな命題も「問いとして述べられ」うるというのは本当かもしれないが、あらゆる問いは典型的な命題に対する態度を伴うということになるわけではない。

これらの豆はこの袋に入っていたものだというのは本当だろうか?

のようなイエス/ノー疑問は確かに命題を含んでいる。だが、次のようないわゆるWH疑問は一般にそうではない。

これらの豆のうちこの袋に入っていたのはいくつか?
誰がこれらの豆をこの袋に入れたのか?

一九〇五年に書かれた手稿の中で「最も説得力のある」種類の帰納についての議論を始めながら彼が説明しているところによると、この種の帰納は「リトロダクションによる問いの提言、つまり『ある経験的集合、例えば複数のSの個々の元がある性質、例えばPであるという性質を持つ「現実の確率」はいくらか』を究明する」(CP 2.758)。これはWH疑問であり、命題を対象にしていない問いである。しかしながら、この場合においてさえその問いと密接に関係のある命題が存在する。たとえその問いが命題を「含んで」いないとしても、それへの可能な答えのどれもが命題であるということはしばしば論じられているのである。例えば、先の「誰がこれらの豆をこの袋に入れたのか?」という問いにかんしては次のような(非常に長い)返答命題のリストが存在する。

パースがこれらの豆をこの袋に入れた。ジェイムズがこれらの豆をこの袋に入れた……

だが、とりわけ「WHY疑問」のようなことにかんしては、質問者はどれだけの範囲内にある返答命題が有力候補かを知っている立場にいると期待する理由はない。おそらく、アブダクションはわれわれに問いを、その答えが何であるかについてのヒントを示すことなく持ち出すことができる。

もしわれわれが(純粋な)アブダクションは疑問表現をもたらすという着想を本腰を入れて取り上げれば、そしてその疑問表現はしばしばWH疑問であると考える点でパースに従えば、むしろパースは疑問表現の結論を持つ形式的表象を本腰を入れて取り上げればよかったのにと考えることを支持する論拠がある。だがこれは複雑な題材なので、ここでは、問いと命題の論理的関係は重要な問題であり、この問題はアブダクションにかんするパースの見解についての詳細な説明の中で取り組まれるべきであるという事実に注目するだけにしておきたい。

彼が疑問表現の観点からアブダクションを捉えるこの考えを好んだことを示す証拠はたくさんある。われわれは CP 2.758 に載っている文章に言及した。そして『哲学・心理学事典』の中で彼が説明しているところによると、アブダクションは推論者に理論のことを（純粋な疑問の考えから疑念がほとんど混ざっていなくて根強い好みまで多岐にわたって）多かれ少なかれ疑わしいとみなすことを求める（CP 2.775）。

もしアブダクティヴな推論の結論が問いなのであれば、このことはなぜその結論は「真であることが証明されたと認められないし、専門的な意味で蓋然的であるとさえ認められない」（CP 2.287）のかを説明する。「保険業者はどれだけ扱う事案が多様であろうともその結論を営業の基盤にすることができるだろうというような意味では、その結論は蓋然的ではない」（CP 2.287）。これは二つの理由からである。第一に、問いは真または偽であると評価されうる種類のものでは全くない。第二に、たとえ問いが真理の候補である理論あるいは仮説にかかわるのだとしても、その問いはその理論あるいは仮説が真であることがまだ証明されていない場合にだけ生じる。問いが生じているという事実は、知るべきことがまだあるということを示している。疑問表現または問いを「受け入れること」は何を伴うであろうか。パースは疑問表現を受け入れることと「疑問」を結びつけて考えており、この疑問概念はケンブリッジ会議講演で次のように説明されている。

……〔帰納は〕妥当であるためには一定の疑念とは言えないまでも少なくとも疑問によって引き起こされなければならない。そして、そのような疑問とは何かというと、第一にわれわれは何かを知らないという感覚、第二にそれを知りたいという欲求、そして第三に真理は実際にどのようなものであるかもしれないかを知るための――骨折りをするのをいとわないことを含む――努力である。もしその疑問が皆さんを鼓舞すれば皆さんはきっと事実を調べるが、もしその疑問が皆さんを鼓舞しなければ皆さんは事実に注目することなくそれを素通りする。（RLT 171–172）

このようにして疑問表現を受け入れることはわれわれの知識における欠乏を補充したいという欲求を伴う。実のところ、この欲求がわれわれを探求する気にさせるのである。問いないしは疑問表現はわれわれが何を知りたいのかを表現する。そしてその問いはわれわれが当該の知識をまだ手にしていない場合にのみ生じる。探求のアブダクティヴな局面が問いをもたらし、その次に帰納的調査がそれに返答しようと試みる。

このことは探求についてのデューイによる説明との興味深い対比をもたらしてくれる。探求はわれわれが不確定な状況にいるときに始まるという主張に続けてデューイが述べているところによると、問いを考案してそれにわれわれの調査を集中させることがその次の段階である。われわれはおそらく、特定の主題への対処の仕方を自分はよく知らないという漠然とした感覚を持つことから始めるのであり、その後、問いを見いだすことは、自らの疑念を解消してくれるとわれわれが期待する行為の方針を請け合ってくれるというのがデューイによる説明である。だがパースにとっては、アブダクションは次の機能だけに仕えるようである。それは、アブダクションが疑問表現ないしは問いを、できればわれわれが帰納的に探求することができるくらい十分に明晰なそれを、もたらすという機能である（Dewey 1938: 107–11）。

ここで興味深い別の特色は、パースが自らの論理学の著作の中で直説法ではない記号（non-indicative signs）に訴えていること、そしてこの記号には合理的に自己制御をするときにある役割があるという彼の主張である（第5章および CP 4.477 を参照）。このことは次の二つに対応している。一つは、自己制御は自らに向けられた命令を使うことがあると彼が主張している文章であり、もう一つは、プラグマティズムによる概念の明晰化はわれわれの行動や探求を統制するのであり、それはわれわれに条件つきの決意を導くことができるようにすることによってであるという、彼がしばしば主張したことである。ここで言う条件つきの決意とは、おおよそ

もしあなたがDを欲しておりなおかつ状況がCであるならばAを行え！

というような形式を持った表象のことである。合理的な自己制御は、そうするとわれわれにそのような自らに向けられた命令を発すること、そして適切な状況でその命令に基づいて行為することを求めるのかもしれない。命令を研究している多くの論理学者は問いのことを一種の命令、例えば「私に……という本当のことを話せ」とみなしている（Lewis 1969;「命令についての」異なる見解についてはHintikka 1978を参照）。もしパースがこの種の見解をもつことができていれば、いかにしてアブダクションは疑問表現を生じるのかについての彼の説明は、いかにして合理的な自己制御は働くのかについての彼の見解のうちのいくつかとともよく調和したことだろう。自らに向けられた問いは、自らに向けられた命令と同様に、合理的な自己制御の題材をもたらすのだろう。

もしこれが正しいとすれば、アブダクションの論理（logic of abduction）は、問いが現実に生じるかどうかにかかわる種類のことと関連があるはずである。そのような考察には二つの種類があるだろう。第一に、問いには前提条件があるということはよく知られている。前提条件が満たされていないかぎり問いは生じない。例えば、袋が空であれば「この袋に入っている豆はみな白いのか」という問いは生じない。おそらく、その袋には赤いボールがいくつか入っているということをわれわれが知っていれば、それらのボールはみな

白いのかという問いもまた生じないだろう。このように、問いにわれわれがすでに知っていることと矛盾する前提条件がないのでなければその問いは生じないはずである。同様に、もしわれわれがすでに手にしている知識が問いへの答えを特定するのであれば、少しばかり異なる仕方でその問いは生じない。このように、パースが主張した通り、アブダクティヴな問いはわれわれがすでに手にしている証拠に依拠して持ち出されるに違いないし、その証拠と整合的でなければならない。したがって、アブダクティヴな提言あるいは問いを評価することの特徴の一つは、これらのうちの一つの理由から生じない問い全てを排除するということである。パースが記述したアブダクティヴなあるいは仮説的な論法のパターンは次のことと関連がある。それは、もしそれらの前提が真ならば、そして他の条件が同じならば、その問いがまさに現実に生じるということである。プラグマティズムの格率のことをわれわれにアブダクションの論理をもたらすものだと言ったときにパースが言おうとしたのは、帰納的検証を受ける候補である問いが先ほど記述した仕方で生じているかどうかを明らかにすることと関連のある情報をその格率がもたらす、ということである。

前に引用した疑問についてのパースによる記述は、問いが現実のものとなるための二つの条件を規定している。その二つとは、われわれはそれの答えに無知でなければならないということと、その答えを手にしたいと欲しもしなければならないということである。先ほど言及した規範的基準はこれらの要件の最初の方と関係がある。アブダクションの論理についての十全な説明は第二の要件も扱わなければならない。研究の経済性の考慮が役割を果たすのはここにおいてである。この考慮は、今この問いに答えることがどのようにわれわれの長期的な認識目標の役に立つかもしれないのかを記述する。そのように役立つのは、その問いは答えるのが簡単だからかもしれない。それに答えようとする試みからわれわれが多くを学びそうだということかもしれない。多くの多様な考慮点が、生じている多くの問いのうちどれに限られた利用できる時間の中で取り組むべきかについての判定に影響を与えうる。

4・4 より強固なアブダクションと制御不可能な信念

われわれは、当該の仮説が真であることを確約しない仕方でアブダクティヴな推論の結論を理解する仕方を見てきた。パースの著作には、この理解の仕方と矛盾しているように見える二種類の文章がある。一種類目の文章は、アブダクションの概括的な特徴づけのいくつかに見られる。例えば、アブダクションは仮説を「事実によって持ち出されたものとして」採用することを含んでおり、そしてその仮説は「それ自体で尤もらしいのであり、事実をありそうなことにする」という特徴づけがなされている（EP 2: 95）。そしてアブダクションを記述するとき、彼はときおり次の趣旨に沿ってその形式を記述している。

驚くべき事実Cが観察されている。
だが、もしAが真ならばCは当然のこととなるだろう。
したがって、Aは真だと思う理由がある。（EP 2: 231）

ケンブリッジ会議講演に見られる例も同様の結論を示していて、その結論は「われわれはこの仮説は真であると仮定してもよい」というものである（RLT 140）。これらはみな、アブダクティヴな提言は、十全なものならば、尤もらしくなければならない、あるいは真であると仮定されなければならないということを示している。しばしば観察されるように、研究の経済性の考慮がもたらす、われわれがアブダクションを行うことへの正当化はこのことを要請しないようである。われわれがある仮説は真ではないとかなり確信している場合に、あるいはその仮説が特に尤もらしいとは思わない場合に、その仮説を究明しようと試みることがよく道理に適っているということがありうるからである。証拠による裏づけは問いが生じるかどうかと関連があるかもしれない。だが真理らしさあるいは尤もらしさは、問いが生じた場合に、われわれはそれの答えを知ろうと努力するべきかという第二の問いと必ずしも関連があるとは限らない。より尤もらしい仮説を究明する前に全然尤もらしくない仮説を排除することは経済的に道理に適っているのかもしれない。

探求者に何らかの理論あるいは命題を信じたいという意向があるとき、その探求者が入手しなければならない証拠があることを考えると、そういう意向があることはさらに二つの可能なことと両立することができる。第一にその探求者は、その理論を本腰を入れて取り上げてそれを実験に基づく検証にかけるべきかという問いを、依然として本腰を入れて取り上げることができる。さらに第二に、その探求者はいったいどうして自分はこの信じたいという意向を持っているのかについてあれこれ考えることができるのであり、そして――パースがしばしば強調したように――その探求者は、自分はその仮説を本腰を入れて取り上げる理由としてその意向を持っているという事実を観察することができるのである。研究分野においてしっかりと訓練されていて豊富な経験を持っている探求者たちが持っている信じたいという意向は、多くの場合とても信頼できるものである。そしてパースにとっては、これが本当でなければ、われわれの認識は進歩することができるという確信は持ち続けるのが難しいかもしれないのである。われわれがこの問いとこの信じたいという意向を同一視しないかぎり、いかにして両者はわれわれの適切に探求する能力の中で役割を担うことができているのかを理解するのは簡単である。この場合、われわれの信じたいという意向は制御することのできるものである。その意向をめぐって何をなすべきかをわれわれはよく考えることができる。

私は第二の論点の一組にもっと関心がある。アブダクションの結論は疑問表現でありうるということを認めている文章のいくつかで、パースは他にも可能なことがあるということも認めている。論文「神の実在性を支持する、これまで見過ごされてきた論法」の中で彼が認めているところによると、われわれが仮説を受け入れること、暫定的にその仮説を「尤もらしい」とみなすことは「さまざまな事例において、注目し返答するに値する問いとしてその仮説を単に疑問文で表現することから、尤もらしさのあらゆる評価を経由して、信じたいという制御できない意向にいたるまで多岐にわたる――しかもそれは理に適ったことである」(EP 2: 141)。また、論文「ヒュームの奇跡論」で彼は次のように述べている。「仮説が最初に出現しそれを受け入れることとは、それについての素朴な疑問としてであろうとどんな程度の確信を伴ってであろうと、推論的な段階であり、この段階のことをアブダクションと呼ぶことを私は提案する」(CP 6.525)。

私は「強固なアブダクション」という用語を、仮説が非常に尤もらしいと思うという形式をとる種類の、あるいは行為者が「信じたいという(合理的で)制御不可能な意向」を経験する種類の「仮説の最初の出現」を指すのに使用する。このような事例では、アブダクティヴな段階の結論は何であろうか。先の二つの引用文は、この場合アブダクションの結論が、つまりそのアブダクションの解釈項が疑問表現ではないことを示している。そしてパースはこのアブダクションが「純粋なアブダクション」であることを少なくとも一回否定したということをわれわれは見た。このことはアブダクションについての彼の概括的な見方に対して疑問を提起するであろうか。

すでに見たように、仮説を信じたいという意向がわれわれの手にしているものの全てである場合、この意向は、その仮説が真かという問いが生じるとわれわれが認識すること、つまりこの意向の通りにすることが合理的となる前にはさらに探求をすることが必要とされると認識することと両立することができる。この意向は心理にかんすることであり、われわれは証拠に基づいたどのような重要性をこの意向が持っているのかをよく考えることができる。もし仮説のことを尤もらしいと思うことがそれを信じたいという意向を持つことでしかないのならば、このことは疑問の観点からアブダクションを見ることに対して何ら異議を提起しはしない。この意向は合理性に対する障害であるということが、つまり自己制御がわれわれに対して、その意向を退けてそのアブダクションから生じる問いに答えようと試みることに専念するよう求めるということが分かるかもしれない場合もある。もし、他方で、仮説のことを尤もらしいと思うことが実際にその仮説が真であることあるいは真理に近いことの証拠であるのならば——そしてこれがパースの見解である場合があったのだが——そのように思うことは、われわれに証拠を確かめようとするよう動機づけてもよいし、そしておそらく、代わりに答えようと試みたかもしれない他の問いにはたいした価値はないと考えるよう動機づけてもよい。比較的根拠がとぼしい見解には次のようなものがある。もし探求がうまくいくことが、「信じたいという意向が、何が真かもしれないか、あるいは真理に近いかもしれないかについての信頼できる指標であれば」とわれわれが願うことに依存するのであれば、今度はこの願いが、自分たちのアブダクションを解釈するときの合理性の助けとなるものでありうる。

私はパースが尤もらしさを論じている次の一節のことを心にとどめている。

> 尤もらしさという用語で私は、われわれにある理論のことを好意的に見るよう促すわれわれの本能以外のどんな種類の証拠からも独立して、その理論がそれ自体をわれわれの信念に推奨するはずである度合いを意味している。(CP 8.223)

尤もらしさについてのわれわれの判断は、一定の分野で信頼できる評価をするわれわれの本能的な能力を反映していると彼は述べている。また、尤もらしさについての判断の合理性は、自分たちはこのようにして信頼することができるというわれわれが確信している見込みに基づいている。よって、信じたいという意向は、ある状況では、ともかく、どの問いに取り組むかについてのわれわれの決定を導くときには、本当に信頼されるべきである。もしこれが起こっていることの全てであれば、アブダクションの結論についての彼の主張と信じたいという意向を生み出すようなある推論についての彼の主張との間に矛盾はない。信じたいという意向はどの問いに取り組むかを決定するときにわれわれが考慮することのできる点である。

だが、われわれがある命題を信じたいという制御不可能な意向を持つ場合についてはどうであろうか。そしてこの制御不可能な意向がアブダクションによってもたらされる場合についてはどうであろうか。まず、こういう場合にはアブダクションは疑問を生み出さないということが分かる。もし私が信じたいという制御不可能な意向を持っていれば、本当の疑念は存在しえないからである。私は自分がそのことについて無知だとは思わないし、もっと知ることを欲しもしない。したがって、いかにしてアブダクションの結論は疑問表現でありうるのかを理解するのは難しい。私はこの問いが論争中ではないと受け止めている、あるいは認識している。さらに、この疑うことのできないことが衝動のせいで生じているという場合、つまり問いが認識されるべきであり、おそらく落ち着いているときには推論者自身によって認識されるという場合もあるのかもしれない。だがここではその場合を考察したいとは思わない。

もし制御不可能ならば、そのアブダクションは規範的規則あるいは自己批判に支配されない（CP 2.182, 2.204, 4.479, 5.108）。そのアブダクションがそれでも合理的であると評価される、あるいは判断されるかもしれないのはどういう場合かというと、その制御不可能な意向を持つことが善を求める力、その人の認識目標を獲得する助けになる何かである場合である。もしそのアブダクションが良い本能、われわれが持っていることをみなが望む種類の本能を反映しているのであれば、そのアブダクションを行うにあたってその人の合理性を疑う必要はない。だがその場合でさえ、一種の自問をすることは適切なことである。非常に魅力的だと思う仮説について私がよく考えていると仮定してみよう。このとき私は、どのようにすれば自分はこのことをさらに探求することができるだろうかと仮説的に問うことができる。どのような実験結果あるいは観察結果ならば私の確信は見当違いだったということを証明するのであろうか。もし私がこの役割を果たす経験を思い浮かべることができて、なおかつ私が仮説について手にしているのと同様の確実性をその経験については手にしていないのならば、このことは自分の確実性は保証されていないということ、つまりその確実性は合理的ではないということを示唆しているのかもしれない。もし仮説が前から手元にあった証拠によって裏づけられているにもかかわらず、その仮説を検証するためにさらに行うことができる種類の観察を私が思い浮かべることができないならば、アブダクションは問いを提起することと、その問いが解決済みであることを示すこと、つまりその問いはさらに調べることを必要としないことを示すこととの両方を行っていたのである。アブダクションは、従来通りそれが提起した問いについて考えるよう私を促すことができるが、その問いをさらに調べることからもたらされる利益は存在しないことを認めるよう促すこともできる。

この種の制御不可能性はさまざまな仕方でアブダクションに伴われうる。アブダクティヴな推論は疑問表現の結論、つまり問いを生じるということにわれわれは同意していると仮定してみよう。可能なことの一つはこうである。証拠を記述している前提のことをよく考えているとき問いが心に浮かび、その問いについてさらに調べるべきかどうかを私は深く考察する。最初の段階の制御不可能性が心に生じるのは、前提が私に疑問を経験するよう強いるときである。このとき私はこの問いを本腰を入れて取り上げてそれに答えようと試みずにはいられない。ある母親がドアが開いているのを観察して、自分の子のいつもの幸せそうな声が聞こえないとき、彼女は「あの子は外にいるのかしら?」あるいは「あの子はどこにいるのかしら?」という問いに答えるために調査をすることに制御不可能な仕方で没頭する。一歩退いて「私は今このことを心配するべきなのかしら?」と問うことは選択肢に含まれない。さらに次の段階の制御不可能性が生じるのは、アブダクションの前提が「あの子は道路上にいて車にはねられている」というその問いへの答えの一つへの信念を制御不可能な仕方でもたらすときである。たとえその問いが明示的に述べられていないとしても、そして制御不可能な信念が手にしているもの全てだとしても、われわれは依然としてその論法の結論は問いであると考えてもよい。この母親はその問いへの答えである命題を制御不可能な仕方で是認することによってその論法を解釈するということである。彼女はその問いが差し迫ったものかどうかを熟考することを許容することができない。自分はいかにしてその問いに対処するべきかについての熟考を許容することもできない。彼女はより広範囲にある可能な答えを熟考することさえもできない。だが、彼女がどの命題をこれほど熱心に受け入れるかを決めるときにその問いには役割があるということは依然として可能なのかもしれない。

制御不可能なアブダクションが尊重するに値するものである何種類かの場合のことがパースの念頭にあったようである。知覚判断はアブダクションを必要とするのであるが、このアブダクションは無意識に行われるもので、それを批判することにかんしてわれわれは無力である(EP 2: 191, 229; Hookway 1985: 155)。知覚が一般に信頼できるものである限りはこの種のアブダクションは探求の効率や成功に寄与することができる――それは不合理の目印ではない。そして、とりわけ複数の不確かな仮説に直面したときにもし私がある仮説を信じたいという意向を持てば、そしてその仮説にとって不利な証拠を何も思い浮かべられないならば、あるいはそれ自体が信用できないわけではない証拠も何ら思い浮かべることができないならば、その仮説を疑うことができないという事実は、われわれは不合理な衝動の餌食であるということを示しているよりもむしろ、その人の認識状態が持つ英知の反映でありうる。だがもちろん、どの仮説がそうなのかを言うのは難しいことが多い。「今、何時だろう?」という問いに答えるために衝動的に時計を見る人物は、心の内側から、自分が非常に合理的だと感じているのかもしれない。これは、自分は今まで宇宙人たちに誘拐されていたという仮説、あるいはエルヴィスは今日の午後あのスーパーマーケットにいるという仮説へと制御不可能な仕方で飛躍する人物がそう感じているかもしれないのと同様である。制御不可能なアブダクションが認識的英知というわれわれの利用できる手段であるかそれとも妄想となることを強いられているかは、われわれの判断がどれだけ健全かによるのである。

訳注

〔1〕フックウェイはここからあとの説のことを少し後で「第二の説」と呼んでいる。

〔2〕ガンマ・グラフとは何なのかについての一般の読者向けの解りやすい解説にかんしてはコーネリス・ドヴァール『パースの哲学について本当のことを知りたい人のために』大沢秀介訳、勁草書房、二〇一七年、一〇六頁を参照。

第5章　規範的論理学と心理学——心理主義を拒絶するパース

5・1　序論——パースの反心理主義

パースは、一八六〇年代の最初期の著作から、一九一四年に亡くなる前の最晩年の期間に執筆した手稿群にいたるまで、その全経歴を通して、心理学やその他の自然科学に由来する情報は論理学の研究には無関係であると主張していた。例えば、一八六五年にハーバード大学で行われた科学の論理についての連続講義で、パースは次のように述べている。すなわち、心理学的手法で論理学に取り組んでも失敗に終わることは、「カント主義者によって繰り返し証明されており」、「論理学では、終始一貫して心理学的ではない考え方を採用するべきである」(W1: 164; Kasser 1999: 501)。それから四年後にもパースは、「心理学のあらゆる問いは［……］一般的には論理学という学問と無関係なのだ」(W2: 349) という見解を述べている。

同様の主張は論理学についてのパースの文章の中に継続的に現れるが、とりわけ、一八九八年の「ケンブリッジ会議」連続講義以降の文章において、こうした主張は目立つようになった。パースは、この連続講義の第三講の「導入部」で、論理学は「心理学から完全に独立しており」「人がどのように考えるかということとには関係が無い」とする考えを詳しく論じている（RLT 143）[1]。ベヴェリー・ケント（Beverley Kent）の言によると、「一九〇三年以降の十年間、パースが、論理学が他の理論的探求とどのように関係しているのかをまず説明することなしに論理学を論じるようなことは滅多になかった」のであり、これは論理学の基礎を心理学や形而上学に求めようとする試みを打ち砕こうとの目論見からであった（Kent 1987: 17）。パースは一九〇三年に、自分の「諸原理に従えば、論理学においてごくわずかでも心理学を活用するようなことは絶対にない」（CP 5.157, 1903）と述べた上で、「世界のいかなる心理学も、論理学的な問いについては、それがもともとあった場所にそのままにしておくだろう」（EP 2: 217）と書いている。パースは、「心理学者の発見する諸現象が推理の理論と何かしらの関係を持つ」（EP 2: 385）ことを否定し、論理学の基礎を心理学に求めるような試みは「本質的に浅はかである」（CP 5.28, 1903）と切り捨てた。

そのような議論の一例として、「推理を健全にするのは何か」と題された文章がある。この文章は、ボストンのローウェル・インスティテュートで開催されることになっていた「今盛んに論じられている諸問題に関する論理学のいくつかの論題」に関する全八回の連続講義の初回原稿として、一九〇三年の夏に書かれたものである（EP 2: 242–57）。同様の議論の他の例としては、結局完成されることのなかった論理学の入門書『詳細論理学』（*The Minute Logic*）の、第一章の草稿が挙げられる。この草稿には十三通りの「様々な論理学の手法」について述べている節があり（CP 2.18–78）、この箇所でパースは、論理学の基礎を形而上学や言語の日常的用法、科学史やその他諸学の学理に求めようとする論理学の手法を批判するとともに、心理学を活用してしまうような論理学の手法を批判している。さらに、そうした議論の第三の例が、デューイの『論理学研究』（一九〇三年）に対してパースが展開した批判のうちにある。デューイの議論は、論理学が「思考の自然史」として探求されてもよいのではないかと提案し、論理学と心理学の調停を行おうとするものであった。パースのデューイ批判は、『ネーション』誌に掲載されたパースによるデューイの本の書評と、その本で擁護されていた意見をめぐってパースがデューイに宛てた二通の手紙の中に見つかる（CP 8.188–90, 8.239–44）。

心理学と論理学が無関係であることについてのパースの関心が一九〇三年以降に新たに強まったことを、どのように説明すればよいのだろうか。パースの反心理主義は彼の思想における新展開というわけではないので、その説明はむしろ、パースが長年擁護してきた考えを公表することに新たな重要性を認めるようになった点に求められねばならない。いくつかの要素が関連しており、それらの要素全てがこの説明に寄与するだろう。一八九〇年代の間、パースは、最終的には存在グラフという形で体系化される、新しい形式論理学の手法を展開し始めていた。論理学に関するパースの初期の著作物では代数学的手法が論理学に採り入れられていたが、パースの新手法は、推理の基盤について特別な洞察をもたらしてくれる「思考の活動写真」（CP 4.8）を提供した。このことは、哲学的建築術についての新たな関心とも轍を一にしている。さらに、この時期に書かれた多くの文章の中でパースは、現象学（あるいは「現象観察学（phaneroscopy）」）の学理を使って形式カテゴリーの体系を擁護した（Short 2007: 61ff; Kent 1987 参照）。さらにパースは、このカテゴリー体系を用いて、論理学を、美学と倫理学も含んだ規範的学問の体系的な説明のうちに位置づけようとした。これらの思想展開は、非心理学的な論理学が可能であることを説得的に述べるための新たな素材をもたらしていたのかもしれない。

パースは、論理学や哲学における、パース自身としては容認しない他所での思想展開に反応してもいる。例えば、彼の書いた文章には、クリストフ・ジークヴァルト（Christoph Sigwart）のような「ドイツの論理学者達」の考えが憂慮すべき帰結をもたらすといった批判が多数含まれており、ジークヴァルトと結びつけられていた相対主義的・主観主義的な合理性の説明の興隆にもパースは反応してきたようだ。パースが心理主義を拒絶していたことについて、もうひとつの妥当と思われる説明は、一八九八年以降のプラグマティズムの発展を反映したものだ。パースが一八七八年に「いかにしてわれわれの観念を明晰にするか」などの論文を発表して以降の二十年間、パースの著作物がプラグマティズムを扱うことは少なかった。しかし、一八九八年にウィリアム・ジェイムズが、カリフォルニア大学のフィロソフィカル・ユニオンにおいて、「哲学的諸概念と実際的な結果」についての講義を行った。この講義では、公衆に向けて初めて「プラグマティズム」という単語が用いられ、「パースの原理」の応用であると述べられた立場が擁護された。この出来事に突き動かされたパースは、躍起になって、自身の「プラグマティズムの格率」のほうがジェイムズのものより優れていることを証明しようとし、ジェイムズのプラグマティズムが心理学に依拠しているせいで生じている悪影響を弱めようとした。パースは、自分のプラグマティズムのほうが優れている点のひとつとして、プラグマティズムの格率は論理学の原理であるということを強調した。もうひとつの優れている点は、パースのプラグマティズムは客観的に正しいと証明されうるということであった。つまりパースは、自身のプラグマティズムは「その真理性についての透徹した証明と結びついている」(CP 5.415) と主張したのである。心理主義を打破して論理学の客観的な基礎をもたらそうとするパースの試みが、彼自身のプラグマティズムの優位性を証明しようという動機によって生じている面もあるならば、いま述べてきたようなことは驚くようなことでもないだろう。

本章の最初の二節では、一九〇〇年前後に「心理主義」をめぐって行われていた議論のいくつかを説明する。第3節と第4節では、パースが心理主義を攻撃する際に用いた最も重要な議論を検討する。本章の関心は概ね、一八九八年以降の十年間にパースが展開した、論理学において心理学を活用することに対する批判を分析することにある。パースの批判は、論理法則の規範的特徴を強調すること、そして、命題、思考、論証といった諸概念は心理学的概念として理解すべきではないと主張することを含んでいる。第5節では、パースの仲間のプラグマティストであるはずのデューイが擁護した論理学への取り組み方、つまり、論理学の基礎を心理学と生物学に求めるという取り組み方に対してパースが露骨に展開した批判を検討する。これらの議論への批判は抽象的になりがちである。ダーウィンの著作から引き出された心理学的・生物学的な考えに基づく詳細かつ綿密な論理学への取り組みに対して、パースがどう反応したのかを論じてみることが、助けになるだろう。本章の残りの部分は、パースの積極的な見解のいくつかに費やしたい。第6節ではもっと建設的に、非心理学的な論理学がどのようにして展開可能なのかについてのパースによる積極的な提案を描述する。

これらの主張をするに際して、パースは、十九世紀後半と二十世紀初期に激しい議論の的となっていた諸問題について自分なりの立場を示していた。『ウィリアム・ハミルトン卿の哲学についての研究』において、ジョン・スチュアート・ミルは、「科学である限りにおいて」論理学は、「心理学の一部分あるいは一分野である」と主張した。そのうえでミルは、論理学の「理論的な根拠は全て心理学から借用されたものである」(Mill 1865: vol. IX, 359) との説明を行っている。こうした主張とは対照的に、フレーゲは注意深く、「論理学において私たちは、純粋に心理学的な視点から打ち立てられた区別は全て拒絶しなければならない」ということを読者に思い起こさせようとしている。フレーゲは、考えることが「心象を持つことや感覚を持つことと相互に結びついている」というのは自然なことではあろうが、論理学者はこれらを無視できる、と述べているのである (Frege 1979: 142)。こうした主張をしていたのは、フレーゲだけではなかった。ヘルマン・ロッツェ (Herman Lotze) は、当時最も影響力が大きかったであろう論理学の教科書の中で、「論理学は、心理的な過程として思考が生じるような条件下での議論からは、いかなる真摯な利益も得ることはない」(Lotze 1884: 467) と主張していた。現象学の基礎を整備したフッサール (Husserl 1900–1) もまた同じく、論理学の中に心理学が入り込むことに対して批判的であった。(2)

5・2 論理学、規範性、心理主義

5・2・1 「論理学」

パースは当時、「論理学」という言葉で何を意味していたのだろうか。一九〇三年の「プラグマティズム講義」においてパースが述べていることには、「本来、論理学は論証についての批判学(critic)であり、論証が良いか悪いかを宣告することなのである」(CP 5.108)。自分の思想の諸観念をより体系的に取り扱う中で、パースはよく、この論理学という学問分野を「批判学」と呼び、論理学は「論証を分類して各種の論証の妥当性と強力さの度合いを決める」(EP 2: 260) と述べている。パースが心理主義を攻撃する際、その矛先は主に、論証を分類・評価するこの論理学という学問分野において心理学を用いることに対して向けられている。こうした「論理学」という言葉の用法は、二十世紀以降の英語圏の学者間で唯一ではないが最も一般的となっているこの語の用法に一致する。

多くの思想家は論理学というものをより幅広く捉えるようになっており、パース自身もそうであった。ジョン・スチュアート・ミルは『論理学体系』において、論理学を「三段論法」についての研究であるとする考えから議論を始めながらも、まず論理学を「推理の技術」と定義し、その後この定義を拡張して論理学を「思考の技術」と定義し、さらにそれから「真理追究の技術・学問」であるという定義を導き出している

(Mill 1973: vol. VII, 4–6)。そうした定義のおかげで、広い範囲の思考と探求の調査が「論理学」に分類されるようになった。ロッツェの『論理学――思考の論理学、調査の論理学、知識の論理学』(初版は一八七四年、一八八四年に英訳)やジョン・スチュアート・ミルの『論理学体系』(一八四三年)のような本は、現代の論理学の教科書に見つかるような分野の話題に加えて、認識論、心と言語についての哲学、そして科学と数学についての哲学といった、幅広い領域の議論を含んでいる。しかしながら、一九〇〇年以前の時代に用いられていた「論理学」の定義が多様であるせいで、心理主義を擁護する者と批判する者との間で互いに話がすれ違ってしまうという危険性があった。

パースのあからさまな心理主義批判は、ほぼ全て、論証が良いか悪いかを決める際に心理学的な情報を活用することに向けられているのであるが、パースはしばしば論理学についてもっと包括的な捉え方をしていたということを見過ごしてはならない。一八九八年のケンブリッジ会議連続講義で、パースは、「論理学」という語は多義的であると述べている。狭い意味では、論理学は「推理」と論証に関するものであり、どの演繹的論証が正しくてどの蓋然的推理が強力なのかを突き止めることに関わっている。意味を広く取れば、論理学は、そうした評価を行おうとする場合に研究しなければならない諸問題を研究する学問でもある。「心理学からの独立性はどちらの意味での論理学についても当てはまる」とパースは主張している(RLT: 143)。

一九〇五年にパースは、論理学を「形式記号論」と定義し、「批判学」はそのように理解された論理学の重要な一分野とした(CP 2.227〔?.〕)。論理学のそれ以外の分野というのは、「思弁的文法学(speculative grammar)」つまり様々な種類の記号についての体系的理論と、「方法学(methodeutic)」つまり探求の際にわれわれを導く諸規範についての研究であった。本稿でのより広い関心にとって、方法学というのは特に重要である。というのも、パースがプラグマティズムの格率は論理学の原理であると述べる際、彼はしばしば、この格率を「方法論（methodology）」の一部として説明していたからである（CP 2.191〔?-〕）。重要なのは、こうしたより広い定義に基づいてさえ、パースは論理学の三分野全てを形式論理学の学問分野として特徴付け、心理学がそのいずれと関連を持つことも拒絶したということである。

5・2・2 規範的なものとしての論理学

パースは次の二つの主張を認めているのであるが、われわれとしてはこの二つを区別しておく必要がある。第一の主張は、論理学とは、どの論証が良いのかを突き止めることや、どういう場合に演繹的論証の結論が前件からの論理的な帰結であるのか、どういう場合に他の種類の論証が「良さ」の適切な基準を満たすのかを決定することに関わる、という主張だ。そしてパースは、心理学的な論理学者達とは異なり、こうしたことは客観的な事柄であると考えていた。例えば、結論が偽である場合には前提が真でありえないならば、その演繹的論証は妥当である（CP 3.781〔?-〕）。論証の良さは心理的な事実によって決まるというような心理学的主張を、パースは拒絶したのである。第二の主張は、論理学とは規範学（normative science）であるという主張だ。パースは心理学的手法で論理学に取り組むことを批判する際、よくこのことに言及して、次のように論じた。すなわち、論理学という学問に心理学的手法で取り組んでも、決して、規範的な指針であるために必要な条件を満足することは出来ない、と。これら二つの主張は独立した主張であるが、後者の主張は、パースやフレーゲ、ミルが執筆活動をしていた当時よりも格段に、二十世紀においては議論含みである（Hanna 2006: 204-5）。本稿の目下の関心は、パースは論理学の規範性をどのように理解していたのかということにある。

論理学は推論や探求にとって規範的なものである、という主張が含意するのは、私たちは論理法則に沿って推理するべきだ、ということである。それゆえフレーゲは、論理学は「規範的な学問」であると書くことによって、論理学の規範性について肯定的な態度を示している。いわく、「論理学の諸法則は［……］最も一般的な法則であり、ともあれ人が思考をする場合にはそのように思考すべきだという思考方法を、普遍的に述べたものなのである」（Frege 1967: 12）。同様の発想で、パースは『詳細論理学』において、論理学とは「正しい推理の理論、つまり推理がどうあるべきかについての理論であり、推理とは何であるかについての理論ではない」（CP 2.7）と書いている。同書の他の箇所で、彼は次のようにも書いている。

> 論理学が規範学であること、つまり、論理学は従うべき諸規則だけでなく、従う必要の無い諸規則をも開陳するのだということは、ごく一般的に認められるであろう。論理学はさらに、なぜこれらの規範が私たちに縛りをかけねばならないのかを説明する。論理学は、目指す目標にうまくたどり着くために、あるいは目的を持った活動で成功するために満たさなければならない諸条件を、調べるのである。（CP 1.575）

このことについて、パースは次のように述べて補足している。すなわち、論理学は「何が目標とされるのかという問いを、その問いが提起されて存在しうるようになるよりも以前から、既に答えられているものと考える」（CP 1.577）。ここでの目標とは、真理かもしれないし、知識や理解の伸長かもしれないし、あるいは、パースが一九〇二年にJ・M・ボールドウィンの『哲学心理学事典』の「プラグマティックとプラグマティズム」という項目において書いた、「具体的な合理性の発達をさらに進めること」（CP 5.3）なのかもしれない。ここで重要なのは、客観的に正当な目標を追求する際の規範的な指針の必要性によって、論理学という学問が何であるかが決定づけられているということである[3]。どの論証が妥当なのかについての関心というものは、われわれの省察や探求を導いてくれる客観的な規則を、われわれが必要としているからこそ定まっているのだ[4]。

論理学にはこうした規範的な役割があるけれども、パースは、論理学が単にオルガノン、つまり道具であるという考えを拒絶し、論理学は理論的な学問であると主張している（Kent 1987: 56）。『詳細論理学』の中でパースは、「論理学の主要な価値は推理の技術を提供することにある」というありふれた考えを拒絶し、「[論理学という]この学問の最大の価値は、もっと別の、より高位の種類のものだ」と主張している（CP 2.190）。われわれの多くは、大抵いつも、われわれの使用論理（logica utens）を形成している推理の諸習慣の集合に頼って、うまく推理を行っている（CP 2.186f）。われわれは、推理の理論（述定論理 logica docens）に頼ることなしにこうした推理をこなしているのであり、パースが警告することには、「論理学者は、通例、最も偉大な推理者にはほど遠い」のである（CP 2.201）[5]。それでは、パースが論理学に帰そうとしている「より高位の」種類の価値とは、何であろうか。一九〇六年にパースは、論理学者の認知的な目標と習慣とを、数学者のそれらと区別した。

論理学者は、結果がどうであろうと関知しない。論理学者の望みは結果に到達するまでの過程の性質を理解することだからである。数学者は、正しさが確保された方法のうちで、最も短時間で済み最も簡潔なものを追い求める。論理学者は、その過程の最小の一つ一つの段階をありありと際立たせ、そうすることでその過程の性質を理解したいと思っている。結局のところ論理学者は、自分の用いる図式がなる

べく分析的であることを望んでいるのである。（CP 4.533）

論理学は論証の妥当性や良さを理解しようとしているが、他方、オルガノンを追求する人たちは推理のための便利な道具を獲得することにしか関心が無い。『詳細論理学』でパースが説明した通り、論理学は論証を構成する諸部分を研究するのであり、「それと分かる符丁によって、良い諸論証を、妥当性の順位が様々である諸論証に分類して、さらに、論証の強力さを測量する手段を提供できなければならない」（CP 2.203）。論理学のさらに基礎的な役割は、こうした仕事のための準備として、「どういう意味で、どのようにして、真なる命題や偽なる命題がありうるのか」（CP 2.206）を考えることである。論理学の価値とは、効率的に推理するための発見的方法や道具を提供してくれることにあるのではなく、むしろ、真なる命題がどのようにして可能であるのか、どの論証が良い論証なのか、ということについての理解を提供してくれることにあるのだ。

5・2・3　いくつかの心理主義的主張

パースが批判した立場というのは、論理学的な理論を組み立てる際に心理学に由来する事実や理論に役割を持たせる立場である。こうした立場に対するパースの批判は、生物学、言語学、歴史学、形而上学などの他の特殊な学問を活用するような論理学の取り組み方に対しても波及するだろう。心理学的な事実が論理学において活用される方法には、どのようなものがありうるだろうか。〔次のような六通りの方法がありうるだろう。〕

1 論理学の主題は、推理、推論、論証、そして思考と探求の制御であるから、論理学は心理学的な主題を有している。例えば、推理と推論は心理現象であり、かつ、論理学の主題である。したがって、思考、推論、推理、論証といったような心理学的諸概念を、論理学において用いなければならない。

2 論理学は、推理と推論についての一般的な説明を追求するのであり、どの種類の論証が妥当な論証、良い論証なのかに関する研究であるから、論証と様々な種類の推理の分類というものを活用しなければならない。論理学が先述のような心理学的諸概念を活用するとすれば、われわれが用いる論証・推理の分類もまた心理学的な分類となるであろう。

3 論証の分類を利用することに加え、論理学は、これらの論証と様々な種類の推理を支配している諸法則を探求する。そうした主題が心理学的なものであり、われわれが心理学的分類を活用するのならば、論理学において用いられることになる諸法則は心理学的法則である、という考えは真っ当である。

4 論理学とは、どの論証、どの種類の推理が良いのかに関する研究である。このことは、われわれはどのように推理すべきなのかという規範的な問題にたいする関心を反映している。論証の良さは心理的な事柄であり、論証の良さを追認できる能力は心理現象にたいする内観的感受性に関わっている、と主張してきた論理学者もいる。こうした主張には、比較的強いものと、弱いものとがある。つまり、論証の評価は心理学的法則を当てはめることによって成し遂げられる、と考えることもできるし、他方、心理的な事実はそうした評価をするための不可欠な証拠になるという、比較的弱い主張もありうる。(6)

5　心理学が論理学において、これまで述べてきたような役割のうちのいずれの役割も持たないのだとしても、規範的論理学の体系が実際の推理・探求の過程に応用されるときには、心理学的情報や心理学的一般化を利用せざるをえない、という主張がありうる。

6　論理学にはたくさんの分野がある。これまで列挙してきたような主張を全て拒絶するとしても、それでもなお心理学は、論理学のある分野、例えば方法論などに、重要な貢献をすると考えられるかもしれない(7)。

主張2を受け入れる人が主張1を受け入れないということはおそらくないだろう。また、主張2を拒絶する人が主張3を受け入れることもおそらくないだろう。しかし、主張2を受け入れ、それでいて、推理の良さは心理的な事柄ではないと考えること〔主張4の拒絶〕はありうる。たとえ論証を分類する際に心理学を活用するとしても、論証の妥当性は、その論証が真理性を保持しているかどうかによって決められる、客観的なものでありうるだろう。したがって、心理主義に肩入れするにしても色々な程度がありうることになる。しかしながら、これから見てゆくように、パースは主張1から主張4までの全てを拒絶しており、主張5にも筋金入りの執着を示す。主張6によって生じる諸問題についても後で論じなければならないだろう。

先に列挙した各主張に対してパースが行う主な批判は、心理学的法則の記述的特性と論理学的法則の規範的特性の区別に基づいている。『詳細論理学』の中でパースは次のように反論している。つまり、心理学的な観察は、われわれがどのように推理しているのかについての情報は提供してくれるかもしれないが、これは論理学にとっては関心のないことである。というのも、「論理学が何かしらの形で思考を取り扱っていると言えるならば、そうした意味においては、〔論理学は〕われわれがどのように考えるべきなのかを決定しているだけだからである」(CP 2.52)。また、パースは次のようにも主張している。すなわち、推理に関わる全ての問題についての一般的な説明がなされるというよりむしろ、論理学の主題は、「推理の良し悪しの条件や、もしある推理が良いならばそれはどの程度良いのか、どう応用すれば良いのか、という問題に限定される」(EP 2: 386–7)。「推理の心理的な過程は、論理学の目的とは完全に別の事柄である」(ibid.)(8)。

論理学における心理主義に向けられたパースの批判的議論は、三つの種類に分けられる。本章の以下の各節でこれらについて論じてゆく。第三節では、論理学の基礎を心理学に関わる事実に求めるようないくつかの提案に向けられた、パースの二つの議論を検討する。これらの議論は、心理主義一般を論駁できているわけではない。ここで批判される心理主義の主張よりも上手く練り上げられた心理主義の主張がありうるのである。とはいえ、パースのこれらの議論は、心理主義のより良い擁護案が乗り越えるべき課題を特定してくれ、また、十分に体系化された論理学理論が必ず伴う複雑さに注意を喚起してくれるため、価値がある。

第4節では、もっと強力になりうる議論を検討する。これらの議論は、特定の心理主義的な提案を標的にするのではなく、論理学の基礎を心理学的な法則や事実に求めようとする試みとは相容れないと思われる、論理学や、論理学の主題のある一般的な特性を特定する議論である。これらの議論は非常に抽象的であり、援用されている諸議論は詳細まで練り上げられたものではない。しかしこれらは、合理性の規範への自然主義的アプローチに対する昨今の批判的議論とも関連した、興味深い論点を含んでいる。

第5節で論じる第三の議論は、ジョン・デューイが『論理学研究』に寄稿した自身の論考内で擁護した新しい「論理学」概念に対する、パースの批判のうちに見られる議論である。デューイの論理学は、どのようにすれば生物学や心理学から引き出された様々な考えのうちに論理学の基礎を求めることができるのか、ということについて、具体的で詳細な提案を行っている。パースは、論理学は思考の自然史であるというデューイの主張を拒絶し、それによって、そのような取り組み方の論理学では規範的な論理学であるための要件を満たせない、とパース自身が考える理由をより明確にしている。

心理学と論理学の関連性をめぐる問いは、プラグマティストたちを二分してしまった。これまで見てきた通り、パースはデューイを糾弾し、「自然史」を「規範的論理学」に取り替える必要を説いた。デューイ自身は、自分の論理学は論理学と心理学を調停してくれるものだと主張していた（CP 8.239）。ウィリアム・ジェイムズもまた、心理学を、論理学の研究や認知的規範についての研究のための道具として使うことを厭わなかった。その一方でパースは、初期の著作から最晩年に至るまで、「非心理学的な論理学」を頑として守り続けたのである。

5・3 心理主義的主張に抗するパースの諸議論

5・3・1 妥当性と論理性の感覚――ジークヴァルトに関するパースの所見

『詳細論理学』の原稿中で、論理学的探求の際によく使われるという十三の手法のうちの第一の手法として述べられたのは、クリストフ・ジークヴァルト（一八三〇–一九〇四）に帰される手法であった[9]。これは別段驚くことでもない。エヴァ・ピカルディ（Eva picardi）が述べているように、フッサールの見立てでは、ジークヴァルトの『論理学』は「当時の他のどの著作物よりも論理学に対する心理主義的手法を推進しようとしてきたが、その利は疑わしい」（Picardi 1997: 162）。ジークヴァルトの急進的な心理主義を批判したのはパースだけではなかったのだ。フッサールはジークヴァルトの懐疑的相対主義の形態を「人間主義（anthropologism）」であるとして攻撃しており、ハイデガーも「自然主義」という言葉を使ってジークヴァルトを批判している。

パースがどのくらい注意深くジークヴァルトの著作を研究したのかはよく分からない。そこでわれわれとしては、パースの描き出すジークヴァルトがとっている主観主義的・相対主義的な立場に向けられた、パースの批判に注目しよう。パースの見解によると、ジークヴァルトの考えは科学において生じてしまった「災厄」の原因となっており、これは「思考の混乱から生じる、推理についての誤った考え方」に基づいている(EP 2: 242)。この誤った考え方がいったん受け入れられると、「この考え方を論駁する議論に注意が向かないようにしてしまう」という特性をこの考え方が有しているため、この考え方は、科学を弱体化させる、特に「悪性の」ものなのである。パースはこうした脅威を明確にするべく、この考え方は「良い推理と悪い推理の区別は存在しない」という結論を導く議論を助けてしまうかもしれない、と論じている(EP 2: 243–4)[10]。パースは、こうした議論と、これに並行してある「道徳的な善悪の区別は存在しない」と結論することを目的としている議論とを、研究し、批判している。倫理学と論理学は共通の脅威によっていずれも危機に瀕している。しかし、どちらの議論も誤りであり、パースの講義は、両者が立脚している誤った心理学的想定を突き止めているのだ。

「われわれの心の中の論理的な感覚あるいは論理的な趣味を満足させたりさせなかったりすることがそれぞれに、推理の良し悪しを指し示すのみならず、推理の良し悪しを構築・構成しさえする」(CP 2.19)という考えを、パースはジークヴァルトに帰している。この論理的な感覚に対応するドイツ語としては「Logische Gefühl」が用いられており、パースの説明によると、「Gefühl」は通常の英語の「feeling」の意味は持たず、むしろ「それ自体について以外には何の決断ももたらさない、純粋に主観的な快・苦の感覚」(ibid.)を意味している。パースは他所でこれを「論理的快楽の感覚」と言い表しており、ジークヴァルトについては、論理学を、「矛盾に対する、私たちの直接的で変えようのない嫌悪感、つまり直接的な必然性の感覚」に基づかせたがっている人物として言及している（CP 2.209）。一八八三年のパースによる説明では、ジークヴァルトは「論理的な帰結の性質を思考の強制的衝動として」（CP 3.432）定義した[11]。これらの主張は心理学的理論に依拠しており、私たちがこれらの感覚や衝動を信頼すれば、私たちはうまく推理をするということになる（EP 2: 386）。感覚や衝動が論証の良さを構成するということなのだから、論証の妥当性についての論理学者の研究の基礎が、これらの感覚についての心理学的研究のうちにありうることになる[12]。

私たちが論証に対して、論理性の感覚と表現されうるようなものによって直接的に反応することがある、ということをパースは否定しない。そうした感覚は、ある論証が良い論証であると認識した場合の適切な反応であるかもしれない。ある論証が良い論証だから、その論証を心地よい論証だと考えるようになる、ということはありうる。パースが反対するのは、次の二つの主張を組み合わせることについてである。第一の主張は、論理性の感覚は単純で主観的な感覚であり概念的内容を持たない、ということである。第二の主張は、これらの単純な感覚が存在したりしなかったりすることが、論証の良さを構成する、ということである。パースは、そうした論証が良いのは快感と結びついているからだ、という主張を拒絶する。そして、諸科学にもたらされた「災厄」の根源は、後者の主張である。パースの考えでは、後者の主張は、論理性の感覚などの諸状態についての誤った理解を体現している。つまり、この主張が感覚や推理について設けている心理学的想定が誤りなのである。そして、これらの誤解を正す際には、こうした単純な感覚という観点から推理の妥当性や良さを説明しようとするべきではない、ということを肝に銘じておかねばならない[13]。

「良い推理と悪い推理の区別は存在しない」という結論を導いてしまう議論は、次のように展開する（EP

2: 243–244)[14]。

1　あらゆる推理は、何かしらの心のうちに生起する。

2　その推理は、その心の論理性の感覚を満足させない場合は、その心の推理にならない。

3　その場合、その推理をそれ以上批判しても、何も得られない。なぜなら、推理者の心の中の論理性の感覚の他には、その推理が良い推理だと分かる符丁はありえないからである。

4　というのも、その推理が批判されるとしても、その批判は推理によって導かれねばならないからだ。そして今度はその推理が、推理者の論理性の感覚を満足するがゆえに受け入れられるか、さもなければ、さらなる推理によって批判されねばならない。

5　推理者が無限に連続する推理を完遂することは不可能である。

6　それゆえ、論理性の感覚を満たす推理こそが可能な限り良い推理であるという想定に基づき、何かしらの最終的な推理が採用されねばならない。もしこれが真でなければ、全ての推理は無価値である。

7　したがって、推理の例化一つ一つ全てが論理性の感覚を満足させるからには、全ての一連の推理は可能な限り良いことになる。

8　つまり、良い推理と悪い推理の区別は存在しない[15]。

この論理学的懐疑論を主張する議論に対するパースの批判は、妥当性（あるいは道徳的善）の判断や実際に私たちが経験する論理性の感覚に関わる複雑さについての、現象学的な説明を活用したものである。パースの考えでは、われわれの感覚は、客観的な妥当性を構成しているものに対してではなくむしろ、知覚された客観的な妥当性に対しての反応である。目下検討中の議論は「二つの別々のカテゴリーを混同しており、それらのカテゴリーに属する対象を同一視してしまったがために、それらの対象に、第三のカテゴリーに属する性質を与えてしまっている」(EP 2: 245) とパースは書いている。私がある推理を遂行するとしよう。最寄りのバス停から毎時ちょうどにバスが発車するのを、私は見ていた。そして私は、バス停まで徒歩で十五分かかるだろうということを知っている。さて、今は七時三十五分だ。私は、もし次のバスに間に合いたければ、家を十分以内に出なければならない、と結論できる。そして、これまで論じてきた考え方に従えば、私が十分以内に家を出るべきだという判断をするとき、その結論は正しいように感じられる。私は、自分の推論の論理性の感覚を経験しているのだ。

　こうした推論を行うことに含まれる諸要素を現象学的に説明する際、パースによれば、この過程について少なくとも三つの側面を押さえておくべきである。

1　第一に、パースが「有効行為因 (efficient agency)」と呼ぶものがある。私が行う私の推理は、私の判断を決定する。私の推理ないし有効行為因は、私は十分以内に家を出るべきだ、という判断を私が行うことに関わっている。これは、私の判断の有効な原因なのである。

2　第二に、「心的一般公式 (general mental formulation)」がある。これは、私がある行動をとるという結論に至ることの正しさを確定することを目的とする。私の推理は、意識的に、あるいは習慣的事柄として、推理の一般的規範や基準を受け入れていることによって導かれている。これのおかげで、私の判断は合理的になっているのだ。

3　第三に、私の判断に伴う正しさの感覚がある。これのおかげで、私の推理は意識的なものになる。

これらは、統一された全体の三つの特性ないし機能であり、それぞれ、他の二者からは切り離せない[16]。

パースの見解によると、ジークヴァルトの論理学の捉え方を擁護する人は、これらの複雑さを考慮できていない。第一に、そういう人たちは「有効行為因」が果たす機能的役割を「心的一般公式」が果たす機能的役割から区別できていない。そして彼らは、第三の側面、つまり正しさの感覚が、他の二つの役割に関連するあらゆる仕事をしてくれると期待してしまっている。推理がどのようにして判断に結実するのかということと、推理がどのようにして合理的あるいは被法則支配的でありうるのかということの両方を、「感覚の質(quality of feeling)」が説明しなければならなくなるのだ。そしてこのせいで彼らは、推理の正しさは心的一般公式の正しさ、つまり、法則、基準、原理の正しさに依拠するのであり、感覚の質や有効行為因に依拠するのではない、ということに気づけなくなってしまう。論理学とは、一般公式に関わるものであり、また、客観的に良いか悪いかという評価、例えば論理的に妥当か否かという評価に関わるものである。パースによれば、論理学の基礎を論理性の感覚に求めようとする人は、論理学にとって最も関係が深いはずの私たちの認知的生活の諸側面を無視した粗雑な心理学的想定でもって作業を進めてしまっているのだ。だから、ある推理を受け入れることが、常に、ないし大抵、論理性の感覚という形をとるということが正しいとしても、だからといってそのせいで、「真理へと導く能力」(EP 2: 256)の観点から客観的に評価可能な推理の基準に立脚できるという可能性が、排除されるわけではない。

良い推理と悪い推理の区別は存在しないという結論に至る議論は、これらの複雑さを考慮できておらず、三つの要素全てを一緒くたにしており、そのせいで感覚を基礎的・本質的な構成要素として扱ってしまっている。感覚が行為や信念形成を説明すると考えて、有効行為因や「心的一般公式」の役割を無視してしまっているのだ。一九〇五年の手稿の中でパースは、論証を受け入れるかどうかは自身の論理的感覚を信頼することに依拠しなければならない、という心理主義的見解がジークヴァルトにはあると述べることで、同様のことを指摘している。パースは次のように不平を述べている。「そういった感覚を信頼することはできない。そういった感覚は、信頼するとかしないとかの主題である命題ではないし、そうした命題を発生させるわけでもないからだ。私たちが感覚を信頼できるのは、その感覚がそれ自体とは別のものの記号、つまりは命題の記号である場合だけである」（EP 2: 386）。

どのようにしてこの論議が、論理学は心理学から引き出された事実や原則を利用できるのか否かという問題と結びつくのだろうか。パースは何かしらの悪い心理学を叩いているのであるが、そうする際でも、必ずしも心理学が論理学と関連を持つことを疑問視する必要はない。重要なのは、妥当性という概念は、われわれが経験するかもしれない論理性の感覚なるものよりも基礎的である、ということをパースの議論が示すことだ。論理性の感覚は、論証の妥当性の認識がとる形態である。何が論理性の感覚なのかを説明する際に、この妥当性の概念を用いなければならない。われわれは心理学的概念を理解するために、論理学的概念を必要としている。ジークヴァルトにとっては、これが全く逆になっているのだ。彼の見解では、われわれは妥当性とは何なのかを説明するために、論理性の感覚という概念を利用しなければならない。とすると、論理学的概念を理解するために心理学的概念を用いるということになってしまうのである[17]。

5・3・2　論理学の基礎を心理的傾向性に求めることに対する批判的議論

本稿で続いて検討する第二の心理主義的提案は、論理的評価や論理的感覚の本性についての誤った考えには依拠していない。この提案では、われわれがどのように推理するのか、あるいは、われわれが自然の本性上、どのように推理する傾向を持つのか、ということについての情報が、論理学の諸法則の確立に関係していると考えられている。「われわれはこれこれと考えているという明らかな自己観察を、何が論理法則なのかを示すものとして」(CP 2.52) 用いるということはあるのかもしれない。同じ見解は、次のようにも述べられる。すなわち、人々が「大抵、論理学が承認する論証とほぼ同じ論証を承認する自然の傾向性をを示すという事実は[……]、論理学の結論を支持する傾向を示すものと見なされるだろう」(MS312, HUL 73-74)[18]。この見解を強く捉えれば、われわれの自然の推理習慣に従っていることが何らかの形で論証の良さを構成している、とすら考えられるだろう。それよりも妥当そうな主張としては、自然に従っているということが、論理学的理論が妥当であるための不可欠でしかも十分な証拠を提供する、という比較的弱い主張もある。

一九〇三年のハーバード大学での「プラグマティズム講義」で、パースは、論理学の根拠立てに心理学的情報を活用することを「全く意義のない」ことであると述べ、「これまでにないほど迷惑千万な過ちである」としている (CP 5.125, EP 2: 198)。そして彼は、論文「推理を健全にするのは何か」において、「論証の論理性[……]は、われわれがその論証をどう考えるのかに左右されるのではなく、真理が何であるのかによって左右されるのである」(EP 2: 257) と述べた。論理学的理論を擁護するときは、論証が妥当であると証明することや、論証がどのように真理の発見に貢献するのかを示すことによらなければならない。さらに、われわれの自然の推理傾向がしばしば論理的には誤りを含むという事実があるので、現在検討中の心理主義的戦略はさらに疑わしくなる。妥当な推理形式を求めているとき、われわれの自然の推理習慣は、出発点としては悪くないかもしれない。しかし、これらの推理習慣が自然であることが、その妥当性を保証するわけではない。われわれが自然にそうした論証を受け入れているからといって、その妥当性の保証に何か寄与するわけではないのだ。

パースが批判しているこの自然主義的戦略と、もっと立派な戦略とを区別すべきである。私は、ある人が非常に上手いポーカーのプレイヤーであると信じており、そのように信じている私は正当であるとしよう。私は、プレイヤーがゲーム中に、とある推理戦略を用いていることを知った。その場合、私は、プレイヤー達が用いている種類の推理が実際に良い推理だと考えるに足る良い理由を、とりあえずではあるが有していると思って良いだろう。彼らの推理の良さが何に存するのかを説明することはできないだろうが、私は、彼らの用いている推論が信頼できるものだという、強力な帰納的証拠を有している。重要なのは、このことは、そのプレイヤーはポーカーが上手いという規範的前提に依拠しているということだ。パースが批判の対象とするのは、そうした規範的な情報がまだ利用できない場合の主張である。

科学哲学者が、科学的実践についての詳細な歴史研究を通して科学的方法の説明を組み立てようとする際に、同様の現象が生じる。われわれは、科学が実際にどのように前進してきたのかについて(心理的に?)記述することを通して、科学的実践のための規範を突き止める。ポール・サガード(Paul Thagard)は、この場合には厳密には、科学的実践の記述を使って科学的探求がどうあるべきかを決定しようとしているのではない、と述べている。科学的探求の全体は、歴史的探求の主題として良い科学の例をどのようにして選ぶのかによって左右されてしまう。重要な規範的判断は、既に最初の時点で為されてしまっているのだ(Thagard 1982: 25f)。

心理的な情報は、一連の規範的情報が既に当然視されている特殊な文脈においては、規範的命題を受け入れる理由を提供してくれるかもしれない。成功した科学の例が上手く選択されたならば、それらの成功がどのようにして得られたのかを説明しようとすることによって、規範的な基準を引き出せるかもしれない。あのポーカー・プレイヤーがこれまで上手くやってきたとすれば、そのプレイヤーがどのように推理したのかを説明することは、われわれ才能にめぐまれないプレイヤーがどのように推理すべきかについて、役立つ情報をもたらしてくれるかもしれない。

5・3・3 心理学、規範的論理学、循環の危機

ここまでのパースの議論は強力である。確かに、単純な論理性の感覚や人の推理の傾向性を参照することでは論証の良さは説明できないだろう。しかし、このことから心理主義はもはや打倒されたとは結論できない。そのような結論を引き出すには、論理学についてのあらゆる心理主義的説明が、論理性の感覚や推理の傾向性によって論証の良さを説明することに手を染めてしまっている、と示す必要がある。パースは、そのような向こう見ずでもっともらしくない主張を擁護しようとはしていない。目下検討中のパースの議論に欠けているのは、心理主義を論破するために必要な一般性である。そこで続いては、個別の心理主義的提案を批判することに基づいているのではないような、反心理主義の議論を見てゆくことにしよう。

論理法則の基礎を心理学的理論から引き出された諸事実や諸原理に求めるべきだ、という考えを否定するために、パースはもっと一般的な理由を示していた。パースは『詳細論理学』の後半部分で、もし論理学の基礎を心理学に求めてしまったら、心理学的理論は、論理学的批判よりも優位に、あるいはともかく、論理学的な根拠づけよりも優位に位置づけられてしまうだろう、と論じている（CP 2.210）。そしてパースは、デューイへ宛てた手紙の中で、論理学には心理学的基礎付けがあるという考えがはらむ問題は、一種の循環性の問題であるということをはっきり述べている。論理学的研究を進める際に、形而上学、心理学、言語

学、あるいは歴史学に由来する原理に訴えることは、「もしその種の誤謬に陥らざるを得ないほどにそれら諸学の正しさの程度が高められてしまえば、循環」(CP 8.242) になってしまうであろう論法を用いることなのである。

この論法は、どのようにはたらくと考えられているのだろうか。パースの議論は大枠のみではあるが、一九〇九年の手稿の一節で鮮やかに述べられている。「論理学は、足元を心理学の腕に根付かせることによってのみ、虚偽性という奈落に落ちずに済むようになるだろう。他方、論理学の足首をしっかり掴むことによってのみ、心理学は同様の運命を免れるだろう」(MS 634.8 この話題についてはベヴェリー・ケント (Kent 1987: 58-65) の議論も参考になる)。この背景にある懸念は、きっと次のようなことである。論理学が、パースの言う通りに規範的学問であるならば、心理学研究者の研究活動が論理法則に従っていなかったことを指摘すれば、心理学的な理論形成を批判できる。論理学的理論の要求がわれわれの推理実践と相容れなければ、論理学の方に権威が与えられ、推論実践は修正されねばならない。論理学が心理学由来の法則や事実に基づくならば、私たちの論理法則が私たちの推理実践についての諸事実に従っていないときには、論理学的理論の方が修正されねばならないということになる。論理学的結果と心理学的結果のどちらが権威を持っているのか、ということを決定する根拠が何かなければ、われわれは途方に暮れてしまう。前述のパースの論評が示すところでは、もし論理学の基礎が心理学にあるならば、この心理学という学問のほうにこそ権威がなくてはならない。そして、心理学についてのいかなる論理学的批判も正当ではない、ということになってしまう。

パースは次のように述べて自身の考えを明かしている。「心理学という学問における真理を確固として確立するには、論理学という学問の結果にほとんど絶え間なく訴え続けること [……] が特に不可欠である」

（EP 2: 412）。この一節が示唆しているのは、心理学が、それ以外のほとんどいかなる学問分野よりも、もっと多分に、継続的に、論理学に依存しているということである。心理学の結果は特に議論含みで可謬的である。もしこれがその通りならば、心理学が論理学的理論における諸問題の解決に寄与するために必要な種類の権威は、心理学にはない、という結論が支持される。こうして、循環の危機が現実のものとなる。

ここで提起されている問題は、われわれの推理実践の説明、つまり、論証を承認する傾向性によって示されるあるパターンと、論理法則を受容することとの間の関係に関わる問題である。われわれが直面している難題というのは、われわれの自然の傾向性のほうにこそ欠陥があるかもしれないということだ。パースの答えは、われわれが活用している論証が妥当かどうか、つまり前提が真であるときに真なる結論を生むかどうかを参照することによって、われわれの諸原理や傾向性を評価しなければならない、というものだ。そして目下の問題は、どうやればそれができるのか、ということである。ネルソン・グッドマン（Nelson Goodman）は、よくプラグマティストであると言われる哲学者であるが、彼の唯名論と非実在論はパースの目には良く映らなかったであろう。グッドマンは目下の問題について影響力のある回答を示している。すなわち、演繹的推論が妥当になるのは、「その推論が演繹的推論の一般規則に従っていると証明することによって」（Goodman 1983: 63）である。そして、演繹的推論の規則は、「受け入れられている演繹的実践と一致していること」によって正当化される。これは「明らかに循環的」に見えるけれども、この循環性は良い循環性である。というのも、「正当化の過程は、規則と受け入れられている推論との間を相互に調整する繊細な過程なのであり、そうやって到達した合意には、それぞれに必要とされた唯一の正当化が実現している」（Goodman 1983: 64）からである。〔しかし、〕こうした均衡の希求によって論理的規則についての意見が収斂してゆくと考えるべき理由はないのであるからして、グッドマンの議論は明らかに不十分である

(Stich 1990: 85; Stein 1996: 140ff 参照)。

グッドマンに追随して、反照的均衡〔両極を参照し合って目指す均衡〕を目指すことに規範の根拠を求めたい者、例えばジョン・ロールズ(John Rawls)などは、受け入れられている推理原理・推理習慣に加えて哲学的理論をも説明するような相互調整を活用する、「幅の広い反照的均衡」を用いる。われわれは、われわれを合意に導くために、表象の心理学的理論ないし意味の理論を受け入れることになるのかもしれない。しかしながら、そうした理論は議論含みであり、相互調整のそうした過程が唯一の答えに結びつくと期待できる理由もない。さらに、もし、意味についての議論含みでない哲学理論に基づいて論理学的諸原理を擁護できるならば、受け入れられている諸原理や自然の傾向性を顧慮する必要はもう無くなるだろう。

「論理学」がどのようにして心理学的情報を利用できるのかについて、肯定的な提案をしている哲学者もいる。例えば、ポール・サガードは、われわれの規範的原理の役割は「ある種の推論的行動を正当化し説明する」ことであると主張しており、これは既に「論理学」に心理学的役目を与えていることになる。サガードの「論理学的規範」の判断は、どのようにして人々が時に推理に失敗するのかをそれらの規範が説明できるかどうかに依っている。そして彼は、論理学的理論は、どれくらいに論理学の規範的諸原理が認知的目標を達成するのに役立ってくれるのかによって判断されるべきだと述べている。マイケル・レズニク(Michael Resnik)はサガードの議論に異を唱えているが、そうした反論の際にレズニクはサガードとは別様の見方に依拠している。つまり、論理学の目標は、どの論証が推理の規則だけでなく数学においても合理的であるか、妥当であるかを理解することである、とレズニクは考えている(Resnik 1982)。サガードの論理学の捉え方は、彼の次のような主張に結びついている。すなわち、論理学者は「推理者の限界はあるにしても推論的には最善の原理群を発展させることに関わっている」のだから、論理学者は心理学を活用するべきだという主張である（Thagard 1982: 35）。認識論に関する限り、「べき」というのは「できる」ということを含意する。この考えは、アルヴィン・ゴールドマン（Alvin Goldman）の、「規範的認識論では、人間の認知能力についての心理学的には現実的でない想定を含む認識論的諸原理を捨ててしまうべきだ」という考えと同類のものである（Resnik 1982: 222）。サガードとサガードの批判者達は論理学の目標についてそれぞれに別々の捉え方を採用しているので議論が噛み合っていないのだ、と結論づけることは容易い。おそらく、サガードが規範的論理学そのものの一部と考えている規範的諸規則を、レズニクの方では、特定の経験的状況下での実践的目標や理論的目標の追求のために論理法則を応用する際に使われる標準則と考えている場合があるのだろう。

パースならば、サガードのより広い論理学概念とレズニクのより狭い論理学概念の間のどこの立場をとるだろうか。論理的な帰結を研究することで、全ての可能的な思考と論証に当てはまる法則を確立できるかもしれない。その一方で、知識を得る最良の方法は何か、という関心からは、われわれが現にその中にいる探求の文脈でのみ適用可能な、偶然的な規範を特定することになるだろう。その場合、より狭い意味で理解された場合の論理学研究では心理学の出る幕は無いとしても、後者の種類の〔特定の状況下で使われる標準則の中の〕「べき」を修正・擁護する際に心理学は役立つかもしれない。レズニクのサガード批判は、論理学とは論証の妥当性あるいは合理性に関するものだという想定に立脚しているので、両者の議論は噛み合わないのだ。レズニクは彼自身の理解の通り、論理学を、形式的特性を持った規範に限定しているが、サガードが研究しているのは、知識を追い求めるわれわれを導きうる、より広い範囲の規範であることは明らかである。

パースの論文「理論の建築術」（'Architecture of Theories'）（W8: 98ff, 1890）の中に、こうした解釈を支持するような記述が見つかる。形而上学と特殊諸学の両方において、どの概念を用いるべきか、どの仮説を真剣に受け止めるべきか、についての手引きが必要である。そのためには、「それぞれの学問の分野で価値のある考え」を調査し、「どの点においてそれぞれの考えが成功したり失敗したりしてきたのか」を検分してゆく必要があるという（W8: 99）。「理論の建築術」は、動力学、進化論、心理学、そして数学から、価値のある諸概念を突き止めている。そしてパースはそうした諸概念を用いて、「どういった種類の法則を期待しなければならないか」を明らかにする「自然法則の自然史」を擁護している（W8: 101）。こうして規範的な手引きがもたらされるが、これが規範的論理学の一部を形成するわけではない。

5・3・4　論理法則——必然的なものと普遍的なもの

ここで、パースはサガードよりもむしろレズニク寄りの立場をとるであろう、ということを示すパースの文章を指摘しておく。論文「推理を健全にするのは何か」でのパースの主張によると、論理法則とは必然的な真理であり普遍的に応用できるが、心理学的な一般化は偶然的なものに過ぎない。状況が異なればわれわれの自然の推理傾向性は別様のものになっているかもしれないが、論理法則がそのままであり続けないような世界はありえない。

多くの論理学者は、〔論理学的〕探求は心理学に接近してきており、人間の心について観察されてきたことに依拠するものであり、他者の心には必ずしも当てはまらないだろうと考えている。確かに彼らの言うことのほとんどは、多くの人種には当てはまらないに違いない。しかし私としては、全ての心にとって妥当なわけではない論理学になど、あまり関心がない。（EP 2: 256–7）

パースの考えは、推理実践は実際に多様かもしれないが、論理法則は変わらないというものだ。どのようにしてわれわれが、経験的情報に頼って、特殊な文脈内で認識論的規範に根拠を与えられるようになっているのか、ということを示す諸事例があるからといって、それらの事例によって、必然的に真であり普遍的に応用できる論理的規範を根拠づけられるようにはならないのである。〔パースの〕こうした主張を認めるならば、必然的に真で普遍的に応用できるものとして理解されうる諸原理を導く議論の前提として心理学的法則・事実を活用することなど、不可能である。

5・4　思考と推理

これまで本章は、論証の良さは心理学的事実に依拠しないということや、心理学的事実は論証の良さの証拠にならないということを示そうとする諸議論について検討してきた。本節では、先に列挙した心理主義的主張の中では最も控えめな主張へ向けられた議論の検討へと移りたい。その主張とは、論理学は思考や推理を研究するので心理学的な主題を含む、というものである。ここでは、思考と推論は心理現象であるとされている。パースは、『詳細論理学』においても、デューイの論理学の手法へ示した反応においても、この主張を拒絶している。

パースは、デューイが論理学と心理学の間の調停を進めようとしていることに反対して、一九〇四年六月に最初の手紙を出した。このときパースは「君が言っている『思考』というのは規範的論理学の『思考』ではありえない」（CP 8.239）と記している。しかし、私たちがいま検討しようとしている議論を最も明瞭に表す文書は、一九〇二年の『詳細論理学』の第一章の草稿である。論理学の基礎を心理学に求めることができるという考えを拒絶したうえで、パースはさらに、諸前提が結論に関連するために必要とされるものは、われわれの思考についての何かではなく、むしろ「別の種類の事実の必然的な連関」についての何かなのである、という彼自身の主張に説得力を持たせようとしている。そのためにパースは、論理学者が思考や推論を研究するとき、彼らの扱う主題は心理学的なものである、という考えを拒絶しようとしている。

> 疑いなく、論理学とは「思考」についての学問である。しかし「思考」は、ここでの意味においては、外在的なものでも内在的なものでもない。論理学は真偽についての学問である。しかし真偽は、人間の意識内の命題に帰されるのと同じく、本に印刷された命題にも帰される。命題が意識されているかいないかという事柄は、その命題の真偽に影響しない。(EP 2: 385)

パースは、自身の考えを、ヘルバルト(Johann Friedrich Herbart)の考えの改善版として提示している。ヘルバルトは論理学を「諸概念についての学問」として扱っている。しかし彼の主張は、概念は本来的に心的なものではない、というものであった。むしろそれは思い浮かべられる(conceived)ものであり、「思い浮かべるという行為が心の前にもたらす」象徴記号(symbol)であり、それ自体では心的なものではない。パースの述べるところでは、ヘルバルトが概念(concept)と思い浮かべるという行為(conceiving)について述べていることは、思考と考えるという行為についても当てはまる(EP 2: 387)。論理学において、われわれは考えるという行為に関心があるのではなく、むしろ「考えるという行為が心にもたらすもの」に関心がある。哲学者が命題と呼ぶものは抽象的な対象あるいは内容であり、そうした抽象的な対象・内容は、思考内に保有され把握されうるが、その思考の存在、つまりその思考が在るということは、誰かがそれを考えたり把握したりするかどうかには左右されない、という意味では客観的なのである。[19] ヘルバルトによる思考の特徴付けについてパースが唯一批判しているのは、思考と命題が心から独立しているということを十分に強調できていないという点だけである。だから、「論理学者が思考と呼んでいるものは、論理学者がそうした表現をするならばだが、考えるという行為の際に心の前にもたらされるものをすら意味できない、〔論理学の仕事とは〕無関係なものなのである」(CP 2.53)。概念と命題は心に提示されうるけれども、このことは論理学者には関係のないことである (CP 2.53)。命題が心に対して提示されうるという事実、論証が人間の思考の際に活用されうるという事実から、思考と論証の論理学的な分析を全て抜き出して別にすることができる。こうした事実を考慮し損なうと、心理主義が実際以上に魅力的に見えてしまいかねない。心理学者は考えるという行為 (thinking) の意識的な過程を研究し、論理学者は、心とは独立の命題として理解されている思考 (thoughts) を研究するのである。

このことは、二種類の例を参照することで裏付けられる。論理学は「知識の諸関係」に関心があり、推論に関心がある。そして知識と推論の両方が、「考えるという行為のいかなる過程とも全く異なる構造を持つ」。第一に、知識は、考えるという行為や、あるいは心と、関わる必要がない。カール・ポパー (Karl Popper) と同様に、パースは、図書館に所蔵された本は、たとえその本に書かれている命題を今は誰も信じていないとしても、知識を構成している、と主張している (CP 2.54; Popper 1972)。[20] 第二に、(例えば) 計算機は推論を遂行するが、心理学的な意味では全く考えていることにはならないだろう、とパースは論じている。推論を導き出すことが時に考えるという行為を伴うのだとしても、そうした事実は、ある前提からある結論が帰結するかどうかという論理学的問いには無関係なのである。心理学は、(例えば) 人がどのようにしていまずく推理するようになってしまうのかとか、なぜ様々な種類の推論を遂行することが困難だったり容易だったりするのか、といったことを理解するには役立つかもしれないが、推理が現にまずいのかどうかについての探求とは無関係なのである[21]。

パースは、こうした諸現象の事例を活用して、思考の構造は、人がその思考に関して考えている際に発生する心理的過程についての心理学的事実には左右されない、ということを示している[22]。私がある命題について考える、という行為に含まれる諸事象の心理学的構造と、その命題の論理学的構造というのは、全く別々のものなのである。パースはこの考えを裏付けるべく、他の例にも言及している。われわれがユークリッドの定理の一つを検討するとき、「その命題はまず、抽象的名辞によって明確に表される」。つまり、「保存」に適した言語的名辞で明確に表される。誰かが「図形を描いて、その図形に関連させて命題を再度明確に表す」(CP 2.55) までは、その抽象的な形式からは、何の推論も導き出せない。命題を新形式で再定式化する背景には、特に、「その図や図形に対して実験を行うこと」によって推論が可能になるように、ということが企図されている。論理学が要求する命題の表象は、その命題の論理的・推論的性質をもたらすのに適した表象である。そしてそれは、必ずしも、その命題が持つ心理的な連想を描写するのに適してはいない。これは、どういう時に、ある命題を用いて推理することが正しいのか、ということを明らかにするために考案された形式なのである。紙の上で思考を形式化すれば、頭の中で思考を形式化するよりもずっと多くのことが分かるだろう。

例えば、考えるという行為は、推理の一部始終に関わる全てを含んでいる、と君が言うとしよう。それでも私は、考えるという行為は、機械の振る舞いにも人間の振る舞いにも等しく応用可能な論理的批判とは何の関わりもない、と主張する。論理的批判とは単純に、ある前提が真のとき、ある結論が偽になりうるかどうかの問題なのだ。もしこれが、人はまずく推理することがあるかどうかという問いだったならば、その人の考えるという行為の過程や仕組みを調べても良かったかもしれない。しかし、その人がしばしばまずく推理していることは疑いなく、だからこそわれわれは推理を批判し、前提から結論へ至るある道筋が真偽を突き止めることにつながるのかどうかを、探求するのである。（CP 2.59）

しかし、それではなぜ、論理学が思考という非心理学的な理念を用いることが重要なのだろうか。パースの主張によると、われわれが現在の考え方について外在的に批判したいならば、可能的な思考、つまりわれわれの信念や推理において現在のところ心理的な役割を全く持たない思考を、認識しなければならない。われわれはそういった思考を、思考の論理的性質を突き止めることによって理解する。それゆえ、思考と推論についての規範的批判というのは、思考を客観的あるいは論理学的に捉えることを要求するのである。

これまで検討してきた諸議論は示唆的ではあるけれども、いずれも、心理主義に対する決定的な反論を導くものではなかった。第一の議論は、心理学的情報を論理学において用いることは循環性の問題をはらむ場合があると明らかにした。この議論は、そのような心理学的情報の利用は全て避けられるべきだと示したことにはならない。これは別段驚くほどのことでもない。推理に際しての私たちの自然の傾向性によって論理学を根拠づけられるのかどうかについてパースが論じている文章からは、もし心理主義が真だとすれば、心理学的実践を論理学的に批判することがまさに循環性の脅威をはらんでおり、不適切であるという議論が導かれるからである（第3節）。第二の議論は、論理法則が全て普遍的で必然的な真理ならば論理法則についての心理主義は捨て去られねばならない、ということは示しているかもしれないが、論理法則は普遍的で必然的であるというパースの主張は、ただそう言い張っているのとあまり変わらないように思える。なぜこうした主張を認めなければならないのだろうか。ほとんどの推理は決まった文脈の中で生じるというのに、なぜ、われわれ自身が居る文脈内で認められている法則ではなく、全ての可能的文脈を支配する法則に頼らねばならないのか。そして、論理学者の捉え方による思考は心理学的概念ではないということを認めるとしても、心理学は、われわれが思考や命題を用いてどう振る舞うのかを支配する法則と無関係である、と主張する議論がさらに必要である。こうした議論は実際にあってもよさそうなのだが、これまで言及してきたパースの著作の中では、そうした議論は示されていない。

5・5 デューイの論理学概念に対するパースの批判

パースの心理主義批判のほとんどは、探求やその他の形式の認知活動がどのような規範的支配を受けているかについて十分に考え抜いた説明に対しては向けられていない。本節では、まさにそのような提案に対するパースの反応について検討する。一九〇三年に出版された、ジョン・デューイとシカゴ大学の彼の弟子達による論集『論理学研究』のなかに、そうした提案は見つかる。この本に収録されたデューイ自身の論文は、ヘルマン・ロッツェの『論理学』への厳しい批判から成る。ロッツェによれば、論理法則はアプリオリに知ることができ、自明で、必然的である。論理法則は思考と実在の本質を捉える理想的な形式を提供し、思考において実在の本質がどのように理解可能なのかを説明してくれる。「純粋論理学（Pure logic）」は「どこであっても良いものであり続ける思考の普遍的形式あるいは諸原理」に関わるものであり、そうした形式や諸原理は、あらゆる可能的な種類の推理と探求に当てはまるとされる。デューイは、論理的諸原理についての私たちの知識を合理主義的に説明するロッツェの考えを細部にわたって拒絶しているけれども、デューイはまた、そのように理解されているような純粋論理学など、はたしてそもそも必要なのかどうかを疑問視している。パースはロッツェの著作をさほど重視していないが、論理学は客観的であるべきで、心理学によって汚されてはならず、必然的かつ普遍的な法則に関するものであるべきだ、という点ではロッツェに同意するだろう。(23) デューイの論理学への取り組み方はそれとは非常に異なっており、認知的規範の説明の根拠を「思考の自然史」の探求に求めて、生物学やダーウィン的な進化論の考えのうちに「論理的」法則を求めようとするものである。デューイは、自分は論理学と心理学の調停を目指しているのだと述べていた。デューイの『論理学研究』においては、形式論理学はあまりたくさん論じられていない。

一九〇四年に、デューイはパースに、この論集を一部献本した。一九〇四年の六月に書かれた手紙で、パースは、デューイの研究成果に共感を表明しつつも、デューイの論理学への取り組み方について懸念を表している（CP 8.239–42)。その後、『ネーション』誌の書評欄でパースは、デューイの「論理学者の仕事についての捉え方」に反対する論説を書いてもいる（CP 8.188–90)。それからさらに後、一九〇五年四月付で書かれたデューイ宛の手紙がある。この手紙はおそらく投函されなかったのだが、この手紙ではこれまでよりも格段に強い調子で批判がなされている。この手紙でパースは、デューイがパースの仕事を尊敬していると は意外に思ったと表明しており、その理由は、『論理学研究』は「私〔パース〕がここ十八年間熱心に取り組んできた研究の全てを立ち行かなくしてしまうに違いない」（CP 8.243）からである、としている。明らかにパースは、デューイの論理学の捉え方を自身のそれとは全く異なるものと見なしていたのであるが、とはいえその違いはデューイにとっては良く分からなかったであろう。

パースはデューイに次のように言っていた。デューイの「推理について推理するやり方は［……］よくある過ちを含んでいる。その過ちとはつまり、こうした主題を扱う際に、どうやら人は、どんな推理も緩すぎて使い物にならないということはないとか、他の学問分野では使おうとも思わないような不注意な論証にも実は利点があるのだとか考えてしまうらしいということだ[24]」（CP 8.239）。パースは勢いづいて、思考の自然史が規範学に取って代わりうると考えることの影響を次のように述べている。

〔そのような考えは、〕推理規則を手ぬるいものにしてしまう。そして実際、君〔デューイ〕と君の学生は、私の目には緩い推理という悪行のように映るものに、魂を売ってしまったように思える。（CP 8.240）[25]

パースがなぜ、デューイの本は「何かが非常に誤っているのにそれを見ないでおく知的な放蕩の精神で貫かれている」と考えたのか、容易に理解できる。われわれは、うまく探求できるようにしてくれる規範的基準を必要としている。パースの論理学はそうした手引きを提供してくれるものだ。しかし、デューイのほうの非心理学的な論理学では、そのようなことは不可能である。このことを裏付ける議論があるだろうか。あったとしても、パースは手紙の中ではそれを述べていない。実際のところ、知的な放蕩ということでデューイを非難した後、パースは急いで、自分はそのような言葉を、「深い尊敬と共感の念」を抱いていない相手には使わないだろう、と取り繕っている[26]。

パースは、論理学を、論証の妥当性と論証の強力さについての研究と定義している。しかしデューイは、論理学という学問分野をもっと一般的に、探求の際にわれわれを導く規範についての理論的研究として扱っているようだ。このことが意味するのは、「厳密論理学（exact logic）」がパースの論理学の不可欠な核心となっているのに対して、デューイの論理学において、厳密論理学ないし形式論理学が〔核心的〕役割を果たすのかどうかは答えられていないということである。実際、『論理学研究』の前半部分で、デューイは読者に向かって次のことを確認している。すなわち、「素朴な見方からすれば」、われわれが特定の実際的な必要に応じて物事について推理を行うとき、われわれは論理学的理論を必要としない。理論的問題が重要になるのは、「考えるという行為が必要なのに、細部にわたって明快かつ整合的に考えることができないという状況が生じている場合、つまり、思考は発生するが、考えるということの結果が生活上の直接的な関心に対して指導的な影響を及ぼすことは妨げられているという場合」のみなのである（Dewey 1903: 4）。われわれは、自身の慣れ親しんだ習慣的思考方法を阻害するものがあるとき、つまり、自身の諸手法の反省を要求するような問題に直面したときになってはじめて、論理学的理論に関心を持つようになるのである。

推理が生じるのは、特定の状況あるいは文脈における特定の問題を解決するためである。普通は、われわれが必要とする推理原理はわずかだ。しかし、理論的な問題に関わる際には、何か一般的なものを探すことになる。こうしてわれわれは、論理法則を形成しようとするのである。一方にデューイ、もう一方にパースとロッツェがいる中で、この両翼の違いはまさに、論理法則がどのように一般的もしくは抽象的でなければならないかということに関係している。これまで見てきたように、パースの考えでは論理法則は普遍的に応用が可能な必然的な真理であり、ロッツェもまた「どこであっても良いものであり続ける思考の普遍的形式あるいは諸原理」（Dewey 1903: 6）を追求していた。それとは対照的に、デューイの考えでは、論理学的理論は「日常生活や批判的学問の思考状況における大量の特殊な素材や内容」から抽出される一方で、それでも論理学的理論が突き止められる「ある特定の諸条件や要素があり、そうした条件や要素を明晰な意識のもとへもたらすことが〔論理学的理論の〕目標」なのである。論理学は、探求を促進する様々な状況に共通した特徴を突き止める経験的研究でありうるのであり、これは、「いかにして特定の思考状況の典型的な特徴が、思考と反応の多様な典型的様態を動員させるのか」を研究するのである。論理学は、「思考が過程を完遂する際の個別の帰結の本性を言い表そうと試みることができる」(Dewey 1903: 7)。特定の諸事例から始めて、次に特定の諸事例の種類に関わっているパターンを同定する。そうしたパターンの諸法則を使えば、最初に論理学的理論の探求を生んだ諸問題に対処できる。採用される論理法則は、部分的には、われわれが直面する問題によって決まる。われわれが駆使する一般化は、われわれが期待する応用のあり方を反映しているのだ(27)。

デューイは「道具的論理学(28)」を展開している。これは、「考えることを、特定の先行する状況とそれに後続する成果に相対的な、特殊な手続きとして扱う」(Dewey 1903: 8) 論理学である。こうした観点からは、「前提やデータ、形式、そして思考の対象について、それらが占めている特定の地位や、経験が成長する中でそれらが果たす特定の役割を参照することなしに議論しようとする試みは、根本的に無意味であるのとそう変わらない、真であっても偽であっても良いような結果に至ることになってしまう――というのも、それら〔前提やデータ等〕は〔文脈的な〕制約とは分離して考えられてしまっているのだから」(Dewey 1903: 8)。「歴史的状況ないし展開中の状況の制約から分離した」思考の目的や条件について考えることは、「科学と分け隔てられた形而上学という意味での、形而上学的手続きの本質である」(Dewey 1903: 8–9)。

論理学的一般化の基礎は探求の特殊性から独立した必然的真理の集合体にあるとするよりむしろ、デューイは、われわれが直面する特定の諸問題に関連づけた一般定式化を行っているのである。これは、特定の「思考反応」に関係する「思考の特定の前提にみられる典型的な諸特徴」に呼応している。探求に先行している論理に訴えることによってではなく、われわれが既に慣れ親しんでいる種類の考察を深めることによって、探求は論理的な鋳型を得るのである。しかし、全体としては、デューイの論理学は思考することと探求が実際にどのように作用しているのかについての諸事実に関する知識に根ざした探求である。この論理学は、何が反省的思考なのか、どのように反省的思考は働くのか、についての理論なのである。そしてこの論理学は、実例から一般化することによって、一般的推理法則を形成する。

デューイの議論によると、われわれが「問題の生じた特定の機会や問題が進行する特定の状況を参照することなしに」(Dewey 1903: 14) 問題に対処しようとするならば、論理学と心理学が調和し合えるということを認識できないだろう。デューイの議論が採用しているのは、実際に探求がどのように展開するのかについての経験的観察を利用して探求の様々な段階において物事が果たす役割を特定する、「発生論的」方法である。論理学者は特定の思考とその思考の性質に関わるのだから、論理学者の「仕事全体はまさに自然史とともにある。論理学者は、心的事象が互いに刺激し合ったり抑制し合ったりするのに応じて、それら一連の心的事象を追跡するのである」(Dewey 1903: 14)。

この歴史的もしくは発生論的な次元こそが、デューイの一九〇三年の論理学概念を、他の心理主義の諸形態から最も際立たせている特徴である。デューイ自身は、進化論に精通している論理学者が「始原の問題と自然の問題の間、起源と分析の間、歴史と妥当性の間」に「厳格な区別」を維持しなければならなかったことについて、「驚いた」と言っている。事実、デューイの結論では、「これは進化論以前の科学において増長し、意味を持っていた区別を、後生大事に繰り返してしまっているのだ」(Dewey 1903: 14–15)。進化論から得るべき教訓は次の通りである。

個々の器官、組織、あるいは形態は全て、つまり、細胞や諸要素の集合体は全て、特定の環境状況に合った道具、つまり適応として扱われねばならない。その意味、その特性、その価値が分かるのは、それがある特定の状況に含まれている諸条件を満足するために調整されたものであると考えられたとき、そのときのみなのである。価値の分析は、継続的な発達段階を辿ることによって詳細に遂行される。
（Dewey 1903: 15）

そしてデューイは、機能的な差異と歴史に訴えれば認識論が欠いてきたものを獲得できる、と議論することによって、こうした論理学への取り組み方を正当化している。ここにはまさに、パースならば拒絶するような思想が詰まっている。

最初の一歩は、推理と探求を、発生論的あるいは歴史的な見地の範囲内に位置づけたことである。デューイは、探求が経過する四つの「段階」を列挙している。

第一段階　われわれはまだ何の問題にも直面していないので、推理も探求もない。
第二段階　われわれは問題に直面し、比較的大雑把で整理されていない諸事実を集めてみるという「経験的」戦略をとる。
第三段階　「思弁的段階」。われわれは、推測、仮説の形成、区別、分類の提案などを行う。
第四段階　「観念」と「事実」の間に、活発な相互作用が生じる。われわれは観察をし、実験を行う。この段階においては、観察は常に、指導的な概念的捉え方によって方向付けられる。
（Dewey 1903: 11–12）

総括すると、デューイの論理学とは、思考することと探求が実際にどのように作用するのかに関する諸事実についての知識に根ざした探求である。これは、反省的思考とは何か、そしてそれはどのように働くのかということについての理論である。そして、実例から一般化することによって、デューイの論理学は推理の一般法則を定式化する。

一九〇五年四月付の手紙で、デューイは、パースの論文「プラグマティズムとは何か」を賞賛していた。パースは冷淡な反応をして、デューイの意見は意外だったと表明した。というのも、デューイの『論理学研究』の方針が、「私〔パース〕がここ十八年間熱心に取り組んできた研究の全てを立ち行かなくしてしまうに違いない」（CP8. 243）ものだったからである。パースは明らかに、デューイの「論理学」を、自身の最も栄誉ある重要な業績とは相容れないものと考えていた。パースがデューイの論理学に認めた欠陥とは、何だったのだろうか。

一九〇五年までの十八年間に書かれたパースの文章を調べてみると、デューイの論理学の捉え方によって危機に瀕したという研究とは、形式論理学つまりは厳密論理学へのパース独自の貢献のことであると分かる。ここで関係してくるのは、パースは「厳密論理学」に傾倒していたこと、そして、パースはデューイの「シカゴ学派」を「厳密論理学者とは明らかに相容れない立場」と述べていたということである。厳密論理学についてのパースの評価は次の通り明快である。厳密論理学者は「しばしば純粋に理論的な研究を追求するけれども、しかし実証的な諸科学にとって高い価値をもたらすと期待されるような道筋を歩んでいる」（CP 8.189）。それとは対照的にシカゴ学派は、パースいわく、「それが二十世紀の科学に影響を及ぼすかもしれないと、まともな感覚の人が直接的あるいは間接的に、それなりの程度で期待するような研究を、行ってはいない」。こうしてパースは、規範的論理学を、どの論証が妥当なのかに関するものとして、つまり、諸前提が真であれば必然的に結論が真となるような論証はどれかということに関する研究として、提示しているのである。そしてパースの考えでは、非心理学的な「厳密論理学」の仕事として期待されているのは、デューイによる論理学への新しい取り組み方によって阻害されてしまう科学的知識の成長に貢献することとなのである。デューイの論理学では解決できないがパースの厳密論理学においては満足に解決されうる規範的問題とは、何なのであろうか。

この点について、パースはデューイに、「君が言っている『思考』というものは、規範的論理学の『思考』ではありえない」(CP 8.239; 本章第3節も参照のこと)と告げている。論理学とは命題と論証に関するものであり、考えるという行為や推論するという行為に関するものではない。本章第3節で見たように、このことから、命題あるいは思考の論理学的構造は、その命題・思考について考えるという一連の行為の心理学的構造とは区別される。また、このことのもう一つの帰結として、思考や論証についての論理学的研究は、妥当性や論理的帰結のような性質に関わるものとなる。そしてさらにパースが主張することには、論理学のような規範学は「ただ可能的であるに過ぎない」(CP 8.239)思考にも関与しなくてはならない。この主張は、デューイの論理学への取り組み方がこうした考えを取り入れていないことを示唆し、厳密論理学の不可欠性を明らかにしてもいる。

さて、ここまで来れば、パースとデューイの根本的な違いを指摘できるだろう。デューイの道具的論理学は、われわれが特定の命題や論証をどのように使用するのかということを理解可能にし、問題解決行動を成功させる際にそれらが果たす役割を説明してくれる。これは、そうした命題、方法、論証がどのように使われるのかについての経験的研究に基づいている。パースは、現在の用法ではなく新しい可能性への注意を喚起してくれるような論理学を求めている。これこそ、諸科学における論理的な自己制御が要求しているものだ。われわれは、自分たちの実践に従って生きることが可能だが、その実践とは距離を取り、それを批判的に見ることも出来なければならない。

条件付き命題についてのパースの説明とデューイの説明の差異に関わる、とある例がここで有用だろう。デューイは、後年に論理学理論について書いた本『論理学――探求の理論』において、次のような条件付き命題を検討している。

もし雨が降り続いたら、予定されていた野球の試合は延期されるだろう。

このような例では、「『前件』と『後件』といった用語が文字通りの意味を持つような、現に存在している思考間の現に存在している結びつきが前提されている」。しかし、デューイがこうした命題について行ったより詳しい説明によると、こうした命題は常に「問題を確定しており、なぜならそうした命題は助言や警告を提供するからだ」(Dewey 1938: 298–9)。これは、条件付き主張の要点やその用法について、経験的な主張をしているのだ。しかし、条件付き命題には多くの使い道がありうる。そして、条件付き命題がどのように使われうるのかは、その命題の論理学的構造や意味に左右される。条件文についてのパースの説明は、条件文がどのように使われるのかについての調査には依拠しない。むしろパースは、条件付き命題を含む論証のうちでどれが妥当なのかを調べ、そういった命題がいつ真になるのかを研究するのである(Zeman 1997; Dipert 1981 参照)。こうした研究の結果によって、なぜそれらの命題が助言や警告をもたらすために使えるのかが、説明できるようになるだろう。また、この研究によって他の幅広い目的のためにも利用可能な情報が得られるだろうし、それは新しい可能性を突き止めるための道具として、あるいは慣れ親しんだ思考実践のあり方を批判的に見るための道具としても利用できるだろう。

『論理学研究』についてのパースの書評において、こうした研究が重要な理由はさらに明白になっている。パースいわく、「外部から自分たちの手法に立ち入ってくる探求はいずれも無作法なものだと考えがちな専門家がいる」。


実に正当なことに、そうした専門家達は、自分は自分の仕事を十分に理解しており、どうか放っておいてほしい、と言っている。(CP 8.189)

パースはこのことについて長く述べてはいないが、恐らく彼は、読者に、次のように結論づけてもらいたいのだろう。つまり、自分たちの手法や概念が、慣習的に果たして来た道具的な役割を果たし続ける限りは、それらの手法や概念を批判する客観的な根拠はない、と。それらの手法が、まさにそれらの手法自体の良さを判定するものでなければならない。パースはこれと対照的なものとして、新しい可能性に開かれた研究者、つまり歴史を伴わない思考方法をとることのできる研究者に言及している。物理化学や生理心理学のような学問分野が生じるのは、ある学問分野内で育った諸観念が新しい探求分野に応用されるときである(CP 8.189)。そしてパースはこう付け加えている。「論理学についての一般的な研究が、そのような、ある学問を別の学問に応用するということに結実するということは、これまでもよくあったことだ」(*ibid.*)。

もしこうしたことが可能ならば、論理学的な分析を、現在はわれわれの理論においては使われていない諸観念に応用できるに違いない。われわれが命題について理解すれば、どのようにしてその命題が新しい用途へ応用されるのか、さらに、そのような応用を評価する際に、どのようにして論理学が指針を与えてくれるのか、といったことが分かるようになる。デューイの思考の自然史によって、諸命題や諸観念がどのように使われてきたのか、あるいは使われているのかは、理解できるようになるだろう。そして、それら諸命題と諸観念がわれわれの探求の成功にどのように貢献しているのかも分かるようになるだろう。しかし、パースによると、デューイの考えは、新しい可能性について推理する際には指針を提供してくれないだろう。規範的論理学があってこそ、われわれはそうした仕事を果たせるようになるに違いない。こういった事柄について考えるためには、現在の諸理論や諸信念と相容れない可能性を理解し、評価できなければならない。デューイの論理学が擁護する法則は、生物学的・歴史的な考え方に依存しており、こういった仮説を理解しようにも、その方法は探求についてのデューイの自然主義的説明に依拠したものになってしまう。パースの考えでは、こうした生物学的・歴史的な考え方と相容れない可能性をも受け入れられなければならない。そして、論理的には可能であるがデューイの論理学の法則とは相容れない仮説を、理解・評価できなければならない。パースによると、そのためには、何が論理的に可能なものなのかを決定する論理法則の集合体が必要である。そしてパースの考えでは、これら論理法則は、普遍的に応用できる必然的な真理を必要としている。われわれは論理学を、自分の慣れ親しんだ、これまでうまくいってきた実践の確からしさとは距離を置いて用いる。こうした目的のために理解しておかねばならないのは、命題や論証の論理的形式であり、私たちがそれらを使っているときに経験しているような過程についての心理学や歴史学ではない。パースにとって、形式論理学における成果こそが、この種の外在的な推理批判を可能にするものであった。これらこそ、『論理学研究』によって阻害されてしまうとされた、パースの先行する十八年間の成果なのである。こうして、パースの次のような所感は説明がつく。

人間が推論の理論について理解していないがために恐ろしいほどの思考と時間と精力が浪費され続けていることを確認する必要が大いにあると私は見ているが、自然史のようなものではこの必要に全く応えられないと思う。（CP 8.239）

一九八六年に、ラリー・ヒックマン（Larry Hickman）は、「なぜパースはデューイの論理学が気に入らなかったのか」という論文を発表した。彼の説明では、パースは、理論と実践の固定的な二分法に依拠した合理主義的な論理学の捉え方を採用していたとされている[29]。そして、論理学理論は、探求への応用から抽象化して展開されることがあり、論理学理論はアプリオリに知ることのできる必然的真理の体系である、と説明されている。これは誤解であるが、それ以前の三十年間にわたって論理学についてパース自身が取り組んできた仕事の大部分をデューイの論理学は台無しにしてしまうという、パースがデューイにぶつけた異論の観点からは理解できるものである。パースの仕事は主に形式論理学であり、論理的妥当性についての客観的な捉え方を理解することに関心があった。パースの異論とはこうだ。われわれが探求に成功できるのは、現在の推理実践には組み込まれていない、ただ可能的であるに過ぎない仮説と推理方法について、熟考できる場合のみである。パースは論理学を探求実践から分離してなどいない。むしろ彼は、デューイの道具的論理学の方こそ、科学的探求に不可欠なたぐいの論理的可能性についての考察を省みられていない、と反対しているのである[30]。パースも了解していた通り、パースとデューイの両方ともが、論理学は可能的探求の構造についての研究であるべきだと考えていた。パースは、形式論理学についての自分自身の仕事こそ、この種の構造を解き明かすのに不可欠な役割を果たすものだと考えていた。その一方でデューイは、探求の構造が、心理学や進化生物学の語彙で完全に表現できるのではないかと期待していたのである。

5・6 パースの非心理学的論理学

論理学への非心理主義的な取り組みによって、様々な種類の命題の論理的構造を描写したり、様々な種類の論証を分類・評価したりするための方策が提供されねばならない。これまで本章で検討してきた諸議論は、心理学的理論ではこうしたことのために使える枠組みを提供してくれない、という結論を支持するものであった。その理由の一つは、そういうことをするためには、論理法則が、普遍的に応用できる必然的真理でなければならないのに対し、心理学が提供できるのは、われわれ自身が身を置く文脈の中でのみ応用可能な偶然的法則に過ぎないからである。パースの論理学は、全ての可能的な論証と命題を扱えなければならない。論理学は、特殊諸学の一つとして位置づけることはできない。とはいえ論理学は、科学の手法と相容れないような手法や戦略は採らずに、論証や命題を扱わねばならない。パースの探求の理論とプラグマティズムは、思考と実在に関する実質的問題について、アプリオリな知識はありえないとしている。パースは、ヘルマン・ロッツェの著作に関連づけられるようなたぐいの合理主義を拒絶しなければならないのだ(Hookway 2009 参照)。

一八九五年ごろ、パースは、ある独特の論理学の捉え方を擁していた。

論理学とは、その一般的な意味において、[……]記号についての準必然的ないし形式的な学説の別の呼び名に過ぎない。(CP 2: 227, 1897?)

論理学はここでは、形式的記号論として定義される。(cf. Colapietro 2003: 159f) (NEM 4: 20, 1902)

私にとって論理学は、記号がそのように機能するということならばそれら記号が従っていなければならない本質的な諸条件についての研究なのである。(EP 2: 309, 1905)[31]

パースの記号理論、つまり彼の「記号論(semeiotic)」は、あるものが記号であるということに何が関わっているのかについての説明と、全ての様々な種類の記号についての体系的な説明を含むことになるだろう。つまり、単純命題と複合命題、単語、接続詞、量化子、様々な種類の論証などを説明できなければならない。記号論が提供してくれる枠組みは、非言語的記号にも応用可能であろう(Atkin 2005, 2008)[32]。

こうした論理学の定義において、「形式的」という語を使っている点が重要である。「形式的」で「準必然的」な記号説明は、論理法則がどのようにして必然的で普遍的でありうるのかを説明しているはずだ、と考えることは理にかなっている。カーネギー財団への助成応募書類でも、パースは次のように述べている。

線分とは、粒子がある時間間隔の間に少しずつ占めている場〔の集積〕である、という定義はもはや人間の思考に言及していないが、これと同様に、人間の思考にもはや言及しないような記号の定義がもたらされるだろう〔……〕。この定義を、「形式的」という言葉の定義と縒り合わせることによって、私は数学的に、論理学の原理を演繹する。(NEM 4: 20–1)

さらにパースが述べていることには、記号論つまり記号の理論が解き明かすのは、「『科学的』知性、つまり経験から学ぶことの出来る知性が用いる全記号の特徴は、何でなければならないか」(CP 2.227) ということである。後に行われた別の定式化では、パースが論理の使用にとって基礎的であると考えるようになっていた自己制御の概念に関心を寄せている。

> ［規範的記号論は、］真理に関心を寄せ、自己制御に左右される限りにおいて、思考がどのように制御されねばならないかの諸原理についての学問であるところの論理学である。(MS655, 1990. Kent 1987: 19 参照)

記号の形式的性質についての知識がどのようにして可能であるかについての諸問題に取り組む前に、パースが論理学の一部を形成する様々な学説をどのように描写していたのかを、見ておかねばならない。パースが論理学における心理主義に反対したとき、彼が主に関与していたのは、「論証を分類して、各種の論証の妥当性や強力さの度合いを決める」(EP 2: 260) 論理学の一分野であった。パースはこれを「批判学」と呼んでおり、批判学は、「記号の本性や意味についての一般理論」である「思弁的文法学」ないし「形式的文法学」に依拠する (EP 2: 260)。思弁的文法学は、「記号化の諸様態一般」についての研究であり、「どういった種類の記号が思考の具現化のために絶対に必要なのかについての分析」(EP 2: 257) を提供する。第三の分野は「方法学」で、「真理の調査・解明・応用の際に必要な方法について研究する」(EP 2: 260)[33]。目下の関心は、科学的探求において不可欠な役割を持った命題、論証、その他の記号の形式的ないし準必然的な特性について、パースがどう説明しているかにある。ここでの議論は比較的に大掴みなものになってしまうだろうが、詳細を論じるのは別の機会に譲って、ともあれパースが、規範的論理学の体系を構築したいという熱意と、科学の方法に対するプラグマティストとしてのコミットメントとを調和させるために採用した、一般的な戦略を突き止めたい。

よく知られている通り、論理学に関するパースの著作では、彼の普遍的カテゴリーの体系が活用されている。そして彼は、現象学あるいは「現象観察学」を、諸カテゴリーを同定するための手段として用いている。現象学者は「現象をただありのままに観照し、ただ自身の抱く諸観念を開陳し、自身が見たものを描写する」。現象学者は「類似の現象全てに同様に見られるもの」を述べようとする（HUL 119; EP 2: 143）[34]。パースは「現象学」という語をヘーゲルから取り入れているが、パースは自身の企てをヘーゲルのそれとは区別している。パースいわく、ヘーゲルは現象学を「致命的に狭量な精神」で理解してしまっており、「それというのも、ヘーゲルは自身の考察対象を、実際に心に作用しているものに限定しているからである」が、「自分〔パース〕はそれを経験の観察・分析に限定することなく、むしろ拡張して、経験されるもの、ないしは経験されたり、直接的であれ間接的であれ何らかの研究の対象となったりするかもしれないと考えられうるものに共通の、全ての特性を描写しようとしている」（EP 2: 143）[35]。

現象学的な研究には二つの特徴がある。第一に、経験の幅広い諸相を特定して、評価的語彙に頼らなくても良し悪しの区別の根拠になるような広範囲の諸区別を特定できるようにすることが必要である（HUL 119）。第二に、パースいわく、実際の経験あるいは可能的な経験の一般的な諸相についての現象学的な研究が、「必ず、形式と実体の区別という考えから結実する」（EP 2: 362）。こうしたことからパースは、美的な良さや倫理的な良さを構成するものについての説明は形式的な特徴付けを得るだろう、そして、形式的カテゴリーの集合という観点からそうした説明は形成されるだろう、と推論したのであろうと推測される。形式的カテゴリーは、実際の経験あるいは可能的な経験について調べるときには三種類の要素が見いだされるという事実を踏まえることになる。われわれは、ジークヴァルトが論理性の感覚を説明する際に論じているのであろうたぐいの、単純な質の具体的例化に遭遇することがある。あるいは、二つの構成要素から成る関係的現象を経験する場合もある。さらには、ある現象が他の二つの現象間を媒介しているというさらに複雑な構造に気づくこともある。こうしてわれわれは、形式的カテゴリーを、単項的な現象発生、二項的な関係、そして〔それ以上は〕還元不可能な三項的な関係〔という三者〕によって最も自然に表現される物事として考えることができる。これらのカテゴリーが形式的なのは、これらが今述べたような数的な特性を持つからであり、パースがそれら形式的カテゴリーを「第一性」「第二性」「第三性」と呼ぶのは、勿論、このことを認識してのことである。

ここで使われている現象学的技法は、パースのカテゴリー擁護論がアプリオリなものではないことを保証している。このカテゴリー擁護論は、実際の思考・経験と可能的な思考・経験に注意深く規律に則って傾倒することに基づいており、広義では「経験的」と言い表されうるものである。還元不可能な四項的特性を持つ現象を想像しようとしてみても良いかもしれないが、そうした試みは失敗に終わる。結局失敗に終わるということは、とりわけ定義可能性についての数学的研究のおかげでどういった可能性を考慮に入れなければならないのかについて確証があるときには、必要なカテゴリーは三種類だけだということの証左になると考えられる。三つのカテゴリーは可能的な思考や経験を参照することでテストされるという事実は、こういった現象学的探求の結果がどのようにして必然的で普遍的な特性を持つのかということを説明してくれる[36]。

記号論におけるこれらの形式的カテゴリーの役割は、容易に示せる。記号であるという性質は三項的であり、還元不可能である。あるものがある対象の記号であるのは、それがさらに他の諸記号によって、当の対象の記号であると解釈されているおかげである。あるものが記号であるのは、まさにそれが記号として解釈されている、あるいは解釈されうるからなのである。そして形式的カテゴリーは様々な種類の記号を分類するのに使える。例えば、あるものをイコン記号と解釈するとき、われわれは、その記号と記号の対象がある特徴を共有しているという事実を利用している。その特徴は、両者のうちの片方がその特徴を有していなくても、もう片方はそれを有しているということもありえた特徴である。あるものをインデックス記号と解釈する際にも、われわれはそういった形式的特徴を利用している。つまりそのときは、記号と対象の間に実在の二項的な関係があるという事実を利用しているのだ。そして、あるものをシンボルと解釈する際には、そのような記号がそのような対象を表していると解釈する実践が存在するという事実を利用している。これらの特徴付けは全て形式的なものであり、普遍的カテゴリーを利用している。

同様の考え方で、パースが形式論理学について好意的に述べていることも理解できる。一九〇〇年以降、パースは「**存在グラフ**の体系と称する、命題の線図化（diagrammatization）に関する非常に単純な体系」（CP 4. 534）を発展させている。存在グラフは、完全な命題論理の体系（アルファ・グラフ）と、同一性表現と量化表現を含んだ論理の完全な体系（ベータ・グラフ）、そして、あまりうまくはいかなかったが、両グラフを拡張して様相論理やその他の種類の推論を提供しようとした試みから成る。存在グラフについてパースは、大胆な主張をしている。それらを使えば、思考の論理学的分析に対する実際の深刻な障壁は全て解消してしまうような、本質的な詳細を網羅した「思考の活動写真」（CP 4.8）が得られるというのだ[37]。存在グラフを使えば、思考がイコン的かつ分析的に表象され、その論理的形式が明らかになる。実際、こうしたパースの表記法が提供している表象は、それらの表象が表象する思考や事物の状態と同型なのである。パースは、この線図は「主として、対象の構造内の諸関係がどういう形式をとっているのかを表すイコン」であると書いている[38]。それは一種の論理的に完璧な言語、つまり命題の推論的役割を明らかにしてくれる言語をもたらすのである。

現象観察学的方法の認識論的利点は、規範性をより一般的に理解することにも及ぶ。「規範学」について述べているパースの手稿は、一般的に、三種類の基礎的で非道具的な良さを区別している。例えば、「美学」は「物事の理想的に可能な諸状態を二つのクラスに、つまり、賞賛すべきであろうものとそうでないものに分類し、何が理想の賞賛すべき性質を構成するのかを、正確に定義しようとする」（HUL 119）。倫理学は、何が行動の究極目標の良さを構成するのかについて、同様の調査を行う。[39]

だから、賞賛すべき物事の状態を構成するのは何かということを研究するときには、人々が賞賛すべき気に実際になっているものを探求するだけでなく、想像力の自由な戯れによって生み出される幅広い可能的な経験対象に対するわれわれの反応と向き合うということもしているのである。賞賛すべきものについての心理学的研究が告げてくれるのは、われわれはどういった種類の事物を実際に賞賛するのか、ということだろう。対して、賞賛すべきものについての現象学的研究は、全ての可能的な経験対象に合った定義を提供してくれるだろう。潜在的反例ないし仮想的反例を組み上げることによって、美的な良さについてのわれわれの約束された分析をテストしたり、その結果を鑑みて説明を修正したりすることができる。その検討結果はわれわれの今いる環境の偶然的な特徴に左右されないということを鑑みれば、その結果は偶然的ではなくむしろ普遍的で必然的なのだという考えは説得力を持つだろう。

> というのも、宇宙で実際に生起していることとは少なくともそれ自体では関与していないということこそが、全ての規範学の持つ特性の一つであり、そのおかげで、心の前に現れているものは常に、そこに見つかる特性、現象学が理解してきたと思われている特性を有するのだ、という思い込みに陥らなくて

済むのである。他方で規範学は、特定の様々な諸事実に関して全く関心を持たず、ただ、そういった諸事実はその現象の確固たる構成要素を形成していると述べるに留まるのである。(CP 8.239. 強調は筆者による)

パースが一九〇八年の論文「プラグマティシズムの弁明のためのプロレゴメナ」で強調して述べているのは、現象学的技術の使用がどのようにして、論理的命題の客観的必然性やその他の必然性と、知識は典型的には実験によって得られるというプラグマティズムの考え、あるいは論理学の基礎を心理学その他の自然科学に見いださなくても知識はある意味で経験的なのだというプラグマティズムの考えとを、調停するようになっているのかということである。彼の主張では、「どういった前提の連結体(Copulate)が与えられていようとも、そこから必然的に導かれる結論全てについての実験的な証明が、線図(diagram)上での実験的作業によって獲得できる」。しかも、「想像力の面前に招集するというだけの労力で随意に実験的作業が繰り返せる場合には帰納的推理が極めて真に近くなるが、どのような『必然的』な結論も、この程度以上まで真になるということはありえない」(CP 4.531)。心理学の証拠は、現実の、観察可能な事象に存する。論理学と数学は可能的な場合に関するものであり、論理的命題や数学的命題についての知識は、関係する可能的な場合を可謬的に想像したり思い描いたりするわれわれの能力にのみ依拠しているのだ。

5・7 結論

パースによれば、論理学とは説明理論である。論理学が提供する枠組みは、記号や論証の種類を分類したり、なぜいくつかの種類の論証が例えば良い論証なのかを説明したりするための枠組みである。本章はこれまで、心理学や形而上学その他の特殊諸学がこういったことを説明しようとする際に提供してくれる理論的枠組みを論理学は正しく使用できる、という考えを、なぜパースは拒絶したのかということについて調べてきた。論証の良さとは、全体として、真なる結論を生み出す能力についての問題、あるいは客観的、帰納的、もしくはアブダクティヴな良さについての問題なのである。これまで、パースが心理主義を批判するために用いてきた議論と、規範的論理学の可能性についてのパースの積極的な説明の両方を見てきた。

本章の始めに、私は、パースが心理主義の拒絶を重視した原因となるいくつかの考察に言及した。そのうちのひとつは、本書の最終章において特に重要となる。一九〇三年以降、パースは、自身のプラグマティズムの正しさを証明しようとして多くのことを試みてきた。彼は、プラグマティズムについて自身がそれ以前に行ってきた議論のいくつかに満足していなかった。というのも、以前の彼の議論は心理学的な主張に依存している部分があったからである。パースにとって、プラグマティズムは論理的規則に存するものであった。論理的規則とは、概念と仮説の内容を明快にする規則である。それゆえ、彼が心理主義を拒絶したことによって、この〔プラグマティズムという〕論理学的原理をどのように擁護するかということについても、制約がかかることとなった。パースがプラグマティズムの証明を求めたとき、彼は、心理学などの自然科学に由来するいかなる情報にも訴えずに、プラグマティズムの客観的な正しさを示そうとした。パースの反心理主義は、かくして、彼の最晩年の十年間の哲学研究の大部分を支える背景をもたらしたのである。

原注

（1）『推理と事物の論理』という演題で講じられた、パース思想にとって中心的な話題を扱っているこの重要な連続講義は、パース自身の考えを聴衆に披露する機会をパースに提供しようという、ジェイムズの試みの結果である。出版されたこの連続講義の原稿には、ケネス・ケトナー（Kenneth Ketner）とヒラリー・パトナム（Hilary Putnam）による素晴らしい序論が付されている。

（2）パースの反心理主義への肩入れは時期的にはフレーゲやフッサールに先行しているにもかかわらず、どうしてパースの心理主義批判への貢献がフレーゲやフッサールのそれほどは注目されてこなかったのか、という興味深い問題がある。ジェフ・カッサー（Jeff Kasser）の説得力のある議論によると、その理由は、一八七七–八年のパースの最も有名な著作物が、パースの反心理主義的な書きぶりには合致しない心理主義的な特性を持ったものと広く解釈されていたからである。パースは一時的に心理主義に陥ってしまっていると非難する向きもある（Murphey 1961）。あるいは、一八七〇年代の間、パースは表象や指示についての非心理主義的な説明を熱望していたがその根拠立てを導き出せなかったために、心理主義的に見えてしまうような議論を用いていたのだ、と考える論者もいる（Hookway 1985）。カッサー自身は、パースは一貫して反心理主義的であると論じており（Kasser 1999）、さらにはパースの論理学の捉え方の幅広さゆえに、非心理主義的論理学は、彼の同時代人の目には「野心的すぎる」ように映り（Kasser 1999: 502）、それゆえにあまり注目されなかったのかもしれない。また、本章で検討しているパースの著作の多くはパースの存命中にはまだ出版されていなかったということも、心に留めておくべきである。

（3）この主張、つまり論理学は推理を導くための基礎的な規範を提供するという主張は、議論含みである（Harman 1986 参照）。論理学がどのように規範的であるのかを説明することは、パースとフレーゲが考えていたよりもはるかに難しいであろう（Field 1980 参照）。

（4）パースとフレーゲはいずれも、論理学は「本来的に規範的」であると考えている（Hanna 2006: 203）。心理学理論はわれわれの論理学理論を提供できる、と考えるミルのような哲学者であれば、論理学理論は「外来的な規範性」を持つと考えたかもしれない。つまり、心理現象について満足な説明を与えることを主要な機能とする理論のうちに、それでも、思考や探求を導く有効な役割があると分かるかもしれない、という考え方になる。

（5）パースはまた、良い推理者がいつも論理学理論に優れているわけではない、とも付け加えるかもしれない。習慣的に特定の論理的原理に沿って推理していたとしても、そうした原理の正しさを認識することを拒否するということがありうる。

（6）ここで為されている区別は、『詳細論理学』に従っている。パースが論理学を行うための様々な方法を列挙するとき、第五の方法は「論理的諸原理が演繹によって導き出されるもととなっている諸前提の中に［……］心理学の結果」（CP 2.39）を含んでおり、他方、第六の方法は、科学的な結果を利用することはないが「心理学のデータ」の利用を認めている（CP 2.52）。

（7）ベヴェリー・ケントの見解では、「自身の論理学原理に心理学を活用しようとしない多くの論理学者が、それにもかかわらず、方法論的問題を検討する際には心理学の研究成果を継続的に参照している」（Kent 1987: 64）。パースならば、論理学に心理学を利用しようとする他の試みと同じく、こうした戦略も拒絶するだろう、とケントは考えている。これを、『詳細論理学』のとある一節と比較すると興味深い。その一節でパースは、論理学の主要問題を解決した後、「思弁的修辞学（speculative rhetoric）」つまり「方法学」に取りかかる際には、「心理的な事柄や私たちの考え方についての観察などのものを除外するという規則の厳格さを緩めることに対して、目くじらを立てて反対することはありえない」と述べている（CP 2.107）。

（8）この一節では、論理学の理論と操舵の理論を比較している。「船が航行できるのは、他のどんな液体でもなく、水の上だけである。また、船の帆は、他のどの気体でもなく、空気の流れにさらされていないといけない。しかし、だからといって、操舵の理論が水や空気についての化学に依拠しているということにはならない」（EP 2: 385–6）。それと同様に、論理学的理論は、推理についての心理学の研究には依拠しないのである。

（9）パースによると、ジークヴァルトは「今日において最も鋭敏で流行している論理学者のひとり」であり、エルンスト・シュレーダー（Ernst Schröder）は「ドイツにおける厳密論理学の旗手」である（CP 2.19）。ジークヴァルトの論理学観については、一九〇三年ごろのパースの著作物ほぼ全てで論じられている。具体的には、「プラグマティズム講義」（EP 2: 166ff）、ローウェル講義（EP 2: 244, 255）、『詳細論理学』の草稿（CP 2.19–20, 2.209）、デューイの論理学に対するパースの反応、そして一八八三年から一九〇六年の間とそれ以降に書かれた他の原稿など（例えばEP 2: 169, 386; CP 3.432）。

（10）論理学は「思考の自然史」として追求されるべきだというデューイの主張についても、パースは同様のことを述べている。いわく、デューイの論理学は「推理の規則を手ぬるいものにしてしまう」だろうし、デューイとその弟子達は「知的な放蕩」の罪をおかしている（CP 8.240–41）。これらのデューイ批判は、論理学についてのわれわれの信念を正すことによってのみ克服できる知的危機にわれわれは直面しているのだ、ということを繰り返し示唆している。

(11) 単純な快感と「思考の衝動」はむしろ別々のものである。パースは、ジークヴァルト批判においては両者を区別していない。衝動について述べているのは、規範的論理学の指導的役割を説明するための方法だったのかもしれない。単純な感覚がどのようにして指導的役割を持つのかは定かではない。

(12) パースは、これらの感覚を研究する良い方法はドイツ語での使用パターンの観察を通して研究することである、という見解をもジークヴァルトは有していたと考えている（CP 2.389）。

(13) ジークヴァルトの論理学への取り組み方の問題点について、一九〇五年後半の原稿（MS908）にはもう一つ別の議論がある。それに関連した文章がEP 2: 386に見つかる。

(14) パースによるとこの論証は「惨めな誤り」であるが、「被告人弁護論」であるとも述べている。つまり、「われわれの法の適切な格率」が要求しているとおり、全ての論証は「それが誤りであると証明されるまでは健全な」論証であると想定しなければならない。挙証責任は、当の論証を拒絶する側にあるのだ（EP 2: 244）。

(15) これと並行的な議論である、道徳的な良し悪しの区別を否定する議論は、われわれが行為するときにはいつも、われわれの動機はその行為がもたらす快楽にのみ存する、という想定に依拠している。こうした想定は、われわれがある推理の結論を受け入れるときにはいつも、その推理に伴う論理性の感覚ゆえにその結論を受け入れるのだ、という想定と同じ役割を果たしている。パースは、そうした議論においてこれらの感覚が有していなければならないと考えられている動機的役割をそれらの感覚が有することはあり得ないと考えている。パースがどのようにしてこの考えを展開させたのかを調べる前に、関連する批判を様々な観点で定式化しておくことは有益であろう。

(16) パースの現象学的カテゴリーの理論の語彙に精通している人ならば、これらの三つの側面がそれぞれに第一性、第二性、第三性の形式であることが分かるだろう。

(17) ジークヴァルトの論証の良さについての捉え方に対するパースの批判と、ヘーゲルが『精神現象学』において展開する感覚的確実性（sense-certainty）についての批判の間には、興味深い類似性がある。

（18）パースの説明では、この見解を論理学へ応用することを制限していない。また、パースの考えでは、倫理学が是とする行為と同じ行為や美学が是とする芸術作品と同じ芸術作品をわれわれが自然に是とするようになるという事実も、倫理学理論や美学理論を支持するものであると見なせる。

（19）パースが認識していた通り、「英語、ドイツ語、スペイン語、タガログ語、あるいは何語で命題が考えられたり発言されたり書かれたりするにせよ、いつもそれは同じ命題なのである」（MS599）。そして「同じ命題は肯定されたり否定されたり、判断されたり疑問視されたり、［……］問いとして設定されたりする［……］」（CP 2.312; Short 2007: 244–5 参照）。そして、その命題の実在性は、それがこうした仕方のいずれかで、あるいはいずれかの言語で、実際に主張・表現されているかどうかに左右されるのではない。パースが命題をどう捉えていたのかはまだよく分かっていない。命題は、単に記号において表現されうるというだけのものではなくむしろ、それ自体で記号、つまり言述シンボル（dicent symbol）なのである（CP 8.337; Liszka 1996: 53–4 参照）、とパースは主張してきた。ショートはこのことを否定し、次のように主張している。つまり、このことは、命題についてのパースの説明の一貫性を失わせることになっており、命題と命題を主張することについてのパースの説明の最も洞察に富む諸要素のいくつかと齟齬を来しているという（Short 2007: 245–8）。

（20）いかなる思考する存在によっても信じられたことがなく、個人の思考者には理解できないほど複雑ですらあるかもしれない知識も、データベース内にはあるかもしれない。

（21）論理学は推理の理論であり、「推理は心によってのみ遂行されうる」（EP 2: 385）とする主張をパースが受け入れている文章がある。しかし、だからといってこれが心理主義を擁護していることにはならない。というのも、「あるものが独立して推理できるとすれば、それこそが、私たちが心〔という言葉で〕理解しているものであろう」からだ。心であるからといって、それだけで十分に心理学的調査の適切な対象となるわけではないのだろう。

（22）これについてのヴィンセント・コラピエトロ（Vincent Colapietro）の説明は、妥当な推論を構成するのは何かという原則上の（de jure）問いと、「推理の責務が一見（あるいは事実上）それによって完遂されているような生理学的過程、心理学的過程、その他の過程のうちで何が起きているのか」という事実上の（de facto）問題の間の区別を利用している（Colapietro 2003: 160）。

（23）デューイに宛てた二通目の手紙（おそらく送られてはいない）の中でパースは、「まるで相手がヒュームであるかのように全ての関心をロッツェに傾ける」（CP 8.244）やり方は感心しない、と述べている。この「非常に注意深くて真面目な探求者［……］は決して非常な緻密さを持った思想家ではなかった」と述べた上で、パースは次のように不平を述べている。「君の推理は大雑把に言って、ロッツェと君のどちらかが正しいに違いないが、さてロッツェは誤りであるから云々、というものである。しかし君は、どんな場合においても決して、あるいはせいぜい一つの場合くらいでしか、選択肢はこれら二つしかないということを説得的に述べられていない。要するに、君はロッツェのことなど気にかけなかった方が、より強力な議論を構築できたであろうと思うのだ」（CP 8.244）。

（24）パースのデューイ批判が、認識論的合理性についてのローティの説明を拒絶する典型的主張と非常によく似ていることには驚かされる。

（25）シカゴ（という道徳的行動について良い評判がない街）に住んでいる人が、善と悪、真と偽の基礎的な区別の価値を分かっていなかったり、自己制御された行動と自己制御された思考の重要性を評価できていなかったりしたら意外である、ということをパースは述べている（CP 8.240）。

（26）パースがデューイに述べているところによると、パースは「私〔パース〕から見た君〔デューイ〕の立ち位置の方角へまさに水平線に向かって影を映しており、そこでは距離が際限無く拡大されてしまう」（CP 8. 241）。これが意味するところは不明である。もしかするとパースは、デューイは概してうまく推理しているけれども、それは幸運のおかげなのだと考えているのかもしれない（！）。

（27）デューイ哲学についてきめ細やかな解釈をしているラルフ・スリーパー（Ralph Sleeper）の議論によると、デューイは「パースの形式主義もジェイムズの心理主義も回避するような論理学の説明を見いだそう」としていた（Sleeper 1986: 64）。デューイ自身は、そのような立場〔の論理学〕を研究していたのかもしれない。

（28）実際にデューイは、ロッツェのような人ならば「道具的論理学」の価値が分かるだろうが、それを純粋論理学の応用、つまり基礎的な論理学理論の従属物として扱うだろう、と示唆している（Dewey 1903: 8）。

（29）他の何人かの研究者と同様、ヒックマンの解釈は、パースを「超越論的な哲学者」として扱う。〔しかし、〕論理学についてのパースの説明が、控えめな形の自然主義と両立不可能である、と考えるべき理由はほとんどない。参考になる議論としては、Colapietro（2002: 51f）を参照せよ。実際、コラピエトロは、探求についてのパースの説明は、デューイのそれと同様、「発生論的」であると論じている（Colapietro 2002: 53）。

（30）コラピエトロがデューイの論理学に対するパースの反応について重要で詳細な議論をしており、そこでも別の方法で同様の結論が導かれている（Colapietro 2002: 45）。

（31）この定義は、一九〇三年のとある重要な文書、つまり、パースが、論理学と表象の本性についての自身の考えを十分に説明した叢書を執筆するためにカーネギー財団に助成金の申し込みをした際の、詳細な応募書類からの引用である。

（32）論理学のこれらの特徴付けは、パースの初期の著作からの断絶を表してはいない。論理学は、「新カテゴリー表について」（EP 1: 1-7, 1867）などの論文で扱われていたのと同様の視野、同様の主題を保持している。

（33）本章第4節で見たように、パースは、方法学的規範を評価したり形成したりする際には心理学に相応の役割を認めている。心理学は、形式的文法学や批判学においては役割がないかもしれない。パースの考えでは、私たちが心理学的情報を活用できるのは、批判学や形式的文法学で確証された結果の後ろ盾がある場合のみなのである。

（34）現象学という語のパースの用法や、パースが一九〇二年に展開していた建築的な哲学の捉え方についての非常に有益な説明が、Parker（1998: part 3）とShort（2007: ch. 3）の中にある。

（35）このことは、実際、パースの現象学がヘーゲルの現象学よりもフッサールの現象学により近かったであろうことを示唆している。

（36）これがどのように作用するのか、パースの戦略はどれくらいに満足なものなのか、ということについては、Hookway（1985: 101-12）参照。

（37）存在グラフが、帰納的推理とアブダクティヴな推理についての線図（diagrams）をどの程度まで提供してくれるとパースは考えていたのか、定かではない。パースは帰納的推理と演繹的推理の類似性を強調して（EP 2: 45f）、両者は別々の種類の推理であるがいずれも実験を伴っている、と述べている。しかし、存在グラフについてのパースの著述の中には、帰納的推理についての議論は無い。

（38）関係の諸形式は、パースにとって重要な概念である。数学的命題の対象は「関係の形式」であるという考えをパースは擁護しているが、このことは彼が数学的構造主義を受け入れていることを示している、と広く解釈されている。論理学と数学におけるイコン的表象は、その表象対象と、抽象的な構造的性質を共有している（第6章参照）。

（39）パースは、様々な形式の良さが関係しあっていると考えている。倫理学は美学に基づき（HUL 119）、論理学は、倫理的な良さについての説明の特殊な応用である（HUL 118）。しかし、別々の種類の良さ同士の間の関係性の解釈は、議論含みであり、まだよく分かっていない。本章は、論理学的理論がどのようにして可能なのかを説明する際のパースの一般的な戦略を突き止めることを目的としているが、その体系全体がどのように作用するのかについて詳細な説明をするということは試みない。より詳細な議論を知りたければ、Parker（1998: part 3）、Short（2007: ch. 3）、そしてKent（1987）を参照せよ。

第6章　〈関係の形式〉——パースと数学的構造主義

本章において、私が論ずるのは、第一に、パースがその数学に関する哲学的な著述において直面した諸問題は、現代において数学の哲学に携わる者たちを駆り立てる諸問題と類似しているということ、そして第二に、このような諸問題に対するパースの返答、とくに数学的推論の対象は〈関係の形式（the form of a relation）〉であるという主張は、今日数学的〈構造主義（structuralism）〉と呼ばれる立場（Resnik 1981; Shapiro 1997 参照）の一つをパースが受け入れることを示す、ということである。

第6・1節では、数学的対象への私たちの認識論的アクセスに関する幾つかの問題を取り上げ、第6・2節では、このような諸問題がどのような仕方でパースの哲学のなかに現われるかを叙述する。第6・3節と第6・4節においては、〈関係の形式〉についてのパースの主張を導入し、自然数と有理数に関するパースの主張を考察することによって、パースは数学的構造主義者である、と論じる。これに続き、第6・5節は、パースが構造をどう理解したと思われるかという議論を提示し、第6・6節は、私たちは数のような対象をいかに指示するのか、ということについてパースの見解を吟味する。最後の第6・7節では、数学的実在への私たちのアクセスに関して、若干の結論を引き出そう。

6・1　数学に関する若干の形而上学的疑問

数学の哲学における現代の多くの研究は、数や集合といった数学的な対象の本性に関わる幅広い問題に心を傾けてきた。私たちは、そのような諸対象を指示する（refer to）と思われる表現を使っている。「七」、「九の平方根」、「いま私の机の上にある本だけを含む集合（set）」などの表現である。そして数学は、そういった対象の諸性質を研究すると考えられる。しかし数学的な対象は、複数の重要な仕方において、より身近な物質的な対象とは異なっており、それらの相違のすべては、数学的な対象が具体的ではなく抽象的である、という事実と関連している。第一に、数学的な対象は、私たちが感官知覚を通じて経験を持ちうるような事物ではない。第二に、それらは［物体的な事物のように］因果的な働きかけを発揮するものではない。第三に、数学的対象は、時空における位置を持たない。パースの用語でいえば、それらは〈第二性〉、すなわち他の事物や人と因果的に作用する能力を、欠いているのである。同時に、数学的な対象は、客観的で［私たちの］心からは独立しているように見える。常識的に言って、「二足す三は五」は、この命題を理解したり、この命題が真であると認知したりすべき人間が現われる遥か以前から、真であったろう。さらに、この客観的な真理が二、三、五といった対象に関するものである、と思われることからすると、こういった対象は、心から独立した実在における住民であり、その上さらに、私たちが知識を獲得することができるようなものである、ということが明らかに帰結する。

　数学の取り組むべき内容に関する以上のような仮定は、少なくとも三つの理由により問題がある、とみなされうるかも知れない。第一の問題は、まさしく形而上学的なものである。抽象的な対象は、身近な種類の日常的な対象とは違っており、そのような対象がいかにして存在できるのか、疑わしく思われよう。この論点は、真にするもの（truth makers）という哲学の言葉に置きかえて、考えることができる。〈二足す二は四〉を真にするものは何であろうか。このような［真にするという］働きからみると、抽象的な対象は不適当であり、単にあやしげであるように見える。第二の問題点は、指示（reference）に関するものである。私たちは、抽象的な対象について、いかにして話したり考えたりすることが出来るのであろうか。通常の物的対象を指示する場合、私たちはそれらに働きかけたり、それらに働きかけられたりするという事実を活用している。私の庭に立つ木であれば、指差すことが出来るから、私はそれを指示することが出来るし、そのときは、木が私に対して相対的な空間的位置をもつ、という事実を活用しているのである。私は、眼に見えない具体的な諸対象を指示することも出来るが、その場合、私はそのような見えない対象が、私に知覚可能であるような諸対象に対してもつ因果的な相互作用を、活用することになる。つまり、因果的な効果を通じて、それらの見えない対象を知るのである。いずれのケースでも、私が対象について考えることができる能力は、数、集合、その他の抽象的な対象が欠いている諸特徴を活用している。敷衍すれば、具体的な事物について考える私の能力は、それらの事物がパースが言うところの第二性（*secondness*）をもつ、という事実に依拠しているのである。[1] 三つ目の問題は、そのような事物の知識を獲得する方法の問題である。私は、木を眺めたり、木に近づいて行ったり、あるいは実験をすることを通じて、木の性質について知識を得る。木（あるいは具体的な対象であれば何でもよいが）についての私の知識は、木はそなえていて、抽象的な対象はそなえていない諸性質に依拠している。私たちがどのようにして抽象的な対象について知るのか（また時には指示を行うのか）という問題は、しばしば〈アクセス問題（access problem）〉と称される（Macbride 2007 参照）。このような諸問題には、いろいろと疑問の余地があり、多くの哲学者がしばしば〈唯名論

〈名目論（nominalism）〉といわれる見方、すなわち数、集合、その他の抽象的な対象といったものは存在しない、という見方を受け入れる(2)。

この種の問題への現代の数学の哲学の回答は、複数の戦略を用いる。実在するといえるような抽象的対象は存在しない、という信念に共感する哲学者のある者は、私たちが最も普通に数学的な命題を表現する様式は、抽象的な対象の量化を含むか、数や集合といった抽象的な対象への明示的な指示を含むかであることも理解するので、虚構主義（fictionalism）に好意的である。数は［本当には］存在しないのであるから、［それらに関わる］算術は偽であり、集合も［本当には］存在しないのであるから、集合論も偽である、ということになるのである。この立場によれば、数や集合に関する言明は、みな［実在に関わらない］フィクションであるが、それでも貴重な応用を持ちうるものなのである（たとえば、Field 1980 を見よ）。第二の戦略は、数学的な事柄を述べる文の表層的な構造は、しばしば誤解を招く、と主張することである。私たちは、［典型的な表現における］数学上の命題を、抽象的な対象への指示や量化を含まないような仕方で言い直す（paraphrase）ことが出来る。そして第三の戦略は、［抽象的な数学的対象も実は存在するという］プラトニズムを信奉することである。私たちが知ることができるような抽象的な対象が実在的であり［実際に］存在する、という考えには何ら問題がないとするのである。この最後の戦略の場合、そのような存在者について話したり、知識を獲得したりするのは一体いかにしてか、について［哲学者は］説明する義務を負わされることになる。

6・2 対象と解釈項（interpretants）

アクセス問題が様々な形で生じるのは、外在的な経験の諸対象への私たちのアクセスがそれら諸対象のもつ諸特徴に依存していること、そして数や集合といった数学の対象にはそれらの諸特徴が明らかに欠けていることに、私たちが気付くときである。このことが、そういった数学的対象を指示したりそれらについて知識を得たりするのはどのようにしてか、という疑念を引き起こす。本節では、パースの哲学において同種の問題が発生する仕方を二通り確認することにしよう。

パースは、根源的な意味論的ないし記号論的な諸概念を、それ以上には簡素化できない三項的（irreducibly triadic）なものとして取り扱った。記号は対象を持つが、ある記号とその対象との関係は、解釈（interpretation）または理解（understanding）のプロセスによって媒介されている。「パリ」という名称がフランスの都市を指すのは、「パリ」がその都市の記号として解釈されるべきだからである。パースは、「プラグマティシズムの弁明序説」において、「記号の本質（essence of a sign）」を、「ある対象によって［それ自身が］規定され、［さらなる］規定のために［今度は自らが］ある解釈を規定し、そのことを通じて、［最初に述べた］同じ対象によって［一層の］規定がもたらされることになる、任意のもの」（CP 4.531-532, 1906）と分析している。雲が雨の記号であるとすると、それを観察することで、私は雨についての［一定の］想念へと導かれる。たとえば、傘を持っていくべきだ、といったようにである。また「パリ」という名称を使って誰かが私に何か言うとすると、その人が言うことを私が解釈することによってパリという都市そのものの情報が与えられる。そうであるなら、数に関する問題は、数学的表現の対象が何であるか、また、数学的表現を私たちがどのように解釈することが出来るか、という問いとして取り上げることも考えられる。「三足す四は七」を、ある数学的な事態に対する一つの記号として理解し、数詞の「三」を、三という数の記号として理解するのである。パースとは［あえて］異なった表現を用いるなら、数詞のような表現が何を指示するのかということの説明は、私たちがそれらの表現をどう解釈しまたは理解するのか、ということの説明をも提供することになるだろう。

それでは、具体的な物的対象に関する知識の例から始めよう。まず指示に関する問題を提示し、それから知識と解釈の問題へ進む。パースの指示の説明は、二種の対象を区別するものとなっており、それらは〈直接提示的（immediate）〉な対象と〈動態的な（dynamical）〉[3]な対象といわれる。ほとんどの言語表現、とりわけ「パリ」のような単称名辞は、これら両種の対象をもっている。私が具体的な対象を指示する場合、私の使う言葉やその他の記号は、当の対象をよく弁別のつく仕方で現前化させる。たとえば「あの青い本」、「丘陵のあの羊」、「明けの明星」といった場合である。このように形成された表現は、私の発話の直接提示的な対象（immediate object）を同定しており、当の記号において現前化されるがままの対象［見かけにおいて与えられた対象そのもの］を明示している。これに対して、動態的な対象の方は、私が［そのような見かけを通じて］指示している当のものであり、蓋を開けてみれば、直接提示的な対象が含んでいた特徴づけとはもはや合致しなくなることもあり得る［本来の］対象である。ウィリアム・ジェイムズへの手紙の草稿では、それは「最終的な研究が明らかにする、無限の諸関係における対象[4]」と言われている。私が、曇天のなかで丘陵の羊として同定するものは、あとになって草むらや岩と判明するかもしれない。ある話者にとっては、「明けの明星」、「宵の明星」、「金星」は、同一の動態的な対象を持ちながら、異なる直接提示的な対象を持つかもしれない。私がそうであると表象する事物と、あるがままにそうである事物との間には隔たりの余地があり、直接提示的な対象は、記号の実在的ないし動態的な対象を実際に誤って表象するかも知れないのである。

このことから、記号が［本来のあり方における］対象を実際に誤って表象する場合、何が記号を実在的もしくは動態的な対象に〈つなぎとめている（anchors）〉のか、という点についての疑問をもたらす。大抵の場合、とくに具体的な対象のときは、［記号の］動態的な対象は、私と因果的な相互作用に入っている何かである公算が高い。このことは、指示語による表現を用いるときに特に明らかである。本当は木であるものを指差して、「あれは羊だ」と判断することはありえる。具体的な対象にたずさわる際、私たちは、思考の対象となっている事物との実在的、物理的、因果的、また感官知覚に基づく諸関係のうちに身を置くので、直接提示的な対象を補正することができ、記号と対象とのあいだの因果的な諸関係が、私たちの対象の解釈に制限を加えていると言うことができる。［だが］このようなことが、［具体的な対象とはいえない］心から独立している数学的対象を本当に指示できることを否定する一つの理由なのだろうか。抽象的な対象は、第二性（secondness）を欠いている（Hookway 2000、第四章を見よ）。したがって、具体的な対象を指示する記号の動態的対象を特定する際に私たちを導くような拠りどころが、数学的な対象について語る場合は利用可能ではない。抽象的な諸対象に困難があるのは、それらが因果的に不活性（causally inert）だからである。具体的な対象への第一義的な種類の指示は、インデクスによる指示（indexical reference）であるが、数や集合へのインデクスによる指示には、問題がありそうに思われるのである。

パースの哲学においては、抽象的な対象と具体的な対象とは、区別できるようになっている。どちらの対象も実在的（*real*）であるが、具体的な対象だけが［時空内に］現存する（*exist*）と彼は考える。「現存物（existents）は、他の事物に対して動態的に反作用する」（CP 1.457, 1896）ことで因果関係に入り、パースのいう第二性の特徴を持つのであるが、このことが、〈動態的な反作用（dynamical reaction）〉がなければ動態的な対象もないのではないか、という疑いをもたらすのである。数や集合は、第二性を欠いてはいるが、このことは、数や集合が実在的ではありえないということを意味するのではない。数詞を含む真なる文がありさえすれば、数が実在的であるためには十分であり、［たとえば］七は素数であるということが真でありさえすれば、数は［現存こそしないが］本当にあるのである。これは、上述の問題へのパースの返答の一つの道筋となる。だが、それで仕事が終わったわけではない。真なる諸命題について、プラグマティストたるパースの真理の説明は、十分に長くかつ十分によく探求する者であれば、誰でもそれらを最後は受け入れるべく〈定められて〉あるいは〈運命づけられて〉いる、としている。ある対象に関する私たちの現在の概念思考（conception）が、その対象の真の特性と食い違う表象をしていることもあるという私たちの認識と同様に、真なる命題の受容には制約が働いている。直接提示的な対象と動態的な対象という区別は、私たちにとってなお有効である。数学的な対象が実在的でありながら現存を欠く（lack existence）とすると、数学的な対象について私たちの意見が形成されたり、それらの性質に関する私たちの概念思考を改訂するにあたって、どのようにして私たちは制約を受けうるのか、という説明が必要である。たとえば、数学的な対象が第二性を欠くならば、数についての私たちの考えはいかにして定着させられるのか、と問われなければならない。

パースのプラグマティズムの格率を使うと、アクセス問題のさらに別のバージョンを提起することができる。この格率は、命題や概念の内容についての自覚的な明晰さを獲得するための一つのルールである。そのような明晰さは、命題が真であったとき、または概念が何かに適用されたとき、そこに生ずる〈実際的な違い（practical difference）〉を見定めることで得られる。パースは、この格率の幾つかの定式化において、次のように力説している。命題や概念がそのような［実際的な］違いを生むことが出来るのは、そのような命題の真理や概念の適用が、どのような種類の知覚可能な経験を私たちが持つことになるかという点において、違いを生む場合のみである。そのような明晰化が重要なのは、仮説をどのようにしてテスト出来るかに関して、重要な情報を提供するからである。時としてパースは、存在論的形而上学（ontological metaphysics）の誤りを暴露するために彼の格率を使っている。形而上学的な文が、もし経験に対して何ら相違をもたらさないならば、［そのような文からなる］形而上学の諸理論は、内容を持っていない。数学的な対象に関する懐疑主義へ至る途の一つに含まれるのは、数学的な文の真理は［直接的に］観察可能ではないから、数学には内容がなく、したがって実在について尊敬に値するような主張を行わないという議論である。このような懸念は、検証原理に依存するような論理実証主義者たちの数学的知識に対する不安と、ある点で似ている。数学的な文を、経験的に検証する方法を知らないならば、私たちがそれらを［本当の意味で］理解しているということは意味をなさず、それどころか、それらについて知識を持つことができないとも考えられる。私たちは、パースの指示と理解の説明における幾つかの重要なテーマに端を発する、数学的知識および数学的対象の実在性に関する懸念の生ずる二つの根拠を、これで特定したことになる。だから今度は、数学的知識の対象に関する彼の積極的な主張を見てみよう。

6・3 分子構造と〈関係の形式〉

プラグマティズムの格率の正しさの証明へ寄与すべく執筆された一九〇六年の草稿「プラグマティシズムへの弁明序説」において、パースは、数学的推論の最中に起こっていることは、人々が思ってきたよりも遙かに普通の科学的推論の最中に起こっていることに似ている、ということを示そうとした。［たとえば］化学者の課題と化学者自身との関係は、数学者の課題と数学者自身との関係と、強い類似性をもっている。このことが正しいならば、私たちが上で見たような懐疑的な議論に答えることが出来るかもしれない。この議論の決定的なステップは、二つの主張を含む。第一に、数学的推論は、［パースの考えでは］図像的推論（diagrammatic reasoning）であり、第二に、このような［図像的］推論を行っている際の〈研究対象〉は、彼の言う「関係の形式」（CP 4.530-531）である。だが、その意味を説明する前に、化学の研究においてどんな事が起こるのか、私たちは描写してみなければならない。

実験を行うとき、化学者は「自然に向かって問いを発している」のであり、そう言ってよければ、「その振る舞いがまさに研究対象となっている物質」に試行が加えられる。だが、研究されているのが、単に特定のサンプルでないことは重要である。化学者がむしろ研究しているのは「分子構造」であり、化学者は、「遙か以前から、分子構造のサンプルはすべて化学的に全く同じ反応をするという圧倒的な証拠を有しており、それゆえ一つのサンプルは、他のどのサンプルとも変わりがない」（CP 4.530）のである。実験研究の対象はかくして分子構造であり、それはどのサンプルにも見い出されるから、研究者が特定のサンプルで実験を行うときはいつでも「調べられている《対象そのもの》」に対して実験が行われている。私たちが特定のサンプルを使うことが出来るのは、それが他の任意のサンプルの類似表象（iconic representation）の役目を果たしうるからであり、それが可能であるのは、どのサンプルも一定の特徴、すなわち分子構造を共有するからである。実験的研究は有効であり、前節で述べられたような懐疑的な議論を三つの理由によって回避する。(1) 実験することで、私たちは化学的サンプルと相互関与し、(2) 分子構造は、私たちの介入がもたらす諸効果に対して因果的に貢献し、(3) 私たちの介入は、観察可能な諸帰結をもつのである。

ここから直ちに数学的推論のケースに向かうより、パースが〈図像的推論〉と呼ぶもののいっそう具体的な例を考えてみるべきであろう。地図は、ある特定の土地の図像を提供し、私たちは土地に関する情報を得るために、それを使い慣れた仕方で利用することができる。パースによれば、このこともまた実験的試行を含んでいると見なしてよい。とても単純な例を挙げると、二つの町を表す点Aと点Bとの間の距離を地図の上で測り、その一つであるAと、第三の町を表すCとの間の距離を測った結果とその距離を比較するならば、AがBの方に近いのか、それともCの方に近いのかを発見することができる。これより込み入った例を考案することも容易であろう。

このような場合、〈調べられている対象そのもの〉に対してわたしは実験を行うわけではない、と考えるのは自然である。[意図された] 調査の対象は土地であり、私の実験は、土地を単に表象する異なる対象〈地図〉へ向けられている。私は、[それでも] 土地に関して何かを学ぶのであり、地図と土地との間の類似性を頼りにしつつ、前者 [地図] について学んだことから後者 [土地] についての結論を引き出すのである。現実世界では、〈調べられている対象そのもの〉とその代理物に対する実験との間には、言うまでもなく大きな違いがあり、図像が探求の道具として使用される際は、調査する者と探求対象との間に、代理となる介在者を使うということが含まれているようである。このように考えると、数学が図像的推論を含む学問である限り、数学者の活動と [物質を扱う] 化学者の活動とのあいだには根本的な相違がある。調べられている対象そのものと、図像とのあいだの隔たりは、まさに数学的対象に関する懐疑論へ向けて議論するのにむしろ丁度よいものであり得る。

パースの議論の中心的な結論は、物事に対するまさにこの考え方こそが誤りである、というものである。いずれの場合も、私たちは〈調べられている対象そのもの〉に対して実験を行っている。私たちが論議しなければならない唯一の相違は、化学者が調べる別々のサンプルすべてに存するような特徴と、図像および図像が表象するもの双方に存するような特徴のあいだの相違である。前者の化学のケースでは、それは共有された分子構造であり、他方の図像のケースでは、それは共有された関係的な形（relational form）である。ちょうど物質の別々のサンプルが分子構造を共有するように、地図とそれの描く土地とは、それとは違った種類の構造を共有する。私たちは、次のように仮定するかも知れない。土地は、相互に距離と方向という関係におかれた町々を含み、地図の方は、地図の上での相対的位置を通じて相互に関係づけられた点を含むことが出来る、と。しかしこのどちらもが、［実際には］より抽象的な関係性のパターンの例となっているのであり、このことが、地図の上で対応する関係性を探索することによって、土地についてさらなる発見をすることが出来ることを保証している（そして土地を観察することを通じて、［逆に］地図の諸属性について予想を立てることもできる）。

図像及びその図像が表象するものとの間には同型性（isomorphism）があるが、その背後に横たわる関係構造と、物質の分子構造との間に並行的類似（parallels）が認められるからと言って、私たちが両者間の相違を重視することの妨げになってはならないだろう。地図は、［図法上の］取り決めに依存するが、物質がある特殊な分子構造をとる際には、そのようなものは一切ない。同じく重要なことであるが、土地の諸特徴と紙の上につけられた印との間に既述のような同型性が存することは、紙切れを地図として使用することが私たちにとってすでに容易であったり、あるいは地図として使えそうだと認識することとは独立の事柄である。原理的にいって、共有された構造は、到達した知識の可能な応用からは抽象された状態で研究されることが出来るものである。図像的推論と化学との間の類似性を成立させたいなら、私たちは次のように考えねばならない。図像的な推論を行っているとき、私たちが考究している対象は、地図でも土地でもなく、むしろその各々において具現されている共有された構造（*shared structure*）の方である。私たちは、このような抽象的な構造を研究するのであり、その構造が地図にも土地にも現前しているので、地図と土地の両方を研究していることにもなるのである。

さらに言えば、私たちは抽象的な構造を研究しているのであるから、地図を扱っているときの推論は、［それだけで］すでに数学的でさえある。得られた知識をどのように使おうと意図するにせよ、私たちがそこから読み取る事柄は、当の構造を具現する任意の体系へ適用可能なのである。

大地の上の二つの場所の間に成り立つ具体的な関係は、地図上の地点間に成り立つ関係とは違っているし、地図が異なれば、各々の地図上でみた点と点との間の関係も違っているかもしれない。けれどもこのことは、そういった関係の諸集合間に抽象的な類似性が存し、一つ一つの関係の集合が他の関係の集合の類似記号として使われることを可能にしている、ということと矛盾するのではない。このような取り扱いにおいて、私たちは土地と個々の地図とを抽象的な形式的構造の記号として使うことによって理解するのであり、そのような構造は、一つ一つの〈例示（instances）〉において違った仕方で実現されている。私たちは、土地や個々の地図から抽象を行うことで、共有された構造を研究することができ、そのようにするとき、私たちの探求は、一層はっきりと数学的なのである。しかしその場合でも、私たちはふつう具体的な例示を吟味することを通してのみ、抽象的な構造を研究することができる。これら具体的な例示は、観察できる見込みがあり、またそれらを操作したり実験したりすることも出来るから、分子構造と比べて、私たちがそのような共有構造からいっそう隔たっているというわけではない。パースの引き出すアナロジーが妥当であるなら、私たちがいかにして数学的対象へのアクセスを持ちうるのかも理解できるかも知れない。ここでの考え方によれば、私たちは関係の形式（forms of relation）を、それらを例示する具体的な対象の吟味を通じて研究するのである。数や集合がそのような形といかに関わっているかについては、さらなる説明が必要であり、これが以下でさらに考えてみたいトピックである。

6・4 〈関係の形式〉

ここである問題が待ち伏せている。〈関係の形式〉について語るパースは、数学的な推論に相応しい対象を与えるような共有された諸特徴の種類について制限を加える。一つの数学的構造の例示となっている異なった諸体系には、共有された形式（*form*）があるという。これはどういう意味であろうか。どのような種類の形式が、数学的知識のための対象を供給するのであろうか。

現代の数学の哲学の研究者で、数学的構造主義に賛意を示すスチュアート・シャピロはいう（Shapiro 1997: 5-6）。「算術の主題は、自然数の構造である――それは、区別された始対象（initial object）と帰納法の原理を満たす後続者関係を備えた、任意の対象の体系に共通する性質のことである」。そればかりか、「ある自然数の本質とは、その自然数が他の自然数に対してもつ諸関係のことである」。このような見地を、数学とは〈関係の形式〉に関わるものであると主張する見地として叙述するのは、自然であろう。

シャピロが認めているように（Shapiro 1997: 98-99）、このような形式の想念を明らかにすることは極めて難しい。与えられた関係の体系の論理的特徴である形式的特徴を、非論理的特徴から弁別することなくして、このようなことは可能でないかも知れない。さらに形式という想念を予め用いずに、論理的なもの（the *logical*）をいかにして同定できるのかを理解することは困難でありうるし、形式という想念を用いてしまった場合には、問題をはぐらかす危険があるだろう。［シャピロによれば］ある構造を〈形式的〉ないし

〈数学的〉にすることに寄与するのは、その構造が〈独立している（freestanding）〉ことである（Shapiro 1997: 100）。ある対象が構造のなかで所定の位置あるいは〈役職（office）〉を持つかは、それが当の構造における他の諸役職といかに関係しているかによって完全に特徴づけられる。所定の役職を務める資格があるかどうかには、いかなる外的条件もない。したがって、任意の対象がある体系における六という数の地位を占めうるが、これに対して、アメリカ合衆国大統領であるという役職を務められるのは、成人したアメリカ市民である場合だけである。同様のことが、シェフィールドの地図、あるいはシェフィールドという土地の形式的構造を例示（instantiate）する［その他の］諸体系にも当てはまるかもしれない。私の地図上の特定の点が構造のなかで果たすのと同じ役割を、［太陽系に重ね合わせることで］太陽に持たせるような諸体系は、地図としての使用にはさして便利ではなかろうが、このことは、それらの諸体系が地図の開示する形式的な構造を例化していない、という意味にはならない。何かあるものが地図上の町を指し示すためには、非形式的な諸性質（non-formal properties）を持たねばならないかもしれない。たとえば、私たちが観察できるような種類のものである。しかし、これらの非形式的な諸性質は、それらが地図として［実際に］使用可能な構造の例示となるために必要とはいえ、単に当の構造の例の一部となるために要求されているのではない。〈形式的なもの〉をパースがこのような仕方で理解しているという痕跡はある（Murphey 1961: 235f をみよ）。「純粋代数のあの高貴な無意味さ」といった［意味のかわりに形式を重視する］パースの発言によってもこのことが窺えるし、一九〇二年の草稿である「詳述論理学」の以下の一節からも同じことが窺える。

> 純粋代数においては、シンボルは、数式が負わせる以外の意味を持たない。換言すれば、それらは同じ法則に従う任意の関係を表わしている。それより少しでも限定されると、この代数のもつ一般性と有用

性とが不必要かつ不当に除去されてしまう。(CP 4.314)

これは示唆的ではあるものの、形式的なものという私たちが待ち望む当の考えを、パースがこれだけで非常に明確にしているとはいえないだろう。

地図を用いた推論と同様に［上の純粋代数の話は］光を投ずるものではあるが、私たちが数学的推論ということで考えつく典型的な例ではない。同じ現象の例であって、より典型的に数学に当てはまるようなものが、探求の領域に見い出されるであろうか。［シャピロの論点を想起させる仕方で］パースが〈全数（whole numbers）〉とも〈基数（cardinal numbers）〉ともいうものを明らかにしようとした箇所は多いが、それは特徴的な数列を説明するものとなっており、パースの論ずるところでは、「全数（whole numbers）が表現しうるのは、単純で離散的な線型の列に含まれる対象（objects in a simple, discrete, linear series）の相対的な位置だけである」(CP 4.337、1905)。ある簡単な定式化では、［列を定義する後続者関係に注目して］以下のように言われている。

第一に、［後続者］関係Gが与えられ、全ての数、すなわち数列に含まれる全ての対象について、いつも異なる数がGという関係におかれ、またその異なる数がGという関係におかれるのは、その一つの数についてだけである。このようにある数に対して、別の数がGという関係におかれるとき、最初の数はその別の数によってG化されると言ってもよい［つまり全ての数は、後続する数をただ一つ持つ］。第二に、0すなわちゼロという数があり、この数はいかなる基数についても、このGという関係におかれない［すなわちゼロは、後続者ではない］。

第三に、この体系は、第一と第二の規則によって、必然的に導入されたのでないような、いかなる対象も含むことがない。このことが言おうとしているのは、［自然数のような体系的な］数の記述が存在するのは、最初の二つの規則がその存在を要求し、当の記述を満たすような数が存在するときに限る、ということである。（CP 4.160-162, 1897）(5)

この定式化は、パースが他で使う定式化と共に、ペアノの公理と類似したものである。とはいえ、そのままの形ではペアノの公理系と正確に同じではなく、とくにその理由として、パースは、フレーゲと同様、数学的帰納法の原理は、数列の最初の特徴づけから証明できるものであると考えたふしがあり、それゆえ数学的帰納法の原理を付加されるべき基本的な公理として含める必要を回避していることが挙げられる。パースだけがそうしたのではない。フレーゲも、二階述語論理を用いて祖先関係に立つもの（the ancestral）を定義することにより、事実上、自然数を「数学的帰納法がそれらについて成り立つようなもの」として定義することができた（Frege 1884［『算術の基礎』］、七九節および八三節をみよ。またDummett 1991: 12, 120-121も参照のこと）。すでに見たシャピロの構造主義は、「自然数の構造」を「区別された始対象（initial object）と帰納法の原理を満たす後続者関係を備えた、任意の対象の体系に共通するパターンのことである」（1997: 5-6）と定義する。一八八〇年前後に属するパースの著作では、帰納法の原理に似たものが導入されている（W 4: 222-224）。それより後期の仕事では、他の公理から帰納法の原理を証明することを企ててもいる(6)。

上述の［パースの］定義は、それが与える全数の数列の概念には含まれていないような、如何なる概念をも含む性質も当の〈規則〉からは導出できないようになっている。単純で、離散的な、線型の列の具体例で、その列に含まれるメンバーが独自の特徴をもつ場合は多くあるが、それらの特徴は、全数が［体系全体のなかで〕果たす役割の適切さにとって重要ではない。制約事項がここで一つ要求される。自然数だって無限に多くあるから、自然数の構造の全体を例示しているような具体的な［対象の］列が存在するかどうかに関しては、大いに議論の余地がある。私たちが確信できるのは、そのような構造の部分的な実現を与える具体的な構造があり得る、ということであろう。目下の文脈における主要な論点が、このことによって弱められる、と見なすことはない。現段階での結論は、全数の算術にとっては、形式的な特徴をもつ列が必要だということのみであり、またその形式的な特徴は、部分的ではあるかも知れないが、列の具体的な事例のすべてにおいて顕われている、ということである。そうすれば、全数が［前述のシャピロ的な意味で］独立していることは保証されるように思われる。

このような種類のアプローチには、相当に一般的な応用があるとパースは考えている。「いまひとつの好奇心（Another Curiosity）」と題された草稿は、一九一〇年頃に書かれたものであるが、そのなかでパースは有理数についての詳しい議論を行っている。その詳細を吟味ないし評価することは行わないが、パースがいったい何をしようとしているのかということの一般的な特徴に、目配りをしておくことは有用である。その議論は、パースが〈有理値（rational values）〉と呼び、また現代の私たちがよりふつう有理数と呼ぶものと、分数とのあいだの相違に依拠するものである。パースは、分数のことを有理数を表示する〈表現〉として考えている。そのような区別が必要になるのは、たとえば二分の一と一〇分の五などのように［表現上は］異なった分数でありながら、［実際には］同じ有理数を表示するといった場合がありえるからである。パースは、分数を言語上の表現として扱っているが、これは彼の議論にとって厳密に必要というわけではない。というのは、分母と分子とが共に等しい場合、かつその時に限って、二つの分数は［表現としても］同じである、といえばいいからである。

右の論考では、パースは分数をまず定義し、次に有理数を定義している。それぞれのケースについて、正しい数列を構成するための規則をパースは与えている。「分数の全理論は、この数列に含まれているか、あるいはむしろその支配的定義（governing definition）すなわち構成の規則（rule of construction）に含まれている」（CP 4.680）という。その後でパースは、「有理値［数］の全性質、また既約分数となった表現の全性質は、規則に従って整然と構成された数列にすべて含まれている、という一般的事実から導かれるものである」（CP 4.681）と述べている。したがって、分数と有理数とが［再びシャピロに似た意味で］独立的（freestanding）であることを、パースは明示的に認識しているといってよい。さらに、有理数に含まれるのは「合理的な帰結の関係」の形として叙述したものだけである、とパースは主張している。

6・5　パースと構造主義の諸相

現代の構造主義に関する文献は、この立場の多種多彩な変種を誕生させたが、それらの大半は、構造に関する諸命題をどう理解すべきかという点について見解を異にするものである。このような構造主義の諸相の簡単な概観は、パースの考えの幾つかの重要な特徴を捉えるにあたり助けとなるが、種々の相違が文献に現われる遙か以前にパースが著述を行っていたことを私たちはむろん銘記しておくべきである。そこには構造主義の立場の批判も含まれるが、数学的対象を指示したり、また数学的対象に関する知識を獲得する私たちの能力を説明するに際して、構造主義がもっと極端なプラトン主義よりいっそう成功しているかを度々問うことも、パースの著述には含まれているのである。

私たちは、構造（structure）を体系（*systems*）から区別する必要がある。体系というのは、ある関係のなかに置かれた対象の集合に過ぎない（Shapiro 1997: 73-74）。個物内在主義の構造主義者（*in re structuralist*）は〈構造は、それを例示する体系以上のものを何も含まない〉と考えるが、個物以前の構造主義者（*ante rem* structuralist）は、構造に関する実在論者であって、構造を例示する体系があるということに、構造の実在性は依存していないと考える。[7] 前者は、抽象的対象の存在論を受け入れたくない唯名論者にとっては魅力的な選択肢と思われる。シャピロが言うように、それは〈構造なき構造主義（structuralism without structure）〉（1997: 85）と述べることができるような立場を提供する。個物内在主義の説にとっては、実数、自然数、あるいは集合論的階層性を扱うために、これらの体系の部分を構成することが可能であるような、非常に大きな存在論が必要になることが大きな問題である。個物以前の説にとっての主要な困難は、諸構造を例示する体系がないときに、それらの構造の実在性がいったい何に存するのか説明せねばならない、ということである。

チャールズ・パーソンズは、二種類の個物以前の構造主義を区別している。私たちの通常の話し方では、構造は何らかの対象であることが示唆されている。〈自然数の構造〉について話し、その上で構造は〈現存（exist）〉するかを巡って問題提起をすることになる（Parsons 2004: 59）。パーソンズが望ましいと考える代案は、〈構造を特定する〉とき私たちが何を行うかを基礎として、構造の概念を導出するものであり、そこに含まれるのは、「定義域に対する述語、またその他の付加的な述語や関数記号を、それらが関わる諸条件と共に与える」ということである（同上）。このことが提案するのは、構造とは、何か特殊者というよりも、一般的なものであることである。構造を特定するにあたって、私たちは、その構造を例示する任意の体系によって共有される諸性質を決定する規則を与える。[8] その場合、当の構造は（たとえば体系がそうであるような）複合的な対象であるよりも、むしろ一般的なものとなる。こうして私たちが構造を対象として語るようにみえる際には、その語り方は二次的なメタ言語的性格をもつようになる。それゆえ、対象としての構造を、複合的な性質としての構造から区別することにしよう。

「関係の形式」といった表現は、パースが数学の研究対象を特定するとき、個体者よりもむしろ何らかの二階の性質を念頭においていたことを思わせる。[9] このことは、彼の〈唯名論（nominalism）〉との哲学的な格闘の内にも反映されている。伝統的には、唯名論という言葉は、普遍の問題に対する一つの返答を明らかにするために使われたが、パースはそれを〈一般者（*generals*）〉の問題と呼んだ。唯名論の考えるところでは、実在的であるのは個体（individuals）だけであるが、それらの個体に抽象的な個体があってもその立場と矛盾するわけではない。［他方］現代の形而上学においては、唯名論という言葉は、数や集合といった抽象的な個体は存在しないという否定のためにしばしば使われる。パースは、非常に強い意味で一般者の実在論者であり、実在的であるのは特殊（particulars）のみと考える唯名論のテーゼを退けるが、それは、第三性（thirdness）が実在するということである。かくして構造が（特殊者というよりも）一般的であるというアイディアは、パースの実在論と相性が良い。

このような解釈を後押しするパースのテキストは他にもある。［たとえば］パースが個物以前の機能主義を好ましいと考えることを示唆する節では、次のように言われている。「有理値［数］のあらゆる性質は、こういった規則にしたがって順序正しく構成される数列に全て含まれている、という一般的事実から導かれるものである」（CP 4.681, 1908）。数の性質（今の場合では有理数）は、数がある特殊な体系に属することによってよりも、〈数列〉や体系が構成される際の規則によって決まってくる。規則は一般者であり、パースは一般者に関しては強固な実在論者であるから、先の一節は、数列の成員の諸性質が、それによって決定される体系の存在からは独立な実在的なるものによって決定されることを示唆している。

パースが、個物内在主義の構造主義者であったことを仄めかす箇所もあるかもしれない。数学を、抽象的な対象よりも体系に関わるものとみなしたい者は、数学的命題を仮説的な特徴をもつものとして扱いたいと思うことも度々あろう。ϕを算術の言語における文とする。すると文の内容（contents）は以下のように捉えることができる。

任意の体系Sにおいて、Sが自然数の構造を例示するならば、ϕ［S］である。

ここでϕ［S］は、非論理述語に解釈を施し、また変数をSの対象に限定することでϕから得られる文である（Shapiro 1997: 86による）。このとき算術の主張は、ある抽象的な構造に関する主張というよりも［このSという］体系に関する仮説的な主張を行っているものとして解釈される。全ての数学的命題は仮説的である、とパースが頻繁に述べていることは重要である。一例を挙げると、「数学は、事物の仮説的なあり方（hypothetical states of things）について何が真であるか、ということとの研究である」（CP 4.233, 1902）と彼は言う。また一八九六年の「科学の歴史」という草稿では、「数学は、純粋に仮説的な問いだけにもっぱら関わる」（CP 1.53）と述べている。

こういった諸々の論題について、パースが正確にどのような立場をとっているのかを整理することは容易ではない[10]。私の推量では、［パースにとって］個物以前に利用に供されているのは規則（rule）であり、それはあらゆる可能な事例において何が起こる筈かということを決定する。ある構造を例示する諸体系が実際には存在しなくても、そのような諸体系があったとするならば、どのような諸性質を持つ筈であるか、という規則はありうる。パースが、時によっては、数学的な諸命題は体系に関するもの（現実的な体系と可能的な体系とを含む）であると暗示したとしても、それらの命題の真理値は、この規則によって決められることになる。このように考えた場合、異なる諸体系が同じ構造を例示すると言えるのは、単にそれらの体系が互いに類似しているという事実だけでなく、同じ規則にしたがって構成されているという事実によっている。それだけではない。数学的命題の動態的対象に関する私たちの問いに対する答え、たとえば数とは何であるかという問いへの答えも、私たちは見い出すことができる。さらに、そのような対象の諸性質は、関連する数列や構造の構成を決定する規則によって決められることになる。このことによって開かれる可能性は、これらの対象の性質について私たちが誤っているということであり、それゆえ［第６・２節でふれたように］数学的表現の直接的提示的な対象と動態的な対象という区別を設ける余地も生じてくる[11]。

構造主義もまた批判者には事欠かない（Hale 1996 や MacBride 2007 を見よ）。後続の二つの節では、パースが二つの批判点に対してどう答えるかを論じよう。第一に、パースの著作が提案するような数学の説明を受け入れて、たとえば数とは列における位置のことである、ということに同意したとしても、私たちが数詞その他の単称名辞を使って数を指示する能力を、どのように合理的に説明できるであろうか。私たちが数について話すことが出来るのは、どういうわけなのか。第二に、第６・３節で導入された図像的知識の説明が提案するところでは、たとえば算術の知識は、適切な形式的構造の具体的な例証を用いて［思考上の］実験を行う、という私たちの能力に依存している。これは、算術的な知識が可能となるのは、世界に［自然数によって数えられるような］可算無限の具体的な対象が含まれているときだけである、ということを意味するのだろうか。これは、およそ本当らしくない説明である。

6・6　自然数についての話

パースによれば、「基数というのは、厳密に理解する限り、発音語（vocables）または［紙上に］書かれた記号（written signs）であり、そのうちの一つが、それぞれの有限な数多性（multitude）へ結び付けられたものである」（CP 4.657, 1908）。この主張は、含蓄が深いが、二つの異なる理由によって好奇心をそそるものである。まずパースは、数と数詞との区別について十分に敏感ではないように見える。数というものを、それらを表示したり表現したりする発音語や書かれた記号から峻別する方が、より精確であるように思われる。この点についてパースが揺れていることは、彼がある時は〈基数（cardinal numbers）〉について書き、また別のある時には〈基数の数詞（cardinal numerals）〉について書いていることに表れている。数を書かれた記号として扱うと、［英語・西語・仏語で］「two」「dos」「deux」は、同じでない数として数えられてしまう不都合な帰結をもつ。これらの異なる言葉は、当然ながら同一の数をあらわす別々の語である。しかし、もうひとつ言える事として、パースの主張が含蓄深く思われるのは、数というものは、数学的な性質と非数学的な性質とを合わせ持つ、というような種類の対象ではない、という漠然とした認識がそこにあるからかもしれない。そうであるなら、数とは、数的な表現（numerical expressions）のことであって、数えるための装置としての使用を離れては何ものでもない。

数的な表現がどのように言語に入ってきたか、というパースの説明からすると、次のような見方が、よりもっともらしい。これら全ての説明は、パースが、数をあらわす語がどのようにして私たちの言語に入ってきたかを明らかにするときに、提案されるものである。私たちが算術について話すことは、私たちが数えるために使用する発音語に起源をもつ。パースによれば、上のような数詞と、子供の数え歌で使われる「どちらにしようかな、天の神様のいうとおり」といった音声との違いは、それほど大きなものではない。

唯一の本質的な違いは、子供は［どちらにしようかな、といった数え歌を用いるときに］、数えられる一連の対象の上を何度も回って、当の発音語の列が最後に来るまで数えるのに対して、［数学で］集まり（collection）を数えるプロセスは、その［有限な］集まりが数え上げられることで最終的に停止し、そのように停止した後は、最後に使われた数詞的な言葉が、その集まりに対する形容詞として適用されるのである。したがってこの形容詞は、［数える途中で使われた他の数詞はいっさい問題になることなく］当の集まりが発音語の列に対してもつ関係以上の何ものも表現しない。（CP 4.155-156, 1897）

かくして私たちは「一」、「二」、「三」、また残余の数詞を、算術的な概念を表現するような表現としてよりも、むしろ数取りゲームのなかで位置をもつ音声として言語に導入する。「どちらにしようかな、天の神様のいうとおり」をして遊ぶ子供たちのように、私たちは、後になれば数詞として認識するものを使って、数取りゲームをする。数詞は、私たちが算術において研究するような数を指示する表現ではなく、［むしろ］ゲームが必要とするのは、意味のない発音語だけである。フランスやスペインの子供たちが、数えるところを見たならば、そのゲームのなかでは、私たちが「二」を使うステップで、彼らは「deux」や「dos」を使うことに気づく。それらの言葉は、数えるなかで同じ役割を持っているわけであるが、他方で、それらが［全く］同じ概念を表現しているとして、強引に〈同義語〉として説明するのはミスリーディングであろう。

本節の始めでみたパースの言葉について、第二に好奇心をそそる点は、数えるための発音語が、序数ではなく、[むしろ数量を表わす] 基数と同一視されることである。数えるという操作は、数えられるものの集合に順序を課すわけであるから、序数の概念を基数の概念よりも根本的なものとして扱うことは自然である。ダメット(1991: 293)は、フレーゲがこれをうまく行わなかったことを批判している。パースは、別の箇所ではこの誤りを回避しており、子供が「発音語」を数えるのは「序数」であると強調し(CP 4.659, 1909)、また「序数の理論」が「基数に先立つ」べきである、というデデキントの主張を支持している(CP 3.629, 1902)[12]。

パースが報告するところでは、集まりの成員を数えるに際して、たとえば「一七」で数え上げるのが終了するとき、数えるのに使ったこの発音語を、私たちは形容詞に変換する習慣がある。集まりの成員を数えるにあたって、〈最後に使われた発音語は「一七」であった〉という代わりに、その集まりには一七の対象が含まれていた、と私たちは言うのである。パースがさらに続けて言うには、私たちがこのようにしたあと、「この関係から直ちに導くことができる、集まりに関するきわめて重要な真正の事実がある」という。

当の集まりは、[数え終わった] 以降の発音語に由来する形容詞 [今の例であれば「一八」以降の数え言葉] が適用可能であるようなどんな集まりとも、一対一対応にはおかれ得ないのであり、[真部分集合として] 後者の一部分とのみ一対一対応におかれる。(CP 4.156, 1897)

こういった事実だけが、〈量(quantities)〉を集まり自体の属性として扱うために私たちが必要とする全てである、というのがここでの根本的な考えである。この考えは、〈意味を欠いた(meaningless)〉音声が、集まりに関して重要な何事かを述べるために使用可能な形容詞をいかに発生させうるか、という説明を提供する。数えることは、形容詞を導出し、私たちがひとたび形容詞を手にすると、このような形容詞は［さらに］何かへ適用可能であるという事実から、推論が可能となるのである。

パースは、論考のなかでは〈基数の数詞〉は〈意味を欠く〉と提案しているように見えるわけであるが、それは［ただ無意味だというのではなく］有用かつ評価に値する仕方において〈意味を欠く〉のである。というのは、パースの見るところでは、基数が有する唯一の使用は、「それらを用いて数えること、［……］そのようにして数えた結果を述べること」（CP 4.158, 1897）だけである。潜在的には驚くべき〈重要な事実〉が引き出されうる、数詞の形容詞的な使用へむけた一歩は、私たちの数の使い方に、相当な変換を要求するものである。パースが認めるように（CP 4.156, 1897）、私たちは、右の説明でのような単純な形容詞的な使用から、重要な事実を現実に演繹できるわけではない。というのは、数える際の単純な数詞の使用は、その単純な形容詞的な使用と共に、「言語の形成期に発達した」ものだからである。数の表現から、私たちが［数学の研究などで］「重要な事実」を引き出し始めることが出来る以前に、その単純な数の体系を、「数学者が取り上げ、一般化を施すことで、数学者の使用に供するための観念的な体系（ideal system）を創造する」（CP 4.159, 1897）ことが必要である。

ここへ至って、いったい何が起こっているのだろうか。二つの重要な展開がある。最初の重要な展開を理解するには、数詞の列（数えるための発音語）自体が、単純で、離散的な、線型の列を成すこと、そして各数詞がそのなかに位置を持つことを、私たちは想起せねばならない。それどころか、その数詞の列を生成するのに使用可能な諸規則があることを、私たちは認識することができる。数学者は、同じ形式を持った列が、ほかにも多くありえる事を認識し、その形式が何であるかを説明しようと試み、また形式の性質を調べようとする。この段階では、数えるための発音語は、その形式を持つ任意の列に対する図像（diagram）として使われることが可能で、それら他の列の任意の一つを発音語の［列の］図像に使うこともでき、また同様の図像の対応を色々と考えることができる。その列の一つ一つが、他の列に対するイコン的表象なのである。すると数学者の図像は、形式そのものを表象することもでき、［個々の］列は、その形式の例証ということになる。

数えるための発音語が、それら自身において全数を統一へもたらす〈関係の形式〉の例証であるという事実が、数についての話と数詞についての話との間を行き来するパースの傾向を、後押しすることもありえるだろう。このプロセスは、パースが基体抽象化（hypostatic abstraction）と呼ぶ推論パターンを含み、それは数学の前進にとって本質的なものである、とパースは考える（Hookway 1985: 201 以下、Short 2007: 264 以下を参照されたい）。それは〈形容詞的に〉使われた表現から出発し、そこから〈名詞的実詞（noun substantive）〉を引き出すことを可能にするもので、引き出された方の語は、前には形容詞的に表現されたものを［今度は］対象もしくは実体として扱う。パースが挙げる例の一つをみると、「蜂蜜は甘い（Honey is sweet）」から「蜂蜜は甘さを有す（Honey possesses sweetness）」への推論が含まれている（CP 4.234, 1902）。私たちが列や関係の形式を研究対象として扱う際には、似たような変換が生じる。自然数の例を使ってみると、そこに何が含まれているかを見ることができる。私たちが自然数列を扱う際の、次のような諸段階と比較してみればよいだろう。

(1) 第一に、私たちは単純に数えるための発音語を使い、その一つ一つは、問われている列の例証の中に場所をもっている。

(2) 第二に、私たちは単純な数的形容詞を導入し、その成員を数えるときに使うことになる最後の発音語に言及することにより、クラスを記述する。

(3) 第三に、数学者はこの実践からの抽象を行い、列およびその形式的構造を研究対象として認識する。

(4) 第四に、この実践を説明するにあたって、以上のように使われた数的形容詞を、数を対象としてもつ名称（names）へと変形する。パースは、「正の全数は、線形の列の中の場所だけを表現することができる」（CP 4.337, 1905）と書いている。ここで〈表現する（express）〉とパースが言うのは曖昧模糊としているが、線形の列における場所が、そのままその数が何であるかという主張である、と解釈するのが自然であり、そのような場所が数詞の指示するものである。

(5) このように説明するならば、列について一般化を行う機会を大いに増やすことができ、またそのような列を私たちがより抽象的な構造の例証と見なすことを可能にする。

パースの述べる事と、シャピロのような構造主義者の見解とのあいだの平行的類似点は、とくに〈数は与えられた列のなかの場所を刻印するに過ぎない〉といった発言に照らせば、いまや明らかであろう[13]。またパースは、私たちが冒頭の節で注意を振り向けたような種類の形而上学的懸念を、迂回することも出来る。ひとたび抽象化の任務が遂行されると、数詞その他の〈名詞的実詞〉を含む、真なる文はあるからである。さらに、プラグマティストにとっては、数が実在的である（numbers are real）と説明するには、これで十分なのである。パースによれば、「プラグマティストの諸原理のもとでは、実在性が意味しうるのは、実在的なものが主張されている言明の真理以外には何もない」（NEM 4: 161-162, 1903）。しかし、このことは数が現存（*existence*）を欠いていることを意味し、数は［因果的な意味では］何ものとも作用しないのである。実際のところ、これは［様々な］抽象が有する存在の様態（mode of being）に反映されており、たとえば数の存在は、「［抽象化以前の］より原初的な実体に関する命題の真理にのみ存している」（NEM 4: 162, 1903）のである(14)。

こうして先立つ諸節で言及された論争、個物以前の構造主義者とその反対者との間の論争について、パースがどのような立ち位置を取るのかが見えてくる。体系を記述するときは、その体系を成り立たせる関係の諸形式は、形容詞的な仕方で特徴付けられ、その限りで、私たちは対象を指示し、また対象間の諸関係を記述することになる。ところが、基体抽象化のステップは、このような形容詞的な関係構造の付与から、〈当の構造〉の実詞的な特徴づけ（substantive characterization）への指示を可能にする。さらに、構造の存在様態は、より原初的な諸実体に関する命題の真理に存しており、それはつまり当の構造の例証になっているような諸体系の真理ということになる。

以上により含意されることの一つは、少なくとも数の場合でいえば、数学的記号の対象に関わってくるものである。数詞の直接提示的対象は、数列内の場所である。数詞の列は、数の構造の一つの例証であり、また一つの数詞は、連続する数詞の列のなかでの場所を把握することなくしては、理解することが出来ないので、どの数詞も、私たちに対して［その数詞と対応する］数が［まさに］列のなかで特定の場所を占めるように現前させる。そのような数の諸性質（たとえば、奇数であるとか素数であるとか）について、私たちはいっそう多くのことを学ぶかも知れないが、このことは、数詞の使用の動態的対象が、直接提示的な対象と少しでも異なるという可能性を養うわけではない。数は、数学的諸性質によって、その全体が作られていないような存在の様態を持たない。さらに言えば、自然数と有理数とがもつ単純さや親しみ易さがこのようであるために、そのような数を使う事ができる者は、重要な構造、ならびにその構造内での数の位置について、暗黙の把握をしている、と容易に想定することが出来る。かくして通常の数詞の直接提示的な対象と動態的な対象との間に、断絶があらわれてしまう余地は皆無に近い。

他のケースでは、数学的表現の直接提示的対象は、動態的あるいは実在的な対象の構成的諸特徴を反映し損ねるかもしれない。たとえばある人が、虚数 i 即ちマイナス1の平方根のような簡単な例について教えられ、複素数の把握に至ることがありえる。人々は、虚数 i が帰属する構造を捉えず、また虚数 i が何であるかを決定する構造のなかでの場所［たとえば複素平面中での位置］を捉えることもなく、こういった把握をすることがありえるし、［単なる］計算のなかで、虚数 i を使うことすらあるかもしれない。ここで数学者が仕事に取り掛かると、複素数は実数の順序対として表わすことができ、それらは固有の演算に従うので、私たちは（虚数を含む）複素数が［数学で言う］体（field）［すなわち複素数体］を作ることを学ぶことになる。それらの固有の演算とは［加法・乗法の各々について］以下の二つである。

$$(a, b) + (c, d) = (a+c, b+d)$$

$$(a, b)(c, d) = (ac-bd, bc+ad)$$

私たちの多くは、複素数と虚数とがまさに形成する構造が、どんな種類のものか［数学者のようには］理解しない。それでも［虚数を表わす］i といった表現は、構造のなかでの場所を示すし、数学的でないような属性を持っていない以上、数は独立している（freestanding）ことに変わりはないだろう。複素数は、それらの動態的対象が何であるか明快な把握が不在であるとき、私たちが［なお］どのように概念を使用することができるか、ということの好都合な説明を与えてくれる例である。[15]

6・7 解釈とプラグマティズム

私たちは、どのようにして数学的な命題を理解し、数学的な知識を獲得するために要求されるような数学的状況（mathematical states of affairs）へのアクセスを、持つことが出来るのであろうか。パースのようなプラグマティストは、こういった問いへ答えるための道具立てを持っているだろうか。

私たちが第6・2節で強調したように、概念や名辞や命題の対象に関する主張は、私たちがいかにそれらの表現を解釈するかということに関しての妥当な見解と、整合的でなければならない。解釈はふつう［当初よりも］さらに進んだ記号や思考であることによって、対象を同定（identify）せねばならないが、その記号や思考は［同一の対象の解釈である限り］同じ対象が決定づけているのであって、これは通常、最初の記号から推論したり背景知識を動員したりすることによって［当の解釈が］始めの記号をさらに展開したものなのである。パースのプラグマティズムの格率が規定するところでは、次のような状況がある筈である。即ち、もし概念ないし仮説が認識的重要性（cognitive significance）を有するのであれば、その仮説が真である又はその概念が何かに適用されるという事実が、私たちにとって何を行うことが合理的であるかに対して違いを生む、という状況である。命題の真理は、実際的な帰結を持たねばならない（EP 1: 125のほか、本書の第9章を参照されたい）。すでに見たように、数学的対象の形而上学的正当性に対する一つの挑戦は、数学的命題の諸対象は抽象的であるから、私たちがそれらに働きかけたり、作用したりすることはできないというものである。これは、数学的対象に関する諸事実は、実際的な帰結を持たないことを暗示している。私たちがいかにして数学的な命題を理解したり（また知るようになったり）するのかということについて、私はパースの説明の完全な解明を提供することは出来ないが、これらの問題に対して、満足のいく構造主義者的な応答へ寄与するかも知れない三つのテーマを、［本節のまとめとして］彼の思考のなかに見い出してみたいと思う。

第一に、第６・６節で見たように、数の存在は、「より原初的な実体に関する命題の真理にのみ存している」（NEM 4: 162, 1903）。数のような抽象的な対象への指示を含むような命題と、数詞的な表現が、集まりや集合や種に形容詞的な仕方で適用されるような命題との間には、密接な結びつきがある。私たちは、非抽象的な事物に対して数を形容詞的に（adjectivally）帰すような言明からの基体抽象化のステップを通じて、算術的対象を表わす名辞に到達する。数学的な命題の実際的な諸帰結を追跡する一つの方法は、これとは反対の方向に動いてみることである。「四足す七は、十一である」という思考を解釈するのに［より実際的な帰結を追及する方法として］、いま十一ポンドを持っているから（これは形容詞的な使用である）、君に四ポンドをあげるなら、私の手元に残るのは七ポンドである、と解釈することができる。適切な文脈において数学的な知識を得ることは、重要な実際的帰結を持ちうる。したがって、数学的知識があらゆる種類の実際的帰結を持ちえることは、私たちの持っている他の膨大な経験的知識と一緒にして考えるならば、何ら驚きではない。

第二に、たとえ数列とその構成要素が抽象的であっても、その構造の諸例証のなかには具体的なものがある。たとえば、数えるための発音語の列、すなわち数詞の列は、まさにそのような例証である。計算をしたり算術における証明を探したりする際、私たちは図像に対して（たとえば数式も図像である）実験を行うことができ、このとき私たちは関心の的となっている抽象的な構造の例証に対して、実験を行っているのである。数学的命題が実際的帰結を持つのは、単純に、計算結果や証明の試みに対してそれらが諸帰結を持つからである。私たちが構造と相互作用をするのは、構造の例化（exemplifications）の一つと相互作用をすることによってである。この見解が（一例として）自然数の全構造の具体的例化が存することを要求するのなら、その帰結として、算術の真理は、無限に多くの具体的対象が存するということに依存したかも知れず、これは見解としては［本章の註（14）でも触れているように］問題がある公算が高い。しかしながら、そういった部分的な例化の幾つかを研究することによって得られる情報が、いかにして構造全体の知識を生むことが出来るのか、ということを私たちが説明できる限り、構造の部分的な例化を利用する（そして認識することができるならば、それで十分なのである。

第三の観察は、前節の最後での複素数への言及に関係する。パースによる最も早い時期のプラグマティズムの提示の一つは、G・バークリーの哲学的著作の新版が出た一八七一年にパースが公表した書評のうちにある。パースは、明らかな意味を欠く言葉によって欺かれる危険を回避するためのバークリーの規則に関心を寄せている。バークリーは、明確な観念と結び付けられるのでない限りは、概念や仮説は退けられるべきであると提案した。数学の場合でいえば、明瞭に理解できる定義が見い出され得ないような言葉や概念を、私たちは破棄すべきである、ということを意味するように［若きパースには］思われた。パースのプラグマティズムは、［実は］このバークリーの規則への代替案として提供されたものであった。

このような［バークリー流の］議論が数学において幅を利かせていたならば（そして彼はそういった議論を擁護することにおいて同様に熱心であったのだが）、そして、負の量、負数の平方根［虚数］や無限小量（infinitesimals）といったすべてが、そのようなものについて観念を形成することが出来ないという事由で、数学から排除されていたならば、この科学は疑いなく簡素化されていたであろう、つまりより高度な問題へは決して進むことがない、ということによって、簡素化されていたことであろう。（EP 1: 102; W2: 483; また Pycior 1995: 135-136 をみよ。）

パースの対応は、代替規則を知的整頓術として提案することであった。「複数のものが実際のところ同じ機能を満たす」（EP 1: 102）ならば、それらは同じ観念の異なる定式化として取り扱われ、［他方］あるものが実際のところ違いを生んでいるならば、目下のところ正確に何が起こっているのか分からなくても、それを破棄せずにおくべきであるとみてよい、という規則である。「［ある物について］観念を形成することが出来る場合、［観念が形成できるというその事実から］それが存在すると推論すべきであるとすれば、なぜ［数学や科学で使われる］論理が要求するような命題の採用を妨げることを、私たちの心的な無能力（mental incapacity）に許してやる必要があろうか」（EP 1: 102）とパースはいう。私たちは、マイナス一の平方根のようなものを計算［という実際的な行為のなか］で使うことにより解釈するのであり、そうすることによって実利を得る。複素数に関しての信念は、たとえば二次方程式の解を得る私たちの能力に貢献するから、実際的な含意を持つのである。私たちは、複素数が占めるべき場所をその中に持つような諸構造を［長い探求の］最後には明らかにしたいと望むわけであるが、そのような［最終的］知識を持たずとも複素数の価値を評価することは出来るし、複素数の動態的対象を捜し求めることは、落胆の機会ではなく挑戦的な課題なのである。

私は、数学についてのパースの哲学的な見解が、現代の数学の哲学における構造主義と多くの重要な類似点を持つと論じてきた。パースは、体系（systems）が構造（structures）よりも形而上学的には根本的であり、また形容詞が数よりも根本的であると認める個物以前（*ante rem*）の構造主義者であった。このような諸関係を探索してみることは、全数のような数学的対象の存在論的な地位に関する、パースの幾つかの主張に光を投げかけるのである。

原注

(1) パースが〈集まり(collections)〉ないし集合を定義することに苦心しているところを見れば、彼がこのような問題に直面していることがわかるが、パースは[実際]このような対象を「悟性的対象(ens rationes)」(NEM 3: 353, 1903) あるいは「抽象されたもの(abstractions)」(NEM 4: 162) として理解するのである。この点に光を当てた議論としては、Moore (2010: 351以下) を見よ。

(2) 私たちが数学的な知識を持つために必要と考えられる諸条件と、数学は[そもそも]何についての学問かという点に関してもっとも当たっていそうな説明との間に[実は]緊張がある、という考えは、重要な論考 Paul Benacerraf (1973) によって注目を浴びるようになった。

(3) パースは、「実在的(real)」と「動態的(dynamical)」の両方の語を使う。時としてパースは「実在的」よりも「動態的」を好んで用い、それは虚構的な(したがって[通常の意味では]非実在的な)対象を含めて考えたいからであるが、その一方で、「動態的」という語を、知覚を通じて私たちを触発するような事物と関連付けたりもしている。より後期の用語法であることを尊重し、「動態的」という語を私は使うことにする。

(4) Short (2007: 191) の議論を参照せよ。

(5) これらの公理を導入したあと、パースはそれらを定理や系を確立することに使っている。

(6) その一例は、パースのテキストに見い出される (CP 3.357, 1898)。スチュアート・シャピロが気付いたところでは、パースの定式化にはメタ言語的な性格があり、かつ集合論におけるフレンケルの制限の公理(axiom of restriction)を想起させるものとなっている。

(7) この区別を示す用語法は、文献によって異なり、しばしば混乱のもとになる。パーソンズ (2004: 57) は、〈消去主義的な(eliminative)〉構造主義を〈非-消去主義的(non-eliminative)〉な構造主義から弁別し、ダメット (1991:

295-297）は、〈実際的な（hard-headed）〉構造主義を〈神秘主義的な（mystical）〉な構造主義と対照させる。またヘイル（1996: 125）は、〈純粋‐構造主義（pure-structuralism）〉と〈抽象‐構造主義（abstract-structuralism）〉について語る、といった具合である。私としては、大部分においてシャピロの用語に従うことにする。

（8）マクブライドは、構造を〈普遍（universals）〉と考え、私の理解する限りでのパーソンズとも異なって、この同じ見方をシャピロへ帰している。

（9）以下でみるように、〈対象〉や〈唯名論〉といった言葉は、パースの著作を解釈するにあたっては細心の注意を払って取り扱わなければならない。現代の多くの哲学者にとって、対象は、事物のようなもの、個体者（individual）である。パースは、対象という言葉をより広い意味で理解し、その結果としてどんな表現でも対象を持つことができ、〈対象〉は〈事物〉というよりも〈思考の対象〉に近い。

（10）私たちは、パースの考えが時間をかけて発展したこと、またそれらが［出版された論考ではなく］手稿に記録されたものであることも考慮に入れなければならないし、またそうであるなら、パースの様々な考えが完全に整合的であることを期待すべきではないかもしれない。

（11）そのような区別が存してもよいと考えるべき理由を、私たちは次節の終わりでもう一つ見い出すであろう。

（12）この最後の部分は〈記号論理学〉の定義を行うテキストからの引用であるが、そのテキストが［パースだけではなく］H・B・ファインとの共著であったことを断っておく。

（13）Moore（2010）の論文「パースのカントール」の最後の脚注から窺われるように、パースの集まりの説明についてのこの論考の最後の一〇頁は、数学的存在論の諸問題への構造主義者的アプローチに関する更なる証拠を与えるものとして読むことが出来よう。

（14）私は、ここに潜在的な問題があることを指摘してくれたボブ・ヘイルに感謝するが、本章においてさらなる追及は行わないことにする。その問題とは、自然数が無限に多くあり、それらについての真理が（より具体的であると思われる）いっそう原初的な諸対象に関する真理に存しているのであれば、パースによる数学の説明は、無限に多い具体的な対象の現存を要求すると言われるかも知れない、というものである。このことがパースの立場から帰結するならば、都合のよいものではなかろう。私は、パースが実際にこの点を検討しているテキストの箇所を知らないし、ここで立ち入ることも控えようと思う。

（15）とはいえ、このケースは、「あそこの羊は、動いていない」という私たちの判断の動態的な対象が、実際に草藪であった、と発見するような場合とは、なお異なっているかもしれない。体において複素数を表象しうることを［新たに］学ぶとして、私たちは虚数iについて話す際、そのような体［という代数的な構造］における場所について［実はそれとは知らずに］ずっと話していたのだ、と発見するであろうか。

第7章　「一種の合成写真」——プラグマティズム、観念、図式論

7・1　序論

パースは一八九八年頃に、観念は「おおむね合成写真に準えることができる」（CP 7.498）と書いていた。彼はそれから数年後には、「黄色い」という述語は、「これまで目にされてきた黄色いもの全ての一種の合成写真」（CP 7.634）を指示している、と主張した。実際、述語表現は、「心の中に、あるイメージを喚起すること、あるいは言わば、諸イメージの合成写真を喚起することによって、その意味を伝えるに過ぎない」（CP 2.317）という。この比喩は多くの機会に使われており、実際に私は、一八九三年（CP 2.435ff）から一九〇八年までの文章の中から多くの例を見つけてきた。さらにこの比喩は、黄色いというような単純な感覚的観念にしか適用されないわけではない。パース自身の例には道徳的な理想も含まれ、さらに彼は、知性の作用は全て、「感覚質的（quale）意識の合成写真」（CP 6.233）を作成することに存しているとまで主張している。

観念とは一種の合成写真である、というこの比喩は、パースにとって非常に重要であったように思われ

る。というのも、彼はこの比喩を少なくとも十五年間にわたって多くの機会に使用しており、また、彼がこの比喩を不満に思ったことがあるという証拠も見当たらないからだ。この比喩は認知のいくつかの重要な側面を捉えるのに有効だ、とパースが考えていたという結論を導くのが理にかなっている。それにしては驚くべきことなのだが、この比喩は、研究者からはほとんど注目されてこなかった[1]。何ゆえにこの比喩が非常に示唆的なのだろうか。この比喩は、認知のどういった側面へと私たちの注意を引きつけてくれるのだろうか。こうした話題について私は決定的な答えを下そうとしているわけではないが、本章では手始めに、この比喩が提起する諸問題を定式化し、どうしてそれらの問題がパース思想の理解のために重要なのかを説明する。

合成写真という概念は、十九世紀後半当時と比較すると、現代ではさほど親しみがないかもしれない。驚いたことに、パースはこの概念を多くの機会に用いているけれども、それが何を意味するのか説明する必要を全く感じていないようだ。本章第2節では、合成写真という概念を説明する。この概念は、パースが著述していた当時の科学者の間では広く行き渡っていたのである。次に、パースが一般的な名辞や概念の機能の仕方の本性を説明するためにこの合成写真という概念を用いている文章をいくつか選び出し、検討する（第3節）。この作業は、パースが自身のプラグマティズムを擁護する際にこの概念はどういった役割を果たすのかという議論（第4節）や、パースがカントから学んだ重要な点とこの概念の関連をめぐる議論（第5節）のための準備作業となる。本章の結論部では、この比喩ないしアナロジーの力がまさにどういったものであったのかについて、ひとつの推測を述べる。こうしてわれわれは、合成写真がパースの哲学的な要求を満足するならば有していなければならない特性を、突き止められるだろう。そうなれば次に、いくつかの重要な解釈上の問題に取り組めるようになる。すなわち、観念は写真であるという主張から、パースは何を得ようとしているのだろうか。観念は合成写真であるという主張によって、どういった追加的な洞察が約束されるのか。そして、観念がこうした意味で「合成的」であると言うことは、何を意味するのだろうか。

この問題がなぜ興味深いかというと、一つには、二十世紀の最初の十年間にパースが没頭していたプラグマティズムの証明の追求と関連しているということがある。私が思うに、この比喩の魅力は、これがプラグマティズムにとって中心的な何かを捉えているという事実によるものであった。もしこの比喩を実際に良いものにできたならば、プラグマティズムの証明をどのように形作ればよいのかはもっと明瞭になるだろう。かつてリチャード・ロビン（Richard Robin）は、次のように述べていた。すなわち、パースの証明の追求は「帰納的でも演繹的でもない。超越論的でもない。そうではなくむしろ、整合説的な擁護に関連した特別な性格を有しており、それ自体で、哲学を建築的に捉えるという基本的姿勢を反映したものなのである」（Robin 1997: 139）。これは適切な見解に思える。ロビンが書き留めているように、その証明に関連するパース哲学のたくさんの諸要素を組み立ててゆくことは、全ての部分を〔一度で〕齟齬無く嵌め合わせることよりは容易である。各部分を組み立てて、それら各部分を結びつけ合う詳細な方法を見つけ出そうとする際には、比喩で全体像を掴んでおく必要があるということ、このことこそ、そうした「整合説的な」擁護の特徴なのである。比喩は、他の大きな哲学的体系の道筋を反映しているときに特に価値があり、比喩のおかげでわれわれは、その着想は認めたいと思っているがその細部において誤った考えを含んでいると思われるような他の哲学的建築体系の内部で生じている、片付けるべき仕事を特定できるようになる。合成写真の比喩は、次のような二通りの役割を果たすのではないだろうか。つまり、この比喩は、プラグマティズムを十分に擁護するために要求される条件のいくつかを明瞭にしてくれる。そしてこの比喩のおかげで、パースは、自身の〔哲学的〕建築体系とカントの体系の関連性を認められるようになるのである。

7・2 合成写真

『センチュリー辞典』が、非常に明快な「合成写真」の定義を与えてくれている。

一つより多くの被写体から生成された単一の肖像写真。複数の個人をそれぞれの顔がわかるように撮影してネガが作られ、それらのネガにおいては、それぞれの顔が、可能な限り同じ大きさ、同じ照明の当て方、同じ姿勢で示されるようにする。そして、これらのネガは同一紙面上に一緒に像をむすぶように印画される。各ネガは、印画に必要な時間いっぱい、同じ長さの時間、露光される。たくさんの被写体から生成されたそういった写真を研究・比較することで、表情の類型、地域的類型、一般的類型などが得られる。(*Century Dictionary*, 1889–9: 1152)

この技術と最もよく関連づけられるのは、統計学者で優生学者のフランシス・ゴールトン (Francis Galton) である。彼は合成写真を作成し、犯罪者に共通の特徴や学術組織の構成員に共通の特徴を示そうとした。『サイエンス』誌掲載のジョセフ・ジャストロウ (Joseph Jastrow) の記事 (1885) によると、合成写真作成の過程は、二つの問題の解決策を見出すために利用されていた。第一に、「ある対象の集合が興味深い特徴を共通に持っているとして、その集合全体を表象するような一つの類型を見つけ出すこと」(Jastrow 1885: 165)。第二に、「ある表象の集合が同一の対象を表象するとすれば、その集合内の各表象の、強烈さの度合いの高い諸特徴を合成し、強烈さに欠ける特徴は無視することによって、より優れた効果を生むような一つの表象を、それぞれの表象集合について見つけ出すこと」。二番目の問題については、「アレクサンダー大王の頭部をあしらったメダリオン六枚分の合成物」を考えることが適切な具体例となる。この合成物は、「もとのどのメダリオンよりもうまく実際のアレクサンダーを表象していると考えられるだろう。というのも、六人の職人が同じ不正確さを各メダリオンに持ち込んだという可能性は非常に低いからだ」。しかし、第一の問題に取り組む際には、「私たちは本質的に新しい顔を――つまり、もとのもろもろの顔が寄り合わさって表象するある特徴を素晴らしく典型的に表象している一類型を、導入している」。ゴールトンの革新的な仕事をよく反映した例を使って、ジャストロウは次のような指摘をしている。すなわち、「犯罪者達の肖像を合成する中で、対象は、犯罪性の類型を獲得する。国内の学者たちの肖像を合成する中で、対象は、ひろく認められている科学的能力の類型を獲得する」[2]。

ジャストロウがこの一八八五年の記事を書いたという事実を踏まえれば、パースがいま述べた合成写真という技術に精通していたことは疑いない。ジャストロウは一八八二―三年にジョンズ・ホプキンス大学で開講されていたパースの論理学講座（W4: lv）に出席しており、この講座は彼に「初めて知的な筋肉を本当に行使する経験」（W4: xliii）を与えてくれたという。パースとジャストロウが共著で「感覚のわずかな差異について」（W5: 122–35）という古典的論文を発表したのは一八八五年のことであったが、これと同じ年に（しかも同じ雑誌に）、合成写真についてのジャストロウの論文が掲載されている。そのうえ、パースは、一八八四年一〇月の米国科学アカデミーの研究会で自分たちの共著論文の草稿を発表したときに、「アカデミー会員の合成写真の試みについて」という論文をめぐる議論にも参加していた（W4: xxxv）。それから約十年後に「合成写真」について述べたとき、パースが何を念頭に置いていたのかは明らかだろう。

合成写真は、一種のステレオタイプ、つまり、いくつかの個物の全てに共通する特徴を何らかの形で捉えた単一の表象を提供してくれる。現代の合成写真の例を考えると、このことはより明快になる。写真家のナンシー・バーソン（Nancy Burson）は、一九五〇年代と一九八〇年代の、女性の美しいとされる特徴の理想の差異を捉えようとした。彼女の《美の合成 その一》は、ベティ・デイヴィス、オードリー・ヘプバーン、グレース・ケリー、ソフィア・ローレン、そしてマリリン・モンローを合成した作品である。そして、一九八〇年代の美の表象の方では、ジェーン・フォンダ、ジャクリーン・ビセット、ダイアン・キートン、ブルック・シールズ、メリル・ストリープを合成している。(3) テリー・ランドー（Terry Landau）が指摘しているように、合成の結果は「一九五〇年代と一九八〇年代の理想の差異を捉え、例示している」ように思われ、例えば、「五〇年代では弓なりに成形された眉と口紅で強調した唇」が目につくが、「対して、八〇年代ではもっと『総じて』自然な見た目」が表れていると分かる（Landau 1989: 216）。もちろん、これらの結果は、どの被写体を選択するのか、どういった方法で写真を合成するのか、といったことによって大いに影響されるだろう。バーソンのような芸術家は、ゴールトンやその追従者が提唱していたような単純な写真技術ではなく、むしろコンピュータを使っているのだから、その結果を、レンズやフィルムに当たった光の効果の無垢な組み合わせであると見なそうという気にはならない。おそらく、そのような思惑など決して無かったであろう。ジャストロウは、まさに様々な顔がどのように列挙されるのかによって、結果がどのように影響されるのか、はっきりと意識していた。そして彼は、性別の異なる被写体を合成する際には男性の写真の特性が支配的になるであろう、という所見を述べてもいた。顔面のどの範囲に体毛があるかといったことや服装の差異が、結果に影響を及ぼしやすい要素である、と彼は述べていた（Jastrow 1885: 166）。

最も興味深い合成写真の例が顔に関わるものであるということは、驚くことでもない。私がこれまでに見たことのある家全てや哺乳類全ての写真を合成しようとしたとして、それでなぜ、興味深い事柄や発見的な事柄が帰結することがあろうか。〔そのような合成写真は〕単に、形がなくて何が何だか分からない混沌状態としか思われないだろう。それゆえ、われわれの観念全てに対応している合成写真が見つかるかもしれない、といった考えが真剣に受け止められることなどありえない。ゴールトン自身もこのことは意識していた。著書『人間の能力についての研究』（Galton 1907: 11）の中で認めているように、「犯罪者の類型を本当に表象する顔」を構築しようという彼の試みは、不首尾に終わった。合成の結果が誰かを「残忍な特徴を持つ」として表示していたとしても、それは「悪行性」の本質を捉えているわけではなかったのである。それらの結果は、多くの、あるいはほとんどの犯罪者に似ているということはなく、むしろ、犯罪者ではない多くの人々に近似していたのである。だから、そうした結果には、「悪行性は全く書き込まれていなかった」のである。ゴールトン自身はどうやら、悪行性にも様々な類型がある、と結論したようである。それゆえ、彼の試みが失敗してしまったことは、彼が様々な類型全てに共通した要素を見つけようとしたことによるとされた。彼の本の編者であったカール・ピアソン（Karl Pearson）は、確実にもっと妥当な主張を展開している。つまり彼は、悪行性とは心的な特徴であり、特定の身体的特性と結びつけられる必要は無い、と主張し、それゆえ、悪行性は写真には現れない、としている。観念の一般的特徴を明らかにする合成写真のようなものが実際に見つかるのは、限定的な範囲の観念についてだけであろう、ということについては同意が得られるだろう[4]。

　われわれは、ある観念の特徴を明らかにする合成写真が作成可能であるという主張を、次のような理論から区別しなければならない。つまり、われわれが適切な「合成写真」を有していると言うことによって――より正確には、合成写真に非常によく似ているものを有していると言うことによって――そのような観念あるいは概念を有するということを説明できるのだ、という理論である。おそらくわれわれは、概念を適用する際——少なくとも一部の概念を適用する際——には、合成写真を「テンプレート」あるいはステレオタイプとして用いている。おそらくわれわれは、人や類型を認識する際に、それらを、蓄えられた図式やテンプレート、つまり蓄えられた「合成物」と比較しているのである。これがどのように機能しているのかは謎かもしれないが、パースの文章に見つかるいくつかの記述は、まさにそうした考え方を示唆している。さらに、ジャストロウは現代の哲学界において、ウサギにもアヒルにも見える両義的な図の発案者として最も有名であるということを押さえておきたい。われわれはおそらく、適切な視覚的テンプレートに集中することによって、アヒル図をウサギ図に転換する。このとき、ウサギ合成物がアヒル合成物に取って代わっているのである。見た目に基づいて事物に当てはめられる諸観念をわれわれがどのように運用しているのかということを説明するために、そういったテンプレートあるいは図式が必要なのだとして、しかも、そうしたテンプレートあるいは図式はアヒルやウサギについての以前の経験の結果でなければならないと考えるならば、おそらく、合成写真のアナロジーはある程度の説明的価値を持つだろう。このアナロジーは、われわれがどうやってあるものをウサギとして見ることができるのかを説明してくれるだろう。ウサギのような場合でさえ、われわれはきっと、様々な方向から見たウサギや様々な行動に従事しているときのウサギなどを認識できるようになるためのテンプレートの集合が必要になるだろう。様々な場合に——例えば様々な種類のアヒルに——当てはまる様々な合成物が必要なのだというゴールトンの提言もまた受け入れる必要があるかもしれない。本章では、パースがこうした強い主張を受け入れていたのではないかと思わせる文章を検討してゆく。

7・3 簡潔論理学——合成写真と一般的な名辞

合成写真とは何かということについての理解が整ったなら、パースがこの考えを使用している文章の検討に取りかかることができる。まず、私が慣れ親しんでいる、この比喩の最初期の使用例から検討を始めよう。一八九五年頃の『簡潔論理学』(*Short Logic*) に登場する議論である (CP 2.435–41; EP 2: 11–26)。このときのパースは、自身の記号理論の中心的な考えを説明し、最も重要な記号の分類のうちの一つを導入したところである。この分類ではシンボルをインデックス記号とイコンから区別しており、パースは、思考を表現するのに十分な言語たるものは三種類全ての記号を活用していなければならない、というお馴染みの主張を繰り返している。われわれがここで検討する節には「判断」という副題が付されていた。ちなみにこの節は判断と主張の内容について述べている。判断あるいは主張は行為であり、パースいわく、それは常に「二つの別々の記号の対象が同一である」(CP 2.437; EP 2: 20) という判断あるいは主張を伴っている。私は、「あるイメージ、つまりイコンを、あるインデックスが私たちに対して表象した対象と、[……] 結びつくようにする」。私が誰かと会って、その人はならず者だと判断した場合には、私はインデックス(おそらくは指示語や名前)を使ってその人を抜き出し、そして、一般観念あるいは概念をその人に適用する。私の主張が真であるためには、私のインデックス記号によって抜き出されたその人が、ならず者という概念の諸対象のうちの一つと一致していなければならない。前述のように、パースの考えでは、一般概念(今の事例ではならず者)は「イメージ、つまりイコン」の形式をとる。

他の例も、同じパターンを示す。「雨が降っている」と私が言うとしよう。この発言は指示語を含んでいないように見えるが、それでも雨降りの概念が、インデックスによって特定されている時間（とおそらく場所）に適用されている。この雨は、今とここについての述語なのである（CP 2.438; EP 2: 20）。実際には、これらの例が想定しているよりも事態はもっと複雑である。ほとんどの命題はインデックスの集合を含んでいるだろうし、イコン的な表象がその集合に当てはめられることになる。

こうして〔例えば〕、「AはBをCにDの値段で売る（A sells B to C for the price D）」という命題では、A、B、C、Dは四つのインデックスの集合を形成している。「—は—を—に—の値段で売る」というシンボルは、売るという行為の心的イコンもしくは観念を形成し、かつ、このイメージはそのイコンに付されていると考えられるA、B、C、Dという集合を表象しているのだ、と〔当のシンボルは〕宣言している。そしてこの場合では、Aが売り手、Cが買い手、Bが売り物、Dが値段と考えられている。A、B、C、Dをその命題の四つの主語と呼び、「—は—を—に—の値段で売る」を述語と呼ぶとすれば、その論理的関係を十分にうまく表象できるけれども、アーリア語族の統語論を捨てることになる（CP 2.439; EP 2: 20–1）。

これに続く文章で〔パースは〕より複雑な命題や推論について検討しているが、われわれの関心からすると、そこまで踏み込む必要は無い。ひとまずは、命題の「主語」を特定するインデックス的表現の役割と、それとはむしろ異なる、述語的な表現の「イコン的」役割との間で、パースが論理学上の区別を設けていたということを理解しておけば十分である。

この短い文章の中で、パースは「合成写真」の比喩を何度も使って、命題の述語的構成要素のイコン的な役割を説明している。私が、不誠実という概念を誰かに当てはめるとき、「私は、これまで会ったことのある、あるいは本で読んだことのある、そういう特徴を持つ全ての人の『合成写真』のようなものを心に抱いている」（CP 2.435; EP 2: 19–20）。「雨が降っている」の場合は、「思考者が経験したことのある雨の日全ての心的な合成写真が、イコンである」(CP 2.438; EP 2: 20)[5]。ゆえに、合成写真に訴えるのは、思考あるいは命題の述語的構成要素と呼びうるものの特徴を明らかにしようとしてのことなのである。当該の観念が「私の知っている、あるいは本で読んだことのある［……］全ての人」や「思考者が経験したことのある雨の日全て」を反映しているということは、そういった諸観念がどのようにして一般的でありうるのか、つまり、どうやって、これまで遭遇したことのないような場合も含む広範囲の場合に当てはめられるのか、ということについての説明が与えられるということを指し示している。そして、そうした観念を「写真」として述べているのは、おそらく、そうした記号がどのようにしてイコン的でありうるのかを理解しやすくしようと意図してのことである。しかし、ここで検討した文章は、そうした表象がどのように作用するのかについて、つまり、われわれの観念がいかにして一般的でありかつイコン的であるのかについては、ほとんど何の洞察も与えていない。

ここで一つ、はっきりさせておくべきことがある。パースの主張によると、公的言語で使われている述語的表現は（慣習的な）イコン記号として機能する。彼はまた、そこで使われている一般概念の心的な表象（つまり観念）はイコン的に機能するとも主張している。前者の主張については、私は既に多くの機会に論じてきた（Hookway 1985: ch.6 ; 2000: ch.3）。合成写真の比喩は、観念（つまり心的表象）を描写するために使われている。この比喩は、公的言語の言葉のイコン的形式を特徴付けるに際して直接的に用いられているわけではないのだ。実際のところ、先に見たように、パースはしばしば、公的言語の述語は観念の慣習的な公的シンボルとして働くと示唆している。

これまで検討してきた例からは、パースの立場の別の側面も思い起こされる。例に取り上げられていた観念は、思考者が経験したことのある雨の日の合成物や、思考者が知っているもしくは本で読んだことのある不誠実な人の合成物である。ということは、この比喩は、われわれの観念の歴史あるいは起源について何か言っているらしい。観念は、その観念の所有者が感覚的内容の点で経験してきた諸事例から「合成されて」いるのだ。これは、われわれの観念はわれわれが世界と感覚的に出合うことによって生み出されるのだという、経験論的な考え方を彷彿とさせる。実際、パースが合成写真について述べていることとロックが抽象観念について主張していることの間の類似性には驚かされる。われわれは、(例えば)ならず者の観念全てに共通してはいないものを全て排除することによって、後者、つまり抽象観念を得る。他方、写真を重ね合わせて、これまでに出合った諸事例において最もありふれて見つかるものを支配的な特徴とすることで、われわれは前者、つまり合成写真を得る。こうして今や、合成写真の比喩によって説明されるであろう観念の諸側面を、次のように列挙できる。

1　観念は、イコン的な記号あるいは表象である。(これらは、判断を下されうる内容の構成要素として機能する。)

2　観念は、観念を抱く主体が知っている諸事例から合成される。つまり、主体が経験したことのある諸事例、あるいは、証言を通してそれについての知識を得てきたような諸事例から合成される。

3　観念は一般的である。われわれの観念の本性は、どのようにして新しくて馴染みのない場合にも観念を当てはめられるようになっているのかを説明するものでなければならない。

ここで、パースの主張の謎の原因の一つが、はっきりと表せる。この比喩では、観念は合成写真であると考えられている。合成というのはどういうことによるのであろうか。もし、前節で述べたように、多くの観念は通常の合成写真には結びつけられないのだとしたら、パースの主張がパースの思っていたような明らかな妥当性を持ちうるのは、他の形式の「合成」が認められる場合だけである。パースの主張がどれくらいに一般的だと考えられるのかということも問わねばならない。もし、パースの文章が示唆するように、パースの主張が全ての観念に適用されるならば、この合成という考えを比喩的に受け取るべき理由がさらにあることになる。私の雨の観念、黄色の観念、ならず者の観念には、どういう種類の合成が関わっているのであろうか。こうした問いに答えられないうちは、パースの主張は全く不明瞭なのである。

同様の主張は、〔パースの〕それ以降の文章にも見つかる。述語表現は、「とあるイメージ、あるいは言わば、イメージの合成写真を心の中に生起させることによってその記号的意味を伝えるに過ぎない」（CP 2.317, c.1902）ということをわれわれはよく分かっている。私が目覚めて「日がよく照っている」と言う場合、私のその時の経験は「私の同様の経験全てによって私の心の中に生み出される日の光の合成写真」と結びついている（CP 3.621『哲学・心理学事典』より）。合成写真と同一視されているものには興味深い多様性がある。私たちは観念に出合う他に、イメージにも出合い（CP 2.441, 1893）、「情態（feeling）の観念の合成写真」（CP 4.257, c.1897）である質にも出合う。本稿では、こうした多様な変化が持つ意義についての検討はしないでおく。パースがいかにも感覚的というわけではない諸観念に合成写真の比喩を当てはめている文章があることについても、指摘しておくと有益だ。パースは、数学的な例とともに、道徳的な「理想」も「一種の合成写真」でありうると示唆しているのである（CP 1.573）。となると、われわれは次の問いに直面する。すなわち、現実の合成写真が無価値、あるいはほとんど無価値であろうと思われる場合を考えたとき、合成写真という考えはいかなる比喩的な力を発揮するのであろうか。合成写真の考えを広範囲に応用することによって、どういった洞察が伝えられるのであろうか。

7・4　合成写真とプラグマティズム

これまで本章で検討してきたパースの文章は、合成写真の比喩とパースのプラグマティズムの間に密接な関連があるということは示唆していなかった。本節では、これら両テーマが関連し合っていることを述べている文章を指摘するとともに、合成写真の比喩が、パースのプラグマティズムの証明の追求にとって中心的ないくつかの考えを導入するものであったということを述べたい。まずは後者の論点から始めよう。

一九〇三年の「プラグマティズム」講義の第七講で、パースは三つの「砥石命題（cotary propositions）」を明らかにしている。プラグマティズムの原理が「アブダクションの論理全体」であることを彼は証明しようとするが、この証明はこれら砥石命題にかかっている。第一の砥石命題は次の通りである。

「知性の中には、はじめに感覚の中になかったものなどない（Nihil est in intellectu quin non prius fuerit in sensu）」

パースはこれについてさらに説明すべく、われわれの全観念の出発点は感覚的な判断にあると述べている（CP 5.181; EP 2: 226–7）。写真と観念のアナロジー——そしてわれわれの観念は全て「写真」から合成されていると理解できるという示唆——は、感覚的入力をどのように理解すべきかについてはほとんど説明していないとしても、この第一命題の考えを捉えたものではある。しかし、もっと重要なのは、合成写真が一般観念に対応するのだから、合成写真の比喩は、感覚的入力がどうやって一般観念を生むのかについての説明をもたらしてくれるということだ。観念と感覚的判断の関係は、合成写真と個別の写真との関係に類比される。少なくとも、そのように思われる。

さて、プラグマティズムの核心は、われわれが周囲に働きかけるような状況を含む多様な状況においてわれわれが行うはずだと思われる感覚的判断という観点から、観念の内容が完全に明らかになるということにある。その観念の内容には、アプリオリな直観やアプリオリな知性の構造に由来するなどといった、別の起源を持つような部分は全くない。観念が合成写真ならば、観念の内容は、合成されてその観念になるもとになっている「写真」に沿って、完全に追跡できる。それゆえ、個々の写真が感覚的判断と類比的なのだとすれば、そして、観念が感覚的判断からどのようにして「構築される」のかを説明することによって観念の内容が完全に明らかになるのだとすれば、個々の写真のみから全て合成された「写真」というのは（少なくともこの点では）観念と類比的だということになるだろう。このことが示しているのは、合成写真の比喩が全ての観念に対して有効に働くことが証明できるならば、そして、写真の合成と観念の「構築」との間に適切なアナロジーが見いだせるならば、プラグマティズムを支持するある種の議論が導かれるだろう、ということだ。

議論を続ける前に、他の二つの「砥石命題」も押さえておこう。第二の砥石命題は次の通りである。

> ［……］知覚判断は一般的要素を含む。だから、知覚判断から普遍命題を演繹することが可能である。この演繹は、関係項の論理学が、特殊命題でも大抵は［……］普遍命題がその特殊命題から必然的に推論されることを許容する、ということを示すのと同じような方法で行われる。（EP 2: 227）

合成写真は一般的特性を持っていると考えられていること、そして、このことは合成写真が沢山の個々の写真から合成されていることに由来していることを確認してきた。しかしながら、合成写真を作るもとになる個々の写真に知覚判断が対応しているとすれば、合成写真の比喩では、知覚判断までもが一般性を伴っている、と主張することはできないように思える。これは、合成写真の比喩の弱点なのだろうか。いいや、そうではない。パースによると、個々の写真でさえ「合成物」なのである。露光は瞬間のことではないため、写真は連続する無数の光の効果から「合成されて」いるのだ（CP 2.441）。それゆえ、おそらく、この比喩のおかげでわれわれは、知覚判断がもっと抽象的な判断の持つ一般性という特性をどうやって共有できるのかということを、理解しやすくなる。様々な程度、様々な意味で、それぞれの判断は合成された写真に対応しているのだ。しかし、これらの主張間の類似点は限られている。個々の写真と合成写真の関係は、知覚判断と、関係項の論理学を用いて知覚判断から推論で導ける他の命題との間の関係と類比的であるとは思われない。この点については、本章の最終節で立ち返りたい。

第三の砥石命題は、知覚判断にも一般性があることを主張している。というのも、知覚判断は「アブダクティヴな判断の最も極端な例に他ならない」からである（EP 2: 229）。このことが正しいならば、一般性が知覚判断に入り込む過程と一般概念が反省的推理のうちに発生するようになる過程は、似た構造を持つことになる。それぞれの過程がアブダクションを含んでおり、ある一般的な捉え方をすることによって利用可能なデータが意味をなすということを認識している。そして、反省の結果知覚的信念を修正するに至るというのではない場合には、知覚はこの判断を受け入れるという段階に進む。他方、もっと反省的な探求では、アブダクションを、受容される前に経験的あるいは反省的にテストされうる提案と見なす。このことは、これら両者の場合の間にある並行性を損なわせはしない。しかし、合成写真の比喩の使用を、パースが一九〇三年に試みたプラグマティズムの証明を下支えする三つの砥石命題に関連づけてきたわれわれのやり方が正しいのならば、また別の明らかな困難に直面する。ハーバード大学での連続講義の文章では、推論の過程を経て経験が一般観念を生む——そして知覚判断が形成される——ということを示唆している。それゆえ、個々の写真から合成写真を構築するというのは、推論過程についての比喩的な考え方の一つなのである。幸いにも、パースの文章がこのことを裏付けている。ピアソンの『科学の文法』についての書評の中で、パースは、インク壷を見るという例について論じている。

パースは、「われわれが論理的に最初に得るデータは知覚像（percepts）である」と指摘した上で、これには三種類の物理的要素が含まれると述べ、さらにこう続けている。

〔……〕〔その三種類の要素とは、〕情態の質、私の意思に対する反応、そして一般化させる要素あるいは〔他と〕結びつける要素である。しかし、それらは全て後から発見されるものである。机の上のインク壷を見ているとする。これが知覚像である。頭を動かして、私は、そのインク壷の別の知覚像を得る。この知覚像はもう一方の知覚像と一体となる。私がインク壷と呼んでいるものは、一種の一般化された知覚像、すなわち〔複数の〕知覚像からの準推論（quasi-inference）である。おそらくこれは、知覚像の合成写真と言ってよいだろう。（CP 8.144; EP 2: 62, 1901）

さて、合成写真をここでほのめかすことによって、何が付け加わっているのだろうか。

パースの著作物の中で、「常識主義の帰結」から、合成写真をはっきりとプラグマティズムと結びつけたさらなる文章が見つかる。いわく、批判的な常識主義者がプラグマティシストでもあるとすれば——

> その人はさらに、自分の信念の実質の全てが自身の想像力の図式の中で表象されうると考えるだろう。想像力の図式とはつまり、イメージの絶え間ない修正の連続から合成された合成写真に喩えられるものだ。これらの合成物は、行動に関する条件付きの決意に伴っているものである。(CP 5.517, C.1905)

この文章は、二つの理由から重要である。第一に、カント的な論調を読み取らねばならない。われわれは、信念(と観念)が想像力の図式においてどのようにして表象されるのか、ということに関わることになる。こうした図式こそが、合成写真に喩えられているのだ。合成写真が私たちに何をしてくれると考えられているのかについてさらなる情報を得るためには、カントを参照しなければならない。第二に、こうした合成写真の対象についてもっと知らねばならない。パースが観念・質・イメージの写真に言及していることについては、先に指摘した。さらに今、それらの写真はイメージの絶え間ない修正の連続を伴っているということを確認している。パースの連続主義を考慮すると、これは驚くことではない。一般性は連続性と結びついており、さらに、まさに経験のうちに一般性が存在しているおかげで、われわれは実在の一般性を経験していると言えるのである。しかし、依然として、合成写真の比喩がどのように役立つのかという問いは残っている。例えば、建物のイメージの絶え間ない修正の連続を合成した合成物は、見さかいのない無茶苦茶なものになってしまうのではないだろうか。

それぞれに別々の観念のことを言っているのではあるが、観念は合成写真であるという主張と、私たちは抽象化によって一般観念を形成するというロックの主張との間の類似性に、多くの読者は驚かされるであろう。ロックに従うと、われわれは個々様々な犯罪者観念を操作することを通して、犯罪者の抽象観念を形成する。つまりわれわれは、これらの観念から、特殊なもの、全観念の〔共通〕特性ではないものを全て排除するのである。パースの考えも同様で、われわれは個々の観念やイメージに操作を加える。つまりそれらを〔写真のごとく〕重ね合わせて、〔いわば〕写真乾板の露光を行うことで、個々の諸観念全てに共通する特性を際立たせ、特殊な方の特性を見えないようにするのだ。そして、両者の考え方は、同様の二つの問題に直面する。第一に、ほとんどの場合において、この操作から目覚ましい結果、有益な結果が得られるとは思えない。異質な特徴を全て排除したうえでもそのまま残る、全ての犯罪者に共通の特徴など無いだろう。あるいは、残っている特徴があったとしてもそれは限定的すぎて、その概念ないし観念をわれわれがどう理解しているのかを説明してはくれないだろう。第二に、何かが残るとしてもそれは特定の顔の観念あるいはイメージであろうが、その顔は、私たちの会ったことのある他の個々の顔から構築された顔で、おそらくは、のっぺらぼうで特徴を欠く顔になっているであろう。観念の抽象性と写真の合成的性質は、われわれの観念がどのようにして一般的でありうるのかを説明してくれそうにない。この第二の問題を解決するためには、われわれが一般概念を適用する際に、図式的観念あるいは写真をどのように用いることができるのかを、もっと詳しく説明する必要がある。おそらく、カントの図式論を参照すれば、パース的な主張がどのようにして、抽象観念についてのロックの説明が直面した困難を回避するのかが、明らかになるだろう。

7・5　図式論

図式論は、『純粋理性批判』の中でも最も難解な部分の一つであるが、その重要性と有望な見通しをパースは見過ごしていなかった。パースはこう述べている。

図式についての〔カントの〕学説は、カントの体系が実質的に完成した後でその体系に加えられたもの、後からようやく考えつくことのできたものだったのだろう。というのも、もしこうした図式が十分に早くから検討されていたら、カントの仕事全体が繁栄を誇っていたであろうから。（CP 1.35）

『純粋理性批判』はあまりにも性急に書かれてしまったということだけが、不備の目立つ仕事であるとの誹りに対してありうる弁護だろう。細部は全て荒削りなままである。カテゴリーの図式化について論じている箇所は、威風堂々とした素晴らしい建造物の中で未完成のままになっている部屋があるような有様であった。いかなるイメージも、そして従って、いかなるイメージの集合も、と付け加えても良いだろうが、図式が表象するものを表象するのに十分ではない、とカントは述べている。もしそうならば、どのように図式が概念ほどには一般的ではないというのか、私は当然知りたい。私が彼に質問したとすれば、彼の答えは、図式は異なる「能力」の産物なのだということに尽きるだろう（CP 5.531）。

第一の文章は、カント思想の図式論の有力さを証言している。そして第二の文章は、たとえカントがこの作業をやり遂げていなかったにしても、図式論は一般概念を十分に理解するための素材を含んでいると示唆している。しかし、いずれの文章も、カントの理論の細部はパースの趣味には合わなかったことを示唆している。状況証拠が示すところでは、合成写真について書かれた部分は観念と概念についての考え方を述べた箇所の一部であり、この部分は、カントの本のこの〔図式論について述べた〕節で表面化している論題のいくつかを発展させており、パースのプラグマティズム〔の主張〕にとって基礎的な部分にあたる。

図式論の関心は、悟性の産物である概念が、どのようにして経験的世界に適用されるのかということ、つまり、時空間内で私たちのところに現れる経験的直観の対象に、どのようにして概念が適用されるのかということにある。想像力が、その紐帯となる。それぞれの概念が図式と結びつくのであるが、多産的な想像力におけるこの図式の働きのおかげで、経験を予期するための一種の法則がもたらされる。この説の詳細はとても曖昧で難解であり、ここで立ち入る必要はない。これまでのわれわれの議論から、パースが合成写真を引き合いに出したのは、この必要を満たすかたちで一般概念の説明をしようとしてのことだった、ということは明らかだろう。合成写真とは図式であり、想像力の中での図式の表象は、感覚的経験に喩えられ、かつ／あるいは、感覚的経験に適用されうるものを生み出す。さらに、写真を引き合いに出したのは、これらの一般観念と図式には、経験の中に起源を持ち得ないような概念的要素など含まれていてはならない、というプラグマティズムの洞察を取り入れようとしてのことである。プラグマティズムの原理は一般概念がどのように図式化されうるのかを示す、と考えておいて良いだろう。そして合成写真の比喩は、全ての観念がこの方式で図式化されうるという考えを納得のゆくものにするのに役立つ。

議論の細部をいくらか補完してくれる一節がある。連想の経験に基づく一般化は「類似性の努力」の効果ではないかというベイン（Alexander Bain）の提案（Bain 1870）を検討する中で、パースはこう述べているのである。

なぜ、同時に、これは類似性によって示唆されることのうちの前半部分である、と言ってしまわないのか。母が身につけていた、とあるエメラルドの精確な色合いを、私は思い出そうとしている。一連の色調の諸段階が私の心の中をよぎる。おそらくそれらはひとつの連続体になる。しかし、だからといって変わりはない。それらは、あの一つの色によって示唆された無数の色なのだ。カントが不十分にではあるが規則や図式などと言い表したもののもとで考えれば、それらの一連の色は、あのエメラルドのような緑色のものの一般概念を構成しているのだ〔……〕。ある感覚についての曖昧な記憶とはまさに、示唆的な観念によって一緒に呼び起こされる諸観念の集合体である。それが連続的なものであろうとなかろうと変わりはない。（CP 7.407）

合成写真の比喩は、経験された無数の観念をどのようにして、単一の表象、つまり合成写真へと融合させられるのか、ということに関わっていると考えられる。この文章は、それとは逆の過程を示唆しているように思える。すなわち、単一の表象・観念が、色調の諸段階の連なりを、つまり個々のイメージや写真の連なりを、喚起・生成している。そしてこのパースの例は、図式論にとって重要な二つの事柄を捉えている。まず、観念が、想像力のうちで、あるいはイメージという形式で、個々の表象を発生させているということ、そして、その観念の論理的構造が、一連のイメージの中、時間の中で表示されるということである。

　この考えがどういったものへとつながっているのかを知るためには、パースの知覚理論におけるあるテーマが役立つ。先に見た通り、知覚は、アブダクティヴな推論を含む。とはいえこれは、「無批判的な」推論である。私が椅子を見ているとしよう。それは椅子だという判断は、知覚像の質的な特徴を記述するもっと始原的な諸前提からの意識的な推論としてもたらされているのではない。むしろその推論は直接的で「無批判的」であり、私の経験それ自体の質的な特徴に〔既に〕取りついている。その対象は私に対して椅子として現われている。時にこれは、アブダクティヴな推論の「限定的事例」と言われる。この主張は、見られているものが私たちの制御下にあるような場合――つまり、ある絵をアヒルと見るかウサギと見るか、少女と見るか老女と見るか、上り階段と見るか下り階段と見るか、などなどのことを私たちが制御できる場合だ——に訴えることで、支持されている。想像力はこの過程に関わっており、さらには、その場面がどのように展開してゆくのかを予期することにも関わっている。「ウサギの耳」が突然に開いて魚をついばんだら、われわれの経験は整合性を失い、自分はアヒルを見ているのだという新しい知覚的アブダクションを採用することになる。こういったアブダクティヴな知覚判断がとる形式は、事態がどのように展開するのかについての感覚的予期を含んでいる。そしておそらく、想像力はこの種の方法で質と判断を結びつけるのに必要なのだろう。われわれが知覚的経験や知覚判断において用いるこうした諸概念は、われわれの経験の質の連続的な展開を予期している。そして、そうした連続的展開は、われわれが実際にする経験によって、裏付けられ（たり反証されたりす）るのだ。一九〇三年以降にパースがプラグマティズムについて述べた記述では、こうした広い視野での構想を強調している。ここで私が言っているのは、パースはカントの図式論の中にこうした主張がこだましているのを聞いているということ、そしてまた、「合成写真」の比喩は、パースがこの謎の多い難解なテーマについて考えるのに役立っていたということである。知覚的経験に結びつく観念は、経験がどのように展開するのかについての、あるいは、経験の対象が私たちの考えていた通りの種類のものだとしたら経験はどのようになるのかについての、一種のイコン的な表象をもたらす。合成写真は、アプリオリなものとして考えられうる内容を何ら経験に持ち込まずにこの種の仕事をするかもしれないものの一例を、提供してくれる。合成写真は、レンズに差す光の効果のおかげで内容が完全に決まり、〔だからこそ合成写真は〕物事に判断を下す際に参照できる見本をもたらしてくれるのだ。

パースにとってどうして合成写真の比喩が魅力的に映ったのかをこのように説明することが少しは妥当だとしても、このことから、解釈についての多くの問いが発生する。第一に、ゴールトン流の合成はせいぜい、経験した事項の見た目に基づいてそれらの事項に適用される、非常に少数の概念のために利用可能であるに過ぎない。われわれはもっと広く応用可能なかたちでこの比喩を理解する必要がある。ひとえに、何が道徳的理想の合成写真であり得るのだろうか。あるいは、電子の合成写真とは何か。建物の合成写真とは何か。ゴールトンのモデルがパースの追い求めたような一般的応用性を得るためには、このモデルは拡張され、発展させられねばならない。第二に、ゴールトン流の合成写真は静的である。つまり彼の合成写真は、犯罪者の類型や学識のある科学者達のスナップショットのようなものだ。パースが見抜いていたように、カントの図式論は、時間の中の一連の直観について、本質的には言及している。そして、パースの立場とカントの立場の関連を説得力あるかたちで主張しようとしてわれわれが用いた例は、観念の連続的な波及・発展を記録する際の合成写真の役割にも訴えるものであった。われわれに必要なのは、合成スナップショットではなくむしろ合成動画である。ゴールトンのモデルに基づいて情報豊かな合成動画を構想しようにも、その構想は実際、非常にお粗末なものになってしまう。

7・6 結論と今後の展望

こうした議論からそれほど大きな進展は望みにくいけれども、次のような推測が、これから進むべき道を示してくれるだろう。パースが、合成写真の比喩を用いることによって、観念とはたくさんの個々の経験あるいは「写真」から「作られている」または「合成されている」と理解できるのだ、という主張を行うようになっていることは明らかである。われわれが問わねばならない問いは、この合成物がどのように機能するのかということだ。ゴールトンの著作はある一つの物語を示唆している。これまで、この考えが直面してしまう困難を見てきた。また、パースの表面上の主張と抽象観念についてのロックの主張との間には類似性があると論じてきた。これらの議論が依拠してきた想定は、観念の「合成」というパースの説明が、個々の写真から合成写真を構築するゴールトン流の手法に概ね当てはまる物語を活用している、という想定である。しかしながら、本章で参照してきたパースの文章のいくつかでは、どのようにして個々の「写真」から一般観念が合成されるのかについての別の物語、別の説明が示唆されている。

パースが、合成写真に触れる以前に書いた論文「偶然の理論」の中で用いている例を考えてみよう。

自然学者は、ある種を研究しようとするとき、多少なりと似ている、相当数の標本を収集する。それらの標本について考察するなかで、その学者は、ある特定の点で多少なりと似ているいくつかの標本があると気づく。それらの標本がみな、例えば、S型の特徴を持つとしよう。学者は、それらの標本はこの点において、ぴったり同じというわけではないと気づく。そのS型はぴったり同じ形になるのではないが、その差異は、彼に、彼が所有するそれらの標本のうちのどの二つの間にも〔両者間の媒介となる〕中間的形式が見いだせるだろうと考えさせる程度のものである。さて、この学者は、明らかにS型とは似ていない別の形を見つける。これをC型としよう。問題は、この学者が、C型をS型と結びつけるような中間的な型を見つけられるのかどうかだ。この学者は、こういう、最初は不可能に思えることでも、しばしば成功させている［……］。このようにして、自然学者は自然についての研究から、問題になっている特徴の新たな一般的な捉え方を組み立てるのだ。（W3: 277）

この例について、いくつかの側面に注意してほしい。新しい観念は、標本についての自然学者の経験から結実している。この点で新しい観念は合成写真に似ている。この観念は、実経験ないし可能的経験の連続体を発生させている。このとき、可能的経験の方は、観念を経験に照らしてテストするために利用できる。実経験の方は、これらの経験の予想と比較することができる。単一の「写真」がそれ以外のもの全てを含むということはないが、それでもこれは、可能的な写真、可能的な経験の連続体の合成物なのである。その新しい観念は、具体的な観念の連続的な一団を発生させる規則をもたらす。そしてそれらの観念は、われわれのさらなる経験を認識したり理解したりするために利用できる。その観念が経験に合致したイコン的な表象を発生させるとき、私はその種の標本を認識するようになるのである。こうしたことは、習慣的かつ無批判的に生じうる。そしておそらく、そうしたことは、意識的な反省や熟考を経て生じることもある。それゆえ、「合成」の方式はゴールトンのものと同じではないけれども、そのように理解された一般観念と合成写真との間にははっきりとしたアナロジーを見て取ることができる。

　この場合、観念は、記述される次元に沿って変わるイコン的表象の連続的な広がりを生む。ほとんどの観念については、非常に多くの「次元」に沿った連続体の変化をどのように具現化するのか、容易に理解される。また概念というものを適用することがどれほど複雑な問題であるのかも理解できる。ある次元が、他の次元よりも重要であるかもしれない。曖昧さと不確定性が付いてまわる可能性も高い。他にも様々な問題があるだろう。ここで重要なのは、〔ゴールトンの方式とは〕異なっているが、それでも合成写真の比喩に合致している方式の「合成」を理解できるということである。重要な違いの一つはこうだ。この方法で観念を構築する際には、われわれは既知の諸事例から、つまり実際にある写真から、観念を組み立てる。しかし、この観念は、経験されたことのない多くの要素を含むだろう。われわれは、様々な次元に沿って間隙を埋める可能的な標本の観念を形成するのである。しかし、パースのプラグマティズムが示唆しているように、わわれわれの追加する事例は、われわれが〔実際に〕経験した事例と、種類の点では異ならない。全て経験可能な事例であり、これまで参照してきた文章が示す通り、われわれは追加した事例と同様の具体例を探すことによって、自身の観念をテストできる。観念が、経験の対象になりえないものを含むことはないのだ。

時間はまだこの構想の中に入ってきていなかったが、時間をどう考慮に入れるのかは容易に理解できる。私のアヒル観念は、アヒルの見え方がどのようにして変化しうるのかということも追跡するだろう。アヒルの見え方は、私がアヒルの周りを移動したり、アヒルが近づいてきたり遠ざかったり、向きを変えたり、羽ばたいて飛んで行ったり、雛から成鳥へ成長したりするのに合わせて、変化する。さらにまた、この情報を記録する単一のスナップショットなどというものは必要ない。そうではなく、アヒル観念が想像力のうちで生み出す可能性のあるイコン的表象の連続的集合の中に記録されうる、連続的な成長と変化の更なる可能性がもたらされるのである。ゆえに、この構想の全体像は次の通りである。観念の内容は、イコン的表象の複雑な体系を列挙することで汲み尽くせる。イコン的表象の体系は時間などの多くの連続的な次元に合わせて変化し、また、知覚的アブダクションのテンプレートとして役に立つ。さらに、これらのイコン的表象の多くは知覚を通して得られたものである。また、そうではないイコン的表象も全て、原理的には、経験されうる事態を表象している。

いま述べた概要は、道徳的理想のようなより抽象的な観念や、電子や数学的観念、心理状態などの理論的な存在物のことは扱っていない。合成写真の比喩がこれらにどのように応用できるのかという問いは、概して、どうすればプラグマティズムの原理を使ってそうした概念を明断にできるのかという問いである。そして、これは本章で取り組むには大きすぎる問題だ。しかしながら、目下述べている推測は、合成写真の比喩をそうした場合に適用する際にわれわれが直面するかもしれない困難の一つについて、答えを示してくれる。ゴールトンの合成写真は、特徴的な外見を有しているものが全てであり、道徳的理想、数、電子、怒りなどの状態にはそのような「外見」はない。観念が、多くの場合、多くの連続的次元に沿って変化するイコン的表象の体系であることを通じて合成的になりうるのならば、特徴的な外見などのない事物の観念がどのようにしてありうるのかは、容易に理解できる。私の怒りの観念は、人が怒っているときにどのように振舞うか、その人は自分の怒りをどのように正当化するのか、どうすれば怒りを鎮められるのか、といったことについてのイコンを発生させるであろう。ただしその際には、怒りをそうしたものとする単一の図式的な描像がもたらされるということではないのだ。

原注

（1）この点については、素晴らしい例外が、ネイサン・ハウザー（Nathan Houser）による『エッセンシャル・パース』第二巻序論の中に見出せる（EP 2: 504n10）。

（2）ジャストロウの記事の大部分は、通常の合成写真と同じ効果を得るための様々な技術を記述することと、それらの技術のさらに興味深い特徴を指摘することに費やされている。このジャストロウの記事「合成肖像写真」（'Composite Portraiture'）は*Science*（1885）VI: 165–7. に掲載されている。その翌年の同誌のとある号のジョン・ストッダート（John Stoddart）の記事では、スミス・カレッジの学部生の合成肖像写真が例にあがっている。掲載されたのは、学部二年生四九名の合成写真二版と、物理学の選択講座の構成員二〇名の合成写真であった。この記事は、合成写真を作成する際に決定しなければならないことをいくつか指摘している。'Composite Portraiture,' *Science* (1886) VIII: 89–91参照。

（3）本稿執筆時点では、これらの写真はバーソンのウェブサイトで閲覧可能。http://nancyburson.com/pages/fineart_pages/earlycomps.html（二〇一二年五月二五日にアクセス）。ナンシー・バーソンの他の例もまた、同じくらいに魅力的である。小説『一九八四年』を題材にしたＣＢＳ放送の番組のために制作された彼女の一九八三年の作品《ビッグ・ブラザー――スターリン、ムッソリーニ、毛、ヒトラー、ホメイニ》が次のウェブサイトで見られる。http://collections.vam.ac.uk/item/O 94153/big-brother-photograph-bursun-nancy/〔二〇一七年九月二二日訳者が確認〕

（4）Pearson（1914-30: 286）参照。ピアソンの著書には、様々な種類の犯罪者の合成写真の例も掲載されている。

（5）CP 2. 441でパースは、この考えを拡張し、普遍量化子つき命題に適用しようとしている。このことについては本稿では掘り下げない。

第8章 プラグマティズムと所与——C・I・ルイス、クワイン、パース

8・1 序論——プラグマティズムと経験

C・I・ルイスが二〇世紀の哲学に対して重要な貢献をしたことは見逃されがちである。パース、ジェイムズ、ロイスなどといった古典的なプラグマティズムと、二〇世紀後半の「ネオプラグマティズム」の出現に影響を与えたクワインのような哲学者との懸け橋となるのがルイスの哲学である。マレー・マーフィーによる最近の権威ある研究が明らかにしているように、論理学や認識論へのルイスの貢献は、パースやジェイムズによって展開されたプラグマティズムの認識論を厳格に発展させたものである。実際、ルイスが一九二〇年にハーバードに帰還した際にパースの原稿に出会い（Murphey 2005: 111）、さらにそれより先にロイスの著作に出会っていたことが、論理学と形而上学の関係がつねに重要なものであるという彼の理解を形作った。そして、ルイスがハーバードで何年にもわたって教えたので、その後に続く世代の哲学者たちはそれを拒否したり限定的にとらえたりする反応をしばしば示したとはいえ、彼らはプラグマティズムの思想に触れる機会を得たのである。『心と世界の秩序』（1929）や『知識と価値評価の分析』（1946）といった彼の著作

は、それ自体は現在あまり研究されないが、重要な影響を与え続けているプラグマティズムの認識論を明確に表現したものである。

マーフィーの著作の副題である「最後の偉大なプラグマティスト」には、二つの意味が込められている。一つは、われわれがルイスを研究するスタンスについての貴重な助言である。つまり、分析哲学者によく見受けられるように、たまたまプラグマティストであった認識論的な基礎づけ主義者として彼をみなすのではなく、プラグマティズムの伝統に属するひとりとしてわれわれは彼の哲学に取り組まねばならない。もう一つは、ルイス以降には、プラグマティズムの「偉大な」擁護者は現れなかったということの示唆である。もしルイスのプラグマティズムに難点が示されるなら、プラグマティズムの伝統を深化させるその後の意義ある展開は存在しないことをそれは示唆している。プラグマティズムの生き生きした伝統はルイスの哲学とともに終焉を迎えたということは、次の事実から裏づけられる。すなわち、一九五〇年代に行われた彼の認識論や形而上学に対する多数の批判を受けてルイスは意気消沈し、その後再び「概念主義的プラグマティズム」の擁護をすることはなかったという事実である。彼のその後の著作はもっぱら倫理学や価値論についてのものである。しかし同時に、プラグマティズムの伝統は終わっていないこと、そして、二一世紀に向かって繁栄してきたことを示すかなりの証拠もある。

一つの側面において、一九五〇年代以降の影響力のあるプラグマティズムの著作の多くは、ルイスとともに終わったとマーフィーが示唆する「古典的なプラグマティズム」の伝統と断絶している。つまり、古典的なプラグマティストたちと、「ネオプラグマティスト」またはプラグマティズムの賛同者と見なされている最近の哲学者の少なくとも何人かとの間には、その哲学的な立場に注目すべき相違がある。パース、ジェイムズ、デューイは、知覚的な経験には豊かな現象学的な性質があると主張する。ジェイムズが自らを「ラディカルな」経験論者であると述べるとき、彼は経験には初期の経験論者たちが認めたよりもさらに多くの内容があるという事実に注意を促すとともに、経験を実在の根本的な構成要素とみなす形而上学的見解を強く支持している。またパースは、特に後期の著作の中で、次のような形式の経験論を擁護している。すなわち、外的事物をわれわれが直接知覚すること、また、ある事物が他の事物に及ぼす因果的影響をわれわれが経験できること、そして、一般性を含むものとして、例えば諸法則に支配されたものとしてわれわれの経験が世界を提示すること、こうしたことを認めるような経験論である。

さらに、知覚的経験の内容のこうした特徴は、どのようにしてわれわれが探求に参加し、信念や理論を評価し、理論的な問題を解決するのかを説明する際に重要な役割を果たす。つまり、古典的なプラグマティストたちは典型的な経験論者だったのであり、そして、彼らを特徴づけるのは、経験の中に彼らが見出した豊かな内容であった。それに対して、ローティ、セラーズ、クワイン、デイヴィドソンといった哲学者は、二〇世紀後半のプラグマティズムの再興に貢献したとみなされているが、彼らにとって経験はかなり限定的な役割をもつものであるようにみえる。こうしたネオプラグマティストたちはみな、ある信念を支える理由として役立つことができるのは別の信念だけである、ということを受け入れている。知覚が役割を果たすことは、諸信念が形成される因果関係の中ではありうるが、信念が正当化される場面ではありえない。彼らの著作の中に、古典的なプラグマティズムを特徴づけていた経験の現象学に対する慎重な配慮を見出すことはできない。この立場は「所与の神話」の拒否から帰結したものだと彼らの多くは考えているようである。確かに、この「所与の神話」という誤った考えをわれわれがいったん放棄すれば、知覚的経験の現象学は認識論や探求の理論に貢献することはほとんどないように思われる。しかし、ここで重要な中間的な立場に立つのがC・I・ルイスである。こうした他の哲学者とは違って、ルイスはためらうことなく所与を認めた。そしてセラーズたちは、ルイスの『心と世界の秩序』のような著作こそが彼らが拒否した所与の考えの一次資料であるとはっきりみなしていた。加えて、認識論的な議論をルイスが展開する際に、ジェイムズや特にパースの著作や原稿のなかに見出される考えに依拠すべきだと彼は主張した。ここから次のような問いが生じる。すなわち、古典的なプラグマティストたちが採用していた経験観も同様に所与という考えにコミットしていたのだろうか。そして、所与という欠点のある考えとされたものを放棄しつつも、同時にプラグマティズムの諸々の洞察を維持するための方策を最近の論者たちはわれわれに示しているのだろうか。あるいは、初期のプラグマティストたちの見解に含まれていた経験についての深い洞察を見失うことで、彼らは無用なものと一緒に大事なものを捨ててしまったのだろうか。実際、どの程度までルイスの認識論は過去にさかのぼって、(現象と物自体という)カントの二分法を再び導入していたのだろうか。

8・2 二〇世紀の認識論における所与

多くの現代の哲学者にとって、所与の概念は二つの哲学的な立場と密接に関連している。すなわち、経験主義と認識論的基礎づけ主義である。所与を拒否する者は、ルイスを典型的な認識論的基礎づけ主義者とみなす。ルイスの著作にかんするそうした解釈はほとんど確実に誤りである。しかし、われわれはまず、この「標準的解釈」が何を含意するかを見定めることから始めるべきである。

基礎づけ主義は、信念の正当化の構造を次のように説明する。つまり、われわれの多くの正当化された信念がその正当化を得るのは、別の正当化された諸信念から、もしくは、それらに基づいて、その信念が推論されるという事実によってである。正当化の無限遡行の回避については、すべての信念が無限遡行に陥るわけではないと基礎づけ主義は主張する。その正当化は非推論的であるような基本的もしくは根本的な諸信念が存在し、他の信念の依拠する推論にとっての究極的な最初の諸前提は、そうした基本的な諸信念が提供する。すると、そうした基本的な信念はいったいどのようにして正当化されるのか、という問いが生じる。この問いに答える仕方はいくつかあるが、そのうちルイスの解釈に関連するものは二つの要素からなる。エリック・デイトン（Eric Dayton）はそれを次のように述べている。

確実性　こうした（基本的な）信念は確実（自明、誤りようがない）ものである。
感覚性（基本的な）信念は、認識的意識のうちの感覚的な事柄（典型的には種や対象や出来事についての感覚的な意識）についての信念、もしくはそうした事柄自体である。［デイトンは「基本的（basic）」よりも「自己正当化的（self-justified）」という言い回しを好む］（Dayton 1995: 257）

われわれの基本的な信念は、われわれの思考や概念から独立した感覚経験に何らかの仕方で反応する。つまり、われわれはそうした経験を受動的に受け取る。そうした経験はわれわれに対して与えられるのであり、それゆえしばしば「所与」と呼ばれるのである。

この種の基礎づけ主義的認識論を拒否する理由は多くある（例えばHaack 1993を参照）。しかし、この点について、ウィルフリッド・セラーズ（Wilfrid Sellars）（1963: 41f）の有名な「所与の神話」の指摘によって示唆された一つの問題にだけ私は言及したい。私の経験の諸要素が、何らかの仕方で私の基本的な信念を正当化もしくは構成するとしよう。ところが、私が形成するどんな知覚判断も、所与についての解釈を含むだろう。つまり、私があるものを赤くて三角形であるものとして見ているとか、机の上の青い本として見ているとか、私は判断する。ところで所与は、われわれの概念に依存したり、それを反映したりしない何かとして特徴づけられた。したがって、所与には、それが正当化するはずの判断がもっている種類の構造が欠けていると考えられる。もし所与が基本的な信念を正当化するのなら、それは規範的な役割を果たさなければならない。すなわち所与は、われわれが正しいとか適切だとみなす解釈を何らかの仕方で形づくらなければならない。実際、上述した確実性を前提にすれば、所与は決して誤ることのない解釈を正当化しなければならない。所与が概念的もしくは命題的内容をそれ自体でもたない限り、この規範的な役割を所与がどのようにして果たすことができるのかを理解するのは不可能である。われわれの特定の解釈の形成を所与が因果的に引き起こすかもしれない。しかし因果的な原因は解釈を正当化することはできない。ここでのジレンマは次のようになる。すなわち、われわれの経験は、ある種の概念的構造をもっているために所与ではないか、あるいは、概念的構造が欠如しているためわれわれの信念を正当化できないか、いずれかになってしまうというジレンマである。

　所与が基礎づけ主義者の信念への正当化を与えるという基礎づけ主義的認識論の擁護者として、多くの研究者がルイスを解釈している例は数多くある。一九九五年の論文「C・I・ルイスと所与」でデイトンは、そうした解釈の例を挙げながら、それらを批判している。一つの例として、彼はロデリック・ファース (Roderick Firth) を引用している。「外界についてのわれわれの知識は、最終的な分析において、直接的な感覚データの疑う余地のない把握によってのみ正当化される」というのが、ルイスの最もよく知られた主張としてファースが考えるものである (Firth 1968: 329; Dayton 1995: 254)。このファースの解釈はルイスを基礎づけ主義者とみなすものである。また、論文「ルイスの認識論の核心から」でのローレンス・ボンジュール (Laurence BonJour) による、二つの主張にかんする次の特徴づけにも、類似した解釈が見いだされる。

第一に、経験的知識の正当化は、「所与の」経験という基礎に本質的に依存している。第二に、経験的知識自体の本質は、所与の「解釈」とルイスが呼ぶものの中に存している。そして、この所与の解釈には、現在与えられていることとそれに伴って現れるであろうと仮説的に想定されるさまざまな種類の行為に基づいて、未来の所与の経験にかんして仮説的な予測を行うことが含まれている。(Bonjour 2004: 195)

次節で見るように、この解釈はルイスの一九二九年の著作『心と世界の秩序』には当てはまらない。彼がその著作で擁護している認識論は、基礎づけ主義ではなく整合説であり、所与の役割は基本的な信念に正当化を与えることではない。一九八九年の論文「C・I・ルイスにおいて所与がもつ二つの概念——実在論と所与」で、クリストファー・ゴーワンス(Christopher Gowans)は、ルイスの初期の見解についてこの点を強調しつつ、一九四六年に『知識の分析と評価』を書くまで、ルイスの見解は発展しており、当人はその変化に気づくことなく、彼を基礎づけ主義とみなすファースの解釈に適合するような立場を採用するようになったと示唆している。より最近では、先に言及した論文でデイトンは、ゴーワンスによる『心と世界の秩序』の解釈を擁護しながらも、『知識の分析と評価』の時点においても、ルイスを基礎づけ主義者と見なす主張を批判している。この点に関して、ルイスの思想にはほとんど変化や進展はないとデイトンは見なしている。ルイスの見解の発展についての学術的な問題を扱うために、初期の著作の見解に注目してみたい。

8・3　C・I・ルイスと所与

『心と世界の秩序』の第二章で、ルイスは次のように述べている。

われわれの認知的経験には二つの要素がある。一つは直接的なデータである。それは感覚データのように心に提示され与えられる。もう一つは形式、構成、あるいは解釈である。それは思考の活動を表す。この事実を確認することが、もっとも古く普遍的な哲学的洞察の一つである。(Lewis 1929: 38)

この（二つの要素の）区別は明白で根本的であるので、それを記述し理解する正確な方法はかえってはっきりしないことを彼はすぐに認めている。興味深いことに、このテクストは正当化の構造については何も述べていない。つまり、それは認知的経験、例えばある事態を見るという経験の本性についての主張である。このテクストはすでにわれわれに対して示唆を用意するものである。実際、認知が二つの要素をもつというこの主張を述べることは正当化の構造については何も述べていないとわれわれは解釈できるのである。彼の哲学に対するこのことの重要性は、まさにカントの次の洞察によって示唆されている。すなわち、「もし心に与えられるデータがなければ、知識は無内容で恣意的なものとならざるを得ない」。なぜなら、「それに対して真となるものが何もなくなるから」。他方で、「もし心自体が付与する解釈や構成がなければ、思考は余分なものとなり、誤謬の可能性は解明不可能なものになり、真偽の区別は無意味となる恐れがある」(Lewis1929: 39)。こうして、一方で「直接的なデータ」もしくは「所与」があり、他方でそのデータの解釈があるという哲学的区別と、それが重要である理由が提示される。すなわち、所与と解釈の区別が成り立たなければ、認知の根本的な諸特徴を理解できないからである。

一九一〇年の博士論文、一九二九年の『心と世界の秩序』、一九四六年の『知識の分析と評価』を含めて、ルイスは所与についてたびたび言及している。所与の本性と認知におけるその役割についての彼の見解は発展をしているが、その見解の一般的な姿はおおよそ一定したものであり、本論文の目的にとっては、後に生じたいくつかの修正の細部を理解する必要はない。実際、所与についてのルイスの最も重要な主張は、彼の発表したいくつかの説明の細部には左右されない。所与について、実質的に変化しなかった彼の見解を見いだすことが可能である。さらにまたわれわれは、直接的なデータが存在することがなぜ彼にとって重要であったのかを問い、所与が本当に存在すると考えられる証拠はあるのかを検討することができる。

『心と世界の秩序』第2章でなされた、二つの要素の区別にかんするルイスの最初の特徴づけは、所与の二つの根本的な特徴が何であるかを述べている。すなわち、

すべての経験において、われわれが思考によって生み出したりせず、また一般に消去や変化をさせることができないと分かっている要素が存在する。手始めの表現として、われわれはそれを「感覚的なもの」（the sensuous）と呼ぶことができるかもしれない。（1929: 48–9）

彼がその章の末尾で提示する「所与であるための基準」は、同じ趣がある。

それらの基準とは、第一に、所与の感覚的あるいは情態的な（sensuous or feeling）特徴である。第二

に、思考の様態がそれを生み出すことも変化させることもできないこと、心的態度のいかなる変化によってもそれが影響を受けないままであることである。決定的なのは二番目の基準である。一番目の基準だけでは十分ではない……。(Lewis1929: 66)

ルイスによれば、観念論者は所与を認めることなくやっていこうとする者であるが、ルイスが彼らを批判する際、観念論者は明らかに次のような立場に立たされている。すなわち、「緑の木でなく白紙をある瞬間に私が見ているという事実が、それを変化させようとする私の思考の力を超えたデータであること」(1929: 45) を否定するような立場である。ルイスの批判によれば、「思考活動が感覚データと一般に呼ばれるものを生み出すのか」という問いを観念論者は回避している。

したがって、所与の最も重要な諸特徴は、次のものである。

1　所与はわれわれの思考によって生み出されることはない。
2　所与はわれわれの思考によって破壊や変化を被る可能性はない。
3　所与は「感覚的」あるいは質的な特徴をもつ。

すると、所与が存在することを受け入れるどんな理由があるだろうか。ルイスが注意を促す経験概念の曖昧さに欺かれなければ、きっと彼の区別はより自明であると見なすことができる。私が何かを見ることと、意識的な熟考の結果として私がある意見に達することとの間には、明白な区別がある。例えば眼を閉じるとか別の方を見たりすれば、私が何を見るかも変えられる。とはいえ、私が見ることよりも、私の熟考に対する方が、より能動的な統制を行うことできるというのは、もっともらしいことである。

これは、「事物の世界にかんする厚みのある（thick）経験と、直接的な薄い（thin）経験」（Lewis 1929: 54）の間にある曖昧さである。われわれが見るもの、「われわれが最も確実に知っているもの」は、「対象や対象についての生き生きした諸事実であり、それは命題の中で述べられ得るものである」。つまり、「われわれは色の断片を見るのではなく、木や馬などを見るのである」。そして、知識をめぐる哲学的な反省はすべて、この種の事実からその歩みを始めるのである。しかし、もしこれがわれわれの「分析に先立つデータ」が主題とするものであるなら、このデータについての反省に基づいて、所与の事物との接触を行うことは、われわれの日常的な経験からの抽象によって可能である。すると所与とは、われわれが見るものではなく、われわれがそれを見るということを構成する一つの重要な要素である。哲学的な反省が確立するように求められるのは、私が机上のコンピュータを見ることが、様々な現象学的な形や色合いなどの現前を私がもつということを含むということである。もちろん、これが意味するのは、認知のどの要素が直接的もしくは所与であるのかについての直接的な反省的知識をわれわれがもたないということである。おそらく、所与が直接的であるという主張が意味するのは、認知における所与の要素がそれ自体、推論または他の認知的諸活動の結果ではないということである。たしかに、何かが与えられることの知識は、他の認知的な操作によって媒介されるかもしれない。しかし、何かが与えられることそのものには、そうした媒介は存在しない。

この問題をさらに考察する前に、経験的認知の二つ目の要素である解釈について検討する必要がある。現在の彼の経験のいくつかの要素を、すでに彼が持ち合わせている語句を用いて、万年筆として記述するということを含む例を通じて、ルイスは解釈について検討している。この例が含んでいるのは、次のような内容である。

(a)「現在の(彼の)意識の場全体からこの項目を(抽象する)……
(b)……そして、現在は現れていないものとそれを(関係づける)……
(c)……それは、(彼が)すでに習得した仕方でなされる……
(d)……そして、(彼が)すでに獲得した行為の様相を反映する仕方でなされる……

(Lewis 1929: 49)

あるものを万年筆としてみるとき、ある目的のために使うことができ、ある仕方で働きかければある仕方で機能するであろうもの、またそのように機能すると期待されるものとして私はそれを解釈している。この解釈は、所与の中に現前しているものを超えている。所与の内容には、われわれの諸目的に相対的に成り立つような、未来もしくは現在のそのものの内容までは含まれていない。所与という資格においては、所与はすでに解釈されているものではなく、あくまでも解釈可能なものである。そしておそらく、このことこそ、ある所与について、それを例えば緑の木の所与ではなく白い机の所与であると解釈することを適切であるとするような、所与の特徴なのである。

こうして次のような所与の一層の特徴が示唆される。すなわち、

4　所与であるものは、注意や思考という能動的な干渉から独立した、意識の全体的な場である。それは「差異化されていない(undifferentiated)」、おそらくウィリアム・ジェイムズのいう「意識の流れ」のようなものである。(cf. Murphey 2005: x)[1]

5　所与には、ある種の「陰伏的な（implicit）」構造があるはずである。その構造によって、その所与が含む様々な「項目（items）」を指示したり抽出したりすることが可能になり、また、ある解釈が他の解釈よりも適切となることが何らかの仕方で保証されるのである。（cf. Murphey 2005; Lewis 1910）

所与がすべての「認知的経験」の部分を形成すること、そして、所与が諸概念を使用した解釈を加える際に役割をもち、そのことで「厚みのある経験」の生成に貢献することを受け入れるなら、どのようにしてそれが可能なのかにかんする問いにわれわれは直面しなければならない。すなわち、どのようにして所与は解釈を導いたり可能にしたりするのか。どのようにして万年筆のような事物について豊かな「厚みのある」知覚経験を所与が生じさせるのか。もし所与が認知の内容を提供するなら、所与はある概念的な解釈を適切とし、他の解釈を不適切とするような特徴をもっていなければならない。「区別の基礎が所与に陰伏的に存在し、注意によって明示化される」（Murphey 2005: 37）とルイスが博士論文の中で述べていた段階からこの問題は現れている。所与を解釈し、所与の諸項目に注意を向ける際に、われわれはそうした所与の特徴に反応するが、しかし、われわれは所与の質的な特徴や感覚的な感じを変えはしない。所与は他ならぬある仕方で解釈される傾向をもつとされるが、しかし、それは一般的もしくは概念的な何かを含むのではない。所与に対する一般的な反論は、いかにして非概念的な「薄い所与」がある解釈を正当なものとするのかが理解できないというものである。

『心と世界の秩序』の中でルイスは、いかにしてこのことが成り立つのかについて、形而上学的な説明をするそぶりを見せている（1929: 60ff）。「現前（presentation）」の内容が反復可能もしくは普遍的なものではないことを指摘したうえで、その内容は「特殊な特徴（赤さや騒々しさの直接性のような）であるか、そうしたものの複合体に分析可能なものであるかのいずれかである」と彼は述べている（1929: 60）。こうした感覚質は、赤くあることや騒々しくあることという一般的な性質と混同されてはならないが、「一つの経験においても、また別の経験においても認識することが可能」である。こうした性質と違って、感覚質は名前も時間的な広がりももたない。このことから帰結するのは、われわれは自らの経験を解釈なしに記述することができないということである。しかし、所与が感覚質の複合体であるという事実は、われわれが所与を解釈して一般的な概念の下に置くという可能性をともかくも説明することができる。ここで困難が生じる主要因は次のことにある。すなわち、所与についてわれわれの行っていることを説明する構成要素が、一般的でないのに反復可能であり、記述可能でないのに知識の根本的な源泉であるということである。そして、こうした困難があるために、そうした（所与という）事物が存在すると考えるよい理由をわれわれが見つけられることがいっそう重要になるのである。

所与は思考によって創造も破壊も採用もされることはできないというルイスの主張をどのように解釈するか、という問題をわれわれは今や考えることができる。ルイスはそこで「能動的な思考」について書いているが、能動的な意識的思慮を通じて現前を統制する可能性について、もっぱら彼の関心があることをそれは示唆しているのだろう。もし所与が習慣的または自動的な認知の痕跡を残しており、おそらく背景知識の影響を無意識的に受けている可能性があったとしても、それはここでルイスの述べていることと両立可能である。興味深い一節があり、そこでルイスは次のような考えを示している。すなわち、万年筆についてのわれわれの解釈はすでに学んだ知識や行為の習慣を利用しており、まったく異なる関心や経験をもつ異文化の人はそれを同じようには分類しないであろう、というのである（1929: 49）。われわれが万年筆だと知っているものを彼らはまったく異なる語句で記述するだろう。それにもかかわらずルイスは次のように述べている。「私がこの経験で『所与』として言及したものは、広い意味で、仮に私が幼児または無知な未開人であったとしても質的には異なることなく存在するであろう」（1929: 50）。この一節が示唆するのは、所与としてあるものは、われわれの関心や知識による無意識の効果の痕跡をもっていないということである。所与がこの痕跡をもちうるのは、どのような感覚質が所与の一部として機能するのかに、われわれの認知的な位置が影響を与える可能性があるときだけである。私の知る限り、ルイスがこの可能性を考えていることを示唆するテクストはない。

ここで重要な問題に立ち戻らねばならない。すなわち、「所与」が存在すると主張するどんな理由があるのか、という問題である。つまり、能動的な思考が生み出したりコントロールしたりすることはないが、それ自体として解釈の材料を提供するような、経験や認知の要素が存在すると主張できるのだろうか。この見解を支持する三つの議論が考えられる。一つ目に、所与があることはとにかく自明であり、おそらく内省をすれば明らかに分かることかもしれない。二つ目に、認知の中に所与の要素があることは心理学的な研究を通じて明確になるかもしれない。三つ目に、哲学独自の探求を通じてそれは明確になるかもしれない。つまり、本節の最初に示した引用に示唆されるように、もし所与がないならば、われわれの思考が内容をもつとか、真と偽の信念の区別があるとかいうことが意味をなさなくなる、という議論である。

ルイスの主張にある次の一節は、一つ目の議論を支持するかもしれない。

われわれはいかなる時も、実際に意識の中に次のものを見いだす。すなわち、それは感覚的かつ質的な内容であり、差異化されていない複合体である。その複合体は、単に現れているだけで、われわれのど

んな目的もそれを生み出すことはできないようなものからなる。（Murphey 2005: 36 に引用）

この議論が正しいかどうかは疑わしい。例えば、見えるものと、それについて形成した反省的な思考とを確かにわれわれは区別することができる。しかしこのことと、われわれの知覚内容がわれわれの概念や関心によって形作られていることとは矛盾することではない。ルイスが万年筆を見ている時の彼の感覚経験が、万年筆やその使い方について何の経験ももたない人の感覚経験と同じであるということは、内省的に自明なことではない。さらに、所与の意識が「すべての合理的存在の心にそれ自体で存在する訳ではなく」（Lewis 1910: 78–81; Murphey 2005:36–7）、「その意識に重ねられるある様態の注意」をつねに伴っていることをルイスはその後認めている。それゆえ、所与の要素になるようなものが存在することを内省したり感覚したりする能力をわれわれがもっているのかどうかは、疑問の余地がある。

ここで、パースの一八六七年の論文「人間に備わっていると主張されてきた諸能力にかんする問い」の議論を想起するのが役立つ。われわれの推論や背景知識からの影響を全く受けず、外的な対象だけによって決定されるような「認知」（cognition）としての「直観」が存在するのか、というのがその議論の問題である。なじみ深い心理学的現象を引き合いに出して、われわれが一見すると直観とみなすかもしれない多くの心的状態が、実際には無意識的な推論の結果であることを彼は示した。もし直観が存在するのなら、そう信じることを説明する推論がなければならない。しかし、そうした状態が存在すると考えるいかなる理由もない、というのが彼の結論である。そしてパースの定義によれば、ルイスの所与はおそらく直観と見なされるであろう。

次に、先の二つ目の議論に対しては、ルイスは長めの反論を行っている。どのように所与が解釈されるのか、どのように所与は知覚経験の思考を引き起こすのか、こうしたことを心理学の研究は明らかにしない。つまり、心理学と哲学は異なる種類の目標をもっている。心理学的な観点からは、所与を把握している状態や、カント的な多様性は「おそらく虚構である」とルイスは述べる（1929: 55）。彼によれば、所与とは、「経験の中」にあり、経験の本性を決定する因果的な役割を担うような、何らかの区分された心理学的な状態ではない。彼によると、所与が何であるかをわれわれに示す研究は、「特殊諸科学に先行する」ものである。しかし、このような研究がどのようなものかは、彼の記述からはさほど明らかではない。つまり、「どのような関心や思考や認識をわれわれがもとうと関係なく、変化せずにそのままであり続けるもの」（1929: 52）が所与であるということに彼はもっぱら依拠している。次のような哲学的見解に彼は束縛されていたと結論づけるのが自然である。すなわち、もしわれわれがそもそも知識をもつことができるなら、事態はそのようになっているに違いない、という見解である。

本節を終えるにあたり問われるべきなのは、いったいどのような説明力が所与にはあるとされるのか、ということである。そこでまず、ルイスのいう「所与の二つの基準」について考えよう。一つ目の基準は、所与が感覚的な質（sensuous or feeling-quality）を通常はもつという事実を指し示している。これは、所与が感覚質から構成されていることと関連する。二つ目の基準は、所与はわれわれの支配下にはないということを強調する。つまり、能動的な思考や熟慮が所与に影響を与えることはできない。なぜこの二つに彼は言及するのだろうか。なぜこの二つは両立するべきなのか。二つ目の基準こそが「本質的」であると彼は考えているが、それならなぜ一つ目の基準にあえて言及するのだろうか。所与がもつとされる種類の説明力について、これらの基準はどのような役割を果たすのだろうか。

彼によれば、「もし心に与えられる一切のデータが存在しなければ、知識は内容の欠如した恣意的なものになるはずである」。なぜなら、「それについて真であるはずの何も存在しないことになるからである」(1929: 39)。では、知識が「それについて真である」ような何かが存在することを、どのようにして所与は保証するのだろうか。そこで、この(所与と、知識の対象との)つながりが理解されるかもしれない三つの異なる仕方を考えてみよう。第一に、所与とは知る人の能動的な思考から独立した何かであるとすることで、心から独立した実在にかんする知識をわれわれが獲得する仕方について、説明できるようになるかもしれない。これを理由にして、彼はある種の経験的な実在論を擁護するかもしれない。それは実在概念の意味を解明しようとしたバークレーの試みを思わせるような実在論である。いくらわれわれが変化させようとしても、所与はそれに抵抗し、われわれの意見を制約する。第二に、経験世界についての知識をわれわれが得るためには、経験の中に与えられた事物に対して何らかの概念を適用する必要がある。そして実際、そのためには、そうした概念の共有された理解をわれわれがもつこと、そして、われわれによる概念の適用に他者が同意すると期待されることが必要である。第三に、世界のある事柄について推論する際、それに対して基礎を与えるという認識論的な役割をも所与はもつ。しかし、それぞれの場合において、彼はなぜ「薄い所与」の特殊な性質をもつ何かに訴える必要があるのだろうか。

薄い所与は、心からの独立性という強い意味を含んでいる。異なる文化に属する異なる人びとが受け取る表象が、それぞれ各人によって多様であることをわれわれが認めないときは特にそうである。所与の構成要素である感覚質は、すべての人にとって普遍的で開かれているようなものである。(すると)後に見るように、意志への抵抗によって実在を説明する戦略が仮に正しいとしても、なぜこの洞察が薄い所与によって説明されねばならないのかは明らかではない。

こうした役割を果たすためには、われわれは所与に気づかなければならないし、その特徴に注意し、その情報を保持できるようにならねばならない。そうすることで、われわれの残りの経験的知識の基礎を与えることができる。（しかし、）このことは所与のもつ他の特徴と対立するように見える。所与は知識の対象ではないし、記述できるものでもない。なぜなら記述や知識は解釈を含み、それゆえ知識の対象を、ある瞬間に与えられるものではなく、ある時間のなかで継続するものとして扱うことを含むからである。われわれは所与を解釈することによって万年筆や木を見るが、何かを解釈することによって所与に気づくのではない。つまり、直接的な現前は、理解もしくは解釈される必要がある記号であるが、それら自体は何らかの他の記号の解釈を含んでいない。にもかかわらずわれわれは所与が何であるかについて報告できる。（例えば、）ある事物について、それが特殊な解釈を引き出しうることを理由に、それが感覚質のある現れを暗示しているとわれわれは言う。またわれわれは、自分が赤いという感覚質に注意を向けていることを知ることはできないが、それが赤く見えることを告げることはできる。ある特定の所与は特定の種類の解釈を引き出す傾向があるという考えをこのことは捉えている。そうした場合、誤謬が起こる恐れは、われわれが言葉を間違って用いる可能性だけであるとルイスは考える。

8・4 所与の役割

ある種の認識論的な基礎づけ主義をルイスは擁護しようとしていたという主張に対して別の解釈がある。その解釈に従えば、知識の本性にかんする次のような形而上学的な問題に彼は関心をもっていた。すなわち、実在論や観念論、現象主義などのうち、どれが正しいのかという問題である。その問いに彼が出した答えは、その形態においてカント的なものであり、またそれはボンジュールが言及した一つの主題の中に反映している。つまり、われわれの認知的な達成が所与や経験についての諸々の解釈を提供する。所与の役割は、知識の対象を提供することであり、知識を正当化するための基礎を提供することではない。われわれの信念はすべて、そしてまた正当化されうるものはすべて、所与についての可謬的な解釈である。そして、それらはすべて可謬的である。すなわち、われわれの解釈が他の解釈と対立することがいずれ判明するという可能性を排除することはできない。この認識論は整合説である。すなわち、われわれの信念の正当化の根拠を、その信念が他の信念と対立しないことに求める認識論である。しかし、所与がわれわれに与えるのは知識の対象との出会いであり、これは正当化の役割を果たすことなく可能である。

所与と概念体系というルイスの区別は、直観と概念というカントの区別を想起させる。これもまた、信念に与えられる正当化の種類についての区別ではない。むしろそれは、知識の対象とそれについてわれわれが知る内容との区別として表現されるかもしれない。直観は受動的なものであり、われわれが概念を適用する対象を提供する。そして、われわれが受け取る感覚的な直観に対して、いかにしてわれわれが概念を適用できるのかというのが、まさに根本的な問題である。この解釈に従えば、ルイスと他の「偉大なプラグマティストたち」との違いは、彼らがかなり懐疑的に扱うカント的な二分法を採用しようとしている点にある。どの程度こうした解釈は適切だろうか。

ルイスはアプリオリにかんするプラグマティックな捉え方を擁護する。つまり、アプリオリな知識は、われわれが持ち合わせる概念的な資源を反映する。所与の解釈の際にわれわれが採用する分類は、心から独立した現実によって決定づけられるのではない。むしろ、それらの分類はわれわれの関心や欲求を反映するのであり、自らの目的に最も適合する概念体系をどんな場合にもわれわれは採用する。分類にかんする実在論、すなわち、分類が心に依存するものではないとする立場に対して、この主張は否定的な内容を含んでいる。つまり、分類はわれわれの心が構成したものかもしれない。知識はつねに解釈を含むのであり、解釈は創造的な活動である。これがルイスの哲学のプラグマティックな側面である。

しかしルイスは、彼のプラグマティズムを実在論と結合したかった。われわれが概念を適用する事物は、心から独立したものである。所与は、知る側の心によって決定されない存在についての一つのモデルである。それゆえ、内的および外的な感性の諸形式によって直観が決定されているとしたカントとは異なり、心によって構成されるのではない存在に対してわれわれは概念を適用するのである。われわれの諸目的に適合する形で実在する事物をわれわれは解釈する。知覚は所与に対する解釈を具体化しているので、日常的な知覚の内容は完全に心から独立したものではない。だから、厚みのある経験は完全に実在的で心から独立したものというわけではない。しかし薄い所与は、われわれの信念や期待や解釈によって影響を受けない完全に心から独立した存在を捉える。これは実在論を擁護する一つの仕方を提供する。もしこの理解が正しければ、所与についてのルイスの議論がもっている困惑させる特徴のいくつかをそれは説明する。第一にそれが説明するのは、所与が文化ごとに変化しないとルイスが熱心に主張した理由である。万年筆の経験を考察する際、「私がこの経験で『所与』として言及したものは、広い意味で、仮に私が幼児または無知な未開人であったとしても質的には異なることなく存在するであろう」(1929: 50) と彼は述べている。この一節が示唆するのは、所与としてあるものは、われわれの関心や知識による無意識の効果の痕跡をもっていないということである。もし認知の中で完全に心から独立した要素であることが所与の本質であるなら、異なる人々が受け取ることで生じる所与の中の差異を、各人の心的態度や知識に訴えて説明することはできない。したがって、もしこの教説がルイスに実在論の擁護を可能にするものであるなら、異なる人々を通じて所与が恒常的であるというこの主張は必要である。

第二にそれが説明するのは、所与の特徴の同定には心理学を活用できないと彼が考えた理由である。所与は、認知という心理学的過程の中にそれが占める位置によって特定されるものではない。むしろ、所与は、形而上学的もしくは哲学的な目的によって心の中で抽象される、厚みのある経験や認知という複合的な過程の一つの側面もしくは特徴である。それは厚みのある経験全体の中の一つの特徴であるが、しかしおそらく、この過程の何らかの心理学的な構成要素にこれが対応していなければならない理由はない。それを明らかにするのは、論理的もしくは現象学的な探求だと考えた方がよい。

第三にそれが説明するのは、所与の形而上学的な構造について、それが感覚質（クオリア）から構成されているというルイスの主張である。もしルイスが、先述したような仕方で実在論とプラグマティズムを結合しようとしたのなら、所与の解釈が単に流動的なだけではないことが重要である。実在性がそれ自体の解釈のされ方を決定しえないとしても、われわれがそれを解釈する仕方を制約する諸特徴があるにちがいない。解釈を行う際に方策を選ぶ余地はあるとはいえ、解釈は流動的なものではないはずだという考えが、このことと両立可能である。しかし、このより一層カント的な企図の文脈では、所与のこうした特徴がある解釈を正当化することは要求されないという点が重要である。解釈の評価は、それらが他の解釈とどれだけ整合的であるかに従ってなされるのであり、どれだけ「所与」に適合しているかによってではない。そして、われわれの信念の大半は所与についてのものではなく、机や椅子や万年筆などについてのものである。しかし、われわれがこうした見解を所有しテストできる唯一の理由は、われわれの経験が所与として与えられた構成要素を含んでいるからなのである。

基礎づけ主義的な認識論ではなく形而上学で所与が果たす役割を見れば、ルイスの主張は最大の意味をなす。このように理解すれば、その主張はすでに擁護可能となるだろうか。最後の節で私が論じるのは、形而上学的な文脈においては、正反対の方向に引き裂かれてしまって、この主張は不安定なものになるということである。そして、その理由を理解することは、古典的なプラグマティズムと現代的なネオプラグマティズムとのいくつかの相違点を理解する助けになる。

8・5 三人のプラグマティストと所与

ルイスの所与の観念について、不満だと私が考える点を示すためには「事物の世界にかんする厚みのある(thick)経験と、直接的な薄い(thin)経験」(Lewis 1929: 54)という彼の区別を想起する必要がある。われわれが見るもの、「われわれが最も確実に知っているもの」は、「対象や対象についての生き生きした諸事実であり、それは命題の中で述べられ得るものである」。例えば、視覚的経験の現象学を記述する際、そこには解釈が含まれる。例えば、机の端で転がっている万年筆についての私の経験は、ペンや類似した対象についての知識によって導かれた予期の要素を含んでいる。つまり、それが意味するのは、もし仮にペンが机から離れた後に空中でとどまっているなら、われわれは知覚的混乱の本当の感覚を経験するだろうということである。われわれが見ることは知っていることを反映している。ルイスが主張するように、「われわれが見るのは色の断片ではなく、木や家である」。このことから次のことが帰結すると私は考える。すなわち、われわれは色の断片を見ており、かつ、色の断片についての前提から木や家についての結論を引き出すのだと言うことは間違っているであろうということである。それゆえ、薄い所与に注目するとき、見るものは与えられるものをはるかに超えることをわれわれは認める。

われわれが理解したところでは、ルイスの主張は次のようになる。すなわち、われわれの認知的経験の一部を所与が形成しているという事実によって、いかにしてわれわれの知識の諸対象が心から独立しているのかを理解することができる。ただし、それらの事物にかんするわれわれの解釈は、われわれの目的や認知的習慣、背景にある信念や態度を反映している。すると、所与性という観念はいかにして心からの独立性という観念を把捉するのだろうか。

ルイスの議論が強調するのは、この問題の説明に貢献する以下のようないくつかの特徴である。

1　経験の中の所与の要素に対してわれわれはコントロールすることができない。
2　それ（経験の中の所与の要素）はわれわれの認知的活動の跡を残さない。
3　それは判明な（distinctive）感覚的な特徴をもっている。
4　それは誰にとっても同じである。つまり、この感覚的特徴は同じ場面を同じ位置から観察するすべての人に共有される。そしてそのことは、すべての人が関心、習慣、概念的道具立ての点で異なっていたとしても成り立つ。

経験の中の所与の要素が誰にとっても同じであるという事実は、それがわれわれの認知的活動から独立していることの証拠を提供する。本節では、われわれの知識の対象が心から独立している余地を残すためのルイスの方法を、パースとクワインという二人の哲学者のそれと比較しよう。パースはルイス自身も知っており影響を受けた古典的プラグマティストであり、クワインはルイスに学びネオプラグマティストの思想に少なからぬ影響を与えた人物である。この両者ともに、上の1から4のすべてを受け入れることはないだろう。しかし、これらの内どれを拒否するかという点で二人は異なる。

実在がわれわれに与える効果、外的な実在に対する認知的な接触の証拠について考える際に、様々な仕方でこの効果を特徴づけることができる。この効果をともかくも暗示する経験の特徴もしくは側面を、薄い経験としてルイスは同定しようとした。別の可能性はクワインの著作に示唆されている(1960: chs1 and 2, 1990: passim)。すなわち、たとえわれわれの経験と解釈が個人に特異的な(idiosyncratic)ものであったとしても、異なる行為者が、その技量や背景には関係なく、網膜や他の感覚表面への同じ刺激を受け取ることは可能である。このことによって、外的事物のわれわれへの効果と、それらから構成される(意識的もしくは無意識的な)様々な解釈とを区別する明確な基礎が提供される。(ルイスのいう)薄い経験も(クワインのいう)表面への刺激も、われわれが周辺環境についての情報の受動的な受け取り手であるという事実を際立たせるうえで類似した役割を果たす。加えて、われわれはこうした網膜の刺激をコントロールできないし、それらは概念や信念によって影響を受けるようにも見えない。ルイスの説明にあってクワインの主張に欠けているのは、所与が判明な感覚的特徴をもつという考え方である。

ひとたびこの段階を超えれば、別の道をとる誘惑が生じるだろう。すなわち、ローティのようなネオプラグマティストたちや、より詳細な形でデイヴィドソンによって擁護されている方向である。われわれの感覚が同じ外的な対象や事態によって影響を受けている限り、われわれの受け取る網膜刺激が正確に同じであるか異なっているかは問題にはならないように思われる。われわれはみな、例えば互いに目の組成が非常に異なるとしても、万年筆から受け取る情報を解釈することによってそれについての知識を獲得できる。例えば、網膜に対応するもののない人工的な補助眼球をもっているからといって、万年筆との認知的接触の機能が弱まることはないだろう。われわれは外的な事物との接触をもっているに違いない。しかし、われわれがみな同じ感覚入力をもっているかとか、正確に同じ種類の感覚器官をもっているかとかいうことは全く問題ではない（Davidson 2005b: 64ff）。クワインはこのことを彼の最後の著作で受け入れている（Quine 1996）。

われわれが経験を通じて実在に直面するというのは自然な考えである。われわれは自分の目で見た事物に注意を向けることができ、周囲の環境についてより多くのことを学ぶ際にこれを活用する。クワインから影響を受けたネオプラグマティストたちはこの考えを拒否しているが、パース、ジェイムズ、デューイといった古典的プラグマティストたちなら、この考えを退けることに異論を唱えただろう。しかし、パースによる知覚の説明やジェイムズの根本的経験論について研究すれば、彼らが厚みのある経験の豊かさから議論を始め、所与の薄さについてのルイスの理解は受け入れる傾向がないことが分かる。彼らの多くがルイスの実在論に共感するということがありえるとしたら、そのためには、すべての人に同じである薄い所与に訴えることなく、知覚的な知識の諸対象が心から独立していることを理解する方策が彼らには必要となるだろう。パースの見解を考察すれば、それは次のような特徴をもつはずである。すなわち、（1）知覚の現象学を真剣に受け止め、（2）心から独立した事物についての直接的な感覚的知識をわれわれがもつことを許容し、（3）薄い所与というルイスの見解を含まないような説明である。

パースが公刊した初期の論文の一つ「人間に備わっていると主張されてきた諸能力にかんする問い」では、「直観（intuitions）」をわれわれがもっているのかという問題が論じられた。その直観を「認知（cognitions）」として彼は説明したのだが、それは外的対象のみによって決定され、われわれの他の認知によってはまったく決定されないような認知である。もっともルイスなら所与自体は認知ではなく、認知のひとつの側面であると主張するであろう。とはいえ、「(直観という）認知」が存在しないとするパースの議論は、薄い所与が存在しないことを示すためにも適用できるだろう。認知が心から独立のものかどうかをわれわれはなかなか判定できないことを示唆するために、パースが訴えるのはいくつかの馴染み深い心理的現象である。たとえば、網膜の盲点についての情報が示すのは、知覚的経験が連続的な質をもつという特徴が、盲点のギャップを埋める認知的な過程によって生じているということである（EP 1: 15; W2: 197）。たとえば、ある経験や認知が認知的な精緻化の結果を含むことは、内省を行っても決して明らかではない。もし直観が存在するなら（または、経験に所与の要素が存在するなら）、われわれは説明的な推論の結果としてのみそれを知ることができる。たとえば、もし仮に所与が存在しないとすれば、知覚的知識は不可能となってしまうだろう、ということをわれわれは示す必要がある。そして、そうした説明的な推論は必要でもないし手に入れることもできないというのがパースの見解である。

しかし、外的な事物についての知識をもつわれわれの能力が、事物を知覚したときにそれに注意を向け、指標的表現（indexical expression）を用いてそれを指示する能力に依存しているともパースは主張している（Hookway 2000: ch. 4）。パースはルイスと同様に、われわれが自らの経験の本質をコントロールできないことが、知覚的なものの特徴であることを論じている。つまり、「知覚する者は彼が知覚する対象を知覚するように強いられていることを自覚している」（CP 4.541）。さらに、これはパースが知覚に見いだした「二重の意識」と関連している。つまり、知覚表象とその構成要素を自分自身とは違う他なるものとしてわれわれは経験するということである。われわれが知覚する事物は、彼が第二性と呼ぶものを表している。すなわち、知覚のもつ現象学的な特徴は、外的対象を自分自身とは違う他なるものとして感じることを含む。われわれは外的対象に対して二項的な関係に立っていることが現象学によって判明する。自分自身が外的な事物を、可謬的にではあれ、直接的に経験しているとわれわれが理解することに対しては、経験のもつ豊かさが役割を果たしている。このことは次のようにいうこともできるかもしれない。すなわち、われわれは事物を心から独立したものとして経験しているが、場合によっては間違ってそのように経験しているのかもしれない。パースは時々、自らの見解を表現して、外的対象それ自体は知覚表象の構成要素であり、また、知覚の直接的な対象の構成要素であると言っている[2]（CP 7.619）。したがって、知覚について、その対象の実在論を支持するような現象学的な特徴は、経験がすべての人に共通の要素を含んでいるという事実ではなく、他なるもの、外的なものとしてわれわれが事物を経験するという事実である。ある意味では、そうした経験を「われわれに与えられたもの」としてわれわれは記述するかもしれない。そして、そうした経験の現象学は他なる事物がわれわれに対して与える効果として経験を表現する。

しかしこの立場は、ルイスが述べるような種類の感覚的な「所与」の存在を否定することと両立できる。時間の経過の中で一定の型に従う仕方で発展するような過程を経験していることをわれわれは自覚する。もちろんわれわれは、知覚が生起している時点でそれをコントロールできないし、知覚判断を行うことをそうする何らかの理由もなく強いられるのだが（CP 4.541, 7.622）、他方で、われわれの側で背景となっている知識や採用している諸概念によって、どれだけ事物が影響を受けるように見えるかを示す馴染み深い事例が存在する。知覚的な経験はつねに予期の要素を含んでおり、その予期は通常は未来の経験と整合的なものだが、時々齟齬を来す。パースは的確な例を挙げている。

時々、止まっている列車の席に座っていて、隣を別の列車がゆっくりと通り過ぎるときに、自分の乗っている列車の方が動いていて、別の列車は止まっているように見えるという違和感に混乱させられたことがある。そこで感覚を手がかりにして私は推論したのだ。「人が動く車両に乗っているときのガタガタという振動を感じるか」と自問してみた。いや、感じない。「車輪の音はするか。」しない。「ではなぜ、別の列車が止まっていて自分の列車の方が動いていると私は考えるのか」。これには、知覚体

（percipuum）とはそういうものであり、私にはそれを避けることができないということ以外に、答えはなかった。（CP 7.643）

通常われわれはこうした過程をコントロールすることは不可能だが、それが可能である中間的な事例が存在する。すなわち、シュレーダーの階段の例にパースは言及しているが、アヒル・ウサギの例も、事物の見え方がどのようにしてコントロールできるのかを表す事例として役立つだろう（Hookway 1985: ch. 5）。それゆえ、われわれは現実の諸事物と相互関係をもつのであり、それらを他の何かとして解釈する仕方を利用することによって、それらを指示語によって指示することができる。それらの見え方をコントロールできないことをわれわれは自覚している。事物の現実のあり方が、われわれがそうだと信じているあり方とどれほど違っているかをわれわれは自覚している。それゆえ、自らが犯す誤りの危険性と、自らの誤りの同定と修正を試みることができる方法との両方をわれわれは自覚している。経験の現象学は実在論の特徴を有しているのであり、われわれはこのことを、ルイスが擁護したような種類の薄い所与と厚みのある経験とを無理に区別することなく確認できるのである。やはりルイスに従って、実在論の正当性を示す方法として薄い所与を受け入れる必要がなぜあるのかを理解するのは困難である。

8・6　結論

所与が存在することをなぜルイスがそれほど自明な（かつ必然的な）ことだと考えたのかということは興味深い問題である。その答えの一部は、ルイスがプラグマティストである度合いが低すぎ、カント主義者である度合いが高すぎた、ということである。たしかにパースは彼のプラグマティズムを、もしカントが自らの根本的な誤りを避けていれば受け入れていたはずのこととして考えていた（EP 2: 353–4）。しかし、パースはそのかなり初期の段階から、直観と他の種類の認知とのカント的な二元論を拒否していた。他のプラグマティスト、例えばデューイも、カント的な他の二元論を拒否した。ルイスの哲学は、アプリオリについてのプラグマティストの説明を擁護することによってカントの厳格さを緩めることになった。しかし、所与と概念、分析的命題と綜合的命題の二分法は、依然としてその哲学に存在する。所与についての彼の擁護は、このことの結果の一つである。ルイスをクワインやパースと比較することは、彼とはかなり違った仕方でカント的な二元論から自由になった哲学者たちの立場とルイスの立場を比較することなのである。

原注

（1）こうしたジェイムズからの影響は、ルイスの次の見解にもまた現れている。すなわち、われわれが経験の「項目（items）」を記述するのは、われわれの行為への関心を反映する仕方で、他の現実的または可能的な経験とその項目との諸関係を調べることによってである、という見解である。

（2）「テレパシーと知覚」と呼ばれる一九〇三年の未公刊の草稿からこの解釈を行った。その草稿の一部は、著作集第七巻の 7.619 に含まれている。

第9章 プラグマティズムの原理——パースの定式化と事例

9・1 プラグマティズムの格率

パースがたびたび多大な苦心をしたのは、自分自身の提示したプラグマティズムと、プラグマティズムという名を冠したウィリアム・ジェイムズやジョン・デューイ、F・C・S・シラーなどの哲学的立場との違いを強調することであった。もっともジェイムズは、彼のプラグマティズムを一八七〇年代に形而上学クラブでパースが擁護した見解に跡づけ、さらには「プラグマティズム」という語の功績をパースに与える用意もあった。しかしパースは次の点について注意深く念を押している。つまり、彼自身のプラグマティズムが、「論理的な原理」という正確な形式を取っていたのに、のちの思想家たちによって「哲学的な態度」に変形されてしまったこと、そしてその変形の過程で、その教説のもっていた価値の大半は失われてしまったということである（第10章を参照）。彼によると、彼自身のプラグマティズムの有意義な利点の一つは、それだけが正確で厳格な証明を与えることができる点にある（CP 5.415）。パースによる証明の試みの詳細と適切さは本章の関心ではない。証明のために用いることを彼が異なる時期に提案している幾つかの根本的な戦略を特定することは容易である（Hookway 2003）。しかし、それらの戦略を実行に移すことはつねに複雑なことであり、パースの思想の多くの領域から様々な着想を引き出してくることが必要になる。そして、その試みは、彼の満足いくような形では決して完成することはなかったのである。さしあたって本章での関心となるのは、その証明がいったい何を立証しようとしているのかという問いである（Hookway 2000: ch. 12)。

プラグマティズムの「格率」または「原理」に対するパースの諸々の主張が示唆するところでは、二つの別々な解釈の課題を区別することができる。一つは、この論理的な原理の内容を特定しなければならないということである。すなわち、プラグマティストの原理は何を述べているか。その正確な内容は何か、という問いである。いったんこの課題が果たせたなら、証明の探求に向けたもう一つの問いを立てることができる。すなわち、なぜその原理が真であることを受け入れるべきなのか。なぜそれは採用されるべきなのか、という問いである。本章では、一つ目の課題に取り組む。そして、私が結論の一つとするところでは、プラグマティストの原理の証明に到達するまでは、その原理が何を述べているのかを述べることはできない。すなわち、その原理自体が、証明の構成の過程で明確になるのである。

明らかなのは、その原理が為すことを要求される仕事の本質である。一八七八年のパースの論文「いかにしてわれわれの観念を明晰にするか」において、観念・概念・命題・信念・仮説などの内容の反省的な明晰さを獲得するための規則として、初めてその原理は導入された。つまり、その原理を適用することによって、われわれは命題や観念の内容が何であるのかを知ることができるのである。「論理がわれわれに教えるものであり、また、それを要求する権利をわれわれがもっているような、最初の教訓とは」、われわれの観念が明晰であることを確かめる方法である。すなわち、「われわれが何を考えているか知ること、自分自身が意味していることに精通することは、偉大で重みのある思想にとっての確固とした基礎を提供するであろう」(W3: 260) とパースは主張する。われわれの観念を明晰にする第一歩は、より馴染みがあり単純な概念を使って難しい概念を定義しようとすることだろう。しかし、そうした定義が本当の完全な明晰化を提供するのは、定義の中に使われている語句がわれわれにとってすでに明晰であるときに限る。すなわち、明晰でないものを一切含まない明晰化を提供するなら、それは思考や探求で概念がどのように採用されるべきかをともかくも十分に明確にできるだろう。

そうした明晰化は様々な価値をもつ。パースが最初に彼の原理を適用したのは、真理と実在の概念を明晰にすることだった。つまり、これらの概念は論理学と哲学において根本的に重要であり、それらの内容を混乱して把握すると、哲学的な誤謬につながる可能性がある。観念を明晰にする方法がなければ、そうした誤謬を決して避けられないかもしれない。他の誤謬の危険が生じるのは、実際には認知的内容がない仮説を真面目に受け取るときである。ある想定された「仮説」や「概念」を明晰化できないことを証明することによって、パースの原理のおかげでそうした誤謬を避けることができ、アプリオリな「存在論的形而上学」の害悪を避けることができる。最後に、仮説の明晰化によって、そうした仮説の強さや弱さをよりよく理解できる。それらの仮説が真面目に取るに値するかを決定し、それらをテストするにはどうするべきかがわかるようになる。これらすべての、またはそれ以上の仕方で、明晰な概念はわれわれが環境の理解に成功するためには必須のものである。

この原理が何をいっているのかを解明しようとするとき、広い分類でいえば二つの情報を利用できる。一つは、一八七八年から最後まで、パースはその原理を述べる試みを数多く行い、それについて多様な一般的な記述を与えた。[1] 原理を特徴づけようとするこれらの試みについて、広範に議論されてきたわけではないが、私は以下でそのうちの幾つかの検討を行う。[2] もう一つは、第一のものと密接に関連するが、科学や論理学の概念を明晰化したり、疑わしい形而上学的概念を暴いたりする研究のなかで、パースはこの原理について数多くの説明をしている。これらの説明は、抽象的な定式化よりも把握しやすく、研究者たちを説得してプラグマティズムの本質を明確に理解させる際におそらく影響力をもってきたものである。

パースの挙げている諸事例は、次のような解釈を示唆する。すなわち、プラグマティストの原理は論理実証主義の検証原理と類似したものであるという解釈である。もちろん詳細においては両者の間には違いがあり、プラグマティズムは様相的な主張にかんするある形式の実在論を必要とするが、それは多くの実証主義者が拒否してきたようなものである。しかし、ある命題が真であることの経験的な帰結を特定することによって命題を明晰化しようとする点では両者は類似している。疑わしい「諸概念」は、それらを適用しても経験に何の違いももたらさないという理由で拒否される。パースは彼のプラグマティズムにおけるこの検証主義的な主張を、次のように書くときに強調している。彼が望むのはただ、「事物の感覚可能な効果を受け取る以外の何かに関連する諸観念を心の中にもつことがいかに不可能なのかを示すことである。何かについてのわれわれの観念は、それがもつ感覚可能な効果にかんする観念である」(W3: 266)。この解釈によれば、諸概念のうちの一つについて、その概念の対象がもつと予想される感覚可能な諸効果を列挙することによって完全な明晰化ができる。そして、もしそうした効果が存在しないならば、その「概念」は空虚である。この場合、プラグマティストの原理はこうした感覚可能な効果を同定し記述するための指針を提供するべきである。

しかし、プラグマティストの格率にかんするパースの説明の大半は、経験や「事物の感覚可能な効果」に対して明確な言及を行っていない。その代わり、「実際的な関連(practical bearing)」をもつ効果に彼は言及しており、このようにして私が「プラグマティスト」の主題と呼ぶものを彼は導入している。「感覚可能な効果」と「実際的な関連をもつ効果」は同じことを見つけ出すことだと示す議論を、その主題は必要とする。この章の結論の一つは、この二つの概念の間の連関を確立することこそが、プラグマティズムの証明を探求するための課題であるということになるだろう。この課題が達成されるまでは、プラグマティストの原理が何であるのかは完全には明確にはなり得ない。さらに加えれば、このことは当人であるパースが認識していたことである。一九〇三年にハーバードで、一連の「プラグマティズム講義」を彼は行った。プラグマティズムとは何かを説明し、その重要性を論証し、その正しさを確かにする目論みのもとに、その講義は行われた。第一講義では、次節で議論するように、プラグマティズムが機能している例を与えて、数々の定式化を提案している。プラグマティズムを彼が表現する一つの仕方は、「ある概念のもつ可能な実際的な諸帰結の総体がその概念の全体を構成している」(EP 2: 139)というものである。そして彼はすぐに次の認識を示す。ここでいう「実際的な諸帰結」とは、様々な解釈ができるものであり、この段階ではただちに明晰にできる観念ではない。第七講義まで、現象学や規範科学、論理学、形而上学の研究が長く続いた後で、どのような実際的な帰結が重要なのかを述べる段階にようやく来たという希望を彼は抱いていた。

　プラグマティストの明晰化にかんするパースの諸事例に目を向けると、こうした「検証主義的で」かつ「プラグマティストの」主張への、一層の共鳴を見て取ることができる。ある概念を明晰化しようとする際に立てるべき問いを、彼はどのように定式化するのか。力という概念を「いかにしてわれわれの観念を明晰にするか」(1878)で検討するとき、次のような問いを立てて彼は探求を始めている。すなわち、「力について考えることは直接的に何の役に立つのか」(W3: 268)という問いである。この問いに答えることが、プラグマティストの原理に適合した明晰化を与えると明らかに彼は信じていた。それと連続した後の論文(「偶然性の教説」(The Doctrine of Chance))では、次のように書いて蓋然性の概念の明晰化を始めている。すなわち、「蓋然性によってわれわれが意味していることの明晰な観念を得るためには、ある程度の蓋然性と別の程度のそれとの間で、実在する感覚可能などのような違いが存在するかを考察しなければならない」(W3: 279)。一九〇三年の「プラグマティズム講義」の第一講義のなかでも同じ事例を導入して、「その格率に従えば、『値がpであるか、別の値であるかによって、どのような実際的な違いが生じうるか』を問わねばならない」とパースは念を押している(EP 2: 136)。「直接的な役に立つこと」、「実在する感覚可能な違い」、「実際的な違い」。プラグマティストの主張と検証主義の主張が共鳴するのをわれわれはここに見て取る。そして、パースはそれらの言い回しの間に実際上の違いを見ていないように思われる。このことが裏づけるのは、「感覚可能な」効果と「実際的な関連」をもつ効果の間に密接な関連があることを保証しているのは、行為についての彼の理解だということである。プラグマティストの原理を理解する鍵は、これらの主張がどのように関連しているかを理解することである。そしてこれから見るように、プラグマティズムについてのパースの諸々の定式や説明は、この関連性について手がかりをほとんど提供しない。

9・2 パースの定式化——「プラグマティスト」の側面

では、プラグマティストの原理の内容とはどのようなものなのだろうか。一八七八年からずっと、それを定義しようとする試みを数多くパースは行った。彼自身が際立って信頼しており、もっともよく知られているのが、つぎの定式化である。彼はこれを、「いかにしてわれわれの観念を明晰にするか」で用いるとともに、一九〇三年の「プラグマティズム講義」で擁護し、「プラグマティシズムの問題」(1905)でもまた再び用いている。

ある対象の概念を明晰にとらえようとするならば、その対象が、どのような効果を、しかも実際的な関連があるかもしれないと考えられるような効果をおよぼすと考えられるか、ということをよく考察してみよ。そうすれば、こうした効果についての概念は、その対象についての概念と一致する（1878; EP 2: 135, 1903; EP 2: 346, 1905）。

この定式化は検討に耐えるので、それについては以下でさらに述べる。「実際的な関連があるかもしれない」という言い回しはとても曖昧であり、一九〇三年と一九〇五年の両方で、この定式化のすぐ後に別の定式化を提示しているのは驚くべきことではない。一九〇三年の講義で提示された定式化は、彼がその後でたびたびそこへと立ち戻った重要な考えを導入している。

プラグマティズムは次のような原理である。すなわち、直説法の一つの文で表現できる理論的な判断のすべては、思考の混乱した形式である。もしその判断が意味をもつならば、その後件が命令法となる条件文として表現できるような、それに対応する実際的な格率を強く主張する（enforce）傾向性のなかにその意味がある。（EP 2: 134–5, 1903）

この一節は、注目に値し興味深い次の四つの論点を主張している。

A　一つ目に、プラグマティストの原理は、直説法の一文で表現できる判断にのみ適用される仕方で特徴づけられている。そして、ある判断がこの仕方で表現できるときはいつでも、その内容は完全に明らかにはなっておらず、その判断は「思考の混乱した形式」であるとパースは主張している。(3)

B　二つ目に、判断の内容は条件文でより明確に述べられるのであり、その判断が直接的に条件の形式で表現されていなくてもそうである。そして、そうした条件文は、「実際的な格率」を表現する。後の一節では、彼はそれを「条件文への変換」（conditional resolution）（CP 5.543）と呼んでいる。これは、明晰化の標準的な形式についての最初の見取り図を提出しているものと思われる。すなわち、ある判断が明晰化を形作ることができるのは、それがこの条件の形式をとり、そして標的となる判断「によって強く主張される（enforced by）」ときのみである。

C　三つ目に、条件による明晰化の後件（apodosis）は命令法であり、直説法ではない。

D　四つ目に、直説法の文と条件文との関係について、パースが何を言っているのかについて、彼は語りたがらない。彼は単に、もし最初の文が有意味ならば、それは「実際的な格率を強く主張する傾向」をもつというだけである。

これによって示唆されるところによれば、理論的な判断を明晰化するためにこの原理を適用する際には、元の判断「によって強く主張された」命令法の後件を含んだ条件文を探すべきである。

上にあげた論点は、後期の著作のなかにも再び現れている。「プラグマティズムの説明」（1905）で、さらに四つの論点を彼は加えている。

いかなる記号についても、その全体的な知的内容は次のことに存する。すなわち、すべての異なる可能な環境（circumstances）と欲求という条件のもとで、その記号を受け入れることが結果として生じさせる合理的な行為の一般的諸様式の総体のなかに存する。（EP 2: 346, 1905）

E　五つ目に、この一節は「実際的な格率」の前件について語っている。すなわち、それは「諸々の環境と欲求」を特定するべきである。

F　六つ目、実際的な格率の後件は、「行為の一般的諸様相」を特定するべきである。すなわち、その命令法は一般的な種類の行為の遂行を要求するものであるべきである。

G　七つ目に、そして驚くべきことに、実際的な格率が主張するところでは、条件文の前件が真であるかぎり、後件によって特定された種類の行為は、当の環境のもとでなすべき合理的な事柄であり、一つの「合理的な行為の様式」である。

H　八つ目に、当の判断によって強く主張された一、つ、の実際的な格率が存在することについて一九〇三年の定式化は語っているが、この（一九〇五年の）定式化は普遍量化子を用いている。すなわち、そうした実際的な諸格率のす、べ、て、か、ら、な、る総体を、われわれは探さねばならないように思われる。

明晰化の標準的形式は明らかであるように思われる。すなわち、もし直説法の一文で表現された理論的な判断を明晰化したいと思うならば、次の形式の諸々の文（からなる一覧）を与えることによってそれは可能である。

(I) もし当の環境がCであり、かつ、あなたが欲求Dをもつならば、タイプAに属する一つの行為の遂行を(あなたはするべきである)。

一九〇三年の「プラグマティズム講義」では、この定式化を用いて、どのようなときに諸概念が内容の点で異なるのかについての説明を行っている。

というのも、プラグマティズムの格率とは次のことだからである。すなわち、二つの概念があるときに、他の諸々の概念や意図と一緒に理解されたり、もう一つの概念とは違った形でわれわれの実際的な行為を修正するかもしれないと思われたりしない限りは、一方の概念は、他方の概念と異なる論理的な効果や意味をもたない、ということだからである。(EP 2: 134, 1903)

このテストとは次のようなものであろう。二つの概念の意味が異なるかどうかを知りたいとする。もしそれらの意味が異なるなら、次のような一対の文が少なくとも一つは存在する。すなわち、その二つの文は、一方はある概念に対応する一つの表現を含み、他方には別の概念に対応する別の一つの表現を含む点だけが異なり、そして、上の形式をもった実際的な格率を、一方の文からは得られるが、他方の文からは引き出せないような環境を心に描くことができるような、二つの文である。

プラグマティストの明晰化の形式についての別の説明は、一九〇七年の草稿のなかで示唆されている。

プラグマティズムとは意味を解明する一つの方法であると私は理解する。それはすべての観念の意味で

> はなく、「知的な概念」と私が呼ぶものの意味だけに関係する。つまり、客観的な事実の問題にかんする議論がそれらの概念の構造に依存するような、そのような概念の意味だけに関係する。……知的な概念とは、……記号が伝えるもの（sign-burdens）のなかで、正当に「概念」と呼ばれるにふさわしい唯一のものであり、意識をもつ存在者や生命のない対象が示す一般的な振る舞いにかんする何らかの意味を本質的には伝えるものである。したがって、（知的な概念は）情感（feeling）だけでなく、存在する事実をも超えるものを、すなわち習慣的な振る舞いがもつ「可能的な諸行為（*would-acts*）」を伝えるのである。また、偶然に起こる現実の出来事をどれだけ集めても、ある一つの「可能的な行為」の意味を完全に満たすことは決してできない。しかし、一つの知的な概念を含む述定の全体的な意味は、次のことを肯定することに存する。すなわち、与えられた種類の想像できるすべての状況の下で、当の述定の主語となるものがある仕方で振る舞う（または振る舞わない）であろうということである。言い換えれば、与えられた諸々の経験的状況の下で（または経験のなかでそれらの状況が起こるであろうと思われる比率の下で）当の述定が真であろう（または真ではないであろう）ということである。このことはプラグマティズムの核心であると私は考える。（EP 2: 401–2, 1907）

どのような直説法の命題の内容も、条件文（の一覧）によってもっともよく明らかにできる知的な諸概念によって構成されることを示すのがプラグマティズムの明断化であることには彼は賛同している。他方で、条件文の後件は命令法であるという主張は放棄されたように思われる。この定式化では、後件がかかわるのは、様々な「実験的な環境」の下で、命題の対象がどのように振る舞うであろうか、ということであり、だれかが何をすべきかについてではない。「aはFである」という命題を考えよう。条件文は次のような形式になるだろう。

(Ⅱ)　もしEが成り立っていると経験されたならば、対象aはBの仕方で振る舞うであろう。

さらに、こうした条件文は「実際的な関連」をもつべきだという追加の要件が存在する。これは定式化には組み込まれていないがテクストに言及されている。つまり、与えられる情報は、少なくともある環境下において、われわれがいかに行為すべきか、ということと関連すべきである。

これがどれほど実質的な変化であるかを理解する必要がある。興味深いことに、この定式化は一八七八年のものにより近い。すなわち、ある対象の概念を明晰にとらえようとするならば、その対象が、どのような効果を、しかも実際的な関連があるかもしれないと考えられるような効果をおよぼすと考えられるか、ということをよく考察してみよ。そうすれば、こうした効果についての概念は、その対象についての概念と一致する（1878; EP 2: 135, 1903; EP 2: 346, 1905）。その対象がもつとわれわれが理解する諸効果についての記述の一覧を与えることによって明晰化は達成される。おそらく、その対象がもつであろうとわれわれが理解する諸効果や、その概念の対象によって影響を受けた結果として他の対象がするであろうとわれわれが理解する振る舞い方についての記述も含むだろう。そして再び、この記述の一覧に入るかどうかは、その効果が（実際に、でなくても「もしかしたら（conceivably）」）「実際的な関連」をもつであろうかどうか次第である。そして、この限定はこの立場のプラグマティストの側面にとっては重要であると同時に、理解するのが困難である。結果として出来上がる一覧は概念の内容にかんする完全な明晰化を与えるだろう。

パースの定式化を理解する仕方の一つは次のようなものである。少なくとも表面的には、異なる二つの定式化が存在する。一つは一八七八年の引用から見て取れるものであり、一九〇三年と一九〇五年にも繰り返されている。一九〇七年の定式化もこの種類のものである。この定式化が要求するのは、当の概念の対象がもつ可能な諸効果を一覧にすることである。「実際的な関連」とは何かについて手がかりを一切与えることなく、諸々の効果が一覧に含まれるのは、それらがそうした「影響」をもち得るような環境をわれわれが心に描くことができるときのみであるとその定式は述べている。もう一つの定式化は、一九〇三年の別の形式およびそれ以降のものの中に現れている。それが強調するのは、明晰化が「実際的な格率」または「条件文への変換」の一覧の形をとるということである。その一覧に含まれる要素のそれぞれが定めるのは、適切な心に描ける環境において、われわれがある特定の種類の行為を遂行するべきであるということである。ある「効果」がプラグマティストの明晰化に含まれるかどうかを決める際に、一つ目の種類の定式化は「実際的な関連」というほとんど説明されていない観念を用いていた。二つ目の種類の定式化は、何かが実際的な関連をもつとはどういうことかを述べるという段階をつけ加えた。つまり、実際的な格率、すなわち、欲求を前提にして、様々な環境でわれわれがいかに行為すべきかを特定するような条件文を「強く主張する傾向」を、それはもたなければならない。このようにして、プラグマティックな明晰化がとるべき標準的な形式についてのより多くの情報を、二つ目の種類の定式化は提示しているように見える。

プラグマティストの原理とは何かを説明しようとする際にパースが最も頻繁に与えている定式化とは以上のようなものであるが、それらはある興味深い特徴を備えている。すなわち、検証主義的な主張がなくなっているように思われるのである。つまり、(I)はある効果が「実際的な関連」をもつために必要なことにかんする説明を約束している。しかしそれは、何かについての観念がその感覚可能な効果であることを直接的には示唆していない。つまり、ある効果が「実際的な関連」をもつとはどういうことなのかについて、こうした定式化は十分な説明を与えていないとわれわれは結論するほかない。

9・3　実験的な哲学としてのプラグマティズム——検証主義者の側面

パースのプラグマティズムが含んでいる検証主義的な主張が示唆するところでは、ある対象がもつ感覚可能（または検証可能）な諸効果を同定することによって、その対象についての観念は明晰化される。二つの表現がそれぞれ異なる概念を表現するためには、その一方を適用したときだけ、われわれが異なるひと続きの経験を予想するという環境が存在しなければならない。いうまでもなく、パースの原理は論理実証主義の検証原理と同じではない。しかし、意味にとって経験が重要であることを強調する点では、それは検証原理と共通する。すでに見たように、定式化(I)は「実際的な関連」という考えをプラグマティストの原理の言明に組み込む一つの仕方を提示していた。ここではもう一つの仕方を考察しよう。それは経験に明確な役割を与える仕方である。パースの著作のなかでこの定式化は見出されていないが、彼が挙げている諸々の事例はむしろこちらの方が先のものよりも適合するように思われる。また、この原理について彼が述べていることの幾つかにもそれは適合する。

(I)の場合は、ある概念の適用がわれわれの行為の合理性の基準にどのような差異をもたらすかを参照することによって、当の概念の明晰化における「実際的な関連」を解釈した。第三の定式化(III)はこれを、ある種の行為が行われれば生じるであろうと期待される経験的な諸帰結に対して、当の概念の適用がどのような差異をもたらすかによって解釈する。

(III) ある環境Cにおいて、もし行為Aをしたならば、私は経験Eをもつであろう。

この定式化がもつ実践への関連性は明白である。すなわち、もし私が経験Eを望むなら、行為Aをすることによって経験できるだろう。さらに、この定式化は、プラグマティストの原理を「実験的な哲学(laboratory philosophy)」としてパースが記述していることと合致する。ある仮説を実験によってテストしようとすれば、もし命題が真ならば、どのような経験的な諸帰結が実験活動から生じると期待されるかを知る必要がある。もし行為Aをしたが、経験Eが生じないならば、私は概念の適用を再考すべきである。そして最後に、(I)では見逃されているように思われた、プラグマティズムの検証主義的または経験主義的な側面を、この定式は捉えている。

(I)と(III)は同等だと考えられるかもしれない。例えば、(III)から次のことが導かれると示唆されるかもしれない。

もし当の環境がCであり、かつ、私が経験Eを欲求するならば、行為Aをするべきである。
もし当の環境がCであり、かつ、私がその仮説を実験でテストしたいならば、行為Aをするべきである。

しかし、これは正しくない。こうした環境の下にあったならば、その経験を引き起こす(または、その仮説をテストする)であろう、他の諸々の行為が存在するかもしれない。また、そうした他の行為は、(III)の事例で言及した当人にとって、好ましい(より合理的な)ものであるかもしれない。つまり、私は代わりにこうした行為の一つを行うべきであるかもしれない。(III)の事例から(I)の事例を引き出すためには、別の条件を付け加える必要がある。その条件が明確にするのは、Eを達成するために、われわれが代わりに採用しておくべきであったような他の手段が存在しないことである。さらに、(I)の事例から(III)の事例を引き出すことには問題がある。というのも、(I)で特定された欲求は、必ずしも何らかの種類の経験に向けられた欲求である必要はないからである。パースが考えていたことにとってはこれで十分なのかもしれないが、せいぜいわれわれは、言及された環境の下で、Aを行うことが許容されるといえるに過ぎない。すなわち、当の実験は当の仮説をテストするための、最も合理的な手段ではなくとも、一つの（合理的な）手段であり得るといえるに過ぎない。たとえ積極的に推奨できないとしても、その実験的なテストを承認することはできる。

プラグマティズムの検証主義的な解釈をパースが採用しているように見えるテクストはどのようなものなのだろうか。一九〇七年の草稿で、彼は次のように書いている。

すべてのプラグマティストは次のことに同意するだろう。すなわち、語や概念の意味を確かめる方法は実験的な方法以外にはあり得ないのであって、その方法によって、成功したすべての諸科学（われわれの誰もこの意味での科学のなかに形而上学を含めないだろうが）はそれぞれが今日もっている確実性の段階に到達したのであると。そして、その実験的な方法は、古くからある一つの論理的規則の適用以外の何ものでもない。すなわち、「あなたがたは、その実で彼らを見分ける」〔マタイによる福音書7章16〕。（EP 2: 400–1; この一節は先に議論した条件的な定式化の一つの少し前に書かれている。）

プラグマティズムと実験の観念をパースが関連づけている箇所は他にもある。一つは一九〇三年の「プラグマティズム講義」の一節である。そこでは、倫理的な善の一つの形式としての（客観的な）論理的な善という観念が擁護されている。倫理と論理は両方ともに、はっきり区別できる種々の自己統制の可能性を主題とする。その節の始めで、彼は次のように述べている。「理論をテストする実験をわれわれが構成する［とき］、または、幾何学で問いを解くために図形に想像上の線を加えるとき、それらが自然なものであれ科学的なものであれ、それらはわれわれの論理学が賛同する意志に基づく行為である」(EP 2: 200)。

第八講義では次のように述べられている。「いかなる仮説も、……、それが実験的な検証をうけることができることを前提にして、そして、そうできるかぎりでのみ、それが間違いである理由が無いのなら、認められる。これがおよそプラグマティズムの教説である。」(EP 2: 235)。そして、このことは次の事実に依拠して主張される。すなわち、説明のための仮説について、それが善さ（goodness）（「目的（the end）」）をもつとは、「実験というテストにかけることを通じて、すべての思いがけないことを避け、決して裏切られることのない肯定的な期待をする習慣を確立することである」という事実である。

別の興味深いテクストは、「プラグマティズムとは何か」の中に見られる。「実験室のなかでの生活によって形作られた心をもつ」人間として、彼は次のように書いている。

> その種の人間ならば当然するように、自分が同意したことを定式化しようと企てた結果、彼は理論を組み立てた。それによれば、概念（conception）、すなわち、語や他の表現の合理的内容は、それが実生活の営みに対してもつ想像できる影響のなかにだけ存在する。したがって、実験から結果しないであろうことはそうした営みに直接には影響しないので、もしある概念の肯定もしくは否定が含意しうる想像できる実験のすべてを定義できるならば、その概念の完全な定義を得ることになり、それ以上のものは絶対に存在しない。この教説に対して、彼はプラグマティズムという名前を考案した。(EP 2: 332, 1905)

続けてパースは、この見解のもつ最も魅力的な特徴は、「合理的な認知と合理的な目的との分かち難い関連性を再認識させるところ」（EP 2: 332–3, 1905）だと述べている。この一節がもつ一つの興味深い特徴は、プラグマティストと検証主義者の主張をどのように関連づけられるのかについて、手掛かりを示しているところである。すなわち、「実験から結果しないであろうことは実生活の営みに直接には影響しない」。ここでは議論しないが、行為を支持するために立てられる理由は、経験可能な事柄に関係しなければならないということをこの主張は示唆している。

では、諸々の異なる定式化がどのように関係するかについて、これらのテクストから何を読み取ることができるだろうか。前節で取り上げた定式化は、概念や仮説といったものの内容と行為者との連関を強調していた。つまり、諸概念の内容にかんする差異は、想像できるある環境の下でどのように行為するのが合理的か、にかんする差異に反映されなければならない。それに対して、本節で取り上げた定式化が主張するのは、そうした差異は可能な経験、すなわち、「感覚可能な効果」についての差異に反映されていなければならないということである。これらの異なる定式化に調和をもたらすためには、行為者と経験の関係を説明する必要がある。これまで見たテクストは、行為者と経験の連関について、二種類の異なる考えを用いているように思われる。第一に、実験や実験室での生活について語っているのが示すように、最も本格的な科学的観察は世界に対する実験的な介入の結果である。すなわち、行為がもたらす感覚可能な諸効果を観察することによってわれわれは証拠を集める。プラグマティストにとってこの連関は、実験室だけでなく、実験室の外で環境から情報を集めることでも見出すことができる。特に、どのような「実験的な介入」を行うことが合理的に必要とされ、また許されるのかを決定するときに、プラグマティストの原理が指針を与える。仮説と「感覚可能な効果」の連関を跡づけるために、どうすれば定式化(I)を用いることができるかを、この論点は示している。しかし、第二に、反対方向につながる連関もまたわれわれは必要とする。先ほど見たように、ある仮説が真である、または、ある概念が適用可能であるという感覚可能な効果を跡づける認知だけが、何をなすべきかについての合理的な決定に関係があるとパースは示唆している。定式化(I)はこの点を明確にしないが、この点を無視すると、プラグマティズムにおいて重要である検証主義的な主張は欠落してしまう。

プラグマティストと検証主義者の主張のこうした連関は、プラグマティストの思想において中心的なものである。ここでそれに注意を促す一つの理由は、プラグマティズムの証明に対するパースの探求を理解するためには、この点が重要であることを心に留めておくためである。パースが立証しようとしたのは次の二つである。第一に、概念の正しい適用によって生じる実際的な関連をもつ諸効果を同定することによって概念を完全に明晰化できること。第二に、その同定を行うためには、概念の感覚可能な効果を同定する必要があること。この二つである。そして、これらを立証するためには、行為を支配する規範や、熟考や推論の本性について考察し、何を経験しうるのかについての探求を行う必要が彼にはあった。そして、一九〇三年の「プラグマティズム講義」や、公刊未刊を問わずプラグマティズムの証明が扱われた他のテクストのなかで論じられたのがこれらの主題である。

9・4 プラグマティストの明晰化

パースの著作に見られるプラグマティストの原理の様々な定式化は、幾つもの問題を喚起する。一つはすでに考察したように、これらの定式化が首尾一貫したものなのかという問題である。もう一つは、概念や仮説にかんするプラグマティストの明晰化とは「どのようなものである」べきなのか、という問題である。現代的な視点から見れば、パースの規則がプラグマティストの「標準的な形式」を与えてくれることを期待するのは当然である。しかし、(I)から(III)までの定式化は、この標準的な形式がどのようなものであるべきかについて、かなり異なる考えを表現しているように見える。それは後件が命令法になっている諸々の条件文の一覧であるべきなのか。それとも、前件が行為を、後件がその行為の経験的な帰結をそれぞれ記述する条件文の一覧であるべきなのか。それとも、それ以外なのか。

Fという概念、または、「ある対象aはFである」という命題を明晰化したいとする。すると、定式化(II)が示唆する明晰化は次のような形式をとるであろう。

(II)　もしEが成り立っていると経験されたならば、対象aはBの仕方で振る舞うであろう。

すでに見たように、明晰化がこの形式をとるという単なる事実だけでは、それがプラグマティックな解明となるには不十分である。そうなるためには、この条件文は「実際的な関連」をもつべきであるという、この定式化には組み込まれていない補足を付け加える必要がある。つまり、与えられた定式化は実践に関連すべきである。明晰化がとっていた形式は、与えられた情報がど﹅の﹅よ﹅う﹅に﹅実践に関連するかを示すことはない。実際、その定式化は前件が経験に言及することを要求するだけで、それを超えて実践への関連性がどのようなものかについて、いかなる特定の見解も反映していない。

(I)のタイプの明晰化は、その定式化のなかに実践への関連性を組み込もうとする段階を加えている。すなわち、その定式化が実際的な格率に求めるのは、命題の真理を明晰化することが、ある想像できる環境において、行為の合理性の基準に対して差異をもたらし得ることである。しかし、この定式化もまた、実際的な格率が成立する環境を説明することによって補足する必要がある。しかし今や、この二つの定式化を調停する一つの仕方を容易に見て取ることができる。すなわち、(Ⅱ)のタイプの定式化が実際的な関連をもつのは、(Ⅰ)のタイプの定式化からそれを得ることができるときのみである。(Ⅱ)のタイプの明晰化に付けられた補足のなかにただ潜在的に含まれていたに過ぎない情報を、(Ⅰ)の定式化は顕在化させている。

　このことから、プラグマティックな明晰化を提示する際に、(Ⅱ)よりもより明確な(Ⅰ)の定式化を選ぶべきだということになるのだろうか。この問題を考えるときに、パース自身によるプラグマティックな明晰化で(Ⅰ)の形式をとっているものは、私の知る限り実際には一つもないという事実に注目すべきである。(Ⅰ)の定式化を明らかに擁護しているテクストの前後においてもそうなのである。これは驚くべきことではない。というのも、もし仮にある概念の完全なプラグマティックな明晰化を、(Ⅰ)の標準的な形式に明確に一致した形で得ようとするなら、想像できないほどの量と多様性と複雑さを備えた条件文への変換を持ち合わせる必要があるからである。想像できるすべての環境や欲求の集合を考慮に入れ、環境と欲求のすべての可能な組み合わせそれぞれに対して明確な条件文をもつ必要があるだろう。実際、より軽いとはいえ類似した困難は(Ⅱ)の定式化にも生じるだろう。このことが示すように、もし(Ⅰ)の標準的な型に適合する明晰化を追求することが理にかなわないとするならば、明晰化はどのような形式をとるべきなのだろうか。そして、(Ⅲ)の定式化に役割はあるのだろうか。本節では、こうした考察は重大な問題を提示しないと論じる。つまり、プラグマティストの明晰化にとっての標準的な形式を、どの定式化も特定しないと考えるべきである。

　これを見るためには、プラグマティストの明晰化が異なる使われ方をしていることを思い起こさねばならない。さしあたって、三つの使用を区別しよう。一つ目には、洗練された難解な概念について反省的な明晰さを得るためにそれは用いられる。明晰化を通じて、そうした概念について、その適用にかんする諸問題を解決したり、それを含む仮説をテストしたりする仕方を理解できる。ある科学的な仮説について、それを実験的にテストするために明晰化できる。また、蓋然性といった概念を、それによって生じる問題を解決するために明晰化できる。二つ目には、概念や「仮説」が空虚なのかどうかを決定するためにそれは用いられる。「いかにしてわれわれの観念を明晰化するか」での「化体（transubstantiation）」についてのパースの議論に、この使用法の一例を見て取れる。（二つの使用法と）関連した三つ目には、二つの仮説や概念の意味が異なるのかどうかを知りたいときにそれは用いられる。すなわち、それらの仮説や概念が認知的に同等なのか、または、ある主題について競合する説明を提出するのかどうかを知りたいときである。こうしたそれぞれの目的をわれわれがもつのに対応して、もし異なる明晰化の戦略が必要とされたとしても、驚くべきことではないだろう。

一つ目の場合が求めているのは一般的な知識である。すなわち、どのような場合においてもわれわれの置かれている状況と関連するような形で、その概念の適用についての条件文への変換をつくることができるような思考方法をそれは求めている。前もってそうした条件文のすべてを定式化する必要はない（それは不可能である）。しかし、必要なときにはどのような個々の条件文も特定できると確信している必要はある。したがって、われわれの諸目的にとって適切なプラグマティックな明晰化とは、必要なときに(I)の型の条件法を作れると確信できるものでなければならない。そうした明晰化は、それ自体はこうした条件文からなる集合という形式をとる必要はない。実際、この目的にもっとも役立つのはどのような種類の顕在化された（explicit）明晰化なのかというのは、経験的な問いである。そして、与えられた仮説または命題からは、無限に多くの(I)の形式の条件文が引き出されうるのだから、それらを完全に一覧にしようと期待するのは非現実的である。すると、プラグマティストの明晰化の形式について体系的に言えることはほとんどないかもしれない。(I)の型の条件文は、たとえわれわれの明晰化がその形式を表だってはとっていなかったとしても、プラグマティズムを擁護する際には根本的な役割をもっているだろう。よい明晰化を見極めるテストとは、それが必要なときにそうした条件文をつくれるかどうかである。そしてもちろん、プラグマティズムを擁護する一つの議論は次のような結論を導く議論であろう。すなわち、たとえ明晰化自体は諸々の条件文の一覧という形式をとらないとしても、そうした条件文を作り出せることは明晰化の適切性に対するよいテストである。そうした条件文への変換の果たす根本的な認知的役割を明らかにすることが、そうした議論には含まれるであろう。

もしある顕在化された明晰化がそうした条件文を作るのに役立つ手段であるならば、それは個々の事例に適用できる一般的なパターンや法則を明らかにしなければならないだろう。このことは、定式化(I)と(II)を調停する次のような一つの仕方を示すかもしれない。すなわち、明晰化が条件文への変換を作るための一つの(唯一の?)仕方は、(II)の型がもつ情報を活用することによってである。(例えば、)力という概念について理解することによって、(II)の型の条件文または一般化を引き出すことができ、その情報を活用して、(必要なときに)行為を導くことができる条件文への変換を作ることができる。様々な種類の環境の中でいかにして欲求を充足するべきかにかんする条件文への変換を私が定式化できるのは、事物の振る舞いの法則に支配されたパターンに気づいているからである。(II)の定式化から引き出すことによって(I)の定式化が最もうまく得られることをもしパースが示すことができるならば、プラグマティズムの正しさを確かめるために何が必要かを理解する助けになるだろう。

ある暫定的な概念の空虚さを示すためとか、二つの概念が別々のものなのか同一の概念なのかを決めるためなどといった、どれか別の目的のためにプラグマティストの原理を用いるならば、より直接的に(I)の定式化をそれ自体から引き出すことは可能である。ある「仮説」が空虚であることを示すために示す必要があるのは、その仮説なしでは成立し得ない主張を使って成立し得るような条件文への変換が存在しないことである。これを示す最もよい方法は、反例を探すこと、すなわち、こうした「仮説」が差異を作り出す特殊な状況を見つけようとすることである。二つの「概念」が同一でないことを示す証拠を探すことについても、類似した論点が当てはまる。それゆえ、プラグマティストの明晰化には標準的な形式は存在しない。つまり、情報の提示のされ方は、われわれの明晰化の探求を支配する認知的な関心を反映するのである。

しかし異なる定式化は、プラグマティズムがもつ異なる哲学的な側面に光を当てる際に補助的な役割を果たす。(III)の定式化が検証主義的な主張を、(I)の定式化がプラグマティストの主張を、どのように強調するかはすでに見た。(II)の定式化もこの点での価値をもっている。すなわち、概念の対象、または、しばしばそうした思想の外的な対象の振る舞いを支配する諸法則を、明晰化が活用していること、これを(II)の定式化は強調する。そのことによって、プラグマティズムが実在論と整合的であること、あるいは、プラグマティズムが実在論を必然的に伴うかもしれないことすらも、(II)の定式化は気づかせてくれるのである。

9・5 パースの説明

本章の序のなかで、プラグマティストの原理の内容について二つの情報源があることを見た。すなわち、一方では、パースによる明らかな説明や定式化があり、他方では、実践においてプラグマティズムが何に帰着するのかを示すために彼が用いた諸々の事例がある。ここまで、前者の情報源について論じてきた。プラグマティストの明晰化が採るべき形式について、パースの説明からわれわれは何を学ぶことができるのだろうか。

「いかにしてわれわれの観念を明晰にするか」のなかで、パースは否定的な結果を出すために彼の原理を用いている。化体《かたい》[1]というカトリックの教義は、文字通りに理解すれば空虚であると彼は論じている。ある物質がワインであるという判断を考察して、彼は次のように述べている。そのような判断は「ワインがもっているると信じられる諸性質に照らして、それがワインであると信じられるような事物に対して、機会があるなら、われわれは行為をすべきである」という「自己通知（self-notification）」である。もし何かがそうした性質をもっているなら、それはワインである。そして、血がもっているとわれわれが理解する諸性質をそれがもっていないなら、それは血ではない。こうした行為を記述して、彼は次のように述べる。

このような行為の機会とは、何らかの感覚的な知覚であり、行為の動機とは何らかの感覚可能な結果を作り出すということである。したがって、われわれの行為は感覚に影響を及ぼすものにだけ関係をもつのであり、同じ関係が、行為に対する習慣、習慣に対する信念、信念に対する概念について成り立つのである。それゆえ、ワインという概念で、直接または間接的に感覚に何らかの効果を及ぼすものだけをわれわれは意味する。そして、あるものについて、それがワインがもつ感覚可能な特徴のすべてをもちつつ、しかし実際には血であるなどと語ることは、無意味なたわごとである。（W3: 265–6）

もし概念の使用が（少なくとも潜在的に）その概念に対する行為をつねに含むならば、どのようにして概念が「実際的な関連」をもたねばならないのかを理解することができる。そして、行為の動機における経験の役割について、もしこのテクストが述べていることが正しいならば、実際的な関連と経験との連関は明白である。このテクストで信念と行為についての一連の主張をパースが非常に重視していることは、プラグマティストと検証主義者の主張との関係にかんするわれわれの分析を支える興味深い根拠である。パースの主張をまとめると次のようになる。（1）信念は行為にかんする諸々の習慣である。（2）「行為の機会とは、何らかの感覚的な知覚である」。（3）「行為の動機とは」、つねに「何らかの感覚可能な結果を作り出すということである」。化体を支持しながら、これらの主張のどれかに従う人はほとんどいないのは明らかであろう。実際、プラグマティズムの証明を行う困難を後にパースが正しく理解する理由の一部には、経験と行為の相互関係についての意見の分かれる諸前提について、このテクストのようには簡単に困難を切り抜けられないことを自覚したことがあった。さしあたって確認したいのは、もしパースの三つの主張、特に（2）が正しいならば、プラグマティズムとある形式の経験主義との関連は、初期の定式化が示唆すると思われるよりもいっそう明白になるということである。パースがこの連関を築こうとする自らの試みに満足し続けていて、プラグマティズムにかんする彼の後期の著作は、同じことについての別の試みを表しているということはありそうもない。

(I)と(II)の定式化を比べてみると、重要な違いが見て取れる。命令法の帰結をもった条件文の形をしていない(II)の定式化は、実際的な関連という概念を用いており、その形式的な特徴づけはそうした影響をもつことが何なのかをまったく説明していない。それに対して、(I)の定式化は次のことを主張することでその説明を試みている。すなわち、もしある信念が有意味であるならば、われわれが承認するのが合理的であるような、条件文への変換または実際的な格率に対して、その信念は差異を生じさせることができなければならない。しかし、この定式化ですら、経験の役割についてはほとんど何も述べていないとはいえ、実際的な関連が何なのかについてはいくぶん不確定なままである。プラグマティストの明晰化の例を提示する際にパースは条件文の定式化をほとんど採用していないという、前節でのわれわれの主張を、このことは支持する。

「いかにしてわれわれの観念を明晰にするか」から始めよう。あるものを硬いということでわれわれが何を意味しているのかとパースは問い、「明らかに、多くのもので引っ掻いても傷をつけられることはない」(W3: 266, 1878) と答えている。そして、彼は重さの概念に目を向け、「あるものが重いということは、そのものをもち上げる力がなければ、それは落ちるということを意味するに過ぎない。明らかにこれが（それの落ち方についての事柄を除けば）重さの概念のすべてである」(W3: 267, 1878) と述べている。これらの明晰化のどちらも条件文のモデルに合致していないのは特筆すべきである。すなわち、命令法の帰結をもった条件文の形をどちらもしていない。両方とも、硬いまたは重いものに適用される一般化の概略を述べており、実際的な活動の中でわれわれが説明を要するかもしれない硬さや重さの諸帰結をこの一般化が与えると主張している。（プラグマティストの明晰化を与えるとパースが約束しながらも完全な明晰化が与えられていない概念が、彼が認めているのよりも多く存在するのではないかと考えられるかもしれない。しかし、ここではその問題は脇におく。）

次に、力という概念に彼は目を向ける。すでに見たように、力にかんする思考がもつ直接的な用途について彼は問い、運動の変化を説明することと答えている。もし物体が（力の作用なしに）そのままの状態にしておかれるなら、すべての運動は速度においても方向においても変化することがない。それゆえ、力の概念が表現している「重要な事実」は次のようになる。

物体を構成する異なる粒子が経験する運動にかんして、その運動の実際の変化が適切な仕方で分析されるならば、その運動を構成する個々の加速度は、ある自然法則によって正確に記述される。その法則によれば、当該の物体は、その瞬間にそれが実際に占めている相対的な位置において、つねにある一定の加速度を受けている。そして、その加速度は、幾何学的に加算されることによって、その物体が実際に経験している加速度を与える。(W3: 266, 1878 力の合成を支配する諸法則について、そのあとで詳細に記述されている。)

ここでもまた明晰化は、事物に作用する力についての情報に基づいて、運動の変化を予測する際にわれわれが依拠する諸法則を利用している。この情報が実践においていかにして有用であり得るかは非形式的な仕方なら理解できる。しかし、その明晰化はこの実践での有用性を直接に示しはしない。パースが提供しているのは、その概念を採用する際に利用できる情報であり、彼が述べているのは次のことである。すなわち、(1)その情報が実践的には有用であり、そして、(2)それが実践において有用な情報のすべてである。

こうした事例が半ば一般向けに書かれた論文である「いかにしてわれわれの観念を明晰にするか」から引き出されるという事実は、それ以上望めないほどに厳密な種類の論文とはそれらの事例が相性が悪いことの理由を説明してくれるかもしれない。硬いや重いという概念の特徴づけに現れる、救いようもなく繰り返される「明らかに」という言い回しについても、似た説明ができるかもしれない。しかし、実際に、これらの事例はパースが提供しているものの典型例である。もう一つの事例を考察してみよう。「プラグマティズム講義」(1903)と「偶然性の教説」(1878)のなかで、蓋然性について彼が述べていることがそれである。一九〇三年の講義で、蓋然性の実際的な適用について問いを立てる際、「保険という偉大な商売はその概念に依存している」（EP 2: 136）と彼は述べている。また彼によれば、蓋然性は「心の状態でなく現実の事実でなければならない」。また、それは「一般的な種類の経験的な生起に対して、特殊な種類の経験的な生起がもつ、長期的に見たときの統計的な割合」でなければならない。同じ論点を一八七八年にも彼は述べている。

現実の感覚可能な差異は、二つの異なる推論様式を繰り返し採用するうちに、一方の推論様式は他方よりも頻繁に真理に到達するだろうということである。これが現実の事実に存在する唯一の差異であることは明らかである。（W3: 280, 1878）

蓋然性は次のような分数からなっている。すなわち、分子がAとBが両方とも真である場合の数であり、分母がBが真であろうとなかろうとAが真である場合の数の合計を示すような分数である。（W3: 281）

ここでもまた明晰化は、蓋然性を支配する諸法則を与えている。そしてパースがいうには、それらの法則は、蓋然性の概念がもっている実践における価値に関連するものである。

これらの明晰化のどれも、命令法の帰結をもった条件文の形をしていない。また、当の概念の使用がもつ実践に対する含意をすべて取り出そうともほとんどしていない。これらの明晰化は、諸々の法則や規則性を記述しており、せいぜいこの情報が実際的な重要性をもつと述べるに過ぎない。したがって、それらは、(I)よりも(II)の定式化により適合する。つまり、明晰化される概念の対象を支配する、実践に関連する規則性をそれらは記述している。もし(I)の条件文の定式化に特別な役割があるならば、模範的なプラグマティックな明晰化が採る形式を調べることにではなく、プラグマティズムの内容をわれわれが理解するのを助ける力にこそ、その役割があるに違いない。

するとなぜパースは彼の後期の定式化のなかで命令法について語ったのかという疑問が生じる。すなわち、条件文への変換の後件はなぜ命令法なのか。ある一つの変換とは「ある一般的な仕方で振る舞うということの自らに対する表明である」。そして、条件文への変換は、現実には起きると予想されていないような想像できる環境の下で行為すると決定する場合に関連する（CP 5.517n）。変換は「熟慮した自己統制の行為」のなかで役割をもち、そして、プラグマティストの方法はそうした自己統制に関連する諸帰結を引き出す（CP 8.91）。自己統制に含まれる一つの種類の努力は「将来の自分に対する命令法的な指令」のようなものだとパースはいっている（CP 5.477）。だから、プラグマティックな明晰化は、われわれにそうした努力を行わせたり、将来の自分への命令を作らせたりすることによって、合理的な自己統制を助けるのだと彼が考えていたことはありそうなことである。(II)の定式化が明らかにするのは、プラグマティストの明晰化がどのようにして行為を導くのかということである。すなわち、われわれは、熟慮の過程を経て、定言的な条件文への変換を作ることによって明晰化を解釈する。もし仮にこのような仕方で明晰化を解釈できなければ、明晰化はその目的を果たすことはできない。それゆえ、プラグマティストの明晰化に必要なことは、それらがこの仕方で解釈できることであって、それらが表だってこの形式をとることではない。

プラグマティズムを証明するためのパースの戦略の一つは、ある命題（または概念）のプラグマティックな明晰化がその「究極的」または「最終的な論理的解釈項」を構成すると論じることであった。もしある一つの解釈項がわれわれにとって有用でなく、定式化したり実践に適用したりするのが容易でないとしても、最終的な論理的解釈項がこの形式をとるという事実は、プラグマティズムの正しさにとって鍵となることである。それゆえ、われわれの日常的なプラグマティックな明晰化が膨大な量の条件文への変換からなる集合という形式をとり得ないとしても、最終的な論理的解釈項はそのような形式をとり得るのである。われわれは実践に関連する諸々の規則性を理解し、それらの規則性から条件文への変換を引き出すことによって、行為の指針として用いるのである。

9・6 結論

これまで見たように、パースは彼のプラグマティストの原理を、論理的な規則、実際に証明できる正確な規則とみなしている。これまでの考察から引き出せる一つの結論は、彼の著作で最も共通して見て取れるこの原理の定式化や説明によっては、この論理的原理の内容が何であるかは確定的にならない、ということである。概念の対象がもちうる判明な効果を特定することによって、また、対象もしくはその振る舞いを支配する法則や規則性を列挙することによって、われわれは概念を明確にできる。しかし、プラグマティズムが要求するのは、列挙された効果のすべてが「実際的な関連（practical bearings）」をもつことである。ほとんどの時期に渡って、パースはこの曖昧な語句を用い
るだけであり、定式化(I)を通じてや、そうした効果が「感覚可能」でもあることを強調することによって、幾つかの敷衍を提示しているものの、こうした説明の多くは不十分なままである。それゆえ、プラグマティストの原理についてのパースによる説明は、この論理的原理がまさに何であるのかを語るものとみなすことはできない。

しかしこのことは、必ずしもパースの立場への批判となるわけではない。知的な進歩にしばしば伴うのは、その立場を曖昧に定式化することに始まり、より正確で厳格な定式化をめざして努力することである。

しかし、プラグマティズムの証明を彼が探求したことをどのように考えるべきかについて、このことは重要な含意をもっている。この証明の探求を次のような描像で捉えることは容易である。すなわち、プラグマティストの原理は、明確な論理的規則であり、その内容の一つをわれわれはよく把握している。すると、その証明という課題は、単にその原理が真であることを確定することであり、その規則を採用する理由を与えることである。しかしおそらく、次のような別の描像を採用する方がよい。すなわち、以下のものを携えてわれわれは探求を開始する。つまり、例えば定式化(I)や(II)のような曖昧な定式化。そして、その原理の十全な理解は、「実際的な関連をもつ効果」と呼ばれた曖昧なものと、「感覚的効果」と(同じく曖昧に)呼ばれたものとを同一視することにつながるだろうという切なる要求。そして、プラグマティックな明晰化とは何であるべきかを示す模範となる事例である。すると、証明の探求は、同時に、こうした曖昧な定式化をより正確にする方法の探求でもある。

この解釈を支持するテクスト上の証拠は、もっとも明確なものとしては、一九〇三年の「プラグマティズム講義」のなかにある。その第一講義で、講義全体の目的設定をしながら、パースは次のようにいっている。「プラグマティズムとは何かをみなさんが知っているのを当然のことと想定できるかもしれません。数多くの定義に最近はお目にかかります。そのどれに対しても、私は粗暴な抗議はする気になれません」(EP 2: 134)。しかし、彼はすぐに続けていう。「しかしプラグマティズムが何かを正確に述べようとすると、みなさんも私も一緒にかなり困惑せざるを得ないのです」。実際、「そのおおまかな近似でもって、われわれは始めなければならない」。そして、「手始めに採用するには最も便利なもの」として、一八七八年の定式化でもって始めることを彼は提案している。それに続く講義では、規範の本質についての考えや、カテゴリーの体系、実在論の擁護、知覚の理論が取り上げられ、最終講義の始めで、「プラグマティズムの格率の刃を研ぐ」(EP 2: 227)ことを可能にする「砥石」として役立つ三つの原理を述べる。これらの原理は次の両方を明らかにする。すなわち、前もって知覚に現れなかったものは心の中には何もないということと、知覚的経験は多くの哲学者が想定したよりもはるかに豊かであるということである。もしこれらのことが確かになれば、どの知的な概念も経験に跡づけることができる内容をもつとともに、行為の決定に適用されることを論じる立場に彼は立つことになる。

原注

(1)プラグマティズムにかんするパースのもっとも初期の諸著作が成立した年代は、一八六〇年代の後半から一八七八年以降までとする解釈がある。プラグマティストの格率は、「いかにしてわれわれの観念を明晰にするか」のなかで定式化された。ただし、「プラグマティズム」という語はそのときには彼は用いていない。一九〇〇年以降に彼は再びこの主題に立ち返り、膨大な草稿や出版された諸論文のなかで、プラグマティズムを明確にしたり証明したりすることに専念している。このなかには、一九〇三年にハーバードで行われた「プラグマティズム講義」やプラグマティズムの証明という後期の試みの最初のものが含まれる。

(2)この章を私が調べているとき、パースのプラグマティズムにかんする彼自身による詳細な説明に、ほとんど学問的な注意が払われてこなかったことに驚いた。一般的に研究者は、多くの場合に検証主義的な解釈を採用してプラグマティックな格率を理解することで満足しているように見える。そのとき彼らは、「実際的な関連」についてパースが語っている箇所に対して丁寧に解釈することもほとんどなく、以下で述べる(I)の定式化によってとらえられる内容の重要さについての認識もない。このことの一例として、私の(III)の定式化を擁護しているHookway(1985: 234ff, 2000: 287)を見よ。プラグマティストの格率の多様な定式化について言及している著者の一人には、シェリル・ミサク(Cheryl Misak)(1991: ch. 1)がいる。また、「感覚可能な効果」に加えて「実際的な関連」に言及している研究者には、ダグラス・アンダーソン(Douglas Anderson)(1995: 55)がいる。彼は、ある概念の「合理的な内容は、それが実生活の営みに対してもつ想像できる影響のなかにだけ存在する」(CP 5.412)というパースの主張を強調している。

（3）その原理の主要な適用が直説法の判断を明晰化することであるという事実によって、（おそらく概念が含まれる単純な文を明晰化することで）概念を明晰化するためにそれを用いることや、他の様式の文の理解を明晰化するために結果を用いることが妨げられるわけではない。

訳注

〔1〕聖餐（ミサ）において、聖別されたパンと葡萄酒が、その性質においては変化することなく、実体においては完全にキリストの肉と血に変化するというカトリックの教義。聖変化。

第10章 論理的原理と哲学的態度
――ジェイムズのプラグマティズムに対するパースの態度

10・1 序論――二人のプラグマティスト

ウィリアム・ジェイムズは、仲間のプラグマティストであるチャールズ・サンダース・パースに対して自らが負っていることがあることを認識していた点で寛大な人だった。ジェイムズは『信じる意志』を、「往時の彼の哲学上の友情に、また近年の彼の諸著作に、私は私の表し報いうる以上の励みと助力とを負うている旧友」に捧げているのと同時に、『プラグマティズム――ある古い考え方を表す新しい名前』の第二講義のなかでプラグマティズムの誕生に際してのパースの役割を強調した。語としての『「プラグマティズム」は、行為を意味し、「実践（practice）」や「実践的（practical）」の語源であるギリシャ語に由来する』という注を彼は加えて、それが「一八七八年にチャールズ・サンダース・パース氏によって哲学に初めて導入された」と述べた（James 1907: 28–9）[1]。ある意味では、彼は記憶違いをしている。すなわち、ジェイムズが言及している活字になった諸論文のなかで「プラグマティズム」という語をパースは用いていなかったし、ジェイムズがその語を用いるまで、活字になったもののなかで（それだけでなく、彼の草稿でも）パースはその語を用いていなかった。しかし、一八七八年のパースの著作で表現された見解は、「形而上学クラブ」の定期的会合ですでに発表され、議論されていたものであったし、そこにはジェイムズもパースも参加していた。パースは後に次のように追想している。

一八七一年に、マサチューセッツ州のケンブリッジで行われていた形而上学クラブのなかで、私はこの原理をある種の論理的な福音として説教していた。それはバークリーが従っていた定式化されていない方法を表すものであり、会話の中で私はそれを「プラグマティズム」と呼んでいた。一八七七年の一二月（一一月）と一八七八年の一月に『ポピュラー・サイエンス・マンスリー』誌に私はその教説を発表した（CP 6.482）[2]。

これらの会合でプラグマティストの「伝統」の誕生が目撃されたのだが、二人の哲学的な同志は、その伝統をかなり違った方向に進めていった。有名な注釈のなかでパースは、ジェイムズが彼らに共有されていた教説を「互いに躊躇せざるを得ないほどに極端な方向に」押し出していったと述べている（CP 5.3）。ジェイムズが純粋な「パース的」プラグマティズム（後にその教説の他の変形と区別するために「プラグマティシズム」と呼ばれた）を改悪したのであり、それによって哲学的な進歩を阻害したと考えるものもいた。また、リチャード・ローティのように、パースの思想では引き続き支配的であった伝統的な哲学的関心からの、プラグマティストによる決定的な断絶をジェイムズの著作に見いだすものもいた[3]。

この二つの「プラグマティズム」を注意深く比較すれば、二人の思想家の理解にも、「プラグマティズム」

の哲学的重要性の評価にも貢献することになるだろう。たとえば、パースの意味の理論をジェイムズが真理の理論に変形させたといった、二つのプラグマティズムの相違点を定式化しようとする試みの多くは、それらが現れた当初ほど有力なものではない。本章での私の戦略は、プラグマティズムという語をジェイムズが使うことについて、パースが言及している箇所のいくつかを見ることによって、パースの教説のどこをなぜジェイムズが修正したのかを特定する試みを行うことである。

ジェイムズのプラグマティズムに対してパースは否定的だったとされることが多いが、実際には彼の態度はいささか両義的なものだった。ボールドウィン（Baldwin）の『哲学心理学事典』でパースが書いたプラグマティズムの項目に対して、ジェイムズは自説を述べた。そこでジェイムズはプラグマティズムを次のように定義している。すなわち、それは「勧められる行為の型か、あるいは期待される経験の型の中に概念の『意味』全体が自らを表出する」と主張する哲学である。パースは「この定義と私の定義の間には、わずかの理論的な相違も存在しないし、あったとしても実践において大部分が消えていくように思われる」（CP 5.466）と述べている。また、パースのプラグマティズムの内容についてのジェイムズの主張を批判している他の箇所では、彼は再び次のように結論している。「私が思うに、実践的には、彼と私の見解は一致している。ただし、まったくプラグマティックでない考慮が影響力をもつのを彼が許容している点は私とは異なる」（CP 5.494）。このようにパースは、ジェイムズのプラグマティズムが技術的にも理論的にも欠点があると思いながら、同時に、「実践的には」二つのプラグマティズムはとても近いように見えるとも考えていたようである。これを示唆する言及は次の箇所にある。「食い違いがあるのは、われわれの思考の中のプラグマティズムという要素以外のところにあると私は考えたい。ジェイムズの意見と私の意見は、現在のところ、それぞれがプラグマティズムという方法の概念に結び付けているのだが、仮にプラグマティズムという言葉が生まれなかったとしても、それぞれ実質的に発展していたであろう」(CP 5.466)。

さらにもう一つの収束点(それは先の言及でなされている主張を説明するかもしれない)を指摘したい。少なくとも二つの箇所で、パースは自分のプラグマティズムがジェイムズの「根本的経験論」と密接に関連することを認めている。一九〇三年に、彼は自身を「プラグマティストまたは根本的経験論者」と呼んでいる(CP 7.617)。また、その二年後にパースは、ジェイムズがプラグマティズムを擁護するのは、彼の根本的経験論が、観点の違いがあるとはいえ、実質的にパースによるプラグマティズムの定義に対する答えであることを認識しているからだと述べている(CP 5.414)。もしパースが根本的経験論に共感しており、それがプラグマティズムと極めて密接に関連したものと見なしていたなら、(『プラグマティズム』の序論での)ジェイムズの次の主張は、それに対立するものと見なすべきである。すなわち、「私が理解したプラグマティズムと私が最近主張している『根本的経験論』との間には何の論理的な関連もない。根本的経験論はそれ自体の根拠をもっている。それを完全に拒否してもなおプラグマティストであることは可能である」(James 1907: 6)。本章の最初の数節で、私はこの問題についていくつかの論評を行いたい。

10・2 定式化——論理的原理 vs. 哲学的態度

パースは彼のプラグマティズムを観念や概念を明晰化するための規則もしくは方法として提示した。彼はその教説を論文「いかにしてわれわれの観念を明晰にするか」(1878)のなかで名づけることなく初めて述べた。そこでは次のような古典的な定式化がなされた。「ある対象の概念を明晰にとらえようとするならば、その対象が、どのような効果を、しかも実際的な関連があるかもしれないと考えられるような効果をおよぼすと考えられるか、ということをよく考察してみよ。そうすれば、こうした効果についての概念は、その対象についての概念と一致する」(CP 5.402)。この教説を説明する際、ある事物を固いと呼ぶことによってわれわれが何を意味しているのかをパースは明確にした。「まず明らかなのは、硬いといわれる物が、多くの物に引っ掻いて傷をつけられるようなことはない、ということである。硬さという概念は、あらゆる他の性質にかんする概念の場合と同様に、この性質によるものと考えられる影響と一致する」(CP 5.403)[4]。一般的にいえば、ある命題が真であるときにわれわれの行為がもつと期待される経験的な諸帰結の一覧を作ることによって、その命題を明晰化する。後に彼が述べたところによれば(CP 4.411)、真理と探求についての実験主義的な見解をこの定式化は反映している。この規則をアプリオリな形而上学の概念や命題に適用した結果、それらは空虚であり、認知的で「知性的(intellectual)」な意味をまったくもたないと彼は結論している。この定式化をほのめかしながら、ジェイムズは次の見解をパースのものとみなした。すなわち、「思考の意味を明らかにするためには、その思考がどのような行為を生み出すのに適応するかを決定しさえすればよい。すなわち、その行為がわれわれにとってはその思考の意義の全体である」(James 1907: 29)。さらにジェイムズは続ける。

> われわれの思考の差異のすべては、たとえどれほど微妙なものであっても、根底においては、実際上の可能な違いとなってあらわれないほど微妙なものは一つもないということは確かな事実である。したがって、ある対象にかんするわれわれの思考を完全に明晰にするためには、その対象がどのような実際的な種類の把握できる結果をもたらすか、その対象からわれわれはどのような感覚を期待できるか、どのような反応にわれわれは備えねばならないか、ということをよく考えてみさえすればよい。(James

1907: 29)

このパースの見解に賛意を示しつつ、ジェイムズは次のように結論する。「これらの結果がすぐに起こるものであろうと、ずっと後に起こるものであろうと、いずれにしてもこれらの結果についてわれわれのもつ概念こそ、われわれにとっては、少なくともこの概念が積極的な意義を有するとする限り、その対象についてのわれわれの概念の全体なのである」(James 1907: 29)。ここまでは、両者の違いは小さいように思われる。つまり、両者ともにわれわれの思考を明晰化するための規則を提案している。そして、両者ともに、当の思考を受け入れたとすれば、われわれの実際的な計画や期待がどのように変更されるのかを見ることによって、その明晰化を求めている。

ジェイムズが「プラグマティズム」を、唯名論（個物への強調の点で）と功利主義（実践的要素への強調の点で）との関連性を強調しながらその「反知性主義」ゆえに賞賛し、また、それを次のような独特な哲学的な態度と同一視するとき、表面下にある両者のより実質的な違いが見えてくる。

> 最初のもの、原理、「範疇」、仮想的必然性から顔をそむけて、最後のもの、結実、帰結、事実に向かおうとする態度。(James 1907: 32; 強調は原文)

パースは、「唯名論」をすべての哲学的誤謬の源泉として論駁し、カテゴリーの体系を彼の哲学にとって根本的なものと見なし、科学は哲学的建築術の体系を通じて基礎づけられるべきだと考えていた。そのような彼なら、ジェイムズのいうような態度にはおそらく愕然としたであろう。パースは彼のプラグマティズムを、実在論的な方向性をもち、カテゴリーの体系に哲学を基礎づけるような哲学体系の一部と見なしていた。それに対してジェイムズは、こうした哲学観を克服する手段として彼のプラグマティズムを活用した。

これがパースの反応であったことを容易に見て取れる証拠がある。彼は自身のプラグマティズムを「論理的な教説」や「論理的分析の理論」(CP 6.490) として記述し、一八七〇年代には「ある種の論理的な福音」(CP 6.482) と見なしていた。それが公刊された「いかにしてわれわれの観念を明晰にするか」は、「科学の論理の解明」と銘打たれた連続寄稿に属していた。つまり、プラグマティズムは、「難解な語や抽象的な概念」(CP 5.464)(引用箇所不明)の明晰化を可能にする方法論的な規則として提示されたのであり、そのような明晰化は、責任ある反省的な仕方で調べることで、諸理論の真理をわれわれが探求できるようにするために行われたのである。プラグマティズムの後の発展を論評して彼が述べるには、「論理学を気にかける人はほとんどおらず」、また、ジェイムズが「その様式を組み立て直し、一部は私も高く評価するが、他のより目立つ部分は健全な論理学とは対立するとかつても現在も見なしているような、哲学の教説へと変貌させる」(CP 6.482) まではほとんど注目されることもなかった。

パースが自分の見解と他の「プラグマティストたち」のそれを比べるとき、自分だけがプラグマティズムを論理学の一部と見なしていることを彼はほとんど指摘しようとしていない。他のプラグマティストたちの著作は、「厳格な論理学を嫌悪する怒り、そして、その教説に干渉するいかなる正確な思考をも戯言とみなすいくぶんの傾向によって特徴づけられる」(CP 6.485)(引用箇所不明)。一九一一年にジェイムズの哲学的功績を讃えた文章の中で、「おそらくその融通の利かなさと細かな厳密さへの固執を理由とした、論理学に対する強い嫌悪と結びついた、数学的思考にかんする彼のほとんど例のない無能さ」(6.182) にパースは言及している。そして、「ジェイムズにとってレトリックは嫌悪するものであり、論理学は不便なものである」（CP 6.184）という事実に対する考えを表現するのが彼は不安であったとしている。もし「知性主義」の受容と第一原理への好みとが論理学への関心と関連しているとするなら、パースの枠組みには収まらない事柄にプラグマティズムの「美徳」をジェイムズが見たことも理解できる。しかし、論理的原理と「哲学的教説」との重要だがかなり不明瞭な違いを把握したとき、こうした両者の違いを完全に理解したことになるのだろう。パースがジェイムズと彼の「理論的な相違点」について語るとき、どのような結果や帰結が概念や仮説のプラグマティックな明晰化と関連するのか、という問題にかんする意見の違いに彼は注意を向けることが多い。このことは、実践の中でこの原理が適用される仕方をめぐってのみ彼らが異なっていたことを示唆するかもしれない。つまり、命題の真理のどのような帰結がその意味や意義に貢献するのかという点で両者に意見の違いがあるために、共有された原理が異なる結果に適用されていることになる。しかし、このような仕方で事態を表現することは誤解を生む。むしろ、両者の間で異なる哲学的な諸目的と、異なる哲学的願望を達成する際の観念の明晰化のための原理の役割とについて、より抽象的な考察を検討することから始めるのが最善である。

10・3　方法

論理的原理を哲学的教説に変えることには、何が含まれているのだろうか。プラグマティストが合意するのは、彼らが語、概念、思考、観念、仮説などを明晰化する技術もしくは方法を勧めているということである。おそらく、技術や方法とは目的を達成する手段として採用されるものである。すなわち、技術や方法はわれわれの目的に答えることができるものであり、われわれが目的を達成することをどれだけ可能にするかによってそれらは評価される。表面的に類似した技術や方法も、それらが異なる目的のための手段として考案されているために、実は違ったものかもしれない。概念や命題を明晰化する方法を求める際に、もしジェイムズとパースが異なる目的を念頭においていたなら、意味や意義にかんする異なる特徴にそれぞれが光を当てたとしても驚くには値しないかもしれない。パースが自身の論理的教説とジェイムズの哲学的教説を区別するとき、概念（conception）の意味は異なる哲学的な目的に対するその帰結に存するという共有された信念を両者が採用している事実を、彼は際立たせようとしたのかもしれない。そして、当の原理を擁護するには意図された目的にそれが役立つことを示さねばならないので、それぞれの型のプラグマティズムを擁護する仕方には、それらを定式化する仕方と同様に、それぞれに対応した違いがありそうである。目的を参照することによってのみ方法を評価することができる。すなわち、方法がどれだけよく意図された目的を満たすかによってそれを判断する。その場合、「観念を明確にする方法」を支持する人が目論んでいる目的を特定することをわれわれは期待するだろう。後に見るように、パースのプラグマティズムは、目的の特定という要請を満たしている。（論理的原理の）哲学的教説への変形は、ある「態度」を伴う表現を受け入れるのだが、それは異なる認知的な目的の採用を含むかもしれない。パースは、論理的な探求の諸目的と密接に関連した明確な目的を達成する手段として、自身のプラグマティズムを提示した。すなわち、論理学が主として関心をもつのは、合理的な仕方で探求しようとするならば必要とされる評価という目的をいかにしてわれわれが遂行できるか、ということである。プラグマティズムがそれを参照することで評価されるべき包括的な目的について、ジェイムズは異なる目的を採用しているのかもしれない。あるいは、これはジェイムズの著作に哲学の伝統からの決定的な断絶を見いだす解釈に適合するかもしれないのだが、彼はそうした明確な目的をまったく念頭においていなかったかもしれない。いずれにせよ、プラグマティズムの原理を採用することで達成されるべき目的についてのパースとジェイムズの見解を検討することによって、プラグマティズムのこの異なる流れをもっともよく理解できると私は考える。しかし、その検討を行う前に、両者のプラグマティズムのなかで、その違いが正確にはどこにあるように思われるのかを、われわれは明確にするようにつとめねばならない。

10・4 「功利主義」――意味と帰結

先に議論した草稿の中で、パースが述べているところでは、「われわれの学派の中でもっとも傑出した、もっとも尊敬に値するウィリアム・ジェイムズは、プラグマティズムを次のように定義している。すなわち、それは勧められる行為の型か、あるいは期待される経験の型の中に概念の『意味』全体が自らを表出するという教説としてプラグマティズムを定義している」(CP 5.466)。この直後でパースは「この定義と私の定義の間には、わずかの理論的な相違も存在しないように思われる」と指摘している。両者の主要な違いは、ジェイムズのこの短い定義のなかにすでに表現されている。それは何か。この箇所に見いだしうるのは、二種類の「結果」に対する訴えである。

1　期待される経験
2　勧められる行為

これと類似した主張は『プラグマティズム』に見られる。すなわち、われわれは「その対象がどのような実際的な種類の把握できる結果をもたらすか、その対象からわれわれはどのような感覚を期待できるか、どのような反応にわれわれは備えねばならないか」（James 1907: 29）に注意を払うべきである。他の箇所でパースはジェイムズのプラグマティズムの定義が「私のそれと異なる唯一の点は、彼が『意味』を私のように習慣に限定するのでなく、知覚表象、すなわち、強制力を伴って与えられる複合的感情も意味であるとして認めていることである」（CP 5.494）。パースは謎めいた形で次のように懸念している。「もしジェイムズがそのようにするなら、どのようにして彼が習慣に位置を与える必要があるのか全く理解できない」（CP 5.494）。さらにいくつかの箇所は説明を与えるだろう。ボールドウィンの『哲学・心理学事典』の「プラグマティズム」の項目を考えてみよう。

> この教説は、人間の目的が行為であると想定しているように思われる。しかし、この想定は禁欲的な公理であり、六〇歳になった現在の書き手にとっては、三〇歳の時ほどには強く推奨できない。反対に、行為が目的を要求し、その目的が一般的に記述される何かでなければならないなら、概念を正しく理解するためには概念の結果を見なければならないと主張するこの公理の精神自体は、実際的な事実とは異なる何かに向かって、すなわち、われわれの思考の真の解釈者としての一般的観念に向かってわれわれを導いていくことになるだろう。[5]

概念の意味とは、個々の反応にではなく、「具体的合理性」（CP 5.3）と彼が呼ぶものの成長にそうした反応が貢献する仕方に存するとパースは結論する。ここで「具体的合理性」の意味を見極めるという本筋から逸脱する議論を避けるなら、二つのプラグマティズムの重要な違いは次の点にあるとわれわれは理解できる。

すなわち、ジェイムズは探しているのは単に、命題が真なら帰結するはずの経験か、そうした状況で人が遂行すべき行為のいずれかであるのに対して、パースは経験のもつパターンや、行為と経験の間の法則的な相互関係を探している。つまり、われわれの命題の理解は、（複雑なこともあり、また、ほとんど確実に条件的な）期待する際の習慣（habits of expectation）の中に現れる。パースのプラグマティズムの原理を用いるならば、われわれはある概念や命題を、それと結びついた期待する際の習慣を同定することによって、明晰化することになる。パースのいう「帰結」は一般的である。他方で、ジェイムズは帰結が個々の行為や知覚であることを許容する。あるいは、少なくとも、帰結が法則やパターン（「習慣」）の形式をとっていなければならないとジェイムズが定めることはない。プラグマティズムは「実践的な側面を強調する点で功利主義に同意する」（James 1907: 32）というジェイムズの主張を想起することによって、この両者の違いが何を含むように思われるかを浮き彫りにすることができる。プラグマティズムと功利主義のもっとも明確な類似性は、未来に向かう方向性が共有されている点である。それゆえ、パースが述べるところでは、「期待をする際の未来にかんする意識（それが真実のものか否かはさておき）が、私のプラグマティズムに従えば、すべての一般的な観念に含まれている」（CP 8.291 ジェイムズへの手紙より）。プラグマティズムがある仮説を明晰化するのは、その仮説が真ならばわれわれの行為がもつと期待される帰結の一覧を作ることによってである。そして、ジェイムズが寄稿したボールドウィンの『哲学・心理学事典』（1902）の中のパース担当の項目「プラグマティックとプラグマティズム」は、明らかに帰結主義者の定義である。

勧められる行為の型か、あるいは期待される経験の型かのいずれかの実際的帰結の中に、概念の『意味』全体が自らを表出するという教説。もしその概念が真であるなら、その帰結はそれが真でないときとは異なるであろうし、また、それによって他の概念の意味が表出する帰結とは異なるはずである。

(Baldwin 1902: 321–2; reprinted as CP 5.2)

諸命題はそれらが真であることがもたらす諸々の「帰結」によって区別される。ある命題の諸々の「帰結」を調べることによってわれわれはその命題を明晰化し、区別された諸項目の諸帰結のなかに違いがないと分かることによって、哲学的な区別を拒絶する。また、経験的な帰結が生じないことを示すことによって、形而上学的な主張を批判する。

二つの種類の帰結主義を区別できる。もっとも単純な帰結主義は、ある行為や言明(utterance)がその現実的な帰結にしたがって評価されるべきだと主張する。すなわち、もしある言明が(事実問題として)驚くべき経験によって反証されなければ、その言明は真である。また、もしある行為が(事実問題として)人間の幸福の増加をもたらすならば、その行為は善である。他方で、より洗練された形式の帰結主義は可能的な帰結にも訴え、命題や行為の評価には反事実的な可能性を調べる必要があると主張する。ある言明が真なのは、ある範囲の可能世界において反証されないだろうといえるときである。その可能世界には現実世界とともに、より効果的に多くの時間をかけて優れた器具を用いることができるといった条件のもとで探求が遂行されるような世界も含まれる。また、ある行為が善とされるのは、ある範囲の可能な状況において幸福を促進するだろうといえるときである。その可能な状況には現実だけでなく数多くの他の可能性も含まれている。すなわち、悪い行為は「たまたま」善い帰結を引き起こす可能性がある。パースの記述が示唆するところでは、彼は自身のプラグマティズムをこの二つ目のより洗練された種類の帰結主義を具体化したものだと見なしていた。他方で、行為や命題とその現実的帰結の一致を判断することで満足する種類の帰結主義とジェイムズの立場がどのように区別されるのかを見るのは困難だとパースは考えていた。

「習慣」の役割を強調することで、パースは何を問題にしているのだろうか。以下の三つの問いを比較してみよう。

Ⅰ　Cが真ならば、私は何を経験するだろうか。

Ⅱ　Cが真ならば、私は何をなすべきだろうか。

Ⅲ　Cが真ならば、もし行為Aを行うとすれば、私は何を経験するだろうか。

ジェイムズによるプラグマティズムの定式化が示唆したのは、われわれがⅠとⅡを問うことで概念Cを明晰化すべきだということである。すなわち、どのような経験が期待され、どのような行為がなされるべきか、ということである。パースにとって、Ⅲが重要な問いであることは明確である。Ⅲは仮定法で述べられている。すなわち、それに対する答えは期待する際の一般的習慣を反映するだろう。つまり、明晰化の対象になっている命題が真である場合の、行為と経験の間の体系的な連関を跡づける習慣である。可能的な行為（それは行われていないものだが）がもつはずの帰結についての事実が存在することをⅢは前提にしている。そうした期待する際の習慣に訴えることは、ⅠやⅡへの答えを作る際にも、計り知れない発見法的な役割をもつかもしれない。しかし、それらの問いにこの仕方で取り組まねばならないという制約はない。Ⅲが求めているのは予測を行うことに容易に関連しうる体系的な連関である。他方でⅠとⅡは予測を求めている。ⅠやⅡは現実的な未来に関係する。他方でⅢに対する答えは、現実的な未来と同時に可能的で非現実的な未来についての情報も与える。パースにとって、命題の内容と真理値は、現実的な帰結と可能な帰結の関数である。唯名論と功利主義へのジェイムズの言及はこの点に彼が同意しないことを示唆している。もちろんこれは、表現の曖昧さを単に反映しているのかもしれない。プラグマティズムを哲学的教説に変えることは、今述べてきた二人の異なる方向性を少しは説明するだろうか。この点を以下で論じたい。

この解釈が正しいなら、ジェイムズのプラグマティズムに対するパースの両義的な態度を理解できるかもしれない。実践的には、予測は法則もしくは一般性に依拠している。何が起こるかという判断は、われわれの側での期待する際の習慣、法則についての把握、Ⅲに対する答えに、おそらく依拠している。仮にジェイムズのプラグマティズムがⅢよりⅠとⅡに焦点を当てており、それゆえパースから見れば混乱しているとしても、実践においてジェイムズが自身のプラグマティズムを適用するときには、パースが自身の教説を用いるのと区別できなくなるかもしれない。つまり、ⅠやⅡにわれわれが答えようとする際にも、Ⅲに対する答えは発見法的に有用（しかも多くの場合不可欠）なのである。すると、この違いが姿を現すのは、この発見法的な手法が採用すべき最善のものでないような、非常に特殊な場合に限られるであろう。もしこれが正しいなら、ジェイムズの独自なプラグマティズムの起源は、次の問題を考察することによってのみ理解できるであろう。すなわち、意味を明晰化する際に参照されるべき帰結は一般的なパターンを含んでいなければならないというパースの主張に、ジェイムズがなぜ従わないのかという問題である。前述したボールドウィンの『哲学・心理学事典』からの引用の最初の文は、この違いの源泉についてのパースの見解を示唆している。それによれば、ジェイムズは人間の根本的な目的は「行為」であることを前提とし、効率的で成功する行為という関心から仮説を明晰化するために自身の原理を用いた。それに対してパースの原理は、かなり異なる目的に役立つものである。私が以下で論じるのは、もしこれがパースの見解であるなら、彼はジェイムズのプラグマティズムを誤解していた、ということである。そして、もしそうであるなら、それは極めて啓発的な誤読である。

10・5　プラグマティズムと反省

パースがプラグマティズムの原理を適用する際に、なぜ彼は習慣と可能性をそれほど強調したのか。次の箇所は一つの参考になる。

プラグマティズムによれば、知性のすべての産物の真の意味は、実践的な行為が、すべての把握できる環境のもとで、極限まで遂行された反省によって導かれているならば、分け与えられる統一的な決定のなかにある。（CP 6.490）

パースによれば、論理学とは、われわれが自らの行為を反省的な自己統制に従わせることを可能にする諸々の規範と方法を探求する。彼のプラグマティズムが提案するのは、このことを可能にするような仮説と概念の明晰化である。自らの行為を計画し監視するためには、様々な仕方で行為するならば何が起こるであろうか、ということについての情報が必要である。仮定法的な定式化（「それは与えるであろう」"it would impart"）はこの必要に応えるものである。そして、反省的で体系的な思考を体現することは、哲学と科学の特徴である。パースの後期の多くの著作の基調をなしているのは、「究極的な限界まで遂行された反省」、合理的な自己監視・自己統制の極限という理想である。彼の著作の三つの領域において、このことを確認することができる。

10・5・1　理論と実践

ジェイムズが『信じる意志』を出版し、「哲学的諸概念と実際的な結果」でプラグマティズムへの支持を表明したすぐ後に、パースはマサチューセッツ州のケンブリッジでいくつかの講義を行った。その講義は『推論と物事の論理』(1992a) と題して最近出版された。その第一講義で、「人生にかかわる問い」や実践的な倫理などについて哲学と論理的な反省が多くのことを提案するという考えに対して彼は批判を始めた。科学的な問いと実践的な事柄との明確な区別を行って、理論、論理、「反省」は、後者に対してはほとんどもしくはまったく何も貢献しないと彼は主張した。彼の「保守主義」は、そうした問題への答えを探すときに、感情や常識に依拠することを要求し、反省的な自己統制を人生にかかわる問いに答えるために用いることを、理性に対する反逆として非難した。

もしプラグマティズムが反省的な自己統制のための技術であり、また人生にかかわる問題に答えるときに反省よりも本能の方が重要であるならば、プラグマティズムは実践的な事柄を扱う際に多くの役割をもたないことになるだろう。パースのプラグマティズムのもつ明確な特徴は、反省的思考が及ぶ範囲についての見解に基づいている。つまり、彼のプラグマティズムは、反省が根本的な役割をもつ領域において役立つような明晰化を提案しているのであって、それは人生の他の領域⑹で用いられることを意図されていないのである。概念や命題について、その「プラグマティックに関連」するような「帰結」だけが、「反省的な探求」に対して関連性をもつ。したがって、「人生にかかわる」問いに答えようとするときに重要であるような意味の側面は考慮に入れる必要はない。

10・5・2　反省と科学的方法

パースにとって、探求の科学的方法は独特の前提に立脚するものである「実在する事物」が存在するという見解がそれである。実在する事物は、それについてのわれわれの意見から完全に独立しており、かつ、規則的な法則に支配された仕方でわれわれの感覚に作用する（CP 5.384）。もしわれわれが探求を正しく遂行するならば、実在の性質を最終的には発見することになるだろう。この基本的な前提に言及することによって擁護可能となるような規則と方法を、科学的探求は採用する。たとえば、特殊な論理的手続き、たとえば統計的推論の規則が正当化されるのは、実在についての法則や他の真理を発見するのにそれらがどれほど貢献するかを示すことによってである。科学の方法が自覚的に採用されるのは、より広い科学的な共同体の一員であると自分自身をみなした人によってのみである。各個人による研究が価値をもつのは、広い科学的共同体が真理に向かって前進することにそれが貢献することによってのみである。パースにとって、広い共同体へのこの参画は、合理的で充実した人生を実現するための一つの仕方である。というのも、それは最大限に遂行された論理的な反省と両立するような唯一の種類の人生だからである。

もし科学の関心にかんするこうした「実在論者」の捉え方をして、宇宙を支配する法則についての真理に到達することを願いながら、仮説を作成して検証することをわれわれの目的にするなら、そうした仮説を明晰化するとき、実験計画のような主題についての指針や、探求を組織化する最善の仕方を決定する助けを欲しいと思うだろう。行為がとるはずの異なる可能な複数の経過を考えて、それぞれの経過からどのような経験を期待すべきかを知る必要がある。すなわち、様々な異なる可能な状況で何が起こりうるのかを知る必要がある。パースのプラグマティズムは、次のような彼の諸見解と一致するものである。すなわち、彼のプラグマティズムが科学における仮説の検証の助けとなるという見解、そして、科学的な推論が完全な合理的な反省と両立する唯一の種類の推論であるという見解、そして、「実在論者」として記述されるかもしれない彼の科学についての見解である。

科学の関心は経験の中の規則性やパターンの説明を求めることにある。すべての事柄にかんする真理を現在われわれはもち合わせてはいないが、われわれが誤ることを防ぎ進歩に貢献し理解を増加させる方法が科学にはある。ある命題が真なのは、その命題の真理値を十分に長期間にわたって十分によく探求する人なら誰でも、最終的にはそれが真であると認識するように定められているようなときである。（もちろん、このことは厳密には、科学に広く見られる曖昧な命題に対しては適用できない。しかし、パースの曖昧性の論理学がこれを扱うのに必要な諸々の限定を提供すると思われる。）[7] 論理学は効率的かつ反省的に科学に貢献するために必要とされる材料を提供する。プラグマティズムの原理を用いて諸仮説を明晰化することによって、究極的な反省に到達するために必要なそれらの仮説の意味についての情報のすべてをわれわれは得る。そして、もし行為の異なる経過や異なる実験が成立したならば、どのような経験が得られるであろうか、ということについての情報もこれには含まれていなければならない。科学には反省的な自己統制が必要である。パースの論理学はそうした自己統制された探求に役立つものである。そして、プラグマティズムの原理は、この課題に関連するような意味の側面を明らかにするのである。

10・5・3 倫理

倫理にかんするパースの著作を動機づけていたのは、次のような欲求である。すなわち、彼が理解するような科学を、生き方として選ぶことができることを説明したいという欲求である。パースによれば、倫理的な善とは究極的な目的、すなわち、ある人の個々の行為に意味を与えるような人の営み全体を包括するひとつの目的を所有することである。そうした目的は次のことを調べることで検証される。すなわち、何が起こってもその目的が維持されるかどうか、生じうるどのような状況でも、自己に対して統合の原理を与えるものであるかどうか、ということである。それゆえ、反省的な自己は、反事実的な様々な状況の中で、自らが思い描いている目的によって生きることがどのようなことなのかを検討することを要求されている。つまり、「究極の限界まで遂行された反省」が、多様な可能的な未来についての思考を必要としている。パースによれば、究極の理想を責任ある反省的仕方で採用することは、次のことについて明確に把握することを要求する。すなわち、任意の可能な状況において、その理想はわれわれを何に参与させるのか、そして、その理想によって生きようとすることはどのようなことなのか、ということである。その理想が満足のいく人生をわれわれに与えるだろうということでは十分ではない。他の可能な状況であってもそのようになるといえるのかどうかを、われわれは自分自身で再確認する必要がある（CP 5.130–2）。われわれが理解したことを繰り返せば、反省と自己統制は、法則や一般的なパターンについての情報を必要とする。つまり、それは反事実的な可能性においてわれわれが何を経験し、どのように反応するであろうか、ということについての情報を必要とする。そして、パースの著作がどれほど形而上学的な観念や、われわれの人生をある意味で安全なものとするような究極の反省的自己統制によって動機づけられているかをわれわれは理解した。

10・6 ジェイムズのプラグマティズム

先ほど説明したように、パースのプラグマティズムは、それが自然の真理をわれわれが責任をもってよく探求する助けになるが故に擁護された一つの技術である。つまり、彼のプラグマティズムは特殊な役割を果たすものであり、しかも、厳密にいえばそれは哲学的な役割ではない。科学者が自らの探求を計画するときにこの原理を用いるとうまくいくことを教えるのは、哲学の一分野とされる論理学である。形而上学者は科学の方法を自らの形而上学に適用することを望むなら、プラグマティズムの原理に依拠するべきである。もしジェイムズのプラグマティズムが独特な哲学的傾向をもっているならば、それが哲学内部にある知的な欲求を満たすことで、異なる役割を果たすはずである。彼のテキストはこの見解を支持する。つまり、哲学的な提案を同定し、単なる言葉の上での議論を排除するための手段として、プラグマティズムを彼は提示している。

その場合、ジェイムズは哲学の「目的」が何かをはっきりさせてから、その目的を達成する最善の手段を与えることを示すことで彼の原理を擁護したと考えることができる。すでに見たように、パースが考えるところでは、ジェイムズのいうプラグマティズムは行為の成功を可能にするように意図されていたし、おそらく哲学にも行為の成功という目的を実現することを彼は期待していた。これは哲学の教説への「変形」を説明するかもしれない。しかし、もしこれがことの成り行きであったなら、ジェイムズが彼のプラグマティズムを一つの「態度」として述べたことには少々驚かされる。さらに、『プラグマティズム』においてその教説を提示する際に、哲学の目的についての一般的な記述はその議論に添えられていない。プラグマティズムは、何らかの独立した同定可能な目的をそれが満たすことを示す形で擁護されてはいない。むしろ、他の仕方では終わることのない様々な論争の解決を、プラグマティズムがいかにして可能にするかを示すことで、それは擁護されている。哲学の目的についてジェイムズが明確に定式化しなかったのはもっともらしいことである。実のところ、そうした定式化があったとしたら、その方が彼の考え方の多くの側面と対立したことだろう。せいぜい彼がもっているのは、責任ある哲学的探求が有しうる種類の目的についての二階の見解である。その見解は次のようにまとめられるかもしれない。すなわち、ある哲学的な立場が尊敬に値するのは、実現したかどうかが経験を通じて明らかになりうるような目的や願望について、それらを実現することにその立場が目に見える貢献をするときのみである。後に根本的経験論を擁護して述べているように、「哲学者の間で議論ができるのは、経験から引き出された事柄を通じて定義可能なことだけである」(James 1908: 06)。ジェイムズにとってのプラグマティズムは、それが適用可能な領域の範囲のなかで、それがもたらす多様な成果によって擁護されるような提案である。それに対して、パースにとってのプラグマティズムは、特定の目的すなわち科学の進歩をわれわれが達成する助けになることを示すことによって擁護される技術である。

パースとジェイムズの違いを際立たせる例がある。ジェイムズによる自由の概念についての「プラグマティスト」的な注釈を取り上げ、それに対してパースがどのように反応したかを考えよう。ジェイムズにとって自由の問題は、自己統制、すなわち、自らの行為に責任(responsibility)をもつことの可能性の問題を中心に展開するものではない。またそれは説明責任(accountability)の問題と主として関連するのでもない。つまり、賞賛と非難というわれわれの本能的かつ習慣的な実践は、自由をめぐる論争で一方が勝利したとしても、それによって影響を受けることはないだろう。われわれは(何らかの仕方で)決定されていない自分の行為をどうして非難されるのか理解することが難しいのであるから、なおさらそうである。自由意志の教説に訴えることは「この世界に新しいことが出現すること」を認めることに眼目がある。つまり、「それは改善説的な教説」であり、「救済(relief)」や「約束(promise)」の教説である。少なくとも可能性としての改善をそれは支持する。他方で決定論は、可能性というわれわれの考えはすべて人間の無知から生れたもので、必然性と不可能性とが世界の運命を支配すると断言する(James 1907: 59-61)。ジェイムズが示唆するのは次のことであろう。「知的には」（あるいは「認知的には」だろうか）自由意志は空虚な教説であるが、自由意志を信じる人はそれによってある種の楽観主義を維持することができる。つまり、世界が改善されうるならすべてよし、ということである。

> プラグマティズムだけがそこ［自由意志や他の「神学的」諸観念〔フックウェイの挿入〕］に積極的な意味を読み込むことができるのであって、そのためにプラグマティズムは主知主義的な観点にまったく背を向けてしまう。「神、そらに知らしめす。すべて世はこともなし」——これがみなさんの神学の真情である。そして、それにはみなさんは合理論者の定義などを少しも必要としないのである。（James 1907: 62.)

ジェイムズのプラグマティズムが描き出すのは、われわれの人生における自由意志の信念の役割である。この役割が自由意志の教説のわれわれにとっての意味を示し、それを疑似科学的もしくは認知的な主張とみなすべきではない理由を説明する。自由意志の信念をもつ人はもたない人とは違った仕方で行為し、不明瞭なものではあれ、違った期待をもつようになるだろう。すなわち、その「命題」は差異を生み出すだろう。それが非認知的な「差異」であるからといって、自由意志を擁護する人を非難するべきではない。むしろ、そのように認識すれば、当の信念が提供することを積極的に把握できるようになる。いったんその信念の役割を明確につかめば、その信念が何でないかを明らかにできていないといって、その信念を批判する誘惑はなくなるだろう。プラグマティズムによって、その役割が狭い意味で「認知的」でないものの力をわれわれは正しく認識することができる。

反対にパースにとって、ある仮説が科学的な意味をもつのかを判断する助けになりうるのがプラグマティズムである。もしある仮説が意味をもつなら、特殊科学の中か、科学的方法を採用する形而上学の体系の中において、それは検証可能である。もし意味をもたないなら、その概念は科学的な哲学のなかで占める位置をもたないことになり、それはつまり哲学の中でまったく位置をもたないことを意味する。(8) われわれは自由意志をもっていると希望する必要があるとパースは考えていた。というのも、自由意志がなければ、究極的な意志にまで向かっていく自己統制と反省が幻想になってしまうからである。しかし、自由の可能性、責任ある究極の合理的な自己統制の可能性についての形而上学的もしくは宇宙論的な説明がこの立場には必要となる。

したがって、ジェイムズとパースは、それぞれかなり違った目的のために、異なるプラグマティズムを採用したと理解できる。そして、このことは次の二つの問題に取って重要な意味をもっている。すなわち、解明を要する概念を明晰化するために自分の原理を用いようとするときに、どのような原理が彼らにとって必要とされるのかという問題、そして、自分の見解を擁護するときに、どのような議論の様式が適切となるのかという問題である。それはまた、彼らの教説が真理の概念に対して、それぞれかなり異なる関係をもっていることを意味する。真理が何を含むのかということについての明確で洞察力のある表現に到達するために、両者は自分のプラグマティズムを用いるだろう。しかし、パースのプラグマティズムは、ある企図（科学的探求）にとっての必要性に答えるものであるのに対し、ジェイムズの教説はそうした必要性にさほど答えるものではない。ジェイムズのプラグマティズムが適用されるのは、あくまでも、真理の本性やわれわれの活動の中での真理概念の役割が依然として解明を要するものであるような探求の一段階に対してなのである。

10・7　唯名論と根本的経験論

第10・1節で述べたように、パースは「根本的経験論」を賞賛し、それと「プラグマティズム」が同等なものであることを示唆した。これはジェイムズの主張から見ると驚くべきことである。というのもジェイムズは、『プラグマティズム』の序で「私が理解したプラグマティズムと私が最近主張している『根本的経験論』との間には何の論理的関連もない」と述べているからである。ここでこの不一致を解決する紙幅の余裕はないが、二つの教説に密接な関連を見て取るのはパースだけではないことを指摘しておく（Flower and Murphey 1977: II, 662）[9]。本節で私が示そうとするのは、本章で提示してきたパースとジェイムズのプラグマティズムの違いについての説明によって、この問題への両者の態度の違いの意味を理解できるということである。もし根本的経験論に近いことをパースが受け入れていなかったならば、彼はプラグマティズムを放棄せねばならなかっただろう。それに対して、ジェイムズは同じ立場にはいない[10]。

「根本的経験論」のもっとも明確な定式化は『真理の意味』の序の中に述べられている。それは次のような前提もしくは提言を含んでいる。「哲学者の間で議論ができるのは、経験から引き出された事柄を通じて定義可能なことだけである。加えて、諸事物間の関係は、それが連接的であれ離接的であれ、事物そのものと同様に個々の経験の直接的な主題であるという『事実』をそれは尊重する」（MT 6-7）。そして、このことから引き出される結論は、経験の諸部分がそれ自体も経験の部分である諸関係によって次から次へとつながっていくということである。「経験の諸要素はわれわれによって関連づけられるのではない。経験自体が初期の連結された、もしくは、連続的な構造をもっているのである」（MT 6-7）。重要な点は、経験自体が初期の原子論的な形式の経験主義が認めていたものよりも豊かな内容をもつということである。

　プラグマティズムは根本的経験論から独立したものだとジェイムズが主張するとき、哲学者の間で議論ができるのは経験から引き出された事柄を通じて定義可能なことだけであるという「前提」にプラグマティストが賛同することを彼が拒否する意図はほとんどなかったはずである。根本的経験論を拒否するプラグマティストはおそらく、経験される項目間の関係そのものが経験されることを否定するであろう。つまり、プラグマティックな明晰化は、ジェイムズが提示するよりも切り詰めた世界を描いてみせるであろう。プラグマティズムを支持する議論は、果てしなく続くような論争が回避されるという希望に依拠している。それゆえ、経験の構造について特定の立場を取れば、その立場の複雑な議論により敏感になるかもしれないが、プラグマティズムを支持する議論はそれについてのいかなる主張にも依拠しない。すでに述べたように、ま た、当人もしばしば主張するように、パースは自分自身を実在論者として記述する。われわれから独立して存在する実在からなる世界について、われわれは知っている。さらに、もしわれわれが違う場所にいて違う行為をしたならば、どのような経験をしたであろうか、ということについての客観的な様相的事実が存在する。そのためには、われわれが知ることができる経験の現実的な対象と可能的な対象とをつなげる現実的な連関が存在することが必要になる。何が「可能」であるかを議論するとき、私は必ずしも認識にかんする自分の立場を明確にしようと意図しているとは限らない。すなわち、何かが可能であると言うことは、おそらくそれが事実だと単に言うことと同じではない。もし今朝寝坊していたら、出勤するバスに乗り遅れただろうと主張するとき、私は（諸々の「であろう」）（'would-be's'）について、すなわち、他の諸々の可能世界について、客観的な主張を行っている。起き得たこと（what could occur）や、起きたであろうこと（what would have occurred）についての主張を根拠づける諸法則は、別々の出来事間の規則性を単に記述しているのではない。すなわち、その法則はわれわれが経験する一連の出来事を説明もしくは媒介（mediate）するのである。自分のプラグマティズムは唯名論でなく「実在論」を受け入れない人の心には決して入っていかないであろうとパースが主張するとき、この点が問題になっている。諸々の「であろう」の客観性に関連した諸概念は、プラグマティズムの原理を用いてわれわれが明晰化しようとするなら、形而上学的なものとして却下されるであろう。しかし、彼のプラグマティズムの原理がそうした概念を用いていることを証明することで反論するという危険をあえてパースは冒しているのである。

媒介（mediation）や法則や外的事物は経験の中に直接現れると主張することによって、パースがこれらの批判に答えようとしていたとき、初期の経験主義者が想定していたよりも経験は豊かであると主張する点で彼はジェイムズに同意していた。実在する（real）連続性の経験を通じて法則や媒介が経験に現れるとパースが論じるとき、根本的経験論とのつながりは実際に極めて強いものになっている。さらに、もし仮に経験が連続的でなく、経験の中の時間的な順序をわれわれが直接的に意識できないとすれば、時間の概念もゼノンのパラドックスへの答えもわれわれはもっていないことになるとパースは考えた。それゆえ、実在する連続性をわれわれが経験できないとすれば、彼の実在論は擁護できないし、彼のプラグマティズムも致命的に不備があることになると彼は考えていた。もし科学がプラグマティズムの原理を用いて明晰化できない諸概念を用いているならば、放棄されねばならないのはプラグマティズムであることになる。

10・8　ジェイムズ、科学、実在論

科学について、そして、可能性や必然性といった様相概念について、ジェイムズとパースは異なる見解を

もっている。後期のパースと違って、ジェイムズは可能性についての次のような主観的もしくは認識的な説明をしばしば支持している。すなわち、可能性という語は、それが実現する条件をわれわれが（少なくともある程度は）知らないような事物に対して適用されるものである（James 1911: 113）。特別の存在論的な身分［「存在の第三の領域、実在よりも現実的でなく、非実在よりも現実的な」［p. 36］］が可能性にはあるとみなすわれわれの無意識な傾向を退けて、「現実に妨げることができる何かが欠如していること」、それが生み出される条件の存在に、ジェイムズは可能なものの本質があるとしている。可能な一羽のニワトリは、少年たちや他の敵がいないことを含んでいる（James 1907: 136）。これは後期パースの見解とは異なる。

ジェイムズが次のように語るとき、彼はパースのことを述べていたのかもしれない。すなわち、「明晰性、美、単純性にあまりに心奪われたために、全能者の永遠の思想を自分が正しく解き明かしたと信じた」人々についてジェイムズは語っている。（James 1907: 136）。対照的に、彼は次のように主張する。すなわち、理論は単に「人間の作った言語であり、概念的な簡略表現であり、それによってわれわれは自然についての報告を書く。そして、それの重要な用途は、『古い事実を要約し、新しい事実へとつなげることである』」。理論の選択は人間的な恣意性を含んでおり、そのことは法則や理論的真理の実在論的な理解を揺るがすように見える。つまり、理論は、それが真であるときには、道具主義的に真であるという主張をジェイムズは喜んで支持した。つまり、真である理論は、われわれに経験との満足のいく関係をもたらすのである。

もしこの解釈が正しいなら、パースとジェイムズの「プラグマティズム」の根本的な差異は、彼らの思想の別の部分の差異を反映しているというパースの主張の力を正しく評価することができる。ジェイムズがパースのプラグマティズムの格率を誤読または誤解したという解釈は誤りである。むしろ、意味、結果、未来についてその原理がもつ根本的な洞察をジェイムズは把握していた。異なる一連の哲学的な目的や、科学とその目的についての対照的な考え方に役立てるために、ジェイムズはその原理を採用したのである。

原注

（1）一九〇五年に、実際にパースは自身のプラグマティシズム（pragmaticism）をプラクティカリズム（practicalism）から区別している。彼の論点は、実践的理性の諸観念が科学的または理論的な言説において統制的な役割をもつというカントの教説を拒否するということである。パースが主張するには、科学において唯一用いられる諸概念は、「プラグマティックな信念」とカントが呼ぶものの中に現れるような概念であり、未来に生じる経験を予期することに関係する概念である。「プラクティカリズム」をこのように拒否することは、ジェイムズのこの主張と必ずしも対立しない。

（2）ここでパースは、プラグマティズムの起源における彼の役割について満足しているように見えるが、一九〇〇年のジェイムズへの手紙にはボールドウィンの辞書の彼の担当への助けを求めながら、「プヽラヽグヽマヽテヽィヽズヽムという語は誰が作ったのか、私かあなたか。その語が印刷として最初に現れたのはどこか」と質問している。それに対するジェイムズの返答は、それがパースの語であることを認めるものである（CP 8.253）。

（3）例えば、パースの貢献が「プラグマティズムに名前を与えたにすぎない」というジェイムズの示唆については、ローティ（1982: 161）を見よ。

（4）その他の例によるパースのプラグマティズムについてのより詳細な議論は、フックウェイ（1985: ch. 8）および本書第9章を見よ。

（5）自身の方法論的な原理をどれほど手段と目的の用語でパースが見ていたかを、この引用の最初の文が示していることに注意せよ。プラグマティズムの原理が適用されるときに詳しく述べられる「結果」の中に、個々の知覚や行為を入れるのが理解できるのは、われわれがいかに行為すべきかについての明晰さを達成する一つの手段として、その原理の適用が理解されるときのみである。

（6）このことと対立しうる一節は、一九〇三年にハーヴァードで行われた「プラグマティズム」連続講義の第一講のなかに見出される。プラグマティズムは哲学だけでなくすべての科学で価値があることを述べたうえで、「私は実際的な事柄についての技能を得たいと思っているが、それでも実生活の営みにプラグマティズムをよく浸透させることには利点があるといえる」とパースは述べている。(CP 5.14)

(7)この限定は重要である。なぜならそれは真理についてのパースの主張に含まれる理想化を生み出すからである。すなわち、良心的な探求者たちの間の強制されない合意は、明確な内容をもつ命題に対してのみ保証される。しかし、科学で現実に用いられる命題のすべては曖昧であることをパースは認識していた。探求が進展するにつれて意味は発展し純化されていく。また、すべての探求者がこのことを同じ仕方で行う保証(または必要)はない(フックウェイ 2000: ch. 2 を見よ)。上で引用した一節は、ジェイムズが寄稿したボールドウィンの『哲学・心理学事典』(1902)のパースの項目「プラグマティックとプラグマティズム」である。(Baldwin 1902: 321–2)

(8)「信じる意志」という主題に対してパースとジェイムズが採るであろう態度を考察することによって、多少誇張が含まれるが、この二人の友人の間の差異をわれわれは見て取ることができる。「知性的な方法」(反省と科学の方法)が実生活の問いまたは致命的な問いに答えることができないときには、感情(または情念)にわれわれが依拠すべきだという点に二人は賛同するだろう。しかし、行為に対してもつ効果によって答えが正当化されるというジェイムズのプラグマティズムと一致するものとしてこの考えをわれわれが解釈すれば、パースはそうした問題は彼のプラグマティズムが当てはまる合理的な論理的自己統制の領域を外れるものだと論じる。

(9)Flower とMurphey(1977)のジェイムズにかんする章は、プラグマティズムと根本的経験論の間の密接な連関を、ジェイムズ自身よりも見出している。

(10)ジェイムズの根本的経験論の教説を、いったいパースがどれほど深く理解したのかという問題がある。ここではその問題は扱わない。

第11章 いかにしてパースはプラグマティズムの格率を擁護したか

11・1 序論

パースの「プラグマティズムの格率」は、知的な（intellectual）概念や命題の内容について反省的な明晰さを獲得するための道具であった（EP 2: 401）。われわれは、あるものへある概念を適用することがどのようにして「実際的な関連があると考えられるかもしれない」効果を持ちうるのか、ということを同定することによって、その概念を明晰にする。すなわち、当の概念が何かに適用されているようなある命題が真であるとしたら、われわれが合理的に行うことに関して、適切な諸状況においてどのような差異が生まれるのか、ということを検討するのである（W 3: 266）。提起された概念がそのような「実際的な帰結」を欠く場合は、その概念には認知的な（あるいは「知的な」）内容が欠落している。それがまさに知的な内容を持っているならば、それに関してプラグマティックな明晰化をすれば、われわれが責任をもって探求あるいは熟慮を遂行する際にわれわれを導くのに必要な情報は全て導き出されるであろう。

これまでの章で、われわれは、くだんの格率の内容を調べ（第9章）、その適用例のいくつかを考察してきた。それは例えば、真理や実在といった概念（第3章）への適用であったり、数学的な諸概念（第6章）への適用であったりした。本章が取り組む問いは、こうである。なぜ、われわれはプラグマティズムの格率を採用すべきなのか。どんな理由があって、それが正しいと考えるのか。本章が提供するのは、パースが一八七八年から一九〇七年の間にプラグマティズムの格率を擁護するために用いた四つの重要な戦略についての物語である。プラグマティズムを擁護する際にパースが用いた戦略に触れておくことは重要である。われわれは、パースがプラグマティズムの格率を擁護するために様々な機会に用いた一般的な戦略を、そうした戦略を詳細かつ厳密な仕方で行使するためにパースが試みたことから区別すべきである。パースの著作の中では計画に基づく諸戦略が行使されているけれども、それらは大抵において示唆的ではあるが不完全であり、しばしば、似たようなプラグマティズムの擁護を明確化しようとしていくつかの異なった企てをしているという場合がある。これは驚くほどのことではない。というのも、こうした話題に関するパースの著作のほとんどは、公刊されるべく準備されていなかった草稿であり、恐らくパースは、こうした議論の詳細を練りあげようとする自身の企てに、決して十分には満足していなかったからである。こうして、われわれがまず優先すべき事項は、使われた戦略を理解し、評価して、プラグマティズムを擁護する際にわれわれが使うべきであるとパースが考えた基本的な諸概念を検討することでなければならない。そして、パースの議論の展開を検討する際には、プラグマティズムを擁護するために新戦略を採用したことに伴う変化と、新たな方法を使っておなじみの戦略を行使したことに伴う変化との間にある、この分かりにくい違いを心に留めておくことが重要である。

くだんの格率を擁護するためのこうした様々な戦略は、［それぞれに］様々な説明的概念に中心的な役割を与えている。それらの説明的概念とはすなわち、(1) 命題を信じることに何が含まれているのか、(2) 探求の論理的な構造、(3)形式論理学における革新的業績、(4)記号解釈の本性である。パースがそうした諸戦略を受け入れるのはどういう理由によるのか、さらに特に、戦略が取り替えられたり改訂されたりすべきであるとパースが考える際にはどういう理由によるのかということと突き合わせながら、それらの戦略の強度を検討することによって、パースの思想展開に関する重要な理解が得られる。われわれが〔本章で〕考察しようとする議論だけが、パースの著作の中に見出される〔プラグマティズム擁護の〕方法なわけではない。例えばポール・フォースター(Paul Forster)は、記号解釈に基づいた議論が認められうる一八六〇年代の〔パースの〕文章に注意を促してきた(Forster 2003)。アハティ=ヴェイッコ・ピエタリネン(Ahti-Veikko Pietarinen)は、一九〇七年以降の議論を研究してきた(Pietarinen and Snellman 2006)。〔とはいえ〕われわれがこれから論題にする議論は、パース思想の展開の中で最も重要なものである。

本章は、四つの主要な部分に分かれていて、それぞれ、われわれが論じてゆく四つの主な戦略に対応している。

1　一八七八年〔の戦略〕。「いかにしてわれわれの観念を明晰にするか」('How to Make Our Ideas Clear')という、「プラグマティズム」という言葉は使われていないが、プラグマティズムの格率が初めて明示的に擁護されているこの論文の中で、パースは、命題を信じることには何が含まれているのかを研究することによって、プラグマティズムを擁護する議論を行った。

2　一九〇三年〔の戦略〕。ウィリアム・ジェイムズが一八九八年にプラグマティズムを擁護した後に、パースは、当の格率の正しさを「証明」しようとした。ハーバード大学で講じられた、いわゆる「プラグマティズム講義」として知られる連続講義の中でパースは、探求の論理的構造に基づいた証明を提示し、プラグマティズムは「アブダクションの論理全体」を提供するのだという主張をした。

3　一九〇六年〔の戦略〕。「プラグマティシズムの弁明のためのプロレゴメナ」（'Prolegomena to an Apology for Pragmaticism'）の中でパースは、自身の存在グラフ（Existential Graphs）こそが、プラグマティズムの正しさを確かなものとする際に重要な役割を持つだろうと強調した。

4　一九〇七年〔の戦略〕。ある草稿（MS 318）の中でパースは、プラグマティズムの格率は知的な概念ないし命題の「究極的な論理的解釈項」を提供するであろう、と論じることによってプラグマティズムの格率を擁護した。

当の格率の正しさを証明するには、ある概念ないし命題の可能的な使用方法について明晰に把握するために必要な情報全てが、その格率を使用することによって提供されるのだ、ということが示されねばならないだろう。概念と命題は様々な仕方で様々な目的のために使用できるので、プラグマティズムの正しさを証明することは、ありえないくらいに困難な課題であるように思えるかもしれない。次節で見るように、一八七八年のパースの戦略は、われわれが命題を用いて行うとりわけ基本的な一つの事柄を同定した上で、プラグマティズムの格率が、そうした特定の用法で用いられている命題に関連するあらゆる情報を提供するであろう、ということを示すことである。もしこの特定の用法が本当に基本的なものであり、それゆえに、命題の他の用法のために必要となるあらゆる情報が、この特定の用法の明晰化によってすっかり明らかになってしまうというならば、プラグマティズムの正しさが示されうるだろう。

11・2　信念と行為の習慣（一八七八年）

パースは、連続論文『科学の論理の解明』（*Illustrations of the Logic of Science*）の第二論文にあたる「いかにしてわれわれの観念を明晰にするか」の中で、当の連続論文の第一論文「信念の固定」において自身が擁護していた論理学的原理に依拠して、プラグマティズムの格率を擁護する議論を展開している。パースの新たな手法による論理学は「すぐに、論理学者たちの言う『判明さ（distinctness）』よりも［明確さ（clarity）の］度合いがはるかに高い、思想の明晰性（clearness）に到達する方法に至るはずである」（W3: 261; EP 1: 127）とされ、このことこそが、パースの新手法の重要性の証左であった。われわれが、概念を明晰化する方法について、例えば「論理学に関する現代の論考」からせいぜいのところ期待しうるものとは、しばしば抽象的な語彙を用いて一群の必要十分条件を与えることによって与えられたりするような、当の概念についての精密な定義に過ぎなかった（W3: 258; EP 1: 125）。

このやり方は、おなじみの種類の哲学的分析に似ているのかもしれない。しかしパースによれば、このやり方では、われわれ自身の思考についての熟達という、われわれが必要としていることは果たせない。パースがなぜ、われわれの観念や概念の内容について、そのような定義によって提供されるよりも程度の高い明確さを望みうるというのか、その理由を見てとるのは容易い。そもそも、概念を言葉で定義することによって提供される明晰化は、条件的でしかないことがある。われわれが、その定義のなかで用いられる概念を既に十分に明晰に把握してはいない場合、その定義は、われわれが必要としているもの全てを与えてくれることにはならないだろう。すなわち、「新たな事柄は、定義を分析することでは決して学べない」（W3: 260;

EP 1: 126)[1]。定義というのは単に、二つの表現が同じ意味ないし同じ概念を有しているということを告げてくれているに過ぎない。われわれが必要としているのは、どのようにしてわれわれの推理や探求においてその概念を正当に使えるのかについて、完全に明示的に理解することである。プラグマティストの行う明晰化は、まさしくそうした理解を提供することを意図している。理想的には、それは、どのようにしてこれら諸概念が「偉大で重厚な思想」の中で用いられうるのかについて、詳細な記述と説明を提供してくれる。

論文「いかにしてわれわれの観念を明晰にするか」で提出されている、プラグマティズムの格率を擁護する議論には、二つの要素がある。第一に、パースは次のように論じている。ある命題を信じることに含まれているであろうことを完全に明晰化すれば、信頼できる探求に含まれる推理やその他の方法の中でその命題を使うために必要な、あらゆる情報が産出されることになる。こうした物議を醸しそうな主張を受け入れるためのパースなりの根拠は、論文「信念の固定」の中で擁護された諸原理によって提供されていると考えられる。パースがその論文から引き出して利用するのは次のような主張である。「思考の作用は、疑念の刺激によって活発になり、信念が獲得されると止む。かくして、信念の産出が思考の唯一の機能なのである」(EP 1: 127; W 3: 261)。疑念は、精神を刺激して探求活動に向かわせ、探求は、典型的には、われわれが安定した信念に到達してしまうまで続く。このことからパースはこう結論する。すなわち、探求の方法は、「安定した」ないし「固定された」信念の獲得にそれがどのように貢献しているのかを示すことによって擁護できる。そして、命題に関する認識的な評価は、その命題を安定して信じられるかどうか明らかにするところにある。核となる原理は、こうである。探求の目標（あるいは「終着点」）は安定した信念であるから、探求は、信念の安定のために何が必要なのかを把握することによって導かれなければならない。

パースの議論の第二の要素は、信念の特徴についての独特の見解を用いている。パースは次のように主張する。すなわち、信念は「われわれの本性のうちに、行為の規則、つまりは習慣を確立することに関わっている」(W3: 263; EP 1: 129)[2]。

> 信念の本質とは習慣の確立であり、様々な信念が生み出すそれぞれに異なる行為様態によって、それら様々な信念が区別される。もろもろの信念がこの点で異ならない場合、すなわち、それら信念が同じ行為規則を産出することによって同じ疑念を鎮める場合には、それらを意識する仕方にどんな違いがあったとしても、それら信念を相異なる信念にはできない[……]。(W3: 263-4; EP 1: 129-30)

ある命題を信じることに含まれるであろうことを同定することによって、その命題を十分に明示的に明晰化できるのだとしたら、信念とは行為の習慣なのであるから、われわれは、ある命題が産出する行為の習慣を同定することによって、その命題を明晰化できる。ここにさらに、「行為を引き起こす刺激は全て知覚に由来する」とか「行為の目的は全て、ある可感的な結果を産出することである」とかいった想定が加われば、「思考に関する本当の区別は全て」、「感知可能で実際的」であるものに関する事柄であって、つまりは、「実践における可能的差異」の問題なのだという結論に至る(W 3: 265; EP 1: 131)。

習慣概念は明晰化が必要だ。日常の言葉遣いでは、習慣とは、われわれを制約する容態、われわれの自己制御能力を制限する容態と考えられている。すなわち、薬物依存者やアルコール依存者の習慣が思い浮かぶ。パースは習慣を、われわれが制御できるものとして説明する。実際、「人は皆、自分自身の習慣を制御することによって、多かれ少なかれ、自らに自己制御を行使している」。パースは次のように書いている。信念とは、「習慣の性質を有する心の状態である。〔信念を持つ〕当人はその状態を意識しており、また、その状態は、その当人が適切な場面において熟慮の上で行為をする場合には、そのような習慣が無かった場合とは異なる仕方で行為するようにその人を導くであろう」(EP 2: 12)。実際、パースは、「われわれが意識していない習慣、われわれが熟慮の上で満足しているわけではない習慣は信念ではない」と書いている(*ibid.*)。信念とは、少なくとも、うまく行為をして合理的に意見形成をする際に、われわれを導いてくれると信じられている習慣である。つまり、そういった習慣は、われわれの自由と合理性を阻害するというよりも、むしろ促進するのである。

11・3 一八七八年の議論についての懸念

一九〇三年の「プラグマティズム講義」の第一講にて、パースは、「ある概念の可能的帰結がその概念の総計を構成するということの証明はいかなるものであるか」と問いかけている。彼は読者に、彼が一八七八年には次のような前提に立脚していたことを思い出させる。すなわち、「信念は主として、信じられている定式を行為への導きとして採用するように熟慮の上で準備が整っていることに存しているのだ」という前提である(EP 2: 139)。もし信念が実際に行為の習慣であるならば、プラグマティズムの格率の正しさもそれに従って導かれる、とパースは認めている。しかし、行為の習慣こそが信念の性質なのだということを、どうやって知るというのだろうか。彼の一八七八年の論文では、このことの根拠を「心理学的原理」に求めたが、本書第5章で説明している通り、彼は、論理学の基礎を心理学に求めることなど「本質的に浅はか」(EP 2: 140) であると考えていた。なぜこの〔一八七八年の〕議論が心理学寄りの特徴を持つようになっているのかについて、これから二つの診断所見を検討しよう。その後に、パースがどのようにして自身の議論戦略の精神を保持しようとしたのかを見て、そして、さらに決定的な困難であるように思われる事柄について見てゆくことにしよう。

われわれの信念がわれわれの行為を導くというのは、ことによると常識の一部かもしれない。「人は、信念が何かしらの実際的な帰結を伴う限りは、その信念に沿って行為することになる」(EP 2: 140-1) ということを否定する者はいないだろう。しかしパースは、こう続ける。「唯一の疑問は、[……] 信念が振る舞いに影響を及ぼさない限りはその信念は単なる無為なものに過ぎないのかどうか、である」(EP 2: 141)。パースの議論は、信念は行為の習慣に他ならないという非常に強い主張を必要としていて、そして信念と行為の関係についてわれわれが常識的に確信していることからは、そうした主張は確立されない[3]。

まず、われわれは、心理主義の主張を検討しておくべきである。パースは明示的には心理主義の主張を述べてはいないけれども、その議論は役に立つ。われわれは、二つの説を区別すべきである。

(1) 命題の内容は、その命題が予期や行為に関する習慣をどのように決定するのかに応じて決まる。

(2) 信念とは予期や行為に関する習慣であり、信念の内容は、その信念が決定づける、予期や行為に関する諸習慣によって固定される。

パースは(1)を、論理学的あるいは意味論的な主張をする説として扱うであろう。そして彼は、追加的な議論をせずとも、(1)が真であるならばプラグマティズムの正しさは確立されている、ということを受け入れるように思われる。さらに、信念とは命題に対する受認の態度であるという妥当そうな想定が与えられれば、(1)と(2)は運命を共にしているということ、つまり、片方が真ならばもう片方も真だということも妥当そうだ。

少なくとも当座は、パースにこの理屈を呑んでもらうことにしよう。

⑴と⑵の間の関係を考えると、どちらが認識論的にいっそう基本的であるのかという問題に直面する。命題についての〔⑴の方の〕説に賛成する議論を行う際に、信念の本性についての〔⑵の方の〕説を前提として使ってよいのかもしれない。すなわち、信念とは予期や行為に関する習慣であり、かつ、信念は命題的態度であるから、命題とは、予期や行為に関する習慣である〔といった具合の議論になる〕。あるいはそれとは別様に、命題の内容は予期に関する習慣によって構成的に決定づけられているという事実から推理して、信念とは行為の習慣であるという結論に至ってもよいかもしれない。信念は心理状態であるので、⑵を心理学的法則の言明として解釈することは自然である。パースの厳格な反心理主義を考え合わせれば（第5章参照）、心理学的な主張である⑵のうちに論理学的な主張である⑴の根拠を求めることは、正当ではないだろう。この考えが正しいならば、つまり、信念とは行為の習慣であるという説が心理学的な説であるならば、パースは、⑴を直接的に擁護するか、あるいは何か他の手法を用いるかして、プラグマティズムの格率を擁護する独立した議論を組む必要がある。こうした根拠を踏まえれば、パースは、一八七八年の議論が心理主義を脱していないのではないかと疑うようになっていたとしてもおかしくない。

なぜパースは、この議論を推し進めなかったのであろうか。その手がかりは、早くも論文「信念の固定」にてパースが、「論理学的」と言い表せるような信念の捉え方を採用していたということにあるかもしれない。論文〔「いかにしてわれわれの観念を明晰にするか」〕の前半部分、われわれが安定した信念を手にするときに思考がどのように終着するのかを説明したすぐ後の箇所で、パースは自身の主張を修正して、「疑念と信念」という言葉は「自分の目的にとっては強すぎる」と述べている（EP 1: 127）。通常の用法でのこうした言葉は、宗教的議論その他の仰々しい議論に結びついている。パースは、「当の問いがどれほど小さいか大きいかには関わらず、ともあれあらゆる問いの始まりと、その問いの解決を表すために」、これらの〔「疑念」と「信念」という〕言葉をそれぞれに使おうとしていた（EP 1: 128）。探求は、パースが本当の疑念と呼ぶものによっていつも動機づけられているわけではない。仮に、われわれを探求に導く「不確定状態（indecision）」などなかったとしても、われわれは列車を待つ際に、ある場所から別の場所に行くための可能な道筋についての小さな探求にふけることがある。しかも、信念すなわち「探求の解決」が、正真正銘の十全な行為習慣を含んでいないこともある。われわれは、信念の論理的な役割を参照することによってその信念が何であるのかを説明する。しかし、経験的で論理学由来ではない情報がなければ、探求における信念の役割からプラグマティズムの格率を導き出す議論を行うために必要な情報は、手にできないだろう。

パースの議論に心理主義的な性格があったことをパース自身が示している証拠があって、それは一九〇三年の講義で述べられた次のような文言である。すなわち、パースの「真理の捉え方は、〔……〕一貫して行為しようとする衝動、つまり確定的な意図を持とうとする衝動から展開されている」（EP 2: 140）。われわれは、これをどのように理解すべきであるのか。次のようなパースの所見から検討を始めるのが良いだろう。「もちろん、人間は自らの信念に実際的な帰結がある限りはその信念に従って行為する、という点には何も問題はありえない。唯一の疑念は、それで信念の何たるかが全て尽くされるのかどうか、すなわち、信念が振る舞いに影響を与えない限りはその信念は単なる無為なものに過ぎないのかどうか、である」（EP 2: 141）。われわれが自身の信念に見て取れる唯一の種類の価値は、それら信念が行為への の頼れる指針であることなのか、そうではないのか、という問題は、偶然的な心理学の問題なのかもしれない。プラグマティズムを擁護する議論は、われわれは自分たちの信念からこれ以上のことを合理的には望めないはずだということを、われわれに納得させなければならない。われわれの目標が信頼のおける行為の習慣の獲得であるのかどうかを疑問視する理由を、いくつか与えることができる。

第一に、行為を決定するということだけでは信念について全てが言い尽くされているわけではないのかもしれないという証拠を示すべく、パースはこう問いかけている。すなわち、「例えば、正方形の対角線はその正方形の一辺で割り切れない〔無理数になる〕ということを信じることが、一体、振る舞いに対してどんな可能的な効果を及ぼしうるというのか」(EP 2: 141)。

第二に、それ以外のパースの見解のいくつかが持つ含意を指摘できる。ハーバード講義の少し前、一八八九八年のケンブリッジ会議においてパースは、真剣な科学においては信念などというものはふさわしくないと主張した(Hookway, 2000: ch. 1; EP 2: 33)。われわれは、自分たちの探求を理解の成長への貢献として評価する一方で、自分たちの到達した意見が多くの場合に改訂されたり拒絶されたりすることになると予期しているのであるから、自分たちの科学的な意見を第一に行為のための指針として扱うということはすべきではない、とパースは示唆している。つまり、われわれの科学的意見は鵜呑みにすべきではないのである。われわれの探求が結局、貢献としては評価できるが行為にたいする指針としてそれを採用するには至らないような意見に落ち着いて終わってしまうこともありうる。こうした考えを受け入れるならば、われわれはパースの陣営に加わって、現行の科学的な結果を「信じる」ことを否定できるようになる。あるいは、パースが論文「信念の固定」で主張した論理学的な捉え方を採用すれば、われわれの探求の終点をわれわれが信じている物事として扱いながらも、信念が熟慮の上での行為の習慣であることを否定するということが可能である。

第三に、パースは、論理学に対して非心理学的な手法を採るため、「何が推理の究極的な終着点でありうるのか」という問いに取り組むようになった(Turrisi 1997: 90f参照)。われわれの認知的な目標とは何か。

われわれはただ、行為への有用な指針を追求しているだけであるのか。一九〇三年のプラグマティズム講義においてパースは、論理学の土台に美学と倫理学があると考えようとしているのであるが、こうした試みをパースがした理由の一つが、次のことを例証している。すなわち、われわれは信念を高く評価しており、われわれが信念を高く評価するのは、その信念が信頼できる効果的な行為の習慣であるからだ、という理屈を、パースはただ単純には受け入れないということだ。

11・3・1 判断と主張

ハーバード講義の中でパースは、信念という心理学的な概念を全く使わずに、当の議論を再定式化する方法を検討している。その上で彼は、その再定式化された議論で用いられる戦略の十全性について問い、さらに、用いられている一般的戦略〔そのもの〕について問題提起している。まず、パースは次のような考えを提示する。すなわち、信念の本性を研究する最善の方法は「判断という行為についての真なる論理学的分析」(EP 2: 140) を調査することであって、「信念」と呼ばれる心理状態を心理学的に説明することではない。さらに彼は、判断と主張が「密接に結びついている」ことを確認している。実際、判断というものは、自分自身に言って聞かせている主張と同一視できる。このことから、主張の論理学的分析を行うことで信念の本性を理解できる、という結論が導かれるのである。

信念、判断、および主張には、共通点がある。すなわち、いずれも命題を受認するということを含んでいる。しかし、信念を、心理学においてその性質が研究されうる心理状態として考えることはありふれている一方で、判断と主張は論理学的な概念である。両方とも、命題が受け入れられたり是認されたりする仕方にあたる。パースの反心理主義をよく知っている読者にとっては驚くようなことでもないが、パースならば、プラグマティズムの格率を擁護するための次のような戦略を歓迎するだろう。すなわち、命題は主張されることが可能なのだという考えから恐らくは出発することによって、命題とは受け入れられうる物事なのだという考えに中心的な重要性を与えるという点で一八七八年の議論に似た戦略を、パースは歓迎するだろう。主張を分析する最善の方法は「宣誓供述書のような非常に形式的な主張言明」から始めることだ、とパースは述べている。証人は、「公証人ないし判事の前に赴き、もし自分の言うことが真でない場合は悪い結果が自分に訪れることになるような行為〔つまり証言〕をする。しかもその証人は、宣誓された命題が知覚的事実として他の〔周囲の〕人たちの眼前に現れていればその人たちが受けたであろうはずの効果を、その〔周囲の〕人たちに引き起こすべく、そのような行為〔証言〕をする」(EP 2: 140)。だから、プラグマティズムの格率を擁護する方法の一つは、こう主張することである。すなわち、プラグマティズムの格率は、命題を主張するときにわれわれがどういうコミットメントを引き受けるのかについて、完全で精確な説明を与えるのだ、と。これに関連する問題に対する似たような取り組みを、意味をめぐる諸問題に関心を寄せる後世のとある哲学者が擁護している(Dummett 1973: ch. 10)。とはいえダメット(Michael Dummett)は、ある表現が命題の「主張可能性条件」にどのように寄与しているかという観点からその表現の意味を説明するべき強い理由があると常に力説してきたが、他方パースは、この種の議論を明示的には展開していない。

一体なぜ、信念という心理学的な概念を用いるよりも、判断あるいは主張に訴えるほうが良いということになるのだろうか。第一に、プラグマティズムの格率は、われわれの推理と意見を制御する際に用いられることになる論理学的な原理である。われわれは、判断を行うことでそのような自己制御を発揮する。しかもわれわれは、判断を行ったり命題を主張したりすることによって、自分の信念に責任を負う。第二に、パースは判断と主張の論理学について語っているのであり、彼はこれを信念の心理学と対比している。われわれは判断を、論理学的な規範によって支配されている信念形成実践の一つとして理解している。すなわち、判断を行う際に私は、そうすることは正しいということにコミットしている。同様に、主張というものは、命題を是認するという公的な実践なのであって、それは、前述の種類の規範的基準に支配されている。われわれは、誰かの信念を当の行為者（agent）が能動的に是認している物事として見なさずとも、その人の行為を説明するためにその人の信念に訴えることができるのである。

11・3・2　命題を主張することとその意味を把握すること

パースは、自身の思想の第二の展開によって、プラグマティズムの格率を擁護するためにこの種の〔一八七八年の議論のような〕戦略を採用すべきだという考えを拒否するようになる。パースは次のように述べた。「主張という行為は、命題の意味を理解するという行為とは全く異なる本性を持つ行為であり、主張とは何であるのかをいかに分析しようとも〔……〕、それとは全く別の、命題の意味を理解するとはどういうことなのかという問いについて、何かしらのことが明らかになるはずだという期待は持てない」（EP 2: 140）。パースは、次のようにも言えたはずである。すなわち、われわれは、ある命題を信じることについて説明することによって、その命題の意味を理解するということに何が含まれているのかが明らかになるなどと期待すべきではない。命題を信じることは、命題を理解することとは全く別のことである。ここでは何が言われているのだろうか。

なぜパースは、それほどまでに、主張という行為は意味を把握することとは違っていると考えているのか。その理由を理解しなければならない。主張などの行為を記述する際に、パースは、主張などの行為が表現する命題を、命題が表現される際にそれに伴って発揮される力（force）とは区別する。

ある同一の命題が、肯定されたり、否定されたり、判断されたり、疑われたり、その内奥を深く探求されたり、問いとして置かれたり、望まれたり、求められたり、効果的に命じられたり、教えられたり、あるいはただ単に表現されたりするかもしれない。その命題は、そういうことによって異なる命題になることはない（NEM iv: 248-9）

主張に関する説明は、命題に付与されうるある種類の力を特定している。力と命題はそれぞれに別々の事柄である。すなわち、力を説明することで、命題の論理的な構造を説明することになると期待すべきではない。パースの主張の要点はこういうことなのかもしれない。すなわち、様々な種類の力があって、それでもって様々に命題を表現できるので、命題の意味は、そのどの表現方法においてでも当の命題の使用に関連する情報を与えられるよう、相対的に抽象的でなければならない。主張の力という観点だけから命題の意味を説明するのでは、命題が多くの異なった仕方で使われうるという事実を考慮に入れられない。

パースは、次のことも信じている。すなわち、主張や判断はいつも推論の形式を取るのであり、それゆえ、主張を行うわれわれの能力は、推論を引き出す能力に依拠している。このことはパースにとって、推論を引き出す方法についての明断さの方が主張を行う能力よりも基本的であるということを示唆していたのかもしれない。主張は推論に還元できるのかもしれない。推論という観点から主張や判断を説明するとすれば、われわれは、概念や命題の推論的役割を同定することによって、それら概念や命題を明断にできる。このことを踏まえれば、どうしてパースがこれに続いて試みたプラグマティズムの格率の正しさの証明が、次のことに焦点を合わせたのかが説明できるだろう。すなわちパースは、プラグマティズムの格率が、責任を持って諸論証手続きを使用するために必要な情報全てをどこまでわれわれに提供するのかを説明することに集中した。これは、パース自身が一八六八年にしていた主張、つまり、あらゆる認知は推論に存しており、実際のところ心の作用は全て妥当な推理に還元できる（W 2: 214）、という主張に合致している。こうしてパースは、いくつかの理由から、一八七八年の戦略を拒絶するのである。

・信念は行為の習慣に他ならないという主張には議論の余地があり、プラグマティズムを拒絶する者ならば誰もがこの主張を拒絶するかもしれない。
・プラグマティズムの格率は命題に関する論理学的な分析を提供するべきであるのに、一八七八年の議論は、信念という心的な状態に関する心理学的な説明を提供している。
・プラグマティズムの格率は、どのようにしてわれわれが命題を理解すべきなのかについての説明である。一八七八年の議論は、そうした命題を信じたり主張したりすることに何が含まれているのかを説明している。
・認知とは、まず第一には、信念という状態や主張のような行為に存するのではなく、推理にこそ存しているのだ、という事実を、プラグマティズム擁護論は認めるべきである。

パースは意味を把握することと命題を主張することを区別する必要性について述べているが、この論述は二つの異なる仕方で理解できる。〔まず〕この論述は、次のような主張をするものとして捉えられる。すなわち、プラグマティズムを擁護するわれわれの議論は意味の考察に基づくべきであり、それは記号論的ないし意味論的な性格を持つべきである。そしてここに、「いかにしてわれわれの観念を明晰にするか」の中で用いられた方法論的戦略を拒絶する理由が求められる。あるいは〔もう一つの理解の仕方をすると〕、われわれはパースの論述を、方法論的な意義があるものとして理解することもできるだろう。すなわち、うまく探求を進めてゆくためには、その探求活動に役立つ多種多様な用途や活動における指針を得るために応用できるように、概念と命題を明晰化する必要があるということだ。

11・4 証明とアブダクションの論理（一九〇三年）

パースは、一九〇三年以降にプラグマティズムの擁護に立ち帰ったとき、自分が追求する議論というのはプラグマティズムの格率の正しさに関する証明でなければならないと主張した。先に見たように、一九〇五年にパースは、「それが真であることの決定的な証明」を提供できるということこそが、当時彼が自分で「プラグマティシズム」と呼び始めていた彼自身の特別な形式のプラグマティズムの長所であると述べた（CP 5. 414-415）。パースはその三年後に、自分のもう一つの哲学的見解を擁護するには「プラグマティズムの格率の正しさに関する厳密な証明」が必要になる（CP 6. 485, 1908）と主張した。一九〇五年の論文の続編の中でパースが、自分はプラグマティズムが真であることの「証明」を提供する、と宣言していることを鑑みれば、こうした主張の重要性は明らかだ。そしてその証明は、「当の主題について合理的な疑念など全く残さない上に、著者〔パース〕が哲学に対して実現しなければならない価値ある一つの貢献である、というように著者には思われる」のだという（EP 2: 335）。

パースは、一八七八年のプラグマティズム擁護論を証明とは考えていなかった。一九〇八年の草稿の中でパースは、一八七八年の議論をプラグマティズムの格率に関する「修辞的でしかない弁護」と述べた上で、この議論は、「通俗的な雑誌の中でともかくも容認されるであろう種類の議論でしかない」と主張した。パースが追い求めた「黄金郷」は、「プラグムティズムが真であることを、あるいはそうでなければ、それが誤りであることを科学的に示すこと」であった。他の草稿の中でパースは、自分はもう目標を達成していて、今や〔かつての〕修辞的な弁護を「科学的で論理学的な証明」に取り替えられると宣言した(Pietarinen and Snellman 2006: 275を参照)。おそらく、その〔一八七八年の〕議論が「修辞的でしかない」のは、それが心理学に依存していたためであり、信念は行為の習慣である(習慣に他ならない)という見解を不用意に受け入れてしまっていたためであった。パースが追求した種類のプラグマティズムの証明を、ジェイムズがやったような種類のプラグマティズム擁護論と対比させても良いだろう。パトリシア・トゥッリーシ(Patricia Turrisi)が述べてきたように、〔ジェイムズの議論には〕「せいぜい効率性に過ぎないものに基づいて正当化する以外に、何も依って立つ正当化がない」(Turrisi 1997: 29)。ジェイムズは、プラグマティズムの手法を用いることで、一見したところ解決不可能な形而上学的問題がどのようにして避けられるようになるのか、ということを例証してくれている。ここで示される種々の利益は、今後も同様の利益が引き続き累積的に得られるだろうという希望を抱いてプラグマティズムの戦略を採用することはなるほど実際に納得のゆくことなのだ、と思わせてくれるような利益である。

〔パースは〕「証明」という単語を使用しているが、それはここではどういう意義を持つのであろうか。[4] ボールドウィンの『哲学・心理学辞典』(Baldwin's *Dictionary of Philosophy and Psychology*)でのパースの定義によると、証明とは、「心がその議論を理解しさえすれば、その心から実質的な疑念を全て除去してしまうのに十分な議論」である(CP 2. 782, 1902)。この定義を執筆する草稿において、パースはこう付け加えていた。証明は、「馴染みのある法律的な言葉遣いで、こう定義してしまうのが一番良いだろう。証明とは、ある命題を合理的な疑念をさし挟む余地など無い地位に置くことである」（MS1147, 1902）。だから、何かあるものが証明とみなされるのは、それが非常に説得的であったり確信を持たせてくれたりするからであり、証明の形式に言及することで証明が定義されるのではない。しかし、パースの探し求めている証明が、論理学や数学の中のどこか他のところで獲得できる種類の証明であることは明らかだ。パースが言うには、彼の知るプラグマティズムに関する証明は全て、「数学的諸定理の中で最も難しい定理のいずれにも匹敵するくらいに、綿密で骨の折れる注意力の行使を必要としており」、そこには、「数学者をして過度なほどの注意深さで這って進むようにさせる、あの論理学的分析の困難が伴っているのだ」（CP 5.468）[5]。このことから、プラグマティズムの証明の追求はパースの反心理主義と首尾一貫しているということが示唆される。そしてこのことを手掛かりにすると、パースが自身の一八七八年の議論を「証明」として認めなかったであろう理由を見てとることができる[6]。

われわれは、十全な証明が満たさなければならない条件を、さらにいくつか指摘できる。第一に、われわれがこれまでジェイムズに帰してきたような戦略は、プラグマティズムの格率の実り豊かさを示す証拠を提供してくれるかもしれないが、プラグマティズムの格率が真であることの満足な説明を与えてはくれない。当の格率は論理学的な原理であるので、われわれはその正しさを説明しなければならない。パースは、自身の証明を論じてゆく際、次の点を強調している。すなわち、われわれは、「当の格率が真であるための主要条件」が分かった上ではじめて、「[その格率の]魂と力能が備わっている」場所を理解するようになるのである（CP 5. 468）。第二に、プラグマティズムの格率に関する、パースのもともとの定式化は曖昧であった。この定式化はおそらく、「実際的な帰結」のような重要概念の理解の仕方について見解を異にするプラグマティストであっても受け入れられる、あらゆるプラグマティストが受け入れ可能なしろものであろう（第9

章と第10章参照)。パースは次のように予想していた。すなわち、十全なプラグマティズムの証明を構築してゆく過程で、われわれは、プラグマティズムがどのように定式化されるべきかを理解できるようになる、と(EP 2: 139-40)。証明を手にするまでは、われわれはプラグマティズムが何であるのかを本当に理解していることにはならないのだ。

第三の要件は、パース自身が抱いている、自分のプラグマティズムの擁護論は論点先取をおかしているのではないかという懸念から明らかになる(EP 2: 450)。プラグマティズムは、「例えばブラッドリー(F. H. Bradley)氏の『現象と実在』(*Appearance and Reality*)や、その他の高度に形而上学的な論者たちの著作の中で読むことになるものとは、猛烈なほど対照的であるように思われるし、また同様に、そのことと同じくらい、それ〔プラグマティズム〕は、ヘッケル(Ernst Haeckel)、カール・ピアソン(Karl Pearson)その他の唯名論者たちの比較的単純な学説とも、はっきりと対立している」(EP 2: 402)。アプリオリな形而上学の擁護者と唯名論の擁護者がパースの証明によって説得されない限りは、その証明が、合理的な疑念の余地が無いようにプラグマティズムの正しさを確立したことにはならない。「この困難のところで、私は何週間も何週間も立ちどまっている」(CP 5.468)とパースは嘆いた。この困難を避けるためには、パースは、次のことを示せなければならないだろう。すなわち、責任ある探求者あるいは合理的な探求者ならば誰でも、アプリオリな形而上学の欠陥と唯名論の欠陥を見抜くに至ることが可能である、と。パースは、次のように記して、自身の懸念を表現している。「私の知っていることを全て知っており、私と同じくらいにうまく物事を考えられる人が〔私とは〕別にいたとして、その人がその人自身の疑念を克服できない限りは、どうしても私は疑いを持たざるをえないということを意識している」(MS1145; Roberts 1978で引用されている)。

ここでの基本的な論点は、こうである。プラグマティズムの格率は論理学的な法則であり、論理学の諸法則は、それら論理学的法則によって制御されている自然科学の発見よりも、何かしら基礎的なものである。このことは、パースの学問分類に反映されている。すなわち、論理学と〔論理学の一分野である〕思弁的文法学を含む学問分野である規範学は、特殊諸学よりも基礎的である。後者は前者に依拠しているけれども、前者は後者に依拠しない。本当の証明ならば、様々な種類の諸学問間の関係についてのこうした事実を反映することになるはずだ。プラグマティズムの格率は、ある種の確実性を有していなければならない。その確実性のおかげで、われわれはその格率を拒絶する人を批判するためにその格率を使える、ということが保証されるのである。つまり、形而上学者や唯名論者でさえ、その証明の力の真価が分かるはずなのである。

11・5 プラグマティズムとアブダクションの論理（一九〇三年）

一九〇三年にパースは、ハーバードで一連の「プラグマティズム講義」を行った。これまで本稿で論じてきた一八七八年の議論に関する批判は、その連続講義の第一講から見て取ることができる。その連続講義の終わりまでに、パースは、プラグマティズムの格率の正しさを擁護する新たな議論を提示するに至っていた。この新たな議論の準備を進める中で、連続講義の前半に当たる講義では、哲学的知識の可能性を建築学的に捉えるというパースの考え方において基礎的な役割を担うもろもろの考えについて、体系的に取り扱われた。〔こうして取り扱われるのが〕現象学とカテゴリー論、そして、美学・倫理学・論理学という三つの規範学である。知覚に関するパースの説明もまた、重要な取り扱いを受けている。本節でのわれわれの目標には、次の四点が織り込まれている。第一に、われわれは、プラグマティズムの正しさを結論する際にパースが用いた一般的な戦略を突き止めるべきである。第二に、その〔プラグマティズムの正しさの〕証明を遂行してゆくに際して、他のこれら〔現象学や規範学など〕の探求がどういった貢献を果たすのかを、理解する必要がある。すなわち、なぜ、その証明は、これらの哲学的な諸学問が提供する脈絡がなければ、失敗してしまうのであろうか。第三に、次のことも理解する必要がある。すなわち、〔一九〇三年の〕プラグマティズム講義で用いられた戦略によって、どのようにして、パースのプラグマティズムの証明は、一八七八年の議論を立ち行かなくさせた諸困難を避けられるようになるのか。そして第四に、〔結局パースが〕この〔一九〇三年の〕証明すら満足のいかないものと見なすようになったのは何故なのか、一九〇三年以降に与えられたその理由を検討する必要がある。パースは、ある命題の意味を理解することと、それを信じるという行為ないし主張の中でその命題を使うこととの間の区別を、何とか尊重できているのであろうか。本章の関心ゆえ、われわれの第一の課題は、プラグマティズムの正しさを立証するためのパースの戦略を同定することである。それをした後に、パースの現象学、カテゴリー論、そして規範学についての研究が果たす役割を素描してゆこう。

われわれは、パースが連続講義の中で提示した議論の詳細を全て検討するということはやらないが、次の点には留意しておくべきである。すなわち、パースが自身の諸カテゴリーと規範学を擁護すべく行った議論からは、パースの戦略にとって重要ないくつかの独特の結論が導かれる。第一の結論は、法則その他の一般者についての実在論であった（EP 2: 181-6参照）。第二の結論は、論理的な良さという考え方、つまるところ、われわれが採用すべき認知的な目標についての説明、なぜそれらの目標が良いのかについての説明であった。第三の結論は、科学的な探求のなかで正当に用いられるいくつかの種類の論証を、形式的かつ余すところなく特徴づけることである。よく知られているように、パースの結論は、演繹、帰納、アブダクションという三種類の論証があるというものである。まずは、われわれの戦略的な関心は、連続講義の最後に提供されるプラグマティズムの証明に、これらの見解がどのように貢献するのかを理解することにある。

一八七八年の議論と一九〇三年の議論の間にはいくつかの類似点がある。両者ともに、科学の方法におけるプラグマティズムの格率の役割を調べることによって、この格率を擁護しようとしている。しかも両者はいずれも、探求の目標についての見解、すなわち、上首尾の探求と見なされるものは何なのかについての見解に依拠しているように思われる。両者が異なるのは、これをどのように行うのかという点である。パースは、一八七八年においては次のように主張している。すなわち、探求の終着点ないし目標は安定した信念であり、プラグマティズムの格率は、命題を信念の候補として評価するために必要とされる種類の観念の明晰化を提供するものとして擁護される。一九〇三年に用いられている議論はそれよりも複雑であり、その議論は、われわれがプラグマティズムの格率の強靭さを調査し始める前から言明されうるような探求の目標についての説明には依拠していない。

パースの戦略を突き止めるために、われわれは一足跳びで第五講義に進むとしよう。その講義でパースはこう宣言している。すなわち、ようやく今、「長々と、当て所もないかのように茂みを叩き回った後に、プラグマティズムの秘密の道に足を踏み入れ」はじめようとしている（EP 2: 200）。それに続く議論が導き出す結論はこうだ。「論理的な良さとは、端的に言って、論証の卓越性である」（EP 2: 205）。最も基礎的な種類の論理的な良さ（「積極的性質ではない良さ（negative goodness）」）は、論証の健全性と重みであり、「その良さなるものは、自らが持っていると称している力を実際に持っており、その力は大きい」（EP 2: 205）。そして、そこで「論証の健全性が何に存するのか」と問うとすれば、われわれは、「根本的に異なる三種類の論証」、すなわちアブダクション、帰納、演繹を認識することから始めなければならない（EP 2: 205）。われわれは例えば、演繹、帰納、アブダクションが良いのはどういう場合なのかについての説明を与えることによって、何が良い探求、良い信念と見なされるのかを説明できる。パースは一八七八年には、信念を良くするのは何かという観点から命題の良さを研究した。一九〇三年には、論証を良くするのは何かという観点からそれを説明することになる。一八七八年においては、パースは、信念こそが「基礎的」であると考えた。すなわち、特定の命題を信じることに何が含まれているのかについて、われわれが良い説明を手にしているならば、その命題の内容に関するわれわれの把握は完全である〔とパースは考えた〕。この説明には、われわれが当の命題を信じたり主張したりする際の、あるいはさらに論証を組み立てる際の、その命題の使用法を習得するために必要な情報が全て含まれている。一九〇三年の議論はというと、ここでの優先順位を逆転させる。すなわち、われわれは、論証や推論の中で命題をどのように使うのかということに集中する。そして、このことについての明晰さを手中にしていれば、当の命題を他の方法でも使用できるために必要な情報全てがわれわれの手許にあるということになる。

連続講義の最終回に至るまでにパースは、次のようないっそう強力な主張を擁護している。すなわち、「プラグマティズムの問いはアブダクションの論理についての問い」に他ならない（EP 2: 235）。プラグマティズムの格率を使用することで、アブダクティヴな論証における諸概念の役割を評価するために必要な明晰化の全てが提供されるのだとすれば、その限りでこの格率は、端的に、科学的推理において諸概念を使用するために必要な明晰化の全てを提供してくれる。このように、〔パースの〕議論には二つの段階がある。第一にパースは、プラグマティズムの格率さえあれば、「仮説として位置付けられる仮説、つまりは有望な提案であると考えられる現象の説明として位置づけられる仮説の許容可能性に関して、それ〔プラグマティズムの格率〕以外にはいかなる規則も不要になる」（EP 2: 234）ということを示さねばならない。第二に、一旦この格率が揺るぎないズムの格率は、アブダクションに関連する事柄を全て明らかにするのだ。

ないものとなれば、この格率の正しさについての疑念を抱く唯一の根拠は、プラグマティズムの格率が、命題と概念の果たすそれ以外の役割と齟齬をきたしているということに求められるであろう。そういったそれ以外の役割のうちでわれわれが考慮する必要のあるものは、ただ、帰納や演繹における〔命題・概念の〕役割だけであるから、われわれは、演繹と帰納がプラグマティズムに対する反例を何も提示するはずないということを示さねばならない。

パースが取り組む最初の問いは、「良いアブダクションとは何か」である（EP 2: 235）。アブダクションは「説明的仮説」を提案するのであり、パースが最初に提示する答えは、〔良いアブダクションとは〕事実を説明する何かである、というものだ。しかしパースは、説明をめぐる諸問題に直接的に取り組むのではなくむしろ、良い仮説が満たさなければならない他の条件について考察している。

事物の良さに関する問いというのは、その事物がその目的を充足するかどうかという問いである。それでは、説明的仮説の目的とは何か。その目的というのは、実験による精査に従いながら、どんな驚きも回避されている状態へ、そして、失望させられることのないであろう実証的な期待を持つ習慣が確立されている状態へ至ることだ。（EP 2: 235）

仮説は、「その仮説に反する特別な理由が全く無く、その仮説について実験による検証が可能な場合に、しかも実際にそのような検証ができる場合にのみ、容認可能である」。パースは、「これが概ね、プラグマティズムの学理である」と述べている。

さて、まず、なぜわれわれは、プラグマティズムの格率がアブダクションに関連する事柄の全てを明らかにするということを認めねばならないのだろうか。

1　プラグマティズムが帰納の妨げになることはありえない、ということは明白である。なぜなら、帰納はまさに、実験的営為の結果としてわれわれが何を期待しなければならないかを教えてくれているのであり、そのような期待が実際的な振る舞いに関わっていると考えられるということは、はっきりしているからだ。（EP 2: 235）

2　プラグマティズムの格率は、演繹的な推理によって達成されうる結果に影響を及ぼすであろうが、その一方でこの格率は、アブダクションを経て演繹のための前提として利用可能になる諸命題の範囲に影響を及ぼすことによって、結果に影響を及ぼしているだけである。しかし第一に、このことは、演繹の論理には影響を及ぼさない。そして第二に、プラグマティズムのこうした効果は、「それがアブダクションに与えた効果によって結果的にそうなった」のであるから、このことは、プラグマティズムの規範的な影響力はアブダクションにこそ存しているという一般的な主張に変更をもたらすものではない。（EP 2: 235）

それゆえ、アブダクションとの関連の中でのみ、われわれは、どのようにしてプラグマティズムが規範的な影響力を持ちうるのかを見て取ることができる。すなわち、アブダクションとの関連の中でのみ、プラグマティズムは差異を生むのである。そうだとすると、アブダクションはプラグマティズムの格率に従っているということを示してしまえば、プラグマティズムの正しさは証明されたことになるように思われる。プラグマティズムが真理への道のりの障害となるような知的生活の領域が他に存在する可能性など無い。

ゆえに、プラグマティズムの証明の全体的な構造は明快である。

1　プラグマティズムを擁護するためには、プラグマティズムこそが、論理的な自己制御を発揮する際に用いる正しい規範である、ということを示さねばならない。
2　論理学的規範は、基本的には、どの論証が良いのかを決めることに関わっている。
3　存在する論証は、演繹、帰納、アブダクションという、三種類のみである。
4　プラグマティズムの格率は、アブダクションが良いどうかを決める基本的な規範である。
5　プラグマティズムが正しいかどうかは、演繹や帰納の健全性に対しては何の違いも生まない。そうした〔演繹や帰納の〕健全性は、プラグマティズムがアブダクションに及ぼす効果の帰結ではない。

ゆえに、プラグマティズムの格率は正しい。

五つの前提それぞれには論争の余地があり、パースは、各前提が「厳密な証明」に必要とされる種類の確実性を有していることを立証しなければならない。

一九〇三年のハーバード講義をよく知る人の中には、当の戦略をこのように記述することに驚く人もいるかもしれない。すなわち、私はこれまで、著作集『エッセンシャル・パース』（*Essential Peirce*）の中で一〇〇頁強を占める〔ハーバード講義の〕講義録から、ごくわずかの章句を断片的に取り上げてきた。この連続講義の大部分は、こうした論理学についての問題とは一見関係しないかのような話題を扱っており、それゆえネイサン・ハウザー（Nathan Houser）が次のような所見を述べるのも無理はない。いわく、その〔プラグマティズムの〕証明は、実在論と記号論に関する長大な論説に立脚するとともに、「パースのカテゴリー論に根ざした新しい知覚の理論と、そして現象学、美学、および倫理学に由来する研究結果」にも依拠していた（EP 2: xxv）。しかしながら、ハウザーの記述と私が先ほど提示した戦略の説明との間には不整合は無い。本節の締めくくりに、こうした様々な関心がどう結びついているのかについて、二つのことを示しておきたい[7]。

第一に、くだんの証明にとって「現象学、美学、および倫理学」の研究調査がどういう重要性を持つのかを考えてみよう。〔パースが〕この点を強調しているのは、パースの哲学の建築学を反映してのことである。つまり、こうした哲学的な諸学問の中で用いられる技術は、心理学などの特殊諸学で用いられる技術よりも数学で用いられている技術の方にいっそう似ている。パースは現象学について次のように述べている。「私は、現象学を経験の観察と分析に限定するのではなく、現象学を拡張して、経験されるあらゆるもの、あるいは経験されると考えられるかもしれないあらゆるものに共通している全ての特徴、もしくは、直接的であろうと間接的であろうと、ともかく研究の対象になる全ての特徴を記述する学問にしよう」（CP 5.37）。調査される現象が実在のものか虚構のものか、想像上のものか観察されているものかということは、得られる結果の正しさには関連しない。しかも、現象を研究する際に用いられる技術は、数学的な分析と抽象化の技術である。それと類似した技術が、美学・倫理学・論理学という規範学に従事する際に用いられる。こうした学問〔規範学〕を先に述べた議論の諸前提に適用すれば、どうしてパースの辿りついた証明が厳密たりうるのか、どうしてその証明が、われわれが数学に結びつけている厳正さと確実性を保有できるのか、ということの説明が約束される。それゆえ、プラグマティズムに関する厳密な証明が構築可能であるという主張は、ここでは、数学、現象学、および規範学の探求の結果が占める独特な認識論的な地位についてのパースの見解に依拠している。

続いて第二に、知覚に関するパースの説明は、パースの証明の中でどういった役割を果たすのであろうか。この理論には、知覚内容について、そして、思考の意味ないし内容と知覚内容の関係について、三つの重要な含意がある。

1 第一に、知覚判断（perceptual judgements）にもともと現れていなかったものは、何も思考の意味の一部になりえない。これは、「知性の中には、はじめに感覚の中になかったものなどない」（*Nihil est in intellectu quin prius fuerit in sensu*）という〔アリストテレスの〕標語をパースなりに解釈したものである（EP 2: 226-7）。

2 知覚判断は一般的な要素を含んでいる。それゆえ、普遍的な命題が知覚判断から推論できる。

3 アブダクティヴな推論は「徐々に知覚判断になるのであり、両者間にはっきりとした境界線は無い。あるいは換言すれば、われわれの最初の諸前提、つまり知覚判断は、アブダクティヴな推論の極端な事例と見なすことができ、それら諸前提がアブダクティヴな推論と異なるのは、それらは絶対に批判の対象とはならないという点である（EP 2: 227）。

こうした主張を受け入れるパースなりの理由はある（ハーバード講義最終講の第二部でこの点について考察されている）が、それはひとまず脇に置いて、こうした見解がどのようにして、パースのプラグマティズム擁護論に役立つのかを問うてみよう。われわれは、四つの所見を述べることができる。

1 先に指摘したように、パースの論説はまず、プラグマティズムの格率を曖昧な形で定式化することに始まっており、パースは、自身の証明の過程の中でプラグマティズムの格率をいっそう精密なものにしてゆくことを提案している。振る舞いを導くに際して経験の果たす役割があるということを前提すれば、もしわれわれが「実際的な効果」が何なのかについて明晰な言明を与えようとするならば、知覚経験の内容に関する説明が必要になることは明らかである。知覚経験には非常に豊かな内容があるのだということにするならば、それはつまり、プラグマティズムの格率は、われわれの内容を明晰にするための情報源として、一部の唯名論者や実証主義者が想定していたかもしれないよりも多くのものを使えるということを意味する。

2 第一の主張、すなわち、われわれが思考の中で使うあらゆる概念は知覚経験に関する判断のうちに起源を持つ、という主張が正しいとしよう。そうすると、これは、われわれはアプリオリにしか知ることのできない概念や原理を使わねばならない、という「高度に形而上学的な」主張と整合的ではない。

3 第二の主張が正しくて、（知覚判断において明らかになるような）知覚が一般的な性質を持つとしよう。そうすると、一般概念とは、それぞれが完全に唯一無二である諸経験をわれわれが取り扱えるようにと編み出された考案物なのだ、という唯名論者たちの典型的主張は維持できない。

4 知覚判断はアブダクティヴな推論の極端な事例であるとするならば、次のようなことになる。すなわち、プラグマティズムの格率はアブダクションにおける概念の使用法を解明しているのだ、ということをいったん示せば、どのようにして概念を経験の諸要素に適用するのかを説明するという追加的な課題には直面しないで済む。認知において経験が役割を果たすからといって、そのことが、論理的な良さとは常に論証の良さの問題である、という主張を脅かすことにはならない。

パースは、こうした議論こそ、一八七八年にプラグマティズムを公表して以降、二〇年の歳月を経て、とうとうプラグマティズムの正しさをパース自身に感得させた議論であるとした。その二〇年の間、パースはプラグマティズムの消息を聞いていなかった（HUL: 110）。その後パースは、一九〇三年に用いた議論で確信を深めたが、しかしそれでもなお、その議論は不完全であり、改訂あるいは補足を必要としていた。なぜパースは、一九〇三年の議論が不完全であると考えたのであろうか。

11・6 一九〇三年の証明についてのパースの疑念

一九〇五年の草稿の中でパースはこう記している。すなわち、ハーバード講義で与えた証明は、「決して簡明な証明にはなっていなかった。というのも、ハーバード大学での注意深く書かれた七回の講義を費やしてその証明を提示したとはいえ、依然としてあまりにも多くの難点が残っていたからである」（MS279）。さらにパースは、イタリアのプラグマティストであるマリオ・カルデローニ（Mario Calderoni）に宛てた一九〇五年の手紙の中で、次のように結論づけた。いわく、当の議論は「実際的な帰結で大いに事が足りるということを示そうとしているのであって、実際的な帰結で概念の意味を全て汲みつくせるということを示そうとしているのではない」（CP 8.211）。実際のところ、くだんの議論は、プラグマティズムの格率の正しさを「証明していないし、証明する方向に向かってもいない」。パースは、以前の議論を「新たな議論が補足しなければならない」と結論づけている。

一九〇三年の証明の不完全さについてのパースの説明は直接的には示されていないけれども、二〇世紀の科学哲学の問題を引き合いに出すことでそれを明晰にできる。論理経験主義的な科学哲学では、理論は予測の成功という観点から評価されると考えられた。法則や文脈上の想定に基づいて出来事が予測可能であるならば、理論は出来事を説明している。さらに理論は、諸法則がさらにそれよりも基本的な法則から導出できることを示すことによって、諸法則を説明する。実在論の立場から彼らを批判した者たちは、成功を納めている科学には効果的な予測というだけではないそれ以上の内実があると考えた。われわれは、現象の原因となる、もしかしたら観察不可能かもしれない仕組みを理解するまでは、現象を十分には理解していない。となると、問題はこうである。すなわち、科学研究を遂行するとき、われわれは、うまくゆく有益な予測を目指しているのであろうか、それとも、事物がどのようにして、かつ、なぜ、現にこう振る舞っているように振る舞うのかを理解しようとしているのであろうか。

私の推測は、こうである。一九〇三年以降の数年の間、パースの胸の内は実在論者に寄り添っていたが、しかしパースは、自身の一九〇三年の議論が、プラグマティズムを説得力のあるものにする他の魅力的な方途と同様、論理経験主義的な描像にいっそう近いものになってしまうことを恐れていた。パースが言うには、良いアブダクティヴな仮説の目標は事実を説明することであり、また、その目標は、帰納的に裏付けられて信頼可能な予測の源泉となることでもある（EP 2: 235）。論理実証主義者たちが主張する、説明に関する「被覆法則」モデル（'covering-law' model）は、これと同じ考えである。つまり、うまくゆく予測の源泉は、自動的に説明を提供するのである。[1] これは論争の余地のある見方である。われわれはしばしば、出来事がどのようにして、なぜ生起するのかをたとえ理解していなくても、起こることになる出来事を予測できる立場にいるということがある。説明は、ことによると、直接には観察できない分子的な構造に訴えることによって理解をもたらす。パースならばこの考えに賛同したであろうということは、パースが次のように主張していることから明らかである。すなわちパースは、いかなる定型あるいは規則性であれ説明を必要としており、いかなる定型も規則性も、それが仮に説明を欠いているならば、説明の中で使えなかったはずだ、と主張している。パースは「プラグマティシズムの諸論点」（'Issues of Pragmaticism'）（一九〇五年）の中で、ダイヤモンドが本当に（*really*）硬いという事実を、ダイヤモンドが特別な特徴を持つ透明な結晶の形態にある炭素の塊であることに言及することによって説明した。これらの性質は、硬さからは切り離せない（EP 2: 356）。こうしてわれわれは、あらゆるダイヤモンドが硬いということを、なぜこれがそうであるのかを〔直接的に〕知らずして、容易に知るということがありうるのだ。一九〇三年には、プラグマティズムの格率が、アブダクションの目標は帰納的な成功であるという事実から導出されている。この議論は、説明力と予測の成功の間にある区別を無視しているように思える。それゆえ、仮説を本当に説明的にするものとプラグマティズムの格率が両立することを示すためには、一九〇三年の議論に補足を加える必要がある。

パースはカルデローニ宛の手紙の中でこう述べている。われわれは、「神と、あるいは自然と共通した理解を垣間見ること」を追求している。「人間は創造を支配する諸観念をある程度は看破している」。創造には「観念的な目的（ideal purpose）」があることは疑いえず、この目的は、うまくゆく行為というよりも「観念の発展」に関わっているように思われる。自然と共通した理解を垣間見ることというのは実在論的な理想であり、「目的」を参照することは、パースが主張していた進化論的宇宙論を暗に示している。〔パースが〕実在論にコミットしている文章は『モニスト』誌（*The Monist*）にも見つかるのだが、そこでパースが説明しているのは、ダイヤモンドの根本的な分子構造に言及することによって、ダイヤモンドの硬さがどのようにして説明できるのかということである。

パースは、自身の最良のプラグマティズム擁護論と自身の実在論との間に緊張関係があるのではないかと恐れており、一九〇五年の手紙はそのことを示すさらなる証拠を提供している。パースの所見によると、プラグマティシズムとは、論理的な良さについての、すなわち「思考の唯一の目的・意味」(CP 8.211)についての独特な、おそらくはダーウィン的な捉え方から導かれることであり、パースは、その捉え方は全般的には受け入れられないと考えている。パースがその捉え方を受け入れてはいないことは明らかである。パースは、「ますます能動的になる動物の諸機能は、種族の存続を保証するように計算されている適応的性質である」というダーウィンの所見にまず言及している。その上で彼は、それと似た話がわれわれの知性にも当てはまると推測している。

> [……] 人間の知性は、実質的には人類の存続を保証するために、しかもそのためだけに、創造主か、あるいは生存闘争の準志向的な(quasi-intentional)効果のいずれかによって、人間の中に組み込まれている。(CP 8.211)

これが真であるならば、プラグマティシズムは確たるものとなる。すなわち、「人間の振る舞いを統制することによる以外に、どのようにして[知性は]そのような効果を持てるというのか」。さらにこの議論は続く。認知機能に関してダーウィン的な説明を用いようと、あるいは、ある種の創造説の物語を擁護しようと、いずれにせよわれわれは、「帰納的な方法」から切り離された認知などとんでもないのであり、帰納的な方法が十分に遂行されることこそがプラグマティシズムには決定的に重要である、ということを認識できる。しかし、認知の目的についてのこうした見解を受け入れることに「少しでもためらいを」おぼえる者などいようはずもない、と認めながらも、次の段落で〔パースは〕、われわれがためらうべき理由を提示している。われわれ自身の存続と人類の存続を保証するような仕方でわれわれの振る舞いを統制することが探求におけるわれわれの目標の一つであることは疑いようがないけれども、われわれには他の目標もあるように思われる。この段階においてパースは、「人間は創造を支配する諸観念をある程度は看破している」ということを主張している。今やパースは、次のことを示唆しているように思われる。すなわち、この段階においてわれわれは、それ〔人類の存続〕以上のことを説明から得ようとしているのだ、と。〔しかし、そのような観念的な目的を付け加えることによって、探求活動の一部においてプラグマティズムとは十分に調和しない観念を使用することになる可能性が出てくる。[2]〕そのような可能性を阻止するために、一九〇三年の議論には補足が必要なのである。

パース自身が自分の証明について抱いていた懸念を考える上での別の手がかりを、パースの生涯のかなり終盤の時期に書かれたとある手紙が提供してくれる。

私は、まだ、私が意味している三種類の推理だけが健全な推理の種類なのだということを証明できないでいる。けれども、私は、それが証明可能だと考える理由と、第四の種類〔の推理〕など無いと考える非常に強力で蓋然性の高い理由を示すことができる。(NEM 3: 177-8, 1911)

この記述が正しいならば、一九一一年の時点でパースは、一九〇三年の戦略を用いた厳密な証明を提供できていなかった。つまり、〔プラグマティズムの証明の〕前提3は確立できていないのである。おそらく一九〇三年の議論は、次のような条件付きの結論は確立できていた。すなわち、パースの記述通りにちょうど三種類の論証だけが存在するならば、プラグマティズムの格率は正しい、と。しかし、ちょうどそれら三種類の論証だけが存在するということを立証できないならば、その証明は、その望んでいた結論を確立できない。その場合、懸念されるのはこういうことだ。すなわち、パースは、探求の遂行に含まれている認知的な活動全てについての完全な説明を、手にしていなかったのではないか。

〔パースが〕当の証明は不完全であると考えた二つの理由は関係があるのかもしれない。われわれの推理がプラグマティズムと両立しない観念的な目的を持っている可能性があるとするためには、推理においてわれわれが使用する必要のある、次のような推理形式、あるいは推理以外の認知的な活動の形式が存在していなければならないだろう。その形式とはつまり、この高尚な観念的理想に支配されている形式ではありながら、帰納的な方法を使って探求を遂行するときには要求されない形式である。プラグマティシズムは、どのような種類の認知的な活動があるのかについて、独特の説明の仕方をする。カルデローニ宛の手紙と一九一一年の手紙の両方において、パースは次の可能性を認めていることが見て取れる。すなわち、パースのプラグマティシズムの物語がわれわれの探求のいくつかに役立つにしても、いっそう豊かな認知的な能力群を用いるようにわれわれに要求する他の探求があるかもしれない。この点を説明したいという熱意など尊重しなくて良いということを示すか、あるいは、そうした熱意はプラグマティシズムと安全に両立するということを示すか、そのどちらかのことをするためには、当の〔一九〇三年の〕議論に補足をする必要がある(8)。

カルデローニに宛てたパースの論評は、われわれはプラグマティズムと衝突するような説明をしなければならないかもしれないという懸念を表現しているのだろう。われわれは、「神と、あるいは自然と共通した理解を垣間見ること」ができているように思える(CP 8.212)。うまく予測を立てて法則を定式化するわれわれの能力は、「人間は創造を支配する諸観念をある程度は看破している、ということの帰納的な証明になるように思われる」。「ただの行為ではなく、観念の発展こそが思考の目的なのである。だから、行為が思考の唯一の目標であるという極端なプラグマティズムの考えには疑問が投げかけられる」（*ibid.*）。

パースは、一九〇五年に『モニスト』誌上でプラグマティズムについての連続論文を発表し始めたときに、こうした問題を考慮に入れることに関連する諸論点について述べた。パースは、一九〇三年の議論を繰り返したのではなく、自分のプラグマティシズムが「実験室の哲学」（CP 1.129）であることをまさに強調したのである。パースは、その連続論文の第三論文にてプラグマティシズムの擁護論を打ち立てると約束していたのであるが、パースの計画は変わった。すなわち、その証明は延期され、第三論文は、その大部分が、形式論理学の一体系である存在グラフの導入的な説明にあてられた。このことは、パースの論理学的見解の展開、とりわけ、様相論理のいくつかの体系の進展についてのパースの論理学的見解の展開と符合していた（Roberts 1981:303参照）[9]。パースは明らかに、存在グラフがプラグマティズムの格率の証明に関連していると考えていた。そうだとすると、当時におけるパースのプラグマティズムの証明の変化の動機づけとなったのは、一九〇三年の自分の議論に手抜かりを見つけたことではなく、むしろ、この新しい強力な論理学の道具立てによって機会を得たことだったのかもしれない。次節では、この証明を生み出す際に存在グラフが果たした役割に向き合おう。一九〇六年のパースの著述は、プラグマティズムが真であることを立証する方法についての見解の変化を、どこまで指し示していたのであろうか。

11・7　記号と存在グラフ（一九〇六年）

『モニスト』誌論文の第三論文「プラグマティシズムの弁明のためのプロレゴメナ」は、「私〔パース〕が存在グラフの体系と称する、命題の線図化（diagrammatization）に関する非常に単純な体系」と「その体系に関する哲学」の説明へとパース読者を導き入れている（CP 4.534）。その論文の最後の一文は、こう約束している。すなわち、まだ完成していない続編論文では、「プラグマティシズムが真であることを論じる際には、思考をこのように線図化することが有用であること」（CP 4.572）を説明するであろう、と。しかしながらパースは、この「有用」性が何に存するのかを明示的には説明していない。本節では、この体系ならではの特徴をいくつか特定し、そして、プラグマティズムの正しさを示す議論を進める際に、これらの特徴を持つ形式論理の諸体系がどのようにして役割を果たすであろうかということを考察してゆこう。

パースが関心を寄せているたぐいの形式論理の体系は、論証の妥当性を評価するために使うことができる。それゆえ、論理体系を構築する際の必要事項が一つあって、それはすなわち、それらの論理体系が信頼できるものでなければならないということ、つまり、それらの体系を使用することによってある論証が妥当であるという結論に至るのは、その論証が実際に妥当である場合に限られるのでなければならないということである。次のような言い方をすればなお良いだろう。すなわち、論証が妥当であるときには常に、当の論理体系の使用によって、その論証が妥当であるという結論に至る〔ということが第一の必要事項である〕。

パースは、数学者の要求を論理学者の要求から区別することによって、第二の必要事項を述べている。数学は、〔記号や線図による〕表象体系を、検討中の数学的な問題を解決するという目標に対する手段として扱うにすぎず、それゆえ〔数学は〕「確実な手段の中で最も迅速で簡約なもの」を追求する。他方、論理学者は、推理に含まれている諸過程を理解することに関心があり、それゆえ〔論理学者は〕、「当の過程の最小の段階さえもそれぞれ判明に際立たせ、各段階の本性が理解されるようにする」ために、迅速さを犠牲にすることになる。「線図の部分部分の結びつきや、われわれがその線図を操作する際の各段階におけるその線図の成り立ちがどのような様態にあるかということを、明晰に見通せるように」線図を構成することによって、推理は容易に進めやすくなる（CP 4.533）。パースが結論として述べているように、「彼〔論理学者〕は、自身の線図をできるだけ分析的にしようとする」（CP 4.533）のであり、論理学者の線図は、命題と論証の論理的な構造を明らかにするものなのである。

一九世紀に広まった代数学的な手法による形式論理学は、第一の条件は満たしているけれども、第二の条件は満たしていなかった。すなわち、そうした論理学を使用すれば、論証が妥当であるということは知ることができるけれども、論証がなぜ、どのように妥当であるのかは明らかにならないのである。存在グラフの体系は、両方の条件を満たすであろう。存在グラフを使って命題の構造を表せば、表現されている論理形式に関する、最大限に明示的で明晰な説明が得られるのだ。

パースの第二の学説がここで用いられる。存在グラフは、命題と論証の線図、すなわちイコン的表象を提供するとされている。大抵の認知活動、特に演繹的推理は、線図上での実験的作業を含んでいる。「思考の一般的な進行過程を表現する線図」の価値が、軍事作戦に従事中の将軍が地図を使用するという例によって示されている。地図を観察すれば、地形についての情報が導き出される。当の作戦がどのように展開しうるのかを予想するために将軍がその地図に留め針を刺してゆくとき、彼は「実験」の結果をまさに観察している。われわれは、「斉一な線図上で厳密な実験を行う」ことができ、しかもそれをしているとき、われわれは、「当の線図の様々な部分間の互いの関係の中に〔……〕意図していなかった予想外の変化」がないか注意しなければならない（CP 4.530）。地図について言える事柄は、あらゆる論理学的な表記や数学的な表記にも言えるし、実際、自然言語の諸表現にも言える（W5: 163ff, 1885）。

線図が地形を表せる（そして論理学的な表記での表現が論証を表せる）のは、それら〔線図と地形、ないし論理学的な表記での表現と論証〕の間にある類似点、すなわち、両者の共有する諸特徴ゆえである。例えば、地図を使うための諸規約があって、その諸規約が、われわれの地図解釈にはどの類似点が関連するのかを決定している。大抵の場合、類似性は抽象的になる。例えば、論理学的表記による表現と、それが表す論証とは、論理形式を共有している。論理学者と数学者は、形式的表象もしくは「線図」を使って、「関係の形式」という抽象的な構造を研究する（CP 4.530; Hookway 2010）。その構造は抽象的であるけれども、それを例化したもの〔線図など〕は具体的かつ観察可能となりうる。こうしてわれわれは、例えば地図や線図といった例化を操作したり観察したりすることによって、当の構造の諸性質を研究するのである。どのようにして前提を表す線図が結論を表す線図に変形されうるのかを示すために、この論理体系の諸規則によって、線図に対してどの操作をすることが許容されるのかが規定されている。存在グラフは、命題の形式についてのとりわけ明快な線図を提供しようと意図してのものである。しかも、存在グラフに関するパースの業績の多くは、存在グラフが説明できるはずの論証の範囲を拡張し、様相論理の体系を構築するということをも含むように企図されている。こうしてパースは、次のように主張した。すなわち、存在グラフの体系は、「望みうる限り分析的に、あらゆる命題を表現できる」（EP 2: 279）、と。

命題すなわち言述記号（dicisign）は、このように、存在グラフの体系内でいつでも表すことができ、そうする際には、その命題の表象に、当の命題の「個体的な複製《レプリカ》」〔であるという性質〕が「付与」される。命題とは一般的な対象であり、線図の具体的なトークンあるいは複製《レプリカ》を通して例化が可能なのである。そして存在グラフの体系は、命題の内容を明快かつ分析的に明らかにする個体的な線図を提供してくれる（*ibid.*）。さらにパースが述べることには、そのような「付与」が可能であることは、当の命題が主張されるより前から、その命題ないし表象〔を理解しているということ〕の解釈項が表しているということである。これは、一九〇三年のパースの論述、すなわち、われわれは、命題が表現されるときに伴いうる様々な種類の力から抽出された、命題の理解についての説明を必要としている、という論述を反響させている。存在グラフを用いた表象は、当の命題の論理形式ないし意味論的形式の線図を提供するのである。

パースによれば、存在グラフの体系は、パースが一九〇六年頃に定式化できたと考えていたプラグマティズムの証明において、重要な役割を果たす。われわれが取りかからなければならない戦略的な問いは次の通りである。

パースは存在グラフの体系（あるいは前述の必要事項を満たす別の論理体系）を産出できている、としよう。となると、この論理体系の存在は、どのようにしてプラグマティズムの格率の正しさの証明に貢献しえたのであろうか。

われわれの問いがなぜこうした観点から定式化されるのかというと、その理由は、パースが存在グラフの体系を決して完成させてはおらず、一九〇七年以後の著作においては、パースは、存在グラフには依拠しないプラグマティズムの証明を追求していたからである。なぜこのようなことになっているのかは、明らかではない。フィッシュ（Max H. Fisch）その他の研究者は、次のように推測してきた。すなわち、パースの哲学にとって非常に重要な概念である連続性についての推理を理解できるように存在グラフを拡張することが可能なのかどうかについて、パースは疑念を持っていた〔のではないか〕（Forster 2011: chs 3 and 4; Hookway 1985: 174-80）。これは、ここでのわれわれの問いが条件的であることを意味している。すなわち〔われわれの問いは〕、パースが自身の〔存在グラフの〕体系を完成させていたとすれば、どのようにしてそれは、この〔プラグマティズムの証明という〕目的のために使われたであろうか〔という問いなのだ〕。

11・8 存在グラフからプラグマティズムの格率へ

こうした考察は、そしてとりわけパースの形式論理の諸体系は、プラグマティシズムの証明にどのように貢献するのであろうか。ときおりパースが示唆するのは、それらのおかげで自分の考えを他の人たちに伝えることが一層容易になったということである。それにパースが付け加えて言うことには、それらは、プラグマティシズムについてのいくつかの疑念からパースが脱するのに役立ったり、あるいは、それらの助けがなくても既にパースが編み出していた問題解決法を理解するのに役立ったりしたのだという。そうだとすると、これらの方法は、厳密には証明に必須というわけではないだろう（Roberts 1981: 303f; MS 300: 14-16）。例えば、一九〇六年の草稿の中でパースは、次のような所見を述べている。すなわち、フッサールその他は、「自分たち〔フッサールたち〕の言説はもっぱら論理学の言説なのであって決して心理学の言説ではない、という抗弁をわざわざ強調していたにもかかわらず」、われわれが知っているような人間的な推理において最もはっきり現れている推理の諸特徴にほとんどの注意を払い、そうして心理主義の誘惑に屈してしまっている。プラグマティシズムへの導き手としての存在グラフに期待される役割の一つは、「最も簡素で平明な仕方で思考の構成を示すこと」、そしてそうすることで、そのような〔フッサールらのおかした〕誤りを避けることである（CP 4.7）。

パースは、自身の存在グラフがプラグマティズムの正しさを示すうえでもっと重要な貢献をしてくれることを期待していたのであり、このことを示す証拠が存在する。パースの主張によると、「存在グラフを十分に研究すれば、諸概念の全ての意義に真に共通しているのはどういった本性であるのかが示されるはずだ」(CP 4.534fn)。また、パースは、存在グラフが「思考の活動写真 (moving pictures)」を提供する、とも主張した (CP 4.8)。パースは、これらの見解が何を含んでいるのか、それらが何を意味しているのか、それらがなぜ受け入れられるべきであるのか、といったことを説明するようなことはほとんどしていない (Pietarinen 2006: 103ff)。しかしながら、パースがプラグマティズムの正しさを示すために記号論的な戦略を使用する立場を守っているということはありそうだ。概念と思考の本質的な性質に関する説明は、どのようにして、プラグマティズムの証明において役割を果たしうるのであろうか。

パースの論文には存在グラフについて追加的に述べている論述があって、その論述は、たとえプラグマティズムの格率の証明において主要な役割を担わないにしても、プラグマティズムの妥当性を高めることに貢献できる。この論述には、存在グラフによって、いかにして、一見プラグマティズムと衝突しているように見えるかもしれない様々な概念や命題がプラグマティズムと両立できるのかということを示すくだりが含まれている。例えばわれわれは、自分たちが、数学や論理学の真理のような必然的な真理に関するアプリオリな知識を所有していると考えている(第6章を参照)。例えば数学的な証明は、線図でもって作業を進め、おそらくは論理学的ないし数学的な表記の語彙で表現される。数学的表記の規則は、線図をどう変形させることが正当であるのかを規定している。一九〇八年の論文でのパースの主張によれば、数学的な命題の対象は、「関係の形式」という、構造の抽象的特徴である。数学者の表記は、数学者が研究する抽象的な構造を典型的に例化することになる。われわれは、抽象的構造を例化したものに対して実験を行うことによって、それら諸構造についての知識を獲得する。それゆえ、われわれの数学の知識が、プラグマティズムの格率に対する反例をもたらすことはないのだ。

線図を用いた論理学を研究することによって、パースは、「それまでほとんど理解されていなかった、それでいてプラグマティズムが真であることと密接に結びついている、論理に関するいくつかの重要な真理を引き出す」ことができるようになる（CP 4.534）。こうした真理には、様相に関する論理も含まれるだろう。パースは当時、様相に関する論理を研究しており、その論理は、一般者と可能性（possibilities）についての実在論という、パース自身のプラグマティシズムの基盤をなすものであるけれども他のバージョンのプラグマティズムにとってはそうではない学説を確立することに貢献しうるものだった。また、パースは、連続性の論理についての業績にもそれとなく触れているのだろう。パースは一九〇五年に、自分のプラグマティシズムの証明は連続主義が真であることの立証を必要とするであろう、と書いていた（CP 5.415）[10]。存在グラフを使える範囲が広がれば広がるほど、哲学的に厄介な諸概念がどのようにしてプラグマティズムの格率と両立可能なのかが見てとれるようになる。「ガンマ・グラフ」（CP 4.409-13, 463-72, 576-84）についてパースがした仕事は、あらゆる推理がプラグマティズムと両立できることを示す試みの一部である。

普通、われわれは、数学が必然的な真理に関するアプリオリな知識をわれわれに提供すると考えている。アプリオリな知識の地位は、通常の科学的な知識の地位とは非常に異なっているように思われる。「プラグマティシズムの弁明のためのプロレゴメナ」の中で、パースは、存在グラフが「必然的な推理」の特別な性質を説明すると主張している。

パースが提示している証明は、「どういった前提の連結体（Copulate）が与えられていようとも、そこから必然的に導かれる結論全てについての実験的な証明が、線図上での実験的作業によって獲得できる」ことの証明である（CP 4.531）。これは、必然的な命題に関する知識がどのようにして可能であるのかについての、一般的な捉え方を示唆している。すなわち、そのような知識を獲得するための模範的方法は、線図上での実験的作業を含むことになる。第二に、パースは次のように主張する。われわれが線図上での実験的作業を通して必然的な命題について知識を獲得する仕方は、帰納的推理と非常に類比的である。われわれは、関係的な構造の特定の例化に対して（おそらくは論理学的ないし数学的な表記で表現されたものに対して）、実験を遂行する。われわれは、証明しようとしている必然的な命題に対する反例を探り、そしてそれまで考察してきたその構造の全例化について、その結果がいかに当てはまっているかを立証する。しかしこれは、われわれが証明から獲得する知識がアポステリオリなものであることを意味してはいない。その推理は帰納と類比的ではあるけれども、しかし、この推理と通常の場合の帰納との間には、極めて重要な認識論的差異があるのだ。白鳥は白いということを私が帰納的に推論するとき、私の論拠となる証拠は、実際の白鳥についての諸事実に存している。〔この場合は、〕ひょっとすると不運のせいで、私がこれまで出合ってきた白鳥は代表的な白鳥ではなかったということもありうるため、私は間違えている可能性がある。私が必然的な推理に従事している場合、私の結論は、私が研究している構造のあらゆる可能的な例化に関するものである。私は、私の想像力が及ぶ限り、望むだけ多くの例を考え出すことができる。当の主張に対する反例が存在するならば、私は、自然がそうした判例を私のもとへ運んでくるのを待たなくてもよい。さらにパースはこう述べる。「想像力の面前に召集するというだけの労力で随意に実験的作業が繰り返せる場合には帰納的推理が極めて真に近くなるが、どのような『必然的』な結論も、この程度以上まで真になるということはありえない」（CP 4. 531）。われわれは、われわれが確立したい主張に対する反例を探るということなどのためにも、望むだけ多くの、必要なだけ多くの可能的事例を考え出すことができる。われわれは、周囲の環境〔のみ〕に依存して、関連する諸事例を手に入れているわけではない。だから存在グラフは、あるいはその他の線図的な表記は、プラグマティズムの格率の強靭さを適切に理解することに役立ちうるのだ。

「プラグマティシズムの弁明のためのプロレゴメナ」は、これらの手段をどのように使用すればプラグマティシズムの正しさを証明できるのかということは説明していない。しかしながらパースの『著作集』（*Collected Papers*）の編者たちは、この論文に、ある草稿からの示唆的な一節を添付していた。

あなたは、存在グラフの体系が、プラグマティシズムの真偽についての検証を、どのようにして与えることになるのかを理解するだろう。すなわち、存在グラフを十分に研究すれば、諸概念の全ての意義に真に共通しているのはどういった本性であるのかが示されるはずだ。そしてそれに基づいて比較を行えば、その本性が（定義によると）プラグマティシズムのまさに同類であるのか否かという問いは、肯定の答え〔それはプラグマティシズムの同類であるという答え〕を宣言しているということが示される。〔……〕〔万が一〕プラグマティシズムの理論に誤りがあったとしても、研究者は、まずは存在グラフによって概念を一つずつ次々に比較しなければならなくなるに過ぎず、そして次には〔結局〕その営為をプラグマティシズムとして解釈することになるだろう。そしてその研究者は、二つの大きく隔たった観点から概念を分析してしまったせいで見間違えようもなく対立しあう〔二通りの〕分析をされていた〔が実際は同一の〕概念に、すぐさま出くわすことになるだろう。（CP 4.534 fn）

この一節が厳密に何を意味しているのかは、それほど明晰ではない。どのようにして、われわれは、こうした相異なる視点から概念を比較することがあるのだろうか。この一節は、プラグマティズムの格率に関する一種の帰納的な擁護論を約束しているように思えるし、あるいはもしかしたら、プラグマティズムの格率こそが諸概念を明晰にするために要求される唯一の基準である、という考えに対する反例を探ってみること

〔そして結局プラグマティズムの格率の正しさに思い至ること〕に立脚した擁護論を約束しているのかもしれない。

この戦略が訝しく思われる理由はたくさんある。そのうちで最も重要な理由はこうだ。この戦略は、われわれが存在グラフの完全な体系を有していることに依拠している。そうした完全な体系は、連続性の論理と様相の論理、そして他の種類の推論も含んでいなければならない。これらの種類の推論はパースのガンマ・グラフの体系に含まれることになっていたけれども、パースが自分の必要とした完全な体系をこれまでに手にしていたと考えるべき理由は無い。このことは、次の事実の説明となるかもしれない。すなわち、存在グラフは、一九〇八年以降、パースのプラグマティズム擁護論において、ほとんど役割を担わなくなったのである。

もう一つの重要な問題がパース自身によって提起されている。その問題は、われわれのような認知能力を持った人々が、一体どのようにして要求されている比較を上首尾に行えることになるのか、についての疑念を呼び起こす。パースは、知的な直観によって把握されると考えられている幾何学的な公理ないし概念の例を用いている。幾何学的な命題ないし概念は、余儀なくわれわれに迫るものであろうし、「幾何学的な直観の受動的な対象と見なされ」(CP 4.534 fn) てもよいだろう。さて、次のように仮定してみよう。存在グラフの内部では、公理は、推理のための原初的な第一前提として扱われる、と。パースは、こう示唆するように思える。すなわち、われわれが直観的な反応を信頼してしまった場合、あるものを公理として扱うことと、当の概念をプラグマティズムのやり方で明晰化することも可能だということが実際に両立する、ということを、認識できなくなってしまうかもしれない。われわれは、プラグマティズムに対する反例が実際には無いときに、反例がある、と誤って信じてしまうことがありうるのだ。問題の物事を存在グラフで表すことは、プラグマティズムを評価するという目的のためには十分に「分析的」ではないのかもしれない。

11・9　対象、習慣、解釈項（一九〇七年）

既に指摘した通り、一九〇八年までには、パースは、「諸概念の全ての意義に真に共通しているのはどういった本性であるのか」についての説明に訴えることによって、プラグマティズムを擁護しようとするようになった。さらに彼は、ある完全な形式論理の体系、すなわち存在グラフを発達させることによって、そうした説明を得ようと考えた。パースには、概念と命題の本質的な特徴を説明するための、もうひとつ別の、より基礎的な手段があった。これこそ、彼の記号の理論、つまり記号論（semeiotics）である。そして既に彼は「プラグマティシズムの弁明のためのプロレゴメナ」の中で、これを活用し始めていたのである。

これには次のような背景が関わっている。パースは、論文「いかにしてわれわれの観念を明晰にするか」の中で自身が行った信念についての説明からプラグマティズムを導き出した際に、信念とは行為の習慣であると論じていた。行為の習慣とはすなわち、感覚的入力と行為の〈出力〉傾向との間を媒介するものである。感覚的経験と行為の諸々の役割は、プラグマティズムの格率にとって本質的であるように思われる。これらの役割が存在グラフの表記法においてどのように表現されるのかは明らかではない。これが、幾何学的な直観についての論説から引き出されるべき一つの教訓である。

「プラグマティシズムの弁明のためのプロレゴメナ」でパースはこう述べている。すなわち、「全ての知識と全ての思考の直接的対象（the Immediate Object）は、最終的な分析においては、知覚像（the Percept）である」、そして「まさに思考なるもの全ての直接的解釈項は振る舞い（Conduct）である」（CP 4.539）。これらの両方の主張が立証可能ならば、プラグマティズムは真に違いない。認知は、感覚的入力と行為ないし振る舞いの間を媒介する。ここで次の問題が待ち構えている。存在グラフを使って推理過程の構造を記述するとき、存在グラフの表記法はどのようにして、今は知覚判断を表現するために命題が使われている場合なのか、それとも命題使用が一連の行為を指示している場合なのかを特定できるようにしてくれるのだろうか。仮に存在グラフの表記法にはそれができないのだとすれば、存在グラフがプラグマティズムの格率とどのように関わってくるのか、理解することは難しい。しかし、直接的対象と直接的解釈項についてのこれらの主張を、パースが自身の記号理論の中で擁護できたならば、プラグマティシズム擁護の議論が得られるかもしれない。記号論には、存在グラフ以上に、推理を説明するための手段が揃っている。一九〇七年には、プラグマティズムを擁護しようというパースの試みは主に記号論に依拠するようになり、存在グラフの活用は減った。こうした試みの中には新しい戦略を用いるものもある。こうしたものについて、ここで詳しく見てゆくことにしよう。

ある点では、一九〇七年に述べられた議論は、「いかにしてわれわれの観念を明晰にするか」（一八七八年）で用いられた議論と似ている。どちらも行為の習慣という概念を活用しており、また、どちらも、概念や命題と結びついている行為の習慣を特定することによってその概念や命題を十分に明晰にできるならば、プラグマティズムの格率は正しいと示される、という考えを疑いなく受け入れている。両者が異なるのは、命題が適切に行為の習慣と結びついていると論じるためにそれぞれが用いる戦略においてである。一八七八年にパースが依拠していたのは、信念とは行為の習慣であるという主張と、命題を信じることには何が含まれているのかを説明すれば命題の論理をごく一般的に説明するのに十分事足りるという主張であった。その彼の一九〇七年の議論はというと、行為の習慣は、命題ないし概念を理解することに何が含まれているのかを説明する際に特別な役割を果たす、というものになった。

　こうしたプラグマティズム擁護論に取り組むためには、パースの記号理論において用いられている諸概念のいくつかについて論じておく必要がある。一九〇七年の草稿にある記号の「定義」を検討する前に、単純な例を使って三つの最重要概念を導入しておくのが良いだろう。ある人の皮膚に現れている発疹を、その人が麻疹にかかっていることの記号として扱うことを考えよ。その発疹は何の記号かと問う場合、その記号の対象が何であるかを問うている。私が発疹を記号として扱うことは、つまりは、その患者はおそらく麻疹にかかっていると私が判断すること、発疹以外の症状も出るであろうと予測すること、あるいは自分が麻疹に感染しないように気をつけることに存する。こうした、私が発疹を記号として理解することを構成している反応こそ、パースが「解釈項」と呼ぶものである。これは単純な自然の記号の例であるが、パースの考えでは、言語表現や思考を含むあらゆる記号が、対象と解釈項を持つものとして理解できる。

　私が発疹を麻疹の記号として理解することは、様々な形をとりうる。この人は麻疹にかかっているという思考のうちにそうした理解が表明されることもあるだろうし、他の症例についての背景的知識を動員して、どうやら麻疹が流行しているようだと判断するという形をとることもありうる。感染を回避するために遠くへ去ったり、麻疹に感染するかもしれない人に同情したり、という形をとることもありうる。いずれにせよ、私の反応は、発疹が記号として表示しているものを私が理解しているという背景に照らし合わせてこそ、意味をなす。さらに、記号を介して私は〔記号の対象である〕患者の病気に間接的に接触している、ということが重要である。私の反応は、記号への反応であるとともに、〔記号の表す〕対象への反応でもあるのだ。実際、解釈項は、例えば「この発疹は麻疹の記号だ」という思考のような、記号についての判断でなくても良い。マレー・マーフィー（Murray Murphey）が明らかにしているように、記号の解釈項は、典型的には、「二次的記号が指示している対象と同じ対象を指示するように一次的記号によって決められた二次的記号であり、〔この二次的記号つまり解釈項は〕一次的記号の意味を翻訳する記号なのである」(Murphey 1961: 313; CP 1.339, 1.553, 2.303)。

一九〇七年の〔記号の〕定義は次のようになっている。

> どういった存在の様態(mode of being)にあるものであれ、対象と解釈項を媒介するものが記号であると言うことにしよう。というのも、記号は、解釈項に相対的に、対象によって決定されるとともに、記号は対象を指示しながら解釈項を決定するのであり、そのようにして解釈項は、この「記号」の媒介を経て対象によって決定されるからである。(EP2: 410)

パースは続けて、対象と解釈項は「記号の二つの相関項、つまり、記号の前件と後件である」(*ibid.*)と述べている。〔先の引用中の〕傍点で強調されている二つの箇所は、次のように理解するのが良いだろう。まず、発疹が麻疹の記号であるのは、発疹にはそのように理解・解釈される力能があるからである。そして、その記号が麻疹を指し示すものとして理解されうるのは、その対象(つまり麻疹)がその記号を生み出したからである。麻疹が私の理解に影響を及ぼすのは、その記号(発疹)が、麻疹と麻疹についての私の思考とを媒介するからである。

先に指摘したようにパースは、ある特定の種類の記号、つまり「知的概念」に、主たる関心を寄せていた。知的概念とはこういう概念だ。すなわち、「知的概念の構造に依拠して客観的事実に関する議論が組まれる」。さらに彼が付け加えて言うことには、知的概念は「『概念』と呼ばれることが適切な唯一の記号の主旨（sign-burdens）である」（EP2: 401）。

これらの文章の中でパースは、われわれが「客観的事実」の問題に関わる際に命題や仮説や概念的表現が典型的に有する特別な種類の解釈項に、主に注目している。そして彼が示そうとしているのは、プラグマティズムの格率を適用することによって、そうした表現の「究極的な論理的解釈項」と彼が呼ぶものを特定できるようになるということである。

パースの記号理論を自然言語に応用するためには、広範囲の複雑な構文をわれわれがどう理解しているのかについて詳細に説明しなければならないだろうが、それを行う紙幅がここには無い。一つ、指摘しておくべき複雑さがある。プラグマティズムの格率は「知的概念」や「難解な語」を明晰にするための道具として提示されているのであるが、パースがこの格率を適用する先は、ほとんどの場合、〔語や句ではなく〕命題や信念といった文全体に対応するようなものであると思われる。それゆえパースは、〈硬い〉のような概念を明晰にする際、ある特定の対象が硬いことの「実際的な帰結」を述べることによって、それをする〔〈硬い〉概念を明晰化する〕。われわれは、例えば「あの対象は硬い」という形式の命題を明晰化することによって、硬さを明晰化する。パースの後期の著作には、パースのカテゴリー体系を反映した複雑な記号分類が述べられており、これのおかげでわれわれは、対象と解釈項の様々な要素を同定できる。これらの記号分類にまつわる厄介な論争に飛び込むわけにはいかないが、彼が論じている様々な対象と、特に解釈項のうち、いくつかの種類のものを指摘しておくことは重要であろう。

「知的概念」を含むいくつかの命題の例に注目してみよう。つまり次のような命題だ。

キケロはローマの雄弁家だった。（Cicero was a Roman orator.）

ダイヤモンドは硬い。(Diamonds are hard.)

トークンが特定の文脈で用いられる際には、普通は、言語的項目(linguistic items)が記号として機能すると考えられるだろう。第一の例は、ある人物や、雄弁家であるという性質や、その人物がローマの雄弁家であるという可能的状況、などなどについてのものである。この例において最も単純な種類の解釈項には、言われたことを認識したり是認したりすることが含まれるし、ひょっとすると、〈はい、キケロはローマの雄弁家でした〉というような思考を持つことも含まれるかもしれない。〔しかし〕ほとんどの場合には、こうしたこと〔解釈項がこのように単純な形をとること〕は起こらない。キケロはトゥッリウスであるということが既に知られているのならば、解釈項は「それゆえトゥッリウスは雄弁家だった」という形をとるかもしれない。あるいは、さらなる背景知識を踏まえて、アカデメイア派懐疑主義者が雄弁家であり得たことに驚きを表明するとか、雄弁術がカティリヌスの汚職を告発するキケロの能力に役立ったのだろうかと考えるとかいった解釈項もありえるかもしれない。記号が理解される際、ある特定の状況において実際に生じる解釈項は、「動的解釈項(dynamic interpretant)」と呼ばれる。どれほど様々な動的解釈項がありうるのか、背景的情報に依拠することで動的解釈項が記号をどのように「展開させる」のかについては既に見た。記号の解釈方法に影響を及ぼすその他の要因は、解釈者の目標と関心、つまり、解釈者はどういった理由から、発言やその他の記号に注意することによって情報を得ようとしているのかということである。行為者が当該対象についてより多くのことを学習し、それによって当該発言により豊かな解釈項を結びつけるようになるのを、われわれは何度も目にすることがあるだろう。

もちろん、解釈されたことのないものでも、あるいは誰も注意を払ったことのないものであっても、記号でありうる。そのような場合でも、記号は一種の潜在的解釈項を有しており、解釈項を決定する能力を有している、とパースは示唆している。パースはこの可能的な解釈項を「直接的解釈項」と呼び、それは「抽象的なものであり、可能性のうちに存する」と述べている。そして彼はこう述べた。「私の言う直接的解釈項は、各記号には解釈者を得る以前から固有の解釈可能性があるに違いないという事実のうちに含意されている」(SS: 12, 1909)。ショートが述べているように、直接的解釈項とは、「実際に形成される解釈項を見定めるために参照されるものである。つまり、その解釈項は適切に根拠づけられているのか否か〔を直接的解釈項に照らし合わせて検討することになる〕」(Short 2007: 56)。「記号の意味と通常呼ばれている」(CP 4.536;「プロレゴメナ」より) 直接的解釈項は、解釈を制約するものである。つまり、もし仮にわれわれが、われわれの〔「キケロは雄弁家であった」という〕文を、キケロは雄弁家であったという記号として解釈することが適正であろうと認識しないとすれば、その場合、われわれは誤っていることになるだろう[11]。

パースは、もう一つ、理想化された種類の解釈項について述べている。「最終的解釈項(final interpretant)」である。「第三の種類の解釈項が確かにある。それを私は最終的解釈項と呼んでいる。というのもその解釈項は、究極的な見解に到達するまで問題についての考察が行われたならば、その解釈項こそが真の解釈項であると最終的に決定されるであろう(would)ものだからである」(EP2: 496-7, 1909; ウィリアム・ジェイムズへの手紙より)。最終的解釈項は、「次のようなたぐいの条件付き命題で表現されるであろう真理のうちに存している。『もしこれこれがある心に去来したならば、その心にしかじかの振る舞いをさせるようにこの記号が決定するであろう』」(CP8.315, 1909; ウィリアム・ジェイムズへの手紙より)。

私の言う最終的解釈項とは〔……〕記号がどの心に対しても生み出すであろう効果である。状況が整えば、その記号は十分な効果を心に及ぼすことができるはずだ。〔……〕最終的解釈項は、その記号が十分に検討されればあらゆる解釈者がそこにたどり着くよう運命付けられている解釈結果なのである。〔……〕最終的解釈項とは、現実がそこに向かってゆこうとするものなのだ。（SS110-1, 1909; ウェルビー婦人への手紙より）

非常に大まかに言えば、この〔最終的解釈項、直接的解釈項、動的解釈項の〕区別は、記号や発話から何を学び取れるのかに関わっている。最終的解釈項は、有能な解釈者が、目的を考慮したり背景知識を増やしたりしつつ、その記号ないし発話から最終的に学び取ることのできるものの総体である。直接的解釈項は、発話文の意味によってもたらされるもの以上の情報を利用できない場合に、われわれが学び取れるものである。実践においては、われわれの実際の解釈（動的解釈項）はこれら二つの中間にある。われわれの解釈は、われわれがたまたま実際に手にしている（もしくは、手にできたかもしれない）知識とその知識を使う能力を一緒に動員した上で、実践において、当の命題の意味から学び取れるものを表しているのだ[12]。

11・10 論理的解釈項、三つの議論

一九〇七年の草稿（MS318）で、パースは、「知的概念」をどのように理解するのかについて述べている。その文書の主目的はプラグマティズムの格率を定式化して擁護することであるが、パースはすぐに次のように述べている。いわく、その格率を直接的に取り扱うよりもむしろ、「さらにもっと重要な問題は〔……〕、いくつかの記号が有していると容易に確証できる論理的解釈項、つまりは伝達される思考の本性に関わって

いる」(EP2: 410)。おそらく、パースが唯一「論理的解釈項」という言い回しを用いた機会がこの草稿である。そして彼は、「全ての解釈項が論理的解釈項であるわけではなく、知的概念やそれに類するもののみがそうなのだ」(*ibid.*)と念押ししている。そしてパースはまさに最初から、論理的解釈項が有していなければならない形式的特徴を特定して述べている。つまり、論理的解釈項として働く命題は条件法的な未来の時制でなければならないという(EP2: 410)。ゆえにそうした命題は、「~であるだろう(would-be)」や「~するだろう(would-acts)」〔という表現〕に関わることになる(EP2: 401-2)。例えばわれわれが、あるものは〈硬い〉と判断するとき、論理的解釈項は、もしそれをハンマーで叩いたりナイフで切りつけたりしても、それが傷ついたり影響を被ったりする可能性は低いだろう、と主張することになるだろう。それゆえ、プラグマティズムの証明がしなければならないことの一つは、これがどうしてそのようであるべきなのか〔どうして論理的解釈項が条件法的な未来時制であるべきなのか〕を明らかにすることである。こうした主張を擁護するために、パースは三つの議論を提出しており、しかしそのうちの前二者については不満を表明している。第三の議論はパースの記号理論の大きな進展であると一般的に見なされており、どのようにしてプラグマティズムの格率が立証されうるのかを見通すための目覚ましい手がかりとなる。

これらの議論が、論理的解釈項の論理形式もしくは文法的な形式について何かしらの結論を導いたとしても、プラグマティズムの格率の正しさを立証するのには十分ではないだろう。プラグマティズムの格率の考えでは、意味のある命題は全て潜在的には行為を導くものである。そして、われわれがどのように行為するかについて考えているときには、その行為そのものは未来のことなのであるから、〔命題が〕条件法的な未来の時制の形式を持つことは、プラグマティズムの格率に沿うための必要条件だということになるだろう。しかしそれは十分条件ではない。つまり、条件法的な未来の時制の命題が全て潜在的に行為を導くものだということにはならない。そして、そうした命題は全て、ある種類の行為が独特の感知可能な帰結を持つだろうということを含意している、というのは確かに真ではない。プラグマティズムの格率の証明のためには、認知と行為と感覚的経験を結びつける紐帯を編み出さねばならないのだ。

論理的解釈項の文法的な形式についてのこうした結論を導くパースの第一の議論は、解釈項と知的概念両方の独特の特徴に依拠している。

1　議論の第一段階では、解釈項についての次のような一般的な主張を利用する。つまり、「対象の本性と解釈項の本性との間には〔……〕本質的な違いがある。その違いとは、対象は記号に先行しているのに対し、解釈項は記号に後続して生じるということである」。したがって、「論理的解釈項は〔……〕相対的に未来の時制でなければならない」(EP2: 410)。

2　第二段階では、「知的概念とそれに類するもの」の特別な特徴を調べる。それらはみな、「一般的であるかもしくは一般者と密接な結びつきを持つ、と私〔パース〕には思われる」。このことからパースが導く結論はこうだ。すなわち、「論理的解釈項の未来時制の種類は条件法のもの、つまり「～だろう (would-be)」の形をとる」(*ibid.*)。

パースはこの議論に満足していなかったが、それは驚くほどのことでもない。彼自身認めるように、今の状態の論の進め方は「決定的ではない」ものであり、彼は、「いかにして、そしてなぜ、論理的解釈項が全ての場合において条件法的な未来〔の形式〕となるはずなのか」を示してくれる他の議論を探し求めていた (EP 2: 410)。この議論の第一段階では、記号が生じる際には解釈項はそれより未来にあるという前提から、解釈項の内容は、その論理的解釈項に関する未来のことに関わっている、という結論へと横滑りしてしまっている。後者の結論を導くための議論があってもよさそうなものだが、この場面でパースが用いている議論はそうしたものではない。

パースは続いて、次のような例に依拠する第二の戦略を採用する。

〔……〕決定的でないが、次のことを思いついた。すなわち、非常に抽象的かつ晦渋であるはずの概念だが、それでもその概念の意味の全体的性質はかなり疑いようなく分かるというような概念を、私〔パース〕がいくつかだけでも見つけられたならば、そうした概念についての研究は有効に働き、いかにして、そしてなぜ、論理的解釈項が全ての場合において条件法的な未来〔の形式〕となるはずなのかを私に示すのに役立ってくれるだろう、と。(EP2: 410)

パースは、数学がたくさんのそうした例をもたらしてくれることに気づき、それらの例には共通の形式があると考えた。各概念は、規則ないし操作に結びついている。そして、「もしこれこれの概念がこれこれの対象に適用可能ならば、その〔概念の〕操作はこれこれの一般的結果を得ることになるし、逆もまた然りである」(EP2: 411)。「少しばかりの数学的概念を含む、二十個ほどの知的概念」を調べることによって、パースは次のように確信するに至った。「実在の対象であれ想像上の対象であれ、対象の知的概念は全て、こう宣言しているに等しいのである。すなわち、もしその対象に特定の操作が遂行されるならば、その操作の後には、当の概念に応じて、〔……〕確定的な一般的記述の結果が伴うだろう、と」(EP2: 411)。しかしパースはまだ満足しない。このこともまた驚くほどのことではない。この議論はせいぜい、限定的な事例に基づいた帰納的論拠を提示することで、全ての論理的解釈項はこの形式をとるはずだという主張を擁護しているに過ぎない。そしてパースはおそらく、なぜ真相がこうでなければならないのかを、自身の記号論によって説明したいと思っている。そのため、彼はこう結論する。すなわち、この議論は「解釈者に及ぼす本質的な効果の性質がいかなるものであるかというまさにそのことについては、それほどのことを述べてはいない。そうした効果は当該記号の記号過程（semeiosis of the sign）によってもたらされており、それこそが論理的解釈項を成すものなのだ」（EP2: 411）。われわれは、論理的解釈項の説明を、記号作用の一般的説明から、つまり対象と解釈項の相互作用と相互依存を真剣に考慮に入れる説明から、引き出さなくてはならない。

次にパースが述べる第三の議論は、解釈項とは典型的には「意識の修正」であるという「仮の想定」に基づいており、この想定はすぐに単純化しすぎであると見なされるようになる（EP2: 411-12）。この議論はさらに、論理的解釈項を有する記号は「一般的であるか、もしくは一般者と密接に関連している」という想定にも基づいているが、この想定は「科学的結果ではなく、記号の本性についての生涯を通した研究のおかげで得た強い印象にすぎない」ものだ（EP2: 413）。それゆえ、論理的解釈項を探るのに際して、パースは、「存在する心的事実のうちで一般的指示を含むもののカテゴリー」（EP2: 412）の網羅的な一覧を提示する。論理的解釈項は、次の四つのカテゴリーのうちのいずれかに属するはずである。

1　概念的把握（conceptions）
2　欲求（希望や恐れなども含む）
3　期待

4 習慣

パースの議論の核心はこうだ。概念的把握や欲求や期待を使って論理的解釈項の本性を説明すると、循環性を含んでしまうであろう。そして、ある種の習慣や習慣変化の観点から論理的解釈項を説明した場合にのみ、この循環性は回避できる。このことによって、論理的解釈項は条件法的な未来の時制にあるという主張は正当化されると考えられる。事物が様々な状況でどのような動きをするであろうかということや、われわれが経験の観点からどのように行為するはずであるかということを決定するのは、習慣なのである。

プラグマティズムの格率についての標準的理解には、次のような様々な要素が含まれることになる。

1 プラグマティズムによる明晰化は「〜だろう形式（would-be's）」を含むことになる。これは論理的解釈項の論理形式についての主張のように思われる。すなわち、論理的解釈項は、通常、条件法的な未来時制の形で定式化される。

2 そうした「〜だろう形式」は、典型的には、習慣を含む。

3 論理的解釈項は、典型的には、事物に対して遂行されうる行為や実験その他の操作の結果を含む。それゆえ論理的解釈項は、相当の量の背景情報を含んだ諸文脈における、(a) 行為者性（agency）と、(b) 経験的結果を参照する。

具体例から展開する議論は1と3の両方に関わっており、そうした議論は、数学的概念と非数学的概念いずれについても、つまり、いずれの知的概念についても、1と3がともに当てはまるということを示す経験的証拠を提供するように思われる。習慣変化のみが知的概念の究極的な論理的解釈項としての役割を果たしうるという結論へと至る議論は、1と2のことを述べているのであるが、そうした議論は、プラグマティズムの格率を用いた明晰化によって実際的な帰結すなわち経験的結果が特定されるという、プラグマティズムの格率にとって根本的な主張を、考慮に入れていないように思える。それゆえ、こうした議論はプラグマティズムの正しさの証明に役立つかもしれないけれども、相当の議論を補う必要がある。その補われるべき議論こそ、帰納的な方法、あるいは「科学の方法」が認知にとって根本的に重要なのだ、という主張によって一九〇三年に提供されたたぐいの議論なのである。

11・11 循環性についての批判

パースは、「論理的解釈項（既に分かっている通り、それは一つの概念である）の本性について、それが概念であると言うことは、何の説明にもなっていない」（EP 2: 412）と述べることによって、その四つの内の最初の候補〔概念的把握〕を退けている。これはなるほどその通りだ。しかし、論理的解釈項とは何かということを説明する際に概念という考えを使用することが、ここで言われているような形で為されねばならないかどうかは確かではないかもしれない。例えば私が、バチェラー（bachelor）の概念の論理的解釈項を与えようとしているとしよう。そして、バチェラーとは大人の未婚の男性であると説明することによってそれをしているとしよう。これは何らかの情報を伝達しているかもしれない。なぜなら、ある概念が別の諸概念と関係していることを示すことによって、もとの概念を明晰化しているからである。次に、いかなる知的概念でも、その概念と他の諸概念との関連性を跡づけることによって解釈されうる、という見解を誰かが擁護していると想定しよう。先に見たパースの議論は、この提案に反対するには有効でないように思われる。しかし、期待と欲求についてパースが言わねばならないことの示すところによると、彼はこの提案では不満であろう。欲求と期待は両方ともに、論理的解釈項の説明としては役に立たない。なぜなら、「どちらも概念と結びつけられることを通して以外には一般的にはならない（EP 2: 412）からである」。概念に特徴的なこの種の一般性が、完全に非概念的な何かによって説明されねばならないとパースは考えていたようである。特定の諸概念を説明することや、その諸概念間の類似点や相違点を説明することよりも、概念であるとはどういうことか、どうすれば適用可能な概念となりうるのか、ということについての（還元的な？）説明を彼は探している。

パース自身がそれより三十年前に論文「いかにしてわれわれの観念を明晰にするか」で採用していた議論とこの議論を比較することが有効である。観念についてわれわれが望みうる（もしくは達成しうる）三段階の明晰性を彼はそこで記述している。そして、論理的解釈項を所有することは、このうちの三つ目の最高段階の明晰性の達成と関係があると理解することができる。パースは、明晰な観念と判明な観念の区別について、ライプニッツの用法に従っている。「ある理念（notion）に精通してゆく際、第一段階は〔その理念についての〕理解の明晰性を目指し、第二段階はその〔理念についての判明的な〕定義を目指す」（CP 5.392）。抽象的な定義を与えることによって複雑な概念は明晰化されるが、この明晰化は、当の概念よりもおそらくは抽象的もしくは単純な他の諸概念と当の概念との関係を分析することによって為される。こうしたことが生じるのは、われわれが実在を、「それの性質を誰が何と考えようと、それの性質がそのことから独立であるもの」（CP 5.405）として定義する場合である。そして、いかにこの定義が便利であっても、「これによって実在という観念が完璧に明晰化されたと想定するのは大きな間違いである」（CP 5.406）。それはおそらく、そうした定義が与える明晰性の程度は、その定義で用いられている諸概念についてわれわれがどれだけ明晰であるかに依存するからである。われわれは定義中で、ある概念を、それを十分に理解せずとも用いることができる。十分な明晰性が達成されるのは、当の表現が実際にどのように用いられているかについての十分な記述、さらなる解釈の余地を残さないような記述を、われわれが手にしているときのみだろう。われわれが概念を十分に明晰にするのは、当の概念をその中に含む諸々の信念をもつことに何が含まれているのかを詳細に知っているときである。そして、信念は「行為の習慣」として記述されるのだから、概念を明晰にすることは、そういった諸信念に含まれている諸々の習慣を特定することを含む。こうして、一八七八年〔の議論〕に〔おいて〕は、ある概念または命題を信じることが含んでいる諸々の行為の習慣を特定することによって、その概念または命題についての最大限の明晰化が達成される〔ということになる〕。そして一九〇七年〔の議論〕に〔おいて〕は、習慣を特定することによって、知的概念の論理的解釈項が得られる〔ということになる〕。

なぜ習慣は、これらの想定される問題に対する解決策を与えてくれるはずなのだろうか。ここでの重要な概念は、「究極的な」解釈項という概念である。つまり、習慣のみが、知的概念の究極的な論理的解釈項としての役割を果たすことができるというのである。これがどのような含意を持つのかは、草稿MS318のとあるバージョンから明らかである。「心的な記号」が知的概念の論理的解釈項として機能するかもしれないことをパースは認識していた。しかし彼は次のことを看取している。すなわち、解釈されるものは、「当然そうあるべき通り、知的な種類のもの」であるからして、「それはそれ自体において論理的解釈項を有するはずである。だからそれは当の概念の究極的な論理的解釈項ではありえない」(CP 5.476, 1907)。究極的な論理的解釈項であるためには、それ自体は論理的解釈項を持つ必要もないような、あるいは、そうすることもありえないような、一般的なものでなければならないであろう。次のような重要な一節がある。

> そのように生み出されることがありえて、そしてそれ自体は記号ではないが、一般的な適用ができるような唯一の心的な効果こそが、習慣変化であるということ。このことは証明することができる。〔私（パース）が〕習慣変化〔という語〕によって意味しているのは、人の行動の傾向性の修正ということである［……］。（CP 5.476）

この箇所はとても分かりづらい。これを理解し評価するためには、習慣という極めて重要な概念をよりよく把握する必要がある。

11・12 究極的な解釈項

パースの議論は、全ての知的概念はそれぞれ、彼が「究極的な解釈項」と呼ぶものを持たねばならない（または、持つことができねばならない）という想定に依拠している。そして、その議論が示そうとしているのは、概念の究極的な解釈項が、ある独特の種類の習慣変化でなければならないということである。「究極的な解釈項」の独特な特徴とは、それは記号に対する応答であって解釈項として機能しうるが、それ自体としては記号ではないということである。このことの直接的な帰結として、究極的な解釈項それ自体は解釈される必要はなく、また実際、解釈されることがありえない。それ自体としては記号ではない解釈項など、いかにしてあり得るのか。また、なぜ知的概念がそうした解釈項を持つことは欠くべからざることなのか。

パースはこれらの問いにほとんど答えていない。それゆえ私は、われわれはどのようにして概念を理解していることを表明できるのかということを観察することから議論を始めることにしよう。

ある概念を習得していること、または、一般的な言葉や関連する種類の記号を理解していることは、様々な異なる方法で表明されうる。一つ可能なのは、ある概念を詳述すること、すなわちそれが何を意味するかを述べることによって、その概念を習得していることを明示するという方法だ。これは、言葉による定義、おそらくは必要十分条件の集合の形式をとるだろう。それゆえ、私がバチェラー〔という概念〕を習得していることは、バチェラーとは大人の未婚の男性であると〔私が〕述べることによって明示されるだろう。詳述は他の形式をとることもありうる。それは〔例えば〕、ある文脈において顕著に際立っている十分条件を特定するだけというような、部分的形式もとりうる。また、特定の会話や討議の文脈においては、詳述の形式は、背景知識のまとまりに対して相対的であったり、理解が記述されている当人の認知的もしくは実践的な諸目標を反映した顕著性の判断に相対的であったりするかもしれない。

概念を習得していることは、その内容を詳述する能力によってではなく、思考や言説の中で当の概念を適切に使用する能力によっても示されうる。例えば、犬〔という概念〕についての理解は、私が犬を見たときにそれを再認する（recognize）能力によって示されうる。また、バチェラー〔という概念〕についての私の理解は、ある人々がバチェラーであることを私が知ったときに、そこから〔私が〕、彼らは未婚であると推論する傾向性を含みうる。そして（条件、連言、選言などの）論理的諸概念を含んでいる推論を私がどう遂行するのかは、私が受け入れる推論と拒否する推論によって明示されうる。肯定式や否定式[3]といった推論上の手続きを是認する能力は、条件や否定についての理解と不可分である。そういう諸々の場合において、どうして、ある概念を推理や探求の中で効果的に使用できないのに当の概念の内容を詳述できることがあるのか、あるいはどうして、複雑な概念を、その内容が詳述できないのに使用できることがあるのかということは、容易に分かる。

この両方の能力、すなわち、概念の内容を詳述する能力と概念を推理や探求において用いる能力をわれわれがもっているような場合に注意を限定したとしても、いくつかの異なる種類の場合を区別することができる。この違いは、二つの能力の関係、つまり、どちらがある種の優先性をもつかに関わる。内容の詳述が優先性をもつというのが一つの可能性である。例えば、概念を使用する能力というのは、〔当の概念の内容の〕詳述に含まれている情報を省察し、〔その上で〕その詳述が与える指針に照らして当の概念を使用する、という能力に依拠するかもしれない。もう一つの可能性は、使用こそが基礎的であるという可能性だ。つまり、われわれは詳述を与えることができるけれども、それは使用において示されている内容の記述として提案されていることになる。

この区別が効力を発揮するのは、詳述と使用が調和しないときである。第一の種類の場合〔詳述が使用よりも優先される場合〕においては、われわれの使用が詳述と調和しないときには、他の事情が同じならば、使用を改訂して詳述に一致させるべきである。それに対して、もう一方の場合〔使用が詳述よりも優先される場合〕には、詳述が使用に合わせられる。〔つまり〕詳述を改定して、その表現や概念の使用法についての証拠と調和させるようにすべきである。この場合には、詳述は正しい使用を決定する統制的な権威は有していない。実際、われわれがある概念についての自分で確信している使用を記述しようとしても、そうした試みがいかに可謬的なものでありうるか、そして、われわれが自身の詳述の間違った特徴に気づいても、われわれの使用を導いている習慣に対するわれわれの確信が弱められるようなことがいかになさそうであるか、ということは容易に見て取れる。そしてそうした場合には、われわれがある記号の内容の詳述を与えたとしても、その詳述がその記号の意義を必ず決定するわけではない。

使用のうちに存している理解の表明は、詳述において明らかにされる理解の表明よりも基礎的である。私がある概念の内容の詳述を与えるとき、これは単に、私が理解しているということについて、条件付きの証拠を与えているに過ぎない。詳述が概念の理解を表明するのは、私の解釈の中で使用されている諸概念を、私が既に理解している場合のみである。バチェラーや複素数〔といった概念〕の定義をおうむ返しに述べながら、それが何を言っているかを理解していないという人がありうる。それどころか、その人は、自分の言っていることを自分で理解していると信じながらそういうことをする、ということもありうる。しかし、もし私が概念をうまく使えるのならば、私が自分で自分の言っていることを本当に理解しているかどうかはそれ以上問題にならない。だから、詳述を与えることに基づく記号の解釈は条件的なものであるにすぎないが、省察を経ていない、それでいて成功している使用に基づく解釈は、無条件の解釈を与えてくれるように思われる。

11・13 習慣

習慣という概念をパースは使用しているが、このことはとりわけ、行為や推論の習慣はいかなる種類の解釈も必要としないとパースが考えているように見えてしまう場合には、ある種の還元主義的な行動主義に彼がコミットしているとして、一部の読者からの批判を呼んだ。本節では、パースが習慣をどのように理解していたのか、そして、習慣を傾向性から区別することがなぜそれほど重要であったのかを説明し、行為の習慣や推論の習慣がどのような種類の内容を持つのかを探ってゆこう。本節が終わるまでには、習慣が究極的な解釈項としてはたらくことがいかにして可能かを理解できるようになるだろう。一八六〇年代のパースの著作に始まり、一九〇〇年以降の彼の最終盤の著作に至るまで、習慣という概念は非常に多くの機会に使われた。習慣概念は、自然法則の本性や、それに関連する、実在の形而上学的な諸側面を記述するために使われるとともに、認知を説明するための道具としても使われた。われわれは後者に注目するが、習慣〔という概念〕の形而上学的な用法もまたわれわれの議論に関連するだろう。

パースによれば、「全ての推理者は、［……］推理のある習慣を是認し、そしてその結果として推理のある方法を是認するのであるから、その推理者の使用論理（*logica utens*）と呼ばれる論理的原理を受け入れている」。それゆえその推理者は、「自分ではそれを正確には定式化できないが、それを真なる知識に繫がるものとして是認している思考の一般的習慣に依拠することになる」（CP 2.773）。この使用論理は、理論家によって生み出される「述定論理（*logica docens*）」から学ばれるものというよりむしろ、経験の産物である。これはただの、原初的で洗練されていない思考についての主張ではない。それゆえ「数学は、数学の推理を、数学自体のために発展させた使用論理によって遂行するのであり、述定論理に訴える必要はない。なぜなら、思考に関する哲学の原理に従って決定をする必要があるような、推理についての論争は、数学においては生じないからである」（CP 1.417）。われわれは推論の習慣を信頼しており、その信頼可能性を疑う理由がない限りは、それをわざわざ擁護する必要も感じない。推理の中での習慣の役割が強化されるのは、われわれが自らの実践について反省するようになるときである。規範学が関心を持つのは「目的を伴った習慣形成であり、常識からすればそれはある程度は制御できるものである」（MS655, 1910; Kent 1987: 148-9も参照）。この精神で行くと、倫理学とは、「熟慮の上で採用した目標と首尾一貫した形での、行為の習慣の形成の理論」（Kent 1987: 133）であり、美学は、「感じ取り（feeling）の習慣の陶冶を通じて感性的な理想」（Kent 1987:

162）を育む学問である。そして論理学は、「実在があるはずだとしたならば実証的な知識に結びつくことになる、推論の習慣を発見する」（Kent 1987:66）ことを目指す。われわれが持つべき習慣へのこうした関心によって、次のことが明らかになる。すなわち、推理における習慣の役割は、推理の曖昧な本能的パターンに依拠するというような、推理の出発点の特徴であるあり方に単純に限定されるわけではないということである。自己制御は、われわれの習慣を完成させることに関わっているが、反面、習慣への依存から逃れることなどには全く関わっていない。

プラグマティズムについて論じた一九〇七年の草稿（MS318）の中で、パースは、習慣を単なる傾向性から注意深く区別している。

> 習慣は傾向性と次の点で異なる。すなわち、習慣は原理の帰結として獲得されており、その原理はそれを定式化するには不十分な反省能力しかない人ですら実質的にはよく知っているものである。〔生起する〕知覚像や想像が類似している状況のもとで同種の行動を何度も繰り返すことによって、将来の類似する環境のもとで同様の仕方で実際に行動する傾向、すなわち習慣が生まれる。
>
> さらに、ここが重要なのだが、人は皆それぞれ自分の習慣を制御することによって多かれ少なかれ自己制御を行っている。そして、望むような種類の行為の反復を外側の世界で実現できないような状況にある場合に、〔自己制御という〕この結果を生み出すためにその人がどのような仕方で行為するかを考えれば、その人は次のような重要な原理を熟知しているということが分かる。すなわち、内面の世界での反復、つまり想像上での反復は、直接的な努力によってそれがよく強化されているならば、外側の世界での反復と同様に、習慣を生み出す。そして、特に、もしそれぞれの反復が、未来の自分に命令を出

> すことに通常はなぞらえられるような、とりわけ強い努力を伴っているならば、これらの習慣は外側の世界での実際の行動に影響力をもつであろう〔という原理である〕(EP 2: 413)。

習慣の役割についてのとても明晰な説明が、「推理一般について」('Of Reasoning in General') と呼ばれる一八九五年の草稿に見出される。信念について次のようにパースは説明している。信念とは「習慣の性質を有する心の状態である。〔信念を持つ〕当人はその状態を意識しており、また、その状態は、その当人が適切な場面において熟慮の上で行為をする場合には、そのような習慣が無かった場合とは異なる仕方で行為するようにその人を導くであろう」(EP 2:12)。この説明は二つの例で支えられている。〔一つ目の例はこうだ。〕直線は二点間の最短距離であると信じている人がいるとすれば、その人が二地点間の最短経路を行きたいと思い、かつ、直線軌道での移動ができると考えるときは、その人はその経路を行くだろう。二つ目の例は、酒を飲むことは有害であると信じている人についてのものである。もしその人が自分に害をもたらしたくないと望みながらも、それでも「束の間の満足のために」酒を飲むならば、その人は「熟慮の上で行為」していない。

薬物中毒者の習慣についてわれわれが語るとき、習慣とは明らかに中毒者の自由を制限するものである。つまり、〔ここでの〕習慣は中毒者の熟慮に対して押し付けられるものであり、その人が自己制御を遂行するのを妨げるものである。これが、パースの習慣理解とは異なるのは明らかである。われわれの習慣は制御に左右されるものであり、おそらくわれわれは、特定の場面では自分が習慣的に行為するのを止めるよう自分で介入することができる。しかし、われわれはこうした習慣に合わせて「自動的に」行為することもできる。つまり、熟慮的な反省の媒介なしに適切に反応するということだ。先に論じたように、これが意味するのは、われわれは習慣を記述できるということ、すなわち、馴染みのある言い回しで「明示化する」[4]ことができるということである。そして、われわれはその習慣に反省を加え、評価することができる。〔その一方で〕習慣は、記号の形式をとった解釈項を介する必要はなしに、われわれの諸々の信念や基準に一致した行為の仕方を与えてくれるのである。

11・14 こうした見解を解釈し評価する際に現れる諸問題

プラグマティズムの格率を擁護する議論として考えると、これまで検討してきた議論はいくつかの理由で不完全に思われる。

1 パースは論理的解釈項の四つの候補（欲求、期待、概念、習慣）を単に列挙しているだけである。別の可能性がないと考える理由を彼は挙げていないように思われる。

2 大半の時期において、論理的解釈項の形式的、文法的もしくは論理的な諸特徴に彼は関心があったように思われる。そしてそれらの特徴は条件法的な未来の時制に込められている。このことは、解釈項が有している内容について何も述べていない。すると、実際的な効果や経験との関係を有する事柄を表していない定式化を、いかにして除外できるのか。これに関してパースは「〜だろう形式（would-be's）」について述べているが、プラグマティズムの格率を論ずる別のところでは、「〜するだろう形式（would-acts）」について述べている。（EP 2: 402）

3 習慣には多くの種類がある。究極的な論理的解釈項が行為の習慣であることをパースが望んでいるということを示唆する箇所は存在する。しかし、この草稿で彼は、こうした解釈項がそれとは別の種類の習慣である可能性を排除していない。例えばそうした解釈項は、行為の決定からは切り離された推論の習慣ということもありうる。

4

これらの所見は、一つの一般的な関心に関係する。プラグマティズムの格率についてのパースによる特徴づけのほとんどは、次のことを強調する。すなわち、概念を明晰化する際にわれわれが必要とするのは、行為の決定に関係する考察に注意を払うこと、あるいは、その概念の対象に対して適切に行為したときにそれがもつとわれわれが期待するような感覚可能な効果を、指し示すことだけである、と。こうした考えがMS318に見られる議論の背景にはあるのだろうが、どのようにしてこうした要素が導入されうるのかについての明示的な議論は無いように思われる。より初期の議論では、「帰納的な方法」に属しているとされた諸概念の基本的な役割に訴えて、この空白を埋めているように思われる。なぜ後年のパースは、何か別の仕方でこの空白を埋める必要を感じていないのか。パースの示せることの全てが、論理的解釈項は条件法的な未来の時制でなければならないということだけで尽くされるならば、パースはまださらに、プラグマティズムの格率を一般に理解されるものとして正当化しなければならない。

プラグマティズムの格率はしばしば、科学や哲学におけるアプリオリ主義を退けるために使うことのできる道具として提示される。そしてパースは、アプリオリ主義を本当の知的脅威とみなしていた。しかし、MS318に含まれる議論は、パースのプラグマティズムのこの側面を支持するようには見えない。本章の最後の節では、なぜ彼がこの問題に取り組む必要がないと考えるようになったのかについて推測を述べたい。

そこで〔問いたいのだが〕、MS318での論理的解釈項についてのパースの議論と、プラグマティズムの格率の擁護との間の関係はどのように理解すべきなのか。ここに示すのは一つの推測である。第一に、パースの理解するプラグマティズムの格率に関しては、二つの要素を区別する必要がある。〔一方で〕プラグマティズムの格率は、検証主義的な性質を有する観点から表現される場合がある。〔つまり〕知識の直接的な対象は、「最終的な分析においては知覚像（CP 4.539）」であり、「何についてであれ、あるものについてのわれわれの観念はそれの感覚可能な効果についての観念である〔……〕」（W3: 266）。また他方では、より厳密にプラグマティズム的な用語でプラグマティズムの格率が表現される場合もある。つまり、概念の直接的解釈項とは行為である（CP 4.539）〔という具合だ〕。一八七八年の著作では、行為を導く際の経験の役割に関するパースの見解が、この二つの要素を関連づけている。つまり、感覚可能な経験は常に、行為の原因となる刺激として、そして行為の結果として作用する（EP 1: 131）。私の呼び方が示唆するように、このうち二つ目の要素こそが、まさにいわゆるプラグマティズムに最も特徴的である。そして、プラグマティズムの検証主義的な特徴を共有する立場を採用しつつ、この立場は行為者性への関心と分離不可能だという追加的な主張を拒否することは、概念的には可能である。

第二に、われわれはプラグマティズムの格率を擁護すべきなのか、すべきならなぜそうなのか、という問いをある探求者が立てる場合、その人は何を既に当然視できているのかを、われわれは慎重に特定する必要がある。一九〇三年には、プラグマティズムの正しさを証明しようとするパースの試みは、ちょうど〔演繹・帰納・アブダクションという〕三種類だけ論証が存在するという想定に依拠していた。そして、一九〇三年の証明に関するそれに続く彼の懸念は、その想定についての疑念から生じたように思われる。一九〇七年において、パースが当然視できていることは何か。プラグマティズムの格率は論理学的な原理であると考えられている。しかし、彼はそれを、論理学の学問分野のうちの第三のものである「方法学(methodeutic)」に属すると見なしたので、他の規範学である美学、倫理学、思弁的文法学、批判学から得られる成果に依拠することができた。パースが思弁的文法学からの情報を活用していることは既に見た。そしてパースは、批判学からの成果を活用することもできたが、批判学からどのような情報が得られるかについては疑問を持っていたことも既に見た。となると、われわれが彼の格率の証明の中に指摘した空白を埋める助けになるかもしれないような情報としては、パースはどういったものを活用できたのだろうか。

ジョン・J・フィッツジェラルド(John J. Fitzgerald)がこの問いへの答えを示唆している。究極的な解釈項は、期待、欲求、概念ではなくむしろ習慣の変化であるはずだ、とパースが論じている一節に論評を加えながら、フィッツジェラルドはこう述べた。すなわち、「習慣や習慣変化に考察範囲を絞ってゆくことは、記号の理論だけでは達成できない。さらに記号使用者の意図した目的が何であるかを知ることが必要である」(Fitzgerald 1966: 163)。習慣の選択が適切なのは、記号使用者が「探求をつきつめてゆくことを通じて究極の目標に向かって努力しているからである」(*ibid.*)。倫理学は「習慣を支持する決定的な理由」を与えることができる。なぜなら、「われわれの知的な記号の使用を詳述する究極的目的は、世界の中の第三性を把握することであり、それに対応して科学者の合理性が成長することなのだ」ということを、倫理学は明らかにするからである(1966: 165; また、Kent 1987: 152-4も参照のこと)。

一つの可能性としては、プラグマティズムの格率が、他の規範学によって特定される何らかの究極的な認知的目標を達成する一つの手段として評価されるということがありうる。いったん「究極的な」認知的目標を特定すれば、反アプリオリ主義の要素が確立されると想定することすらできるかもしれない。となると、なぜわれわれはプラグマティズムの格率を証明する必要があるのだろうか。それは多分、有意味な命題は実際的な諸帰結を有さなければならないという主張の重要性を立証するためであろう。おそらくその議論が示さねばならないのは、経験された対象に経験的概念を適用することに、行為者性が（行為の諸習慣という形で）関わっているということである。行為者性と概念の適用とのこうした連関を明らかにするために証明が必要とされているのである。

　残念ながら、こうした解釈を支持するテクストが多くあるわけではない。これまで論じてきた草稿は究極的な解釈項について多くを語ってはいない。また、習慣が導入される部分はとても短く、行為者性と習慣の関係について、あるいは、どのように行為者性が経験的概念の適用に関わっているかについては、ほとんど述べていない。実際、「究極的な解釈項」についての論説もまた、特に明晰であるというわけではない。われわれがこうした問題を理解しようとするならば、知覚の対象について、及び、どのようにしてわれわれは経験された対象に一般名辞を適用するのかについてのパースの見解を検討する必要があるだろう。

　本章での私のねらいは、一八七八年から一九〇七年の間にプラグマティズムを擁護する議論をする際にパースが採用した異なる戦略のいくつかを突き止めることであった。そして、私が注目したのは、なぜパースは、それ以前には真剣に取り上げていた諸戦略に満足しなくなったのか、ということであった。私は、彼の取り組みのいくつかの展開を明らかにする物語を提示しようと試み、それによっておそらくは、どういった意味において初期よりも後期の語り方の方が好まれるのかを突き止めてきた。プラグマティズムの非心理学的な擁護の探索はパースにとって重要であったし、そのことは、形式論理や、あるいは自分自身の記号理論に基づいて議論を組み立てようとするパースの試みのうちに反映されているのである。

原注

(1) パースは、デカルトが「論理学の古い形式的な手続き」に回帰してしまっていることを非難し、「わけても、抽象的な定義が、彼〔デカルト〕の哲学においては大きな役割を演じていた」と述べている(EP 1: 126; W 3: 259)。

(2) 習慣という概念は、パースのプラグマティズムにおいては重要な位置づけにある。一九〇七年のパースの手稿から明らかなように、習慣概念は、スキナー的な行動主義にコミットすることを含意してはいない。パースは、われわれは反省によって自身の諸習慣を変更できると主張しており、習慣を合理的な自己制御のための道具として扱っている(EP 2: 413を参照)。

(3) パースは、信念は行為の習慣であるという説を、心理学者のアレグザンダー・ベイン(Alexander Bain)に帰することがある(EP 2: 399, 1903)。この信念観を、心理学的理論に含まれるものとして擁護することも可能であろう。思想の成熟した後のパースがそのようなプラグマティズム擁護論を許容するかどうかは、私には分からない。プラグマティズムの格率は論理学的原理であり(第10章参照)、心理学は論理学に対していかなる貢献もできないとパースは論じた。このことから示唆されるのは、パースは、経験的な心理学的研究がプラグマティズムの証明において役割を担うことなど許さないだろうということだ。しかし彼は、方法学(methodeutic)の探求に限っていえば、論理学において、限定的ながらも心理学の果たす役割がありうる、と示唆している場合がある。少なくともある一つの機会において、パースは、プラグマティズムの格率を方法論的な原理として記述していた。

(4) ドン・D・ロバーツ(Don D. Roberts)の「プラグマティシズムに関するパースの証明への手引き」('Introduction to Peirce's Proof of Pragmaticism')(Roberts 1978)は、多くの関連する諸問題に関して価値ある研究調査をしている。ロバーツが引用している文章の中でパースは七種類の証明を区別しており、その七種類の中には、数学的証明、哲学的証明、法則論的証明、説明的証明、実践的証明が含まれている。パースは、そういった証明がどのように働くかについてはほとんど述べていないけれども、論文内では、哲学的証明の本性をめぐって興味深い思索が行われている。

(5) パースは、論考「ヒュームの奇跡論について」('Hume on Miracles')の中でこう主張した。「正当な推論についての学問は、その〔学問における〕諸命題が絶対的な完全性でもって証明されてはじめて実際的な価値を持てるようになる」（CP 6.522）。なぜかというと、そうした命題は、「何が良い推理であるのかに関するわれわれの直観的な判断を圧倒するほど十分に強力でなければならない」からだ。パースは、自身のプラグマティズムの証明がこうした基準を満たすようにさせたかったのだ、と結論づけるのが自然であろう。

（6）フォースターの次の記述を参照のこと。「パースによるプラグマティズムの格率の発見は、行動に関する諸科学の結果に基づいているのではなく、むしろ、記号の本質的な性質に関する彼の論理学的かつ非心理学的な研究の結果に基づいている」（NEM 2:521; Forster 2003: 547）。

（7）これはつまり、トゥッリーシ（Turrisi 1997: 32）と同様、私が次のマッカーシの主張（McCarthy 1900: 67）を拒絶しているということを意味する。マッカーシいわく、ハーバード講義第二講から第四講までの内容は、「当の〔プラグマティズムの〕証明に直接的に何か貢献するということより、むしろ聴衆をパースの思考様式に馴染ませることを意図して」いた。

（8）興味深いことに、パースは、われわれの認知的な能力についてのダーウィン主義的な説明に最初に触れながらも、すぐにこれを退けて、われわれには皆、非ダーウィン主義的な反応がある、と主張している。「神の実在性についての見過ごされてきた議論」（'A Neglected Argument for the Reality of God'）に関して論じたパースの一九〇八年の論文を、宗教的な信念はプラグマティシズムと衝突するものではなかったということを示そうとする試みの一部として読むと、有益かもしれない。また、われわれは、一八八〇年代後半から展開し一八九〇年代前半に『モニスト』誌掲載の連続論文において最も明晰に表現されている、パースの進化的宇宙論を、くだんの熱意に応答しながらプラグマティシズムと科学の方法とも両立可能な、〔ドイツ観念論由来の〕自然哲学（*naturphilosophie*）の一形式として読むこともできる。

（9）ドン・D・ロバーツは、パースが『モニスト』誌に寄稿したプラグマティシズムについての論文に〔存在〕グラフを導入したことについて、驚きを示している（Roberts 1981）。パースは、一九〇六年一月の時点ではそうしようと計画していたわけではなかったけれども、〔結局〕パースがそのようにした論文は、五月の終わりまでには仕上がっていた。なぜパースは計画を変更したのか、その理由についてロバーツは様々な推測をしている。Roberts（1973）にて、便利な形で、存在グラフの紹介がなされている。

（10）連続主義とは、「連続性という観念を哲学において最も重要なものとして主張し、しかも特に、本当の連続性を含んでいる仮説の必要性を主張する、哲学的な思想の傾向」である（CP 6.169-73）。

（11）他にも、次のように、興味深い定式化が行われている箇所がある。「直接的解釈項は、記号が生み出すのに適した印象の質に存しているのであり、実際の反応に相当するものではない」（CP8.315, 1909; ウィリアム・ジェイムズへの手紙より）。

（12）この解釈項はそれほど正しいものではない。動的解釈項は、直接的解釈項とも最終的解釈項とも異なり、誤りを含む可能性が高い。

訳注

〔1〕被覆法則モデルとは、論理経験主義を代表する科学哲学者カール・ヘンペル（Carl Hempel）が提唱した科学的説明のモデルの一つ。説明すべき現象を演繹的に導き出す法則をつきとめることによって当該現象を説明するという、いわゆる演繹的法則的な（deductive-nomological）説明モデルに相当する。

〔2〕この一文は、この箇所の元になっている論文Hookway（2005）の記述に基づいて訳者が補った。

〔3〕肯定式（modus ponens）は、《PならばQである。Pである。ゆえにQである》という推論形式のこと。否定式（modus tollens）は、《PならばQである。Qではない。ゆえにPではない》という推論形式のこと。

〔4〕原文は'make them explicit'である。この箇所はロバート・ブランダム（Robert Brandom）の著書*Making It Explicit*を念頭に置いた表現なのではないかと思い、フックウェイご本人に問い合わせた。「執筆時にブランダムのことを考えていたわけではないが、関連があることは認める」とおっしゃっていた。

解説

フックウェイの経歴や著作などについては訳者あとがきを参照していただきたい。

フックウェイの哲学を理解するうえで、すでに日本語訳のある『クワイン』（浜野研三訳、勁草書房、一九九八年）と並んで、このパースに関連する最新の著作が翻訳される意義は大きい。なぜなら、本書のために送っていただいた「日本語版に寄せて」にあるように、フックウェイの哲学的探求に対して特に重要な影響を与えた哲学者は、パースとクワインの二人だからである。形而上学と認識論の観点から、この二人の哲学者の共通点と相違点を丹念に検討することがフックウェイの一貫して取り組んでいる主題である。特に、「意味論的な諸概念は心理学的な還元を受け容れるのかどうか」という問いが自身の研究の出発点にあったことが「日本語版に寄せて」において言及されているように、認識論上の自然主義の問題が彼の関心の中で一つの重要な位置を占めている。そこで本解説では、フックウェイの論文の中から、パースとクワインの認識論について考察した論文「自然主義、可謬主義、進化論的認識論」（Hookway, C. J. (1984), "Naturalism, Fallibilism and Evolutionary Epistemology", Hookway, C. J. ed, *Mind, Machines and Evolution*, Cambridge University Press, pp. 1–16）を取り上げ、そこで論じられている諸々の論点の中から、特にパースに関連するものを多少立ち入って紹介することで解説としたい。それにより、本書及びフックウェイの哲学全般の理解の助けとなると考えるからである。

この論文でフックウェイは、同じ経験主義という背景をもって主張される可謬主義と自然主義との微妙な関係、特にそれらの共通点と相違点を浮き彫りにするために、パースの主張とクワインの主張を比較して検討している。

経験的事実についてのわれわれの知識に基礎を与えようという基礎づけ主義的な認識論の試みの多くが失敗してきたこと、これがまず出発点となる。例えば、現代の哲学の中では、次のように理解された論理実証主義が基礎づけ主義の一例とされる。それによれば、われわれの経験的な知識を正当化する合理性の基準は、科学の成果に依拠することなく、科学の成果とは独立した哲学的な認識論によって与えられる。つまり、その基準は分析的もしくは自明なものであるか、または、規約として採用された言語的枠組みであるかのいずれかである。このように、知識の基礎づけ主義的な正当化を自明な基礎や合理性の把握を見出すことによって実現しようとする試みを、フックウェイはここでは還元主義的な企図と呼んでいる。

ところで、すべての諸科学に優先し、科学がもたらす自然についての事実を一切用いないような認識論の可能性を否定する立場が自然主義であると理解するならば、先のように理解された論理実証主義の立場は反自然主義的である。フックウェイによれば、こうした認識論の反自然主義と自然主義の立場の違いは、認識にかんする諸々の問いの特徴から生じるのではなく、そうした問いに対してどのような種類の解答を与えようとするかによって生じるものである。つまり、われわれの知識が正当化できるのかという懐疑主義が立てる問いに対して、何らかの認識論の議論によって答えようとする点では自然主義も反自然主義も異ならない。懐疑主義自体はこの問いに否定的に答える。すなわち、信念は正当化できないのだから、そもそもわれわれには知識を得ることはできない、と結論される。この懐疑主義の結論は多くの場合受け入れられない。自然主義であろうと反自然主義であろうと同じである。しかし、科学の成果に依拠せずに循環を回避する形で解答を与えようとするのか、そうした解答の可能性を追求しないのかという違いに応じて、反自然主義と自然主義の違いが現れるというのである。

さて、いくつかの基礎づけ主義の試みの失敗という事実を受け止めて、すでに論理実証主義以前から、様々な種類の可謬主義的な認識論が主張されてきた。可謬主義が論じようとする中心的な主張は、基礎づけ主義が失敗したからといって、懐疑主義が正しいことにはならないということである。例えばプラグマティストも含めた多くの可謬主義者が共通して主張するところでは、われわれの信念が誤っている可能性があるからといって、懐疑主義が正しいことにはならない。むしろ、そのような単なる誤りの可能性から懐疑主義が深刻な結論を導くのだとすれば、それは懐疑主義が前提にしている真理概念に何らかの問題があることを示している。懐疑主義の試みが全面的に無意味というわけではないが、還元主義的な説明によって正当化されない限りわれわれの信念が信頼できないなどとは言えないはずである。プラグマティズムが可謬主義を主張しながら懐疑主義を拒否しようとするという点は、例えば本書の以下の箇所でのパースの立場についてのフックウェイによる説明にも見て取れる。

慎重な熟慮の後でさえ、可謬性はわれわれが確信しているこうした命題にまで及んでいる。こうした確信が揺らぐことはほとんどないとわれわれは固く信じている。しかし、(抽象的な可能性として)どんな確信でも揺らぐかもしれないことをわれわれは許容している。われわれの確信は理由に依拠していないので、可謬性をこのように抽象的に認めたところで、確信は揺らぐことはない。ある命題を疑う理由を自分がもつようになる可能性をわれわれが排除できないからといって、それ自体ではその命題を疑う理由にはならない。(本書、第1章、p. 57)

容易に想像がつくように、このような可謬主義の立場にとって、自然主義は一つの有力な選択肢になる。

つまり、われわれの知識を説明する認識論において、循環を回避しようとする反自然主義者のためらいは場違いなものであって、科学がもたらす知見や事実を活用して問題に取り組むことが肯定されるべきだということになる。そして現実に可謬主義が主張されるのと並行して、自然主義も広く受け入れられてきた。では、パースについてはどうだろうか。もちろん、デカルトの普遍的懐疑に対する批判にもみられるように、認識論における可謬主義を自らの哲学の中心的な主張としてもっとも明確な形で提唱したのがパースである。パースこそ可謬主義のルーツであるといっても誇張にはならないだろう。しかし同時に、パースの哲学体系をその初期から特徴づけるのは、自然主義の全面的な拒否であり、優先的な哲学としての認識論の擁護である。そこでフックウェイが立てる問いはこうなる。すなわち、「いかにしてこの『悔恨の情を示す可謬主義者（contrite fallibilist）』は、自然主義的な事実が知識についての哲学的な諸問題に対してもつ影響をかなり明確に見て取る観点を持ちつつも、自然主義を拒否したのだろうか」（Hookway, 1984, p. 4）。この問いが、パースの哲学に対するフックウェイの解釈において、本書にもつながる重要な主題の一つとなっている。

パースの反自然主義は、一八九〇年代にプラグマティズムと形而上学の基礎にかんする論考の中で論じられた「諸学の分類」に示されている。つまり、基礎を必要としない唯一の学科である数学が現象学を基礎づけ、現象学は価値の一般理論としての論理学と認識論を基礎づけ、形而上学が最後に来て論理学と特殊諸科学の橋渡しを提供する。ではこの主張をパースはどのようにして引き出したのだろうか。フックウェイによれば、それは一八六〇年代以来の諸見解を体系化したものであり、*Journal of Speculative Philosophy* に発表された三つの論文（「人間に備わっていると主張されてきた諸能力にかんする問い」「四つの能力の否定の諸帰結」「論理学の諸法則の妥当性にかんする諸々の基礎——四つの能力の否定の別の諸帰結」）で強調されて述べられた次の二つの主題を反映している。

一つ目の主題は、論理学にかんする心理主義に対する批判である。パースの時代の文脈でいえば、この論点はミルに反対してハミルトンやブールらの側に与することを意味する。論理学は心理学には基づかない。論理学は語句、命題、議論といった推理の諸々の所産を直接的に研究するのであり、真理の客観的観念によって定義される妥当性の客観的観念を採用する、というのが彼らの主張である。この主張は、真理と妥当性の適切な定義、そして、論理学に対する体系的、客観的な基礎にかんするその後のパースによる探求へと繋がっていった。

もう一つの主題としてフックウェイが取り上げるのは、説明的正当化と説得的正当化との対比である。これは演繹的推論の正当化において、なぜ循環が存在しないのかという問題にかんするパースの議論から取り出される論点である。それゆえ、論理学にかんする主題という点で一つ目の主題とも重なる。そこでパースが対比するのは、ある形式の推論の妥当性を説明すること（この目的のためには、われわれは手持ちの信念のすべてを利用できる）と、ある規則の正しさをある人に説得すること（これはわれわれに循環を回避することを要求する）である。フックウェイによれば、パースの哲学的考察が展開して行くにつれて、実在についての真理を発見するための諸々の手段は説得的正当化を必要とするものであることが徐々に明らかになっていく。

この正当化についての対比は、反自然主義とどのように関係するのだろうか。説得的正当化の要請は、行為者がある選択に直面したような文脈で生じる。そしてその文脈は、その選択を正当化する際にわれわれが利用できる材料と訴えることができる基準を決定する。循環ということが起こるのは、ある選択を正当化する際に、その選択が決定されたときだけ利用可能であるような情報が利用されたときのみである。すると、自然主義的な情報の利用が全面的に許されないのは、その選択をおこなったときに限って、自然主義的な情報のすべてが利用可能となるような選択が存在しうるときのみである。それゆえ、パースが反自然主義の立場に立つならば、このような選択が存在することを主張することになる。そして、このようなパースの議論は、ある種の超越論的な観点を含むように思われる。つまり、説得的正当化が要求するのは、科学的探求が可能となるための条件の提示であって、それゆえ、その正当化においては科学の成果を活用することは循環として回避されねばならないのである。

しかし、なぜパースはわれわれがそうした選択に直面すると考えたのか。このようにフックウェイは次に問いを立てる。基礎づけ主義の失敗を受け止めることから出発する可謬主義の立場は、そうした超越論的な立脚点に立った議論とは相容れないように思われる。すると、どのようにして彼の可謬主義は、正当化に対するそうした要請の承認と調停されうるのか。

フックウェイはこの問題を解く鍵を、科学と常識の関係についてのパースの見解の中に見て取る。科学にかんするパースの特徴づけには、科学的な探求と通常の常識的な探求との区別が含まれている。常識すなわち通常の探求は、諸々の実践的な関心から見て比較的短期間での有効な信念の確定にむかって方向づけられている。それゆえ極端にいえば、誤謬や無知ですらそれが実践的な関心を満たすならば、有効とみなされることもあり得る。

それに対して、科学的な探求は、各個人の生の実践的な関心とは無関係であり、また、実践的な適用結果によって評価されるべきではない。科学的な探求は最終的に正しい結論に到達することを目指すが、それが短期的に見て個人の実践的関心を満たすかどうかは保証しない。この意味で、科学的な探求の方法を採用すると、基本的には個人から見れば信念の確定を無限に先延ばしするのを強いられることにもなる。探求について科学の方法を採用することは、個人が当面手に入る自分にとっての有効な帰結からは距離を取って、より広い探求者の共同体の認知的な進歩に貢献するものとして自己理解をもつことを必要とする。

すると、探求にかんするパースの特徴づけに従えば、われわれは科学の方法を選択すべきなのか、もし選択するべきだとすれば、それはなぜか、という問いが生じる。つまり、パースは科学を選択可能でありかつ合理的なものとして論じている。彼によれば、われわれは科学的探求を、他の探求方法と比較して自覚的に選択する理由を必要とする。そして、その選択の理由にとって、科学的探求方法が正しい方法であるということの正当化が重要である。これは言い換えれば、行為者がある選択に直面する文脈で生じる説得的正当化の要請であり、その選択の対象が科学的な探求方法である以上、科学の成果を活用しない形での循環を回避する解決が求められることになる。先に見たように、循環ということが起こるのは、ある選択を正当化する際に、その選択が決定されたときだけ利用可能であるような情報が利用されたときのみだったからである。

このように、科学的探求方法の選択の理由や正当化を探求するのがパースの哲学的認識論の重要な課題である。そして、その中で中心的な位置を占めるのが「実在」についての実質的な特徴づけの探求である。「信念の確定」では、科学的探求の前提として「実在」が位置づけられた。すなわち、科学の方法を採用することは、「実在」が存在することを受け入れることを含んでいる。その「実在」は、誰がそれについて何を考えようとそれからは独立しており、かつ、適切に組織された探求が最終的に発見することを運命づけられているようなものである。フックウェイによれば、パースの認識論で探求されるこうした「実在」の実質的な特徴づけは、次の二つの課題を解決するためであった。

(1) いかにしてある諸規則や諸手続きが論理的に正しいものであるのか、そして、いかにしてそれらの規則・手続きの採用が実在にかんする知識に向かってわれわれを導くのに十分であるのかを示すこと。

(2) いかにして実在にかんする知識に貢献しようとすることが、自己統制された行為者にとって合理的であり得るのかを示すこと。(*ibid.* p. 5)

一つ目は探求の方法の正当化という課題であり、二つ目は自己統制された人格にとっての、実在理念の正当化という課題であるといえる。可謬主義を肯定し、自然主義には反対するというパースの哲学的探求の構造が以上のようにまとめられるとすれば、われわれはそこからどのような一般的な教訓を引き出すことができるだろうか。フックウェイによれば、パースの哲学的認識論には、次の二つの特徴的な要素を取り出すことができる。ひとつは、世界にかんする探求というわれわれの行為自体ついての明晰で完全な自己理解を求める要素がある。つまり、探求とは何か、探求はなぜ合理的であるといえるのか、いかにして知識を得ることができるのか、これらについての理解をもたらす説明をパースは哲学に求める。いわば、自己理解としての哲学観である。もうひとつは、自由で自覚的な選択の対象として探求をとらえるという要素である。つまり、自己理解を求める探求者とは自己統制された人格であり、そうした探求者はその探求がもたらす諸結果からは独立した選択の説得的正当化を必要としている。そしてこの要請に答えることをパースは哲学に求める。

その後の哲学的な議論の展開や、フックウェイ自身の考察の進展によって、主張や強調点の変化や、新たな論点の追加が行われているのは当然である。しかし、ここまで検討した論考の中で引き出されたパース哲学の特徴を踏まえれば、本書の各章で詳しく論じられるパース哲学についての様々な論点についての一定の見通しは得られるのではないかと考える。加えて、パースの哲学にかんするフックウェイのこうした洞察は、現代のプラグマティズム研究が主題とする諸問題と重なる部分を大いにもっていることも指摘できるだろう。例えば、現代のプラグマティズム研究を代表するミサクは、ローティとは異なるプラグマティズムの理解を探求する中で、探求と真理についてのパースの思想を再評価し、より客観性を重視したプラグマティズム解釈を提示しようとしている（例えば、Cheryl Misak, *The American Pragmatists*, OUP, Oxford 2013）。共同体での合意、個人的な利益、問題の解決といったことだけでは尽きない真理観を彼女はパースの議論に見出そうとしている。こうした観点はこれまで見たフックウェイの一連の議論と繋がりをもっている。また、彼女の議論の中でC・I・ルイスの哲学が注目されている点も本書と重なる点として興味深い。

最後に、以上の検討からも見て取れるように、フックウェイの議論の特徴の一つは、その入念に掘り下げられた問いの数々にあると言える。つまり、主題となっている事柄について、彼は鋭い角度からの的確な問いを提示する。そしてその問いは取り上げられている哲学者、本書の場合にはパースの議論に直接向けられ、その問いにパースがどこまで答えられるのかが徹底して追求される。そしてその検討の結果に対して再び的確な問いが提示される。このように、見事な問いが次々と重ねられ、その積み重ねとして全体の議論が深められていく。示された問いの中には、その後の議論の中では中心的な検討の対象とならず、今後の研究を期す形で終わっているものも少なくない。このような議論の各段階からわれわれは、それぞれの関心に応じて、一層の探求の手がかりとなる豊かな示唆を取り出すことができるだろう。

そのような示唆の具体例を見て取るためには、直接に本書から受け取る以外に方法はないが、以下で各章の要約を示すので、読者の方が本書に取り組む際のきっかけとしていただければ幸いである。

各章の要約

第1章　パースの可謬主義は懐疑主義の拒否とどのように両立できるのか、これが本章の取り組む中心的な問いである。パースの可謬主義は、絶対的な確実性をもってわれわれが知ることは何もないと主張する。しかし同時にわれわれは、そうした可謬的な信念の多くを正当であると考えており、懐疑主義の立場に与しようとはしない。パースの重要な議論は、信念だけでなく懐疑にも理由を求めるものである。すなわち、本当の可能性に基づく懐疑だけが本当の懐疑であり、そのような理由の欠如した懐疑がある信念に対してどれだけ主張されたとしても、われわれはその信念を保持し続けることができる。つまり、パースの可謬主義はわれわれが現状において確信している命題にも及ぶ徹底したものであるが、単にその命題を疑う理由をもつことになる可能性だけでは、現状においてその命題を疑う理由とはならない。このようにして、パースの可謬主義は懐疑主義の拒否と両立しうるのである。他方でパースは、形而上学的・認識論的な見方や、探求の方法にかんする本当の見方にかんしては、信念を正当化する理由があると考えていた。その二つの可能性が、唯名論と実在論についての考え方と、外的世界の経験についての考え方であり、それらについてのパースの議論が、本章の後半で検討される。

第2章　本章でフックウェイは「真理は探求（inquiry）の目標なのか」という問いを取り上げる。リチャード・ローティとドナルド・デイヴィドソンは「可謬主義（fallibilism）が正しいのならば、真理はわれわれの目標ではありえない」という考えに立って、真理が探求の目標であることを否定した。それに対してフックウェイは本章で、常識を擁護しパース哲学を援用することによって、デイヴィドソンやローティとは異なる見解を導こうと試みる。そうするにあたってフックウェイはまず、真理はわれわれの目標でありうるかどうかを問うためのいくつかの戦略を概観し、次にローティとデイヴィドソンが用いた論法を検討し、さらにパースが用いた関連のある論法も検討する。それに続けて本章では、「可謬主義はいかに理解されるべきか」や「われわれが探求を統制する仕方における理由の役割」も考察される。

第3章　本章は、パースの真理観や実在観を詳しく検討し、それが「真理の収束説（convergence theory of truth）」といわれるパースの見解と生産的に結びつくかを、現代哲学との対話において考察する。「真理の収束説」は、プラグマティズムの伝統のなかでもパース独特の性格が強いもので、分析哲学からの批判も多く受けてきた経緯がある。フックウェイは、パースがいわゆる形而上学的実在論（本書では、実在の「絶対的概念（absolute conception）」へのコミットメントとみなされる）に陥ることなく、プラグマティズムの立場から真理概念の「明晰化（clarification）」を行おうとした、と主張するが、その主要な論拠として一八八〇年代を境にしたパースの言葉遣いの変化にとくに注意を払っている。フックウェイが長年にわたって論じてきたテーマだけあって、多彩な角度から論点を炙り出しているといってよいだろう。

第4章　パースによると、アブダクション（abduction）は「仮説が最初に出現し、それを受け入れる」推論であり、この推論は演繹と帰納のどちらとも異なる。本章でフックウェイは「アブダクションの結論はどのような形式をとるのか」そして「アブダクションの結論に対してどのような認識的態度をとるのが合理的か」という問いに取り組む。これらの問いをめぐる議論の中で、フックウェイは「仮説が非常に尤もらしいと思うという形式をとる種類の、あるいは行為者が『信じたいという（合理的で）制御不可能な意向』を経験する種類の『仮説の最初の出現』」のことを特に「強固なアブダクション（strong abduction）」と呼んでいる。本章で彼はまずパースのアブダクション論の内部におけるいくつかのせめぎ合いについて解説し、次に推論や探求における疑問表現（interrogative）や疑問（interrogation）の役割を検討し、最後に強固なアブダクションをめぐる議論を展開している。

第5章　本章では、論理学と心理学の関係をめぐるパース独自の見解について論じている。パースの学問体系において論理学は「規範学（normative sciences）」の一つで、推理を行う際に従うべき規範を明らかにする学問とされているのであるが、それではその規範性の起源は何に求められるのであろうか。パースは、論理学の規範性を心理学的事実によって説明しようとする立場をことごとく否定する。批判対象は、「論理的感覚（Logische Gefühl）」という心理的概念に訴えて論理の妥当性を説明しようとするジークヴァルト（Christoph von Sigwart）は勿論のこと、プラグマティストであるはずのデューイの論理学にも及ぶ。デューイはダーウィンの進化論から着想を得て、論理学を「思考の自然史」として語ったのであるが、こうした、現代風に言えば「合理性の自然化」のような試みもまた、パースから見れば悪しき心理主義の一種なのだ。ならばパース自身の論理学はどういったものなのか。本書最終章と合わせて、パースのプラグマティシズム思想が練り上げられてゆく過程を説得力のある関心設定によって追跡できる章である。

第6章　「数学の哲学（philosophy of mathematics）」は古くから多くの思想家を惹きつけて来たが、パースは優れた数学者ベンジャミン・パースを父に持ち、早くから数学の英才教育を受けた。それゆえ、科学の現場に関わりつつ数学の哲学に関わる著述を多く残したのは、自然なことだろう。数学の哲学における最も基本的な問題の一つに、「数は、実在するのか、それとも単に架空の存在者なのか」という問いがあるが、本章も数学的な「対象（object）」の存在性格をめぐって展開されている。質量や大きさといった物理的属性をもたない「数（number）」や「集合（set）」が、私たちの知覚と因果的関係におかれないとするならば、それらは一体いかなる「対象」なのか。フックウェイは、経験科学と純粋数学の双方に跨るパースの様々なテキストを参照しつつ、「関係の形（form of relation）」とパースが呼ぶアイディアが、今日でいう「数学的構造主義（mathematical structuralism）」と興味深い類縁性を持つとして議論を進めている。

第7章　本章は「合成写真」の比喩という少し変わった切り口からパース思想にせまっている。パースがたびたび言及する合成写真とは、複数のネガを一枚の印画紙に焼き付けることによって制作された、像が重なり合って輪郭がぼやけたように見える写真のことであり、ゴールトン（Francis Galton）の手による犯罪者の顔の合成写真などが有名である。こうした合成写真が、たとえば犯罪者が共通して持つ一般的特性を表している、などと考えるのは荒唐無稽であるが、一つの比喩として使うぶんにはパース自身も気に入っていたようだ。パースはこの比喩を、一般性の説明のために活用する。フックウェイが手際よくまとめているように、パースは自身のプラグマティズムを研ぎ澄まして切れ味をよくするために、三つの「砥石命題（cotary propositions）」というものを提示した。砥石命題は、知覚判断の集積がいかにして習慣という一般的記号過程の確立に至るのかを説明するもので、ここで一般性を持つようになった観念が合成写真に準えられる。また、知覚判断は既に推論を含んでおり、その意味でアブダクティブな判断と連続的なのである、という主張もここで為される。この関連で、記述は前後するが、フックウェイが「図式」や「テンプレート」「ステレオタイプ」といった事柄に言及している点も興味深い。本章の議論を踏まえれば、知覚判断の際に「ステレオタイプ」等を参照するという過程において、既に推論が行われていることになる。特に本書の最終章で集中的に論じられる概念をめぐるプラグマティズムとの関連から、この点は心に留めておきたい。

第8章 パース、ジェイムズ、デューイによる古典的プラグマティズムと、ローティ、セラーズ、クワイン、デイヴィドソンらによる二〇世紀後半のネオプラグマティズムとの間の、認識論にかんする共通点と相違点を理解する手掛かりとして、本章ではC・I・ルイスの哲学に注目する。経験の現象学的な性質を擁護する古典的プラグマティズムと、「所与の神話」に基づいて経験に限定的な役割のみを与えるネオプラグマティズムに対して、ルイスは経験の現象学的性質を継承しつつ所与を認める立場をとっている。ネオプラグマティズムからは難点とされる所与に対するルイスの肯定が何に依拠するものなのかが、本章ではルイスの議論に即して丁寧に跡付けられている。そこで特に重点的に検討されるのが、所与と概念体系というルイスの二分法を、直観と概念というカントの二分法と重ね合わせる解釈であり、その背後にある実在論の擁護という形而上学的な問題である。そして最後に、この様に解釈されたルイスの方法と比較して、パースとクワインがどのような方法をとるのかを見ることによって、両者の共通点と相違点がまとめられる。

第9章 パースは自身のプラグマティズムと他の哲学者の立場の違いを強調して、自分のプラグマティズムが単なる哲学的な態度とは違う論理的な原理または格率であり、正確で厳格な証明を与えることができると主張した。本章の主な関心は、パースによる原理の説明や適用例を手掛かりにして、この証明がいったい何を立証しようとしているのか、つまり、この原理の正確な内容は何かを探ることである。

この原理の代表的な定式化及び説明を三つに分類し、その適用例も検討したうえで、こうした定式化や説明や適用例によって、この原理の内容が確定されることはないと結論される。そのもっとも大きな理由は、「感覚可能な効果」と「実際的な関連をもつ効果」とのつながりをパースが示せなかったところにある。これを立証するためには、行為を支配する規範や、思考や推論の本性、経験ついての探求を行う必要がパースにはあったのであり、そうした探求がプラグマティズムの証明において行われたのである。したがって、この原理の内容は、証明の構成の過程で明らかになる性質をもつので、証明が完成するまでは正確には明らかにならないのである。そしてこのこと自体は必ずしもパースを非難する理由にはならない。というのも知的な進歩にしばしば伴うのは、曖昧な定式化に始まり、より正確で厳格な定式化をめざして努力することだからである。

第10章　本章の関心は、プラグマティズムにかんするパースとジェイムズの説明の違いについて、主にパースが言及している箇所を検討することによって、何が両者の違いを生み出しているのかを探ることである。まず、二つのプラグマティズムの重要な違いは次の点にあるとされる。すなわち、ジェイムズが探しているのは単に、命題が真なら帰結するはずの経験か、そうした状況で人が遂行すべき行為のいずれかであるのに対して、パースは経験のもつパターンや、行為と経験の間の法則的な相互関係を探している。そしてこの点を確認すれば、ジェイムズのプラグマティズムに対するパースの両義的な態度を理解できる可能性も生まれる。つまり、パースはジェイムズに異議を唱えながらも、両者の相違点は実践的にはほとんどないとみなすのだが、それは、実践的には、経験や行為の予測は法則もしくは一般性に依拠していることから理解できる。たとえ焦点が異なっていても、実践においては両者のプラグマティズムは同じことに帰着するかもしれない。

さらに、ジェイムズにとってのプラグマティズムは、特定の目的のための手段というよりも、それが適用可能な領域のなかで、それがもたらす多様な成果によって擁護されるような提案である。それに対して、パースにとってのプラグマティズムは、特定の目的すなわち科学の進歩をわれわれが達成する助けになることを示すことによって擁護される技術である。つまり両者は、それぞれかなり違った目的のために、異なるプラグマティズムを採用したと理解できる。そこから、ジェイムズの教説としての根本的経験論とプラグマティズムの関係についての、両者の評価の違いも理解できる。ジェイムズがパースのプラグマティズムを誤解したというよりもむしろ、パースのプラグマティズムの根本的な洞察を理解しつつ、哲学及び科学についての独自の考え方に役立てる形でジェイムズはその原理を採用したのである。

第11章　なぜプラグマティズムの格率を採用すべきなのか、それが正しいと言えるどのような理由があるのか、これが本章の取り組む問いである。パースはこの「プラグマティズムの証明」という問題を解決するために、四つの重要な戦略を取った。本章はそれぞれの戦略を、パースの議論の深化に沿う形で詳細に跡づけていく。一つ目の戦略は「いかにしてわれわれの観念を明晰にするか」(一八七八年)で採用されたものであり、行為の習慣としての信念という理解のもとに展開された議論である。われわれが命題を信じることに含まれていることを解明することによって、そのような信念の内容の明晰化をプラグマティズムの格率が可能にすることを示そうとする。二つ目は、「プラグマティズム講義」(一九〇三年)で追求されたものであり、探求の論理的構造としてのアブダクションの論理に基づいた証明の試みである。そこでは、プラグマティズムの格率はよいアブダクションを規定する基本的な規範として捉えられる。三つ目は、「プラグマティズムの弁明のためのプロレゴメナ」(一九〇六年)で強調された、存在「グラフ」という論理学上の革新的な着想がプラグマティシズムの証明の中で重要な役割をもつという議論である。ここでは、必然的な命題にかんする知識もある意味で可謬的なものとして捉えられる。最後に、一九〇七年のある草稿の中で、プラグマティズムの格率が、われわれの知的な概念もしくは命題の究極的な論理的解釈項を提供するという議論がある。論理的解釈項は条件法未来の形式をもち、そうした形式は通常は習慣を含んでおり、行為主体と経験的結果の両方を参照するものとして、プラグマティズムの格率による明確化と関連づけられる。

これらの戦略はそれぞれ、信念と行為、探求の論理、存在グラフの論理体系、記号論という、関連しつつも大きく異なる背景のもとに展開された議論であり、本章の各章で議論された諸問題ともつながっている。それゆえ、本章で行われる考察から、一層の探求の手がかりとなる多くの豊かな示唆を取り出すことができるだろう。

［佐々木崇、加藤隆文］

訳者あとがき

本書はChristopher Hookway (2012) *The Pragmatic Maxim: Essays on Peirce and Pragmatism* (Oxford: Oxford University Press) の全訳である。本書の著者、クリストファー・フックウェイ先生はイギリスを代表するパース哲学研究者である。フックウェイ先生の経歴等については、別途著者紹介欄が設けられるとのことなのでそちらを参照していただきたい。

では、まず簡単にパースとその哲学について述べさせてもらうと、アメリカの哲学者チャールズ・サンダース・パース(Charles Sanders Peirce、一八三九年〜一九一四年)はプラグマティズムの創始者、そしてソシュールと並ぶ現代記号論の代表者として知られている。映画『天国の門』(マイケル・チミノ監督、一九八〇年)の冒頭を観るとパースがいたころの米国マサチューセッツ州のハーバード大学が描かれているので、彼が生きた時代と場所の雰囲気の一端を捉えるのにこの映画を観てみられるのもいいかもしれない。またわれわれが本書の訳稿を作成している最中、二〇一七年七月にコーネリス・ドヴァール教授の手になるパース哲学解説書の邦訳『パースの哲学について本当のことを知りたい人のために』(大沢秀介訳、勁草書房)が刊行された。このドヴァール教授の解説書は、一般の読者がパース哲学の全体像を把握するのを助けてくれるのみならず、その哲学独特の用語についても解り易く解説してくれているので、本書とともに読まれることをお薦めしたい。

ドヴァール教授も解説してくれているように、哲学は現象学、規範学、形而上学の三層構造を持つとパースは考えていた。これら三分野のうち最も抽象的、一般的、普遍的なのが現象学で最も具体的、特殊的、個別的なのが形而上学であり、規範学は両者の中間に位置するとされた。そしてより一般的な学問分野はより特殊的な学問分野に原理を与え、前者は後者に適用されると考えられた。また論理学は規範学の一分野として位置づけられた。この構図にパース自身の哲学上のさまざまな議論を配置すると、まず第一性、第二性、第三性という新たな概念を提起するパース独特の分類学は現象学で論じられている。例えば、カントは様相を可能性、現実性、必然性の三つに分類したが、パースの現象学の議論ではこれら三つもそれぞれ第一性、第二性、第三性の特殊事例とみなされることになる。そしてパースのプラグマティズムや推論にかんする議論は論理学で検討されている。彼が生涯を通じて最も力を入れていたのはこの論理学の研究だったとされる。そしてパース哲学の内部において論理学の主な応用先は形而上学だった。その形而上学では宇宙論や神の実在性にかんする議論が繰り広げられた。駆け足でパース哲学の全体像を捉えるとおおよそ以上のようになる（もっと詳しいパース哲学全体の見晴らしについては先のドヴァール教授の本を参照していただきたい）。

本書は、こうしたパース哲学についてフックウェイ先生がこれまで公表してきた多くの論文のうち一九九七年以降の主なものを一冊にまとめた上で、本書のための書き下ろしである序論を加えたものである。本書の翻訳作業は四人で分担して行った。分担は以下の通りである。

石田正人：第3章、第6章

加藤隆文：日本語版に寄せて、第5章、第7章、第11章

佐々木崇：序論、第1章、第8章、第9章、第10章
村中達矢：序文、第2章、第4章

訳出するにあたって、原著に少なからず見られた明らかな誤字脱字については訳注でいちいち断ることはせずに翻訳原稿の方で修正しておくという方針を採ったことをここでお断りしておきたい。

私事で恐縮だが、私は二〇一一年の秋からシェフィールド大学のフックウェイ先生を訪問する機会を得た。訪問の準備をし始めたときから帰国するまでの間、先生は私のような見知らぬ外国人の研究者に対して随分と親切に接してくださったように思う。秋から先生を訪問したい旨のメールをその年の春にお送りすると、「シェフィールドに来られることを歓迎します。ここにはプラグマティズムや認識論に興味をもつ人たちのグループがいます」という返事をくださった。それでその秋から半年ほど先生を訪問させていただくこととなった。

訪問をした初日には同大学哲学科にある先生の研究室でコーヒーを飲みながら少し話をした後、研究室の近くにある同大学の二種類の図書館を順番に案内してくださった。シェフィールドに滞在している間、私は哲学科の部屋以外にこれらの図書館も利用してよいとのことだった。一種類目の図書館は「インフォメーション・コモンズ」という名前の近代的な図書館で、共同利用のパソコンがたくさん備えつけられていたりイスラム教の礼拝所までもがあったりする図書館だった。そのあと二人で大学の事務の窓口へ寄り、そこで先生は私の大学での身分証明証を発行する手続きを私の代わりにしてくださった。その次に先生が連れていってくれたのは「ウェスタン・バンク・ライブラリー」という名前のクラシックな装いの図書館だった。その入り口には「この図書館はT・S・エリオットによって一九五九年に設立された」と記されたプレートが

立てかけられていた。

その図書館に入ると先生はパース哲学関係の本がそろった棚のところへ案内してくれた。その棚のところで私がパースの著作集『エッセンシャル・パース 第二巻』（インディアナ大学出版局、一九九八年）を指さして「この第二巻を頻繁に参照しています」と言うと先生はニッと笑って「最近は（パース哲学研究者は）みんなそうなんだよねぇ」とおっしゃった。この図書館の古びた感じが何となく心を落ち着かせてくれるような気がしたので、この図書館は、シェフィールドに滞在している間、哲学科に顔を出すとき以外の私のお気に入りの居場所となった。

先生の研究室で話をしているときにはこんなことも言っておられた。先生は自分の住む地域の住民に愛着があるようで、「（イギリスのシェフィールドのある）この地域にはいい人たちが多いんだ」と言っておられた。私が「パースの哲学はカトリックの人たちに人気があるようですね」と言うと「どうしてだと思う？」と問われたので、私が「分かりません」と言うと、「それはパースが中世の哲学をしっかりと取り上げているからだよ」とのことだった。私が読みかけていたパースの論文や『エッセンシャル・パース』の中のいくつかの文章について、分からないことをノートに箇条書きにして先生の研究室に質問をしに行くと、先生は一つひとつ丁寧に答えてくださった。そのやり取りの中では、私が大学院生のころから長い間、パースの哲学について誤解し続けていたことに気づかせてくれるというようなこともあった。年が明けて二〇一二年になり、あれは私が帰国の準備をしていたころだったであろうか、先生は「今年、新しい本を出すんだ」と言って本書の原著の目次のコピーを渡してくださった。それに目を通していると、先生は「君はどの章に興味がある？」と尋ねられた。他にもたくさんのことが思い出されるが、あの訪問から六年を経て、先生について今の私にすぐに思い起こされるのはこうしたたわいのないことばかりである。

先生は二〇一二年六月に「プラグマティズム、信念そして命題」(Pragmatism, Beliefs, and Propositions)という題の講演をケンブリッジ大学で行われた。その講演と質疑応答の模様はネットの動画で配信されているので興味のある読者の皆さんには視てみられることをお薦めしたい(今のところユーチューブで閲覧可能)。

その講演からしばらくすると、本書の原著が刊行された。その数年後の二〇一五年五月にはフックウェイ先生の栄誉をたたえて「プラグマティズムという考え方」(The Idea of Pragmatism)という表題の会議がシェフィールド大学で開かれた。この会議ではヒラリー・パトナム教授が「フックウェイとクワイン」という題で講演をしている。その後、アメリカ哲学の学会誌『トランザクションズ・オブ・ザ・チャールズ・S・パース・ソサエティ』の二〇一五年冬号ではフックウェイ先生の栄誉をたたえる特集が組まれた。ここのところ先生の体調があまりかんばしくないとお聞きしているが、先生の健康状態が少しでもよくなることを願ってやまない。

フックウェイ先生を訪問することを可能にしてくれた「金沢大学 社会性認識と自閉症スペクトラム障害に関する文理融合型研究の海外展開プログラム」にお礼申し上げる。春秋社に刊行を引き受けてもらえなければ本訳書の刊行が実現することはなかったかもしれない。出版社のあてのないわれわれに春秋社を紹介してくださった伊藤邦武先生にも深くお礼申し上げる。そして本訳書の企画の段階からこの度の刊行にいたるまで大いに尽力してくださった春秋社編集部の小林公二氏にも心から感謝申し上げる。

平成三十年四月三日

訳者を代表して　**村中達矢**

プラグマティズムの格率
パースとプラグマティズム

2018年11月30日　第1刷発行

著者――クリストファー・フックウェイ
訳者――村中達矢・加藤隆文・佐々木崇・石田正人
発行者――澤畑吉和
発行所――株式会社 春秋社
〒101-0021 東京都千代田区外神田2-18-6
電話 03-3255-9611
振替 00180-6-24861
http://www.shunjusha.co.jp/
印刷――株式会社 シナノ
製本――ナショナル製本 協同組合
装丁――伊藤滋章

ISBN978-4-393-32362-5
定価はカバー等に表示してあります

著者略歴

クリストファー・フックウェイ *Christopher Hookway*

1949年生まれ。シェフィールド大学名誉教授。専攻は哲学。イースト・アングリア大学で学士号、オックスフォード大学で修士号、ケンブリッジ大学で博士号を取得。1977年からバーミンガム大学で教鞭をとったのち、1995年からはシェフィールド大学で哲学教授を勤める。またフルブライト奨学金を受けて一年間、ハーバード大学で研究員として過ごし、ピッツバーグ大学の客員教授も勤めた。1995年にはアメリカを代表するアメリカ哲学研究の組織であるチャールズ・S・パース・ソサエティ（Charles S. Peirce Society）の会長を務め、1995年から96年にかけてはアリストテリアン・ソサエティ（Aristotelian Society）の会長も務めた。現在、*The European Journal of Philosophy* 誌の編者を務めている。著書には本書の他に *Peirce*（Routledge, 1985）、*Quine: Language, Experience and Reality*（Polity, 1988）（『クワイン：言語・経験・実在』浜野研三訳、勁草書房、1998年）、*Scepticism*（Routledge, 1990）、*Truth, Rationality and Pragmatism: Themes from Peirce*（Oxford University Press, 2000）がある。編著には *Minds, Machines and Evolution*（Cambridge University Press, 1984）、共編著には *Philosophy and Cognitive Science*（Cambridge University Press, 1993）がある。

訳者

村中達矢 *Tatsuya Muranaka*

1973年生まれ。金沢大学人間社会環境研究科客員研究員。石川県立大学非常勤講師。専門は科学哲学、認識論。論文に「演繹の前提を設置する思考過程」（『科学哲学』42（1）所収）など、共訳書にクリストファー・チャーニアク『最小合理性』（勁草書房、2009年）がある。

加藤隆文 *Takafumi Kato*

1985年生まれ。博士（文学）。京都大学大学院文学研究科思想文化学専攻博士課程修了。専門はプラグマティズムと美学・芸術学。論文に「パース思想を踏まえた「芸術の人類学」の展開可能性」（『美学』64（1）所収）、"A Peircean Revision of the Theory of Extended Mind"（*Cognitio* 16（1）所収）など。

佐々木崇 *Takashi Sasaki*

1974年生まれ。関西大学非常勤講師。専門はプラグマティズム。論文に「クワインの存在論の枠組み」（『科学哲学』35-2, 2002年所収）など。訳書にチャールズ・テイラー『今日の宗教の諸相』（共訳、岩波書店、2009年）など。

石田正人 *Masato Ishida*

1971年生まれ。ハワイ大学マノア校哲学科准教授。専門は、古典アメリカ哲学。論文に「C・S・パースとモデル論的論理学の初期局面」（『科学哲学』2008年）、「西田、ジェイムズ、パースの比較試論」（『西田哲学会年報』2011年）など。

人名索引

A

Anderson, Douglas（アンダーソン、ダグラス） 9, 369
Atkin, Albert（アトキン、アルバート） iv, 39, 223
Austin, John Langshaw（オースティン、ジョン・ラングショー） 43

B

Bain, Alexander（ベイン、アレグザンダー） 297, 477
Benacerraf, Paul（ベナセラフ、ポール） 274
Bilgrami, Akeel（ビルグラミ、アキール） 81
Bonjour, Laurence（ボンジュール、ローレンス） 312-313, 325
Bradley, Francis Herbert（ブラッドリー、フランシス・ハーバート） 421
Brandom, Robert（ブランダム、ロバート） 147, 479

C

Calderoni, Mario（カルデローニ、マリオ） 432, 434, 437
Carus, Paul（ケイラス、ポール） 127
Cavell, Stanley（カヴェル、スタンリー） 74
Colapietro, Vincent（コラピエトロ、ヴィンセント） 223, 234, 236
Cooke, Elizabeth（クック、エリザベス） 17

D

Darwin, Charles（ダーウィン、チャールズ） 179, 210, 435, 478, 492
Davidson, Donald（デイヴィドソン、ドナルド） 79-92, 103, 105, 108-111, 309, 331, 490-494
Dayton, Eric（デイトン、エリック） 311-313
Dedekind, Richard（デデキント、リヒャルト） 264
Delaney, Cornelius Francis（ディレイニー、コーネリウス・フランシス） 45, 46, 93, 103
Descartes, Renee（デカルト、ルネ） 3-13, 34, 42-64, 75, 477, 484
Dewey, John（デューイ、ジョン） 3-8, 21, 37-39, 72-74, 113, 164, 176-179, 188-189, 198, 204-221, 232-236, 308, 332, 336, 337, 492, 494
Dummett, Michael（ダメット、マイケル） 28, 39, 77, 255, 264, 274, 414

E

Euclid（ユークリッド） 207

F

Feibleman, James Kern（ファイブルマン、ジェイムズ・カーン） 5
Field, Hartry（フィールド、ハートリー） 231, 242
Fine, Henry Burchard（ファイン、ヘンリー・バーチャード） 275
Firth, Roderick（ファース、ロデリック） 312-313
Fitzgerald, John J.（フィッツジェラルド、ジョン・J） 475
Fogelin, Robert（フォグリン、ロバート） 69
Forster, Paul（フォースター、ポール） 38, 403, 442, 478
Fraassen, Bas van（フラーセン、バス・ファン） 82-83
Frege, Gottlob（フレーゲ、ゴットロープ） 28, 37, 39, 179-183, 231, 255, 264

G

Gallie, Walter Bryce（ガリー、ウォルター・ブライス） i
Galton, Francis（ゴールトン、フランシス） 280-284, 299-304, 493
Goodman, Nelson（グッドマン、ネルソン） 200-201
Gowans, Christopher（ゴーワンス、クリストファー） 313

H

Haack, Susan（ハーク、スーザン） 311
Haeckel, Ernst（ヘッケル、エルンスト） 421
Hale, Bob（ヘイル、ボブ） 261, 275
Hanna, Robert（ハンナ、ロバート） 182, 231
Harman, Gilbert（ハーマン、ギルバート） 155, 231
Hegel, Georg Wilhelm Friedrich（ヘーゲル、ゲオルク・ヴィルヘルム・フリードリヒ） 58, 77, 225, 233, 236
Heidegger, Martin （ハイデガー、マルティン） 189
Herbart, Johann Friedrich（ヘルバルト、ヨハン・フリードリヒ） 205-206
Hickman, Larry（ヒックマン、ラリー） 221, 235
Hintikka, Jaakko（ヒンティッカ、ヤーッコ） 165
Houser, Nathan（ハウザー、ネイサン） iv, 37, 147, 304, 428-429
Husserl, Edmund（フッサール、エドムント） 37, 180, 189, 231, 236, 443

J

James, William（ジェイムズ、ウィリアム） 3-9, 21, 35-38, 72-73, 81, 104, 109, 113-114, 130, 148, 162, 178, 189, 231, 235, 244, 308-310, 318, 332-336, 337, 371-400, 403, 419-420, 455, 479, 494-496
Jastrow, Joseph（ジャストロウ、ジョセフ） 32, 280-284, 304

K

Kant, Immanuel（カント、イマヌエル） 4, 26, 58, 60, 76, 78, 126, 132, 175, 278-279, 294-299, 310, 314, 323-328, 335-336, 399, 494, 500,
Kasser, Jeff（カッサー、ジェフ） 175, 231
Kent, Beverley（ケント、ベヴェリー） 9, 176, 184, 199, 224, 232, 237, 469-470, 475
Kreisel, Georg（クライセル、ゲオルク） 77

L

Landau, Terry（ランドー、テリー） 282
Lane, Robert（レーン、ロバート） 21, 36
Levi, Isaac（リーヴァイ、アイザック） 12, 53-57, 72
Lewis, Clarence Irving（ルイス、クラレンス・アーヴィング） 30, 37, 307-336, 489, 494
Lewis, David（ルイス、デイヴィッド） 165
Locke, John（ロック、ジョン） 288, 294-295, 301
Lotze, Hermann（ロッツェ、ヘルマン） 179-181, 209-212, 222, 235

M

MacBride, Fraser（マクブライド、フレイザー） 241, 261, 275
McCarthy, Jeremiah（マッカーシ、ジェレミア） 478
Mill, John Stuart（ミル、ジョン・スチュアート） 179-182, 231, 485
Misak, Cheryl J.（ミサク、シェリル・J） iv, 3, 109, 111, 369, 489
Moore, Matthew（ムーア、マシュー） iv, 274, 275
Murphey, Murray（マーフィー、マレー） 5, 126, 231, 253, 307-308, 318-319, 322, 395, 400, 451-452

O

Olsson, Erik J.（オルソン、エリック・J） 56, 74-76
Owens, David（オーウェンス、デイヴィッド） 81

P

Parker, Kelly（パーカー、ケリー） 236, 237
Parsons, Charles （パーソンズ、チャールズ） 258, 274-275
Pearson, Karl（ピアソン、カール） 283, 293, 305, 421
Picardi, Eva（ピカルディ、エヴァ） 189
Pietarinen, Ahti-Veikko（ピエタリネン、アハティ＝ヴェイッコ） iv, 38, 403, 419, 444

Popkin, Richard Henry（ポプキン、リチャード・ヘンリー） 53
Popper, Karl（ポパー、カール） 206
Price, Huw（プライス、ヒュー） 104
Putnam, Hilary（パトナム、ヒラリー） 16, 45-50, 77, 94-95, 110, 114-115, 121, 140, 147, 148, 231, 503
Pycior, Helena Mary（パイシア、ヘレナ・メアリー） 273

Q

Quine, Willard Van Orman（クワイン、ウィラード・ヴァン・オーマン） i-ii, 49, 74, 93, 96-97, 307-336, 481, 503

R

Rawls, John（ロールズ、ジョン） 201
Resnik, Michael（レズニク、マイケル） 201-203, 239
Roberts, Don Davis（ロバーツ、ドン・デイヴィス） 37, 421, 438, 443, 477, 478
Rorty, Richard（ローティ、リチャード） 37, 79, 83-91, 98, 101, 105, 110, 235, 309, 331, 372, 489, 490-494
Royce, Josiah（ロイス、ジョサイア） 39, 78, 140-141, 147, 307

S

Schiller, Ferdinand Canning Scott（シラー、ファーディナンド・カニング・スコット） 72, 337
Schröder, Ernst（シュレーダー、エルンスト） 32, 67, 125, 232, 335
Sellars, Wilfrid（セラーズ、ウィルフリッド） 30, 34, 309-311, 494
Short, Thomas（ショート、トマス） 4, 28, 177, 234, 236, 237, 266, 274, 455
Sigwart, Christoph（ジークヴァルト、クリストフ） 35, 177, 189-195, 226, 232-233, 492
Sleeper, Ralph（スリーパー、ラルフ） 235
Smyth, Richard A.（スミス、リチャード・A） 46
Stein, Edward（スタイン、エドワード） 201
Stich, Stephen（スティッチ、スティーヴン） 201

T

Talisse, Robert（タリース、ロバート） ii, v
Tarski, Alfred（タルスキ、アルフレト） 81, 111
Thagard, Paul（サガード、ポール） 197, 201-203
Tiercelin, Claudine（ティエスラン、クロディーヌ） 69, 77
Turrisi, Patricia（トゥッリーシ、パトリシア） 412, 419, 478

V

Velleman, David（ヴェルマン、デイヴィッド） 81

W

Welby, Lady（ウェルビー、レディー） 29
Westphal, Ken（ウェストファル、ケン） 77
Wiggins, David（ウィギンズ、デイヴィッド） 101, 110, 111
Williams, Bernard（ウィリアムズ、バーナード） 77, 114-115
Williams, Michael（ウィリアムズ、マイケル） 74-75
Wiśniewski, Andrzej（ヴィシニエフスキ、アンドゥゼイ） 160
Wittgenstein, Ludwig（ウィトゲンシュタイン、ルートウィヒ） 32, 42, 69-70, 74, 77
Wright, Crispin（ライト、クリスピン） 77

文献表

Anderson, Douglas R.（1995）*Strands of System: The Philosophy of Charles Peirce*（West Lafayette, IN: Purdue University Press）.

Atkin, Albert（2005）'Peirce on the Index and Indexical Reference', *Transactions of The Charles S. Peirce Society* 41/1: 161-88.

——（2008）'Peirce's Final Account of Signs and the Philosophy of Language', *The Transactions of the Charles S. Peirce Society* 44/1: 63-85.

Austin, J. L.（1961）*Philosophical Papers*（Oxford: Oxford University Press）.（J・L・オースティン『オースティン哲学論文集』坂本百大 監訳、勁草書房、1991 年。）

Bain, Alexander（1870）*Logic*, Part Second, *Induction*（London: Longmans, Green, Reader, and Dyer）.

Baldwin, J. M.（1902）*Dictionary of Philosophy and Psychology*（New York: The Macmillan Co.）.

Benacerraf, Paul（1973）'Mathematical Truth', *Journal of Philosophy* 80: 403-20.

Bilgrami, Akeel（2000）'Is Truth a Goal of Inquiry? Rorty and Davidson on Truth', in Robert Brandom（ed.）, *Rorty and his Critics*（Oxford: Blackwell）, 242-61.

BonJour, Laurence（2004）'C. I. Lewis on the Given and its Interpretation', *Midwest Studies in Philosophy* 28: 195-209.

Brandom, Robert（ed.）,（2000）*Rorty and his Critics*（Oxford: Blackwell）.

Cavell, Stanley（1980）*The Claim of Reason: Wittgenstein, Skepticism, Morality, and Tragedy*（Oxford: Oxford University Press）.

Colapietro, Vincent（2002）'Experimental Logic: Normative Theory or Natural History', in Burke, Hester, and Talisse（eds.）, *Dewey's Logical Theory*（Nashville: Vanderbilt University Press）, 43-71.

——（2003）'The Space of Signs', in D. Jacquette（ed.）, *Philosophy, Psychology, and Psychologism*（Dordrecht: Kluwer）, 157-79.

Cooke, Elizabeth F.（2006）. *Peirce's Pragmatic Theory of Inquiry*（London: Continuum）.

Dayton, Eric（1995）'C. I. Lewis and the Given', *Transactions of the Charles S. Peirce Society* 31: 254-87.

Davidson, Donald（2005a）*Truth, Language and History*（Oxford: Clarendon Press）.（ドナルド・デイヴィドソン『真理・言語・歴史』柏端達也＋立花幸司＋荒磯敏文＋尾形まり花＋成瀬尚志訳、春秋社、2010 年。）

——（2005b）*Truth and Predication*（Cambridge, MA: Belknap Press）.（ドナルド・デイヴィドソン『真理と述定』津留竜馬訳、春秋社、2010 年。）

Delaney, C. F.（1993）. *Science, Knowledge and Mind: A Study in the Philosophy of C. S. Peirce*（Notre Dame, IN: University of Notre Dame Press）.

Dewey, John（ed.）（1903）*Studies in Logical Theory*（Chicago, IL: University of

Chicago Press).
——— (1925) 'The Development of American Pragmatism', in Hickman and Alexander (eds.), *The Essential Dewey,* Voume I (Bloomington, IN: Indiana University Press, 1998), 3-13.
——— (1938) *Logic: The Theory of Inquiry* (Boston, MA: Holt, Reinhart and Winston). (J・デューイ『行動の論理学——探求の理論』河村望訳、人間の科学新社、2013 年。)
Dipert, R. R. (1981) 'Peirce's Propositional Logic', *Review of Metaphysics* 34: 569-95.
Dummett, M. A. E. (1973) *Frege: Philosophy of Language* (London: Duckworth).
——— (1991) *Frege: Philosophy of Mathematics* (Cambridge, MA: Harvard University Press).
Eisele, Carolyn (ed.) (1985) *Historical Perspectives on Peirce's Logic of Science: A History of Science, 2* vols. (Berlin: Mouton Publishers).
Feibleman, J. K. (1946, reprinted 1971) *An Introduction to Peirce's Philosophy* (Cambridge, MA: MIT Press).
Field, Hartry (1980) *Science without Numbers* (Oxford: Blackwell).
Firth, R. (1968) '*Lewis on the Given*', in P. A. Schilpp (ed.), *The Philosophy of C. I. Lewis* (La Salle, PA: Open Court Publishing), 329-50.
Fitzgerald, J. J. (1966) *Pragmatism and the Theory of Signs* (Paris: Mouton).
Flower, Elizabeth and Murphey, Murray G. (1977) *A History of Philosophy in America* (New York: Putnam).
Fogelin, Robert (1994) *Pyrrhonian Reflections on Knowledge and Justification* (Oxford: Clarendon Press).
Forster, Paul (2003) 'The Logic of Pragmatism: A Neglected Argument for Peirce's Pragmatic Maxim', *Transactions of the Charles S. Peirce Society* 39: 525-54.
——— (2011) *Peirce and the Threat of Nominalism* (Cambridge: Cambridge University Press).
Frege, Gottlob (1884) *Die Grundlagen der Arithmetik,* translated as *The Foundations of Arithmetic* (Oxford: Blackwell, 1950).
——— (1979) *Posthumous Writings* (Oxford: Blackwell).
——— (1984) *Collected Papers on Mathematics, Logic, and Philosophy* (Oxford: Blackwell).
Galton, Sir Francis (1883, 1907) 'Inquiries into Human Faculty and its Development' (London: Macmillan, 1883; London: J. M. Dent & Co., 1907).
Gentry, G. (1952) 'Habit and Logical Interpretant', in Wiener and Young (eds.), *Studies in the Philosophy of Charles Sanders Peirce* (Cambridge, MA: Harvard University Press), 75-90.
Goodman, Nelson (1983) *Fact, Fiction, and Forecast* (4th ed., Cambridge, MA: Harvard University Press) (first published 1955). (N・グッドマン『事実・虚構・予言』雨宮民雄 訳、勁草書房、2015 年。)

Gowans, Christopher W.（1989）‘Two Concepts of the Given in C. I. Lewis, Realism and Foundationalism’, *Journal of the History of Philosophy* 27: 573-90.

Haack, Susan（1993）*Evidence and Inquiry*（Oxford: Blackwell）.

Hale, Bob（1996）‘Structuralism’s Unpaid Epistemological Debts’, *Philosophia Mathematica* 3/4: 124-47.

Hanna, Robert（2006）*Rationality and Logic*（Cambridge, MA: MIT Press）.

Harman, Gilbert（1986）*Change of View: Principles of Reasoning*（Cambridge, MA: MIT Press）.

Houser, N. and C. Kloesel（eds.）（1992）*Essential Peirce: Selected Philosophical Writings*, vol. 1（1867-1893）（Bloomington, IN: Indiana University Press）.

Hickman, Larry A.（1986）‘Why Peirce Didn’t Like Dewey’s Logic?’, in *Southwest Philosophy Review* 3: 178-89.

Hintikka, Jaakko.（1978）‘Answers to Questions’, in H. Hiz（ed.）, *Questions*（Dordrecht: Reidel）, 279-300.

Hookway, Christopher（1985）*Peirce*（London: Routledge and Kegan Paul）.

———（1997）‘Logical Principles and Philosophical Attitudes: Peirce’s Response to James’s Pragmatism’ in Ruth Anna Putnam（ed.）, *The Cambridge Companion to William James*（Cambridge: Cambridge University Press）, 145-65.（本書第 10 章）

———（1999）‘Modest Transcendental Arguments and Sceptical Doubts’, in R Stern（ed.）, *Transcendental Arguments: Problems and Prospects*（Oxford: Clarendon Press）, 173-87.

———（2000）*Truth, Rationality, and Pragmatism: Themes from Peirce*（Oxford: Clarendon Press）.

———（2002a）‘“A Sort of Composite Photograph”: Pragmatism, Ideas, and Schematism’, *Transactions of the Charles S Peirce Society* 38: 29-46.（本書第 7 章）

———（2002b）‘Wahrheit und Realität: Putnam und die pragmatische Auffassung der Wahrheit’, in M. -L. Raters and M. Willaschek（eds）, *Hilary Putnam und die Tradition des Pragmatismus*（Frankfurt: Suhrkamp）, 93-116.

———（2003）‘Peirce’s Strategies for Proving Pragmatism’, *Agora* 21: 33-48.

———（2004a）‘Truth, Reality, and Convergence’ in Cheryl Misak（ed.）, *The Cambridge Companion to Peirce*（Cambridge: Cambridge University Press）, 127-49.（本書第 3 章）

———（2004b）‘The Principle of Pragmatism: Peirce’s Formulations and Examples’, *Midwest Studies in Philosophy* 28: 119-36.（本書第 9 章）

———（2005a）‘Interrogatives and Uncontrollable Abductions’, *Semiotica* 153: 101-6.（本書第 4 章）

———（2005b）‘The Pragmatist Maxim and the Proof of Pragmatism’, *Cognitio* 6: 25-42.

——— (2007) 'Fallibilism and the Aim of Inquiry', *Proceedings of the Aristotelian Society, Supplementary volume* 81: 1-22.（本書第 2 章）
——— (2008a) 'Peirce and Skepticism', in John Greco (ed.), *The Oxford Handbook of Skepticism* (Oxford: Oxford University Press), 310-29.（本書第 1 章）
——— (2008b) 'Pragmatism and the Given: C. I. Lewis, Quine, and Peirce', in Cheryl Misak (ed.), *The Oxford Handbook of American Philosophy* (Oxford: Oxford University Press), 269-89.（本書第 8 章）
——— (2008c) 'The Pragmatist Maxim and the Proof of Pragmatism (2) after 1903', *Cognitio* 9: 57-72.
——— (2009) 'Lotze and Classical Pragmatism', *European Journal of Pragmatism and American Philosophy*1: 1-9.
——— (2010) 'Psychologism and the Pragmatists: Peirce and Dewey', *Paradigmi* 28, 45-56.
——— (2011a) '"The Form of a Relation": Peirce and Mathematical Structuralism', in Matthew Moore (ed.), *New Essays on Peirce's Mathematical Philosophy* (Chicago, IL: Open Court), 19-40.（本書第 6 章）
——— (2011b) 'The Pragmatist Maxim and the Proof of Pragmatism (3): Habits and Interpretants', *Cognitio* 12: 89-104.
——— (2012) 'James's Epistemology and the Will to Believe', *European Journal of Pragmatism and American Philosophy* 3/1: 30-8.
Houser, Nathan, Roberts, Don D., and van Evra, J. (eds) (1997) *Studies in the Logic of Charles Sanders Peirce* (Bloomington, IN: Indiana University Press).
Husserl, Edmund (1900-1901) *Logical Investigations,* vol. 1: *Prolegomena to Pure Logic* (London: Routledge, 2001).
James, William (1897) *The Will to Believe* (Cambridge, MA: Harvard University Press).（ウィリアム・ジェイムズ『W・ジェイムズ著作集 2——信ずる意志』福鎌達夫訳、日本教文社、2015 年。）
——— (1898) *Philosophical Conceptions and Practical Results,* reprinted in James, *Collected Essays and Reviews* (New York: Longmans, Green and Co., 1920) 406-37.
——— (1907) 'Pragmatism: A New Name for Some Old Ways of Thinking' (Cambridge, MA: Harvard University Press, 1975).（ウィリアム・ジェイムズ『W・ジェイムズ著作集 5——プラグマティズム』桝田啓三郎訳、日本教文社、2014 年。）
——— (1908) *The Meaning of Truth* (Cambridge, MA: Harvard University Press, 1975).
——— (1911) *Some Problems of Philosophy* (Cambridge, MA: Harvard University Press, 1979).（ウィリアム・ジェイムズ『W・ジェイムズ著作集 7——哲学の諸問題』上山春平訳、日本教文社、2015 年。）
Jastrow, Jospeh (1885) 'Composite Portaiture', *Science* 6: 165-7.

Kant, Immanuel (1787) *Critique of Pure Reason* (2nd ed., trans. Norman Kemp Smith) (Lodon: Macmillan, 1933). (『カント全集──純粋理性批判』第4-6巻、有福孝岳 訳、岩波書店、2001-2006年など、いくつかの邦訳がある。)

Kasser, J. (1999) 'Peirce' s Supposed Psychologism', in *Transactions of the Charles S. Peirce Society* 35: 501-26.

Kent, Beverley (1987) *Charles S. Peirce: Logic and the Classification of the Sciences* (Montreal: McGill-Queen' s University Press).

Ketner, K. L. (ed.) (1995) *Peirce and Contemporary Thought: Philosophical Inquiries* (New York: Fordham University Press).

Kreisel, G. (1958) 'Wittgenstein' s Remarks on the Foudations of Mathematics', *British Journal of the Philosophy of Science* 9: 135-58.

Landau, Terry (1989) *About Faces* (London: Anchor Books).

Lane, Robert (2007) 'Peirce' s Modal Shift: From Set Theory to Pragmaticism', *Journal of the History of Philosophy* 45/4: 551-76.

Levi, Isaac (1991) *The Fixation of Belief and its Undoing* (Cambridge: Cambridge University Press).

——— (1998) 'Pragmatism and Change of View', in C. J. Misak (ed.), *Pragmatism,* Supplementary volume of the *Canadian Journal of Philosophy* 24: 177-201.

Lewis, C. I. (1910) 'The Place of Intuition in Knowledge', Harvard University, PhD thesis.

——— (1929) *Mind and the World Order: An Outline of a Theory of Knowledge* (New York: Charles Scribner' s Sons).

——— (1946) *An Analysis of Knowledge and Evaluation* (La Salle, IL: Open Court).

Lewis, David K. (1969) *Convention: A Philosophical Study* (Cambridge, MA: Harvard University Press).

Liszka, James Jakòb (1996) *A General Introduction to the Semeiotic of Charles Sanders Peirce* (Bloomington, IN: Indiana University Press).

Lotze, Hermann (1884) *Logic* (2nd ed., trans. and ed. B. Bosanquet) (Oxford: Clarendon Press) (1st German ed. 1874, 2nd ed. 1880).

MacBride, Fraser (2007) 'Can *Ante Rem* Structuralism Solve the Access Problem?' *The Philosophical Quarterly* 57: 1-10.

McCarthy, Jeremiah (1990) 'An Account of Peirce' s Proof of Pragmatism', *Transactions of the Charles S. Peirce Society*, 26: 63-113.

Mill, J. S. (1843) *A System of Logic, Ratiocinative and Inductive,* reprinted in *Collected Works of John Stuart Mill* (Toronto: University of Toronto Press; London: Routledge & Kegan Paul, volumes VII and VIII, 1973). (J・S・ミル『論理学体系──論証と帰納』全6巻、大関将一＋小林篤郎訳、春秋社、1958-1959年。)

——— (1865) *An Examination of Sir William Hamilton' s Philosophy, Collected*

Works (Toronto: Toronto University Press; London: Routledge & Kegan Paul, volume 9, 1979).
Misak, C. J. (1991) *Truth and the End of Inquiry* (Oxford: Oxford University Press).
——— (2004a) *Truth and the End of Inquiry* (expanded paperback edition) (Oxford: Clarendon Press).
——— (ed.) (2004b) *The Cambridge Companion to Peirce* (Cambridge: Cambridge University Press).
Moore, Matthew E. (2010) 'Peirce' s Cantor', in Matthew Moore (ed.), *New Essays on Peirce' s Mathematical Philosophy* (Chicago and La Salle, IL: Open Court), 323-62.
Murphey, Murray G. (1961) *The Development of Peirce' s Philosophy* (1st ed., Cambridge, MA: Harvard University Press; 2nd ed., 1993 Indianapolis: Hackett).
——— (2005) *C. I. Lewis: The Last Great Pragmatist* (Albany, NY: SUNY Press).
Olsson, Erik (2005) *Against Coherentism: Truth, Probability, and Justification* (Oxford: Clarendon Press).
Owens, David J. (2003) 'Does Belief Have an Aim?', *Philosophical Studies* 115: 283-305.
Parker, Kelly (1998) *The Continuity of Peirce' s Thought* (Nashville, TN: Vanderbilt University Press).
Parsons, Charles. (2004) 'Structuralism and Metaphysics', *Philosophical Quarterly* 4: 56-77.
Pearson, Karl (1914-30) *The Life, Letters and Labours of Francis Galton* (Cambridge: Cambridge University Press).
Peirce, C. S. (1931-58) *Collected Papers of Charles Sanders Peirce*, 8 vols., edited by C. Hartshorne, P. Weiss, and A. Burks (Cambridge, MA: Harvard University Press).
——— (1967) Manuscripts in the Houghton Library of Harvard University, as identified by Richard Robin, *Annotated Catalogue of the Papers of Charles S. Peirce*. Amherst, MA: University of Massachusetts Press.
——— (1976) *The New Elements of Mathematics*, edited by Carolyn Eisele (The Hague: Mouton Publishers).
——— (1977) *Semiotics and Significs: The Correspondence between Charles S. Peirce and Victoria Lady Welby*, edited by Charles S. Hardwick (Bloomington, IN: Indiana University Press).
——— (1982-) *Writings of Charles S. Peirce: A Chronological Edition*, 7 vols. published before 2010, edited by M. Fisch, E. Moore, C. Kloesel, N. Houser, *et al.* (Bloomington, IN: Indiana University Press).
——— (1992a) *Reasoning and the Logic of Things: The Cambridge Conferences Lectures of 1898*, edited by K. L. Ketner and H. Putnam (Cambridge, MA:

Harvard University Press).（パース『連続性の哲学』伊藤邦武訳、岩波文庫、2001年。）
———(1992b) *Essential Peirce: Selected Philosophical Writings,* vol. 1(1867-1893), edited by N. Houser and C. Kloesel（Bloomington, IN: Indiana University Press).
Peirce Edition Project（eds.）(1998) *Essential Peirce: Selected Philosophical Writings,* vol.2 *(*1893-1913*)*（Bloomington, IN: Indiana University Press).
Picardi, Eva（1997）'Sigwart, Husserl and Frege on Truth and Logic, or Is Psychologism Still a Threat?', *European Journal of Philosophy* 5: 162-82.
Pietarinen, A.-V.（2006）*Signs of Logic: Peircean Themes on the Philosophy of Language, Games, and Communication*（Dordrecht: Springer).
——— (2008)'Comments on Hookway: The Pragmatic Maxim and the Proof of Pragmatism', *Cognitio* 9: 85-92.
Pietarinen, A.-V., Snellman, L.（2006）'On Peirce' s Late Proof of Pragmaticism', *Acta Philosophical Fennica* 78: 255-74.
Popkin, R. H. (1979) *The History of Scepticism from Erasmus to Spinoza* (Berkeley, CA: University of California Press).
Popper, Karl R.（1972）*Objective Knowledge: An Evolutionary Approach*（Oxford: Oxford University Press).（カール・R・ポパー『客観的知識——進化論的アプローチ』森博訳、木鐸社、2004年。）
Price, Huw（2003）'Truth as Convenient Friction', *Journal of Philosophy* 100: 167-90.
Putnam, Hilary（1990）*Realism with a Human Face*（Cambridge, MA: Harvard University Press).
——— (1992) *Renewing Philosophy*（Cambridge, MA: Harvard Unicersity Press).
——— (1994) *Words and Life*（Cambridge, MA: Harvard Unicersity Press).
——— (1995) *Pragmatism: An Open Question*（Oxford: Blackwell).（ヒラリー・パトナム『プラグマティズム——限りなき探究』高頭直樹訳、晃洋書房、2013年。）
——— (1997)'James' s Theory of Trush', in R. A. Putnam（ed.), *The Cambridge Companion to William James*（New York: Cambridge University Press), 166-85.
——— (1999) *The Threefold Cord: Mind, Body, and World*（New York: Columbia University Press).（ヒラリー・パトナム『心・身体・世界——三つ撚りの綱 / 自然な実在論』野本和幸監訳、関口浩喜＋渡辺大地＋入江さつき＋岩沢宏和 訳、法政大学出版局、2005年。）
Pycior, Helena M.（1995）'Peirce at the Intersection of Mathematics and Philosophy: A Response to Eisele', in K. L. Ketner（ed.), *Peirce and Contemporary Thought: Philosophical Inquiries*（New York: Fordham University Press), 132-45.
Quine, W. V. O.（1951）'Two Dogmas of Empiricism', in *From a Logical Point of*

View (Cambridge, MA: Harvard Unicersity Press), 20-46. (W・V・O・クワイン「II 経験主義のふたつのドグマ」『論理的観点から――論理と哲学をめぐる九章』飯田隆訳、勁草書房、1992 年。)
——— (1960) *Word and Object* (Cambridge, MA: MIT Press). (W・V・O・クワイン『ことばと対象』大出晁+宮館恵訳、勁草書房、1984 年。)
——— (1990) *Pursuit of Truth* (Cambridge, MA: Harvard University Press). (W・V・クワイン『真理を追って』伊藤春樹+清塚邦彦訳、産業図書、1999 年。)
——— (1996) 'Progress on Two Fronts', *Journal of Philosophy* 93: 159-63.
Resnik, Michael D. (1981) 'Mathematics as a Science of Patterns' *Noûs* 15: 529-50.
——— (1982) 'Logic: Normative or Descriptive? The Ethics of Belief or a Branch of Psychology', *Philosophy of Science* 52: 221-38.
Roberts, Don D. (1973) *The Existential Graphs of Charles S. Peirce* (The Hague: Mouton).
——— (1978) 'An Introduction to Peirce' s Proof of Pragmaticism', *Transactions of the Charles S. Peirce Society* 14: 120-31.
——— (1981) 'Peirce' s Proof of Pragmaticism and His Existential Graphs', in K. L. Ketner *et al.* (eds.), *Proceedings of the C. S. Peirce Bicentennial International Congress* (Lubbock, TX: Texas Tech Press), 301-6.
Robin, R. S. (1997) 'Classical Pragmatism and Pragmatism' s Proof ', in Brunning and P. Forster (eds.), *The Rule of Reason* (Toronto: University of Toronto Press), 139-52.
Rorty, Richard (1982) *Consequences of Pragmatism* (Hassocks, Sussex: Harvester). (リチャード・ローティ『プラグマティズムの帰結』室井尚+吉岡洋+加藤哲弘+浜日出夫+庁茂訳、ちくま学芸文庫、2014 年。)
——— (1991) *Objectivity, Relativism and Truth* (Cambridge: Cambridge University Press).
——— (1998) *Truth and Progress* (Cambridge: Cambridge University Press).
——— (2000) 'Universality and Truth', in R. Brandom (ed.), *Rorty and his Critics* (Oxford: Blackwell), 1-30.
Royce, Josiah (1885) *The Religious Aspect of Philosophy* (Gloucester, MA: Peter Smith, 1965).
Shapiro, Stewart (1997) *Philosophy of Mathematics: Structure and Ontology* (Oxford: Oxford University Press).
Schilpp, P. A. (ed.) (1968) *The Philosophy of C. I. Lewis* (La Salle, IL: Open Court Publishing).
Sellars, Wilfrid. (1963) *Science, Perception and Reality* (London: Routledge and Kegan Paul).
Short, T. L. (2007) *Peirce' s Theory of Signs* (Cambridge: Cambridge University Press).
Sleeper, R. W. (1986) *The Necessity of Pragmatism: John Dewey' s Conception of*

Logic (New Haven: Yale University Press).
Smyth, Richard A. (1997) *Reading Peirce Reading* (Lanham, MD: Rowman and Littlefield).
Stein, Edward (1996) *Without Good Reason: The Rationality Debate in Philosophy and Cognitive Science* (Oxford: Oxford University Press).
Stich, Stephen P. (1990) *The Fragmentation of Reason* (Cambridge, MA: MIT Press).（スティーヴン・P・スティッチ『断片化する理性——認識論的プラグマティズム』薄井尚樹訳、勁草書房、2006 年。）
Thagard, Paul (1982) 'From the Descriptive to the Normative in Psychology and Logic', *Philosophy of Science* 49: 24-42.
Tiercelin, Claudine (2005) *Le Doute en Question* (Paris: Editions de L' Eclat).
Turrisi, Patricia (ed.) (1997) *Pragmatism as a Prinsiple and Method of Right Thinking: The 1903 Lectures on Pragmatism* (Albany: State University of New York Press).
van Fraassen, B. (1980) *The Scientific Image* (Oxford: Oxford University Press).（B・C・ファン・フラーセン『科学的世界像』丹治信春訳、紀伊國屋書店、1986 年。）
Velleman, J. David (2000) *The Possibility of Practical Reason* (Oxford: Clerendon Press).
Westphal, Kenneth R. (2004) *Hegel' s Epistemology: A Philosophical Introduction to the Phenomenology of Spirit* (Indianapolis: Hackett).
Whitney, William D. (ed.) (1889-91) *The Century Dictionary: An Encyclopedic Lexicon of the English Language* (New York: Century Company of New York).
Wiggins, David. (2004) 'Reflections on Inquiry and Truth Arising from Peirce' s Method for the Fixation of Belief', in C. J. Misak (ed.), *The Cambridge Companion to Peirce* (Cambridge: Cambridge University Press), 87-126.
Williams, Bernard (1985) *Ethics and the Limits of Philosophy* (Cambridge, MA: Harvard University Press).（バナード・ウィリアムズ『生き方について哲学は何が言えるか』森際康友＋下川潔訳、産業図書、1993 年。）
——— (1978) *Descartes: The Project of Pure Inquiry* (Harmondsworth: Penguin).
Williams, Michael (1991) *Unnatural Doubts* (Oxford: Blackwell).
Wisniewski, A. (1995) *The Posing of Questions: Logical Foundations of Erotetic Inferences* (Dordrecht: Kluwer).
——— (1996) 'The Logic of Questions as a Theory of Erotetic Arguments', *Synthese* 109: 1-25.
Wittgenstein, Ludwig (1953) *Philosophical Investigations*, edited by G. E. M. Anscombe and R. Rhees (Oxford:Blackwell).（『ウィトゲンシュタイン全集 8——哲学探究』藤本隆志 訳、大修館書店、1976 年。）
——— (1969) *On Certainty*, edited by G. E. M. Anscombe and H. von Wright (Oxford: Blackwell).（「確実性の問題」『ウィトゲンシュタイン全集 9』黒

田亘 訳、大修館書店、1975 年。）
Zeman, J. Jay（1997）‘Peirce and Philo’, in Houser, Roberts and van Evra（eds.), *Studies in the Logic of Charles Sanders Peirce*（Bloomington, IN: Indiana University Press), 402-17.